アフガン

上

スティーブ・コール

訳◆木村一浩・伊藤力司・坂井定雄

CIAの見えざる闘い
ソ連侵攻から
9.11前夜まで

GHOST WARS

諜報戦争

白水社

アフガン諜報戦争――上

CIAの見えざる闘い

ソ連侵攻から9・11前夜まで

Japanese translation published by arrangement with
Penguin Group (USA) Inc.
through The English Agency (Japan) Ltd.

スーザンへ

著者より

歴史学を修めて二〇〇〇年にプリンストン大学を卒業したグリフ・ウィット君は『マイアミ・ヘラルド』紙の元記者だが、彼はこの本のために一年以上にわたって私の助手を務めてくれた。彼はあらゆる点で完璧なパートナーだった。リサーチ、レポート、執筆、編集、さらにアイディア提供で貢献してくれた。

彼はアフガニスタン、ドバイ、そしてアメリカ中を取材旅行し、数十回のインタビューをこなしてくれた。本書第6章と第17章の第一稿は彼の手になるもので、素晴らしい出来だった。それ以外にも、彼の知力、粘り強さ、才覚、高い倫理感がこの本を増強してくれたことは数え切れない。彼は理想的な協力者であり、この著作全体にとって欠かせぬ人材であった。

アフガン諜報戦争──上◆目次

アフガン諜報戦争――下◆目次

主な登場人物

CIA〔中央情報局〕

フランク・アンダーソン◆アフガニスタン・タスクフォース指揮官〔一九八七―八九〕、作戦本部近東局長〔一九九一―九四〕
ミルトン・ビアデン◆イスラマバード支局長〔一九八六―八九〕
J・コファー・ブラック◆ハルツーム支局長〔一九九三―九五〕、テロ対策センター所長〔一九九九―二〇〇二〕
ウィリアム・J・ケーシー◆長官〔一九八一―八七〕
ドゥエーン・R・〝デューイ〟・クラリッジ◆テロ対策センター長〔一九八六―八八〕
ジョン・ドイッチ◆長官〔一九九五―九七〕
ロバート・ゲーツ◆長官〔一九九一―九三〕
ハワード・ハート◆イスラマバード支局長〔一九八一―八四〕
ジェフ・オコネル◆テロ対策センター所長〔一九九七―九九〕
ジェームズ・パビット◆作戦本部副本部長〔一九九九―〕
ウィリアム・パイクニー◆イスラマバード支局長〔一九八四―八六〕
ポール・ピラー◆上級分析官を経てテロ対策センター副所長〔一九九三―九九〕

リッチ◆テロ対策センター・ビンラディン担当班長［一九九九—二〇〇一］
マイケル・F・ショイアー◆テロ対策センター・ビンラディン担当班長［一九九六—九九］
ゲーリー・シュローン◆イスラマバード支局担当官［一九七八—八〇］、
カブール支局長（任命のみ）［一九八八—九〇］、イスラマバード支局長［一九九六—九九］、
作戦本部近東局副局長［一九九九—二〇〇一］
ジョージ・J・テネット◆長官［一九九七—二〇〇四］
トーマス・トウェッテン◆作戦本部副本部長［一九九一—九三］
ハリー◆イスラマバード支局長［一九八九—九二］
ジェームズ・ウルジー◆長官［一九九三—九五］

ホワイトハウス

サミュエル・L・サンディ・バーガー◆安全保障担当大統領副補佐官［一九九三—九七］、
安全保障担当大統領補佐官［一九九七—二〇〇〇］
ズビグニュー・ブレジンスキー◆安全保障担当大統領補佐官［一九七七—八〇］
リチャード・クラーク◆国家安全保障会議テロ対策調整官［一九九八—二〇〇一］
アンソニー・〝トニー〟・レーク◆安全保障担当大統領補佐官［一九九三—九七］

国務省

マドレーン・オルブライト◆国務長官［一九九七—二〇〇〇］
カール・F・〝リック〟・インダーファース◆南アジア担当国務次官補［一九九七—二〇〇〇］
エドモンド・マクウィリアムズ◆対アフガニスタン抵抗運動特使［一九八八—八九］
ウィリアム・ミラム◆駐パキスタン大使［一九九八—二〇〇一］

ロバート・オークリー◆駐パキスタン大使［一九八八―九一］
トム・ピカリング◆国務次官［一九九七―二〇〇〇］
ロビン・ラフェル◆南アジア担当国務次官補［一九九三―九七］
ジョージ・シュルツ◆国務長官［一九八二―八九］
トム・サイモンズ◆駐パキスタン大使［一九九六―九八］
ピーター・トムセン◆対アフガニスタン抵抗運動特使［一九八九―九二］

アフガニスタン

アブドラ◆アハメド・シャー・マスードの外交補佐官
モハメド・アテフ◆エジプト生まれのアルカイダ司令官
アブドラ・アッザム◆パレスチナ生まれのイスラム指導者、一九八九年までアルカイダの先駆的運動を率いた
アブラシド・ドスタム◆元共産党員、ウズベク人民軍閥の指導者、一時的にマスードと同盟
モハメド・ファヒム◆マスードの諜報・軍事補佐官
アブドゥルハク◆アフガン・パシュトゥン人ゲリラ指導者、一九八〇年代後半にＣＩＡとの関係決裂
ジャラランディン・ハッカニ◆アフガン・イスラム主義急進派ゲリラ指導者で、有能な軍事司令官、一九八〇年代ＣＩＡやサウジ情報機関と同盟を組み、九〇年代はタリバンに加わる
グルブディン・ヘクマティアル◆アフガン・イスラム主義急進派ゲリラ指導者、マスードのライバル、一九九二年に暫定連立政府首相
ハミド・カルザイ◆アフガン・パシュトゥン人指導者で政治活動家、当初タリバンを支持したがやがて反タリバン・パシュトゥン勢力に参加、二〇〇四年からアフガニスタン大統領
マスード・ハリリ◆アハメド・シャー・マスードの学友で親しい側近
ウサマ・ビンラディン◆サウジアラビア生まれ、一九八九年以降アルカイダの指導者

アハメド・シャー・マスード◆タジク人ゲリラ司令官、アフガニスタン北部で反ソ抵抗運動を指揮、一九九二年暫定連立政府国防相、のちに北部同盟を結成、反タリバン闘争を指導、二〇〇一年タリバンに暗殺される

ナジブラ大統領◆ソ連に支持されたアフガン共産党指導者

ムハンマド・オマル師◆タリバン最高指導者、一九九六年から自称アフガニスタン首長国首長

ブルハヌディン・ラバニ◆カイロで教育を受けたイスラム学者、マスード勢力の政治指導者、一九九二年暫定連立政府大統領

ムハンマド・ラバニ師◆サウジアラビアに好意を持たれたタリバン指導者

アムルラ・サレハ◆マスードの情報関係側近

アブドラブ・ラスール・サヤフ◆カイロで教育を受けたイスラム学者、サウジアラビアの支援を受けたゲリラ指導者

アイマン・ザワヒリ◆エジプト生まれ、イスラム聖戦のリーダー、一九九八年以降ビンラディンの親しい側近

パキスタン

マハムード・アハメド将軍◆ISI［三軍統合情報部］長官［一九九九—二〇〇一］

ベナジル・ブット◆首相［一九八八—九〇、一九九三—九六］

アサド・ドゥラニ将軍◆ISI長官［一九九〇—九二］

ハミド・グル将軍◆ISI長官［一九八七—八九］

イマム大佐［のちに准将］◆ISIアフガン局［一九八〇年代から九〇年代半ば］

ペルベズ・ムシャラフ将軍◆陸軍参謀長［一九九八—九九］、国軍司令官［一九九九—二〇〇一］、大統領［二〇〇一—〇八］

ジャベド・アシュラフ・カジ将軍◆ISI長官［一九九三—九五］

アフタル・アブドゥルラフマン将軍◆ISI長官［一九七八—八七］

ナシーム・ラナ将軍◆ISI長官［一九九五—九八］

ナワズ・シャリフ◆首相［一九九〇—九三、一九九七—九九］

ムハンマド・ユーセフ准将◆ISIアフガン局［一九八三—八七］

クワジャ・ジアウディン将軍◆ＩＳＩ長官［一九九八―九九］

ムハンマド・ジアウル・ハク◆パキスタン軍政指導者［一九七七―八八］

サウジアラビア

アブドラ皇太子◆事実上のサウジアラビア統治者［一九九六―二〇〇五］、二〇〇五年から国王

アハメド・バディーブ◆トゥルキ王子の参謀長［一九七九―九七］

サイード・バディーブ◆アハメドの弟、サウジ総合情報局分析部長［一九八三頃―二〇〇一］

バンダル王子◆サウジアラビア駐米大使［一九八三―］

ファハド国王◆サウジアラビア統治者［一九八二―二〇〇五］

ファイサル国王◆サウジアラビア統治者［一九六四―七五］、トゥルキ王子の父

サウド・ファイサル王子◆サウジアラビア外相［一九七五―］

トゥルキ・ファイサル王子◆サウジ総合情報局長官［一九七七―二〇〇一］

アブドゥルアジズ・イブン・サウド国王◆サウジアラビア王国建国・統治者［一九〇一―五三］

タジキスタン
タシケントへ
ドゥシャンベ
中国
ファイザバード
タラカーン
4980m
クンドゥズ
6843m
アンジュマン
6025m
パンジシール渓谷
バラク
4349m
4965m
バグラム空軍基地
4709m
カブール
ジャララバード
カイバル峠
4542m
トラボラ
ペシャワール
パラチナール
イスラマバード
ガルデス
コハト
ガズニ
3734m
コスト
インド
バンヌ
ミラム・シャー
パキスタン
ラホール
パンジャブ
デラ・ガジ・カーン
カブール
ジャララバード
カブール川
アフガニスタン
パチル
カイバル峠
2829m
トラボラ
スピン山脈
パラチナール
サフェド山脈
"オウムのくちばし"
パクティア
パキスタン
ガルデス
0
60
km
アラワリ
ハング
地図制作：閏月社

ウズベキスタン
タシケントへ
0 100 200 300
km
マリー
ケルキ
トルクメニスタン
テルメ
マシュハド
マザリシャリフ
コルム
マイマナ
3749
3507m+
+3138m
ヘラート
シャゲハラン
バーミ
4238
アフガニスタン
4804m+
ファラー
+2829m
イラン
カラット
ラシュガルガー
カンダハル
タルナック農場
ザーボル
スピンブルダク
+2454
チャマン
クエ
バルチスタン
ザーベダーン

プロローグ

信頼できる説明
一九九六年九月

パンジャブ地方上空をカブールに向かうアリアナ・アフガン航空機の古ぼけた客室に、丸顔でがっちりした体格のアメリカ人がいた。白髪が目立ち始めた五十歳代初めの愛想のよい男。米中西部の訛りがあり、歯医者みたいだと評されたこともある。ゲーリー・シュローンは米中央情報局（ＣＩＡ）の秘密部門に二六年間勤務し、このとき、一九九六年九月にはパキスタンにあるＣＩＡイスラマバード支局長を務めていた。ペルシャ語と、その派生語でアフガニスタンの主要言語の一つダリー語が話せるシュローンは、スパイ用語で言う「オペレーター」だ。情報工作員に金を払って操り、スパイ活動を行い、外国政府やテロ組織に対する秘密工作を指揮した。シュローンはこの数週間前、米バージニア州ラングレーにあるＣＩＡ本部の承認を得て、仲介人を通じてアハメド・シャー・マスードと接触した。マスードは対ソ連ゲリラ戦で名を上げた司令官で、今は戦乱で疲弊し自壊しつつあるアフガン政府の国防相を務めていた。シュローンはマスードに会見を求め、受け入れられた[1]。

彼らは五年間話していなかった。一九八〇年代後半から九〇年代初頭にかけて、ソ連占領軍やアフガンの共産主義者と戦う盟友として、ＣＩＡはマスードとそのイスラム・ゲリラ組織に月額二〇万ドルに上る現金と、武器などの物資を注ぎ込んでいた。八九年から九一年にかけては、シュローン自身が金を運んだこともある。しかし九一年十二月にソ連が解体すると、支援は止まった。米政府は、アフガニスタンにそれ以上の重要性はないと判断したのだ。

アフガニスタンは崩壊した。不毛の岩山に囲まれながら、大通りと庭園の優雅な街だったカブールは、軍閥たちに痛めつけられて文字どおりの廃虚と人道的窮状に転落し、世界最悪の地と肩を並べるまでになった。細分化された武装勢力が周期的に非道な市街戦を展開し、わずかな戦術的優位性を求めては泥れんがの街区を次々に破壊した。宗教上のささいな問題をめぐって深く対立するイスラム法学者らに率いられた民兵たちは、数百人単位の捕虜をコンテナ内で焼き殺した。街は九三年以降、電力のない状態だった。何十万ものカブール市民は日々のパンとお茶を、勇敢な国際慈善団体の限定的な支援に頼るしかなかった。地方では何千何万の避難民が、医療施設や食料配給所にたどり着けず、栄養失調と予防できる病気によって命を落としていた。パキスタン、イラン、インド、サウジアラビアなどの近隣諸国はこの間ずっと、自分たちの代理人となるアフガン人勢力に銃と金を送った。各国政府は他国に対する領土的優位性を求めていた。金や武器は、貧困者を口説き落として自らの精神的、政治的影響力を強めようともくろむ個人やイスラム慈善団体からも送りつけられた。

アハメド・シャー・マスードはアフガニスタンで最も畏敬の念を集める軍事指導者だった。薄いひげと鋭く黒い目。やせて筋肉質な彼は、とくにアフガン北東部でカリスマ的な指導者となっていた。一九八〇年代、彼は戦闘と交渉にそれぞれ想像力を駆使してソ連の将軍たちをひどい目に遭わせ、いら立たせた。政治と戦争は織り合わさっていると考え、毛沢東やほかのゲリラ指導者から注意深く学んだ。彼にとってゲリラ戦のない人生など想像もできないと思われたが、さまざまな協議や連合を経て、権力を分け合って手に入れる能力も示した。ソ連による長く恐ろしい占領期間中、マスードは多くのアフガン人にとって、とくに彼と同じ民族のタジク人にとって、勇敢な抵抗の魂と可能性の象徴だった。何よりも彼は独立心の強い人間だった。本に囲まれ、敬虔に祈り、ペルシャ語の詩を読み、イスラム教を研究し、ゲリラ戦史に没頭した。革命的で政治的なイスラムの教義に引きつけられながらも、心の広い寛容なアフガン民族主義者でもあった。

だがこの九六年九月、マスードの評判は地に落ちていた。反抗する存在だった八〇年代から統治する側に回った九〇年代への移行は、悲惨なものだった。アフガニスタンで共産主義が崩壊したのち、彼は不安定なイスラム連立政府に防衛相として加わった。パキスタンで武装してきた敵の攻撃を受け、反撃するうちに、マスードは破綻した政府の背後にいる血まみれの権力者となった。北部の盟友はヘロインを密輸していた。マスードは国を統合することも、平和をもたらすこともできなかった。彼の部隊は規律を欠いており、カブール市内の支配権をめぐる戦闘中に敵を無慈悲に虐殺する者もいた[2]。

マスードら軍閥の一掃を約束する新たな民兵組織が九四年にアフガニスタン南部から起こった。ターバンを巻きアイシャドーを塗った指導者たちは、パンジシールの獅子と呼ばれたマスードをコーラン〔イスラム教の聖典〕が打倒すると宣言した。

彼らはイスラム教のなかでも異様に厳格で、個人の行動に長ったらしく奇妙な規則を課す一派の旗を掲げて進んだ。彼らは「タリバン（学生たち）」と名乗り、アフガン南部と西部の広大な地域を支配下に収め、マスードをも揺るがした。タリバンはピカピカのトヨタ・ピックアップトラックを連ねて進んだ。新品の武器と豊富な弾薬を持っていた。彼らの指導部には十分な軍事経験がなかったのに、不思議なことに旧ソ連軍の戦闘機を修理し、飛ばせて見せた。

カブールのアメリカ大使館は安全上の理由で八九年一月に閉鎖されており、アフガニスタンにはＣＩＡがタリバンについて情報収集する拠点がなかった。最も近いイスラマバード支局に対する「作戦指令」からも、アフガニスタンはすでに外されていた。作戦指令は情報収集の優先事項を記して世界各地のＣ

IA支局に毎年送られる公文書だ[3]。作戦指令の公的なお墨付きがなければ、ゲーリー・シュローンのような支局長は工作員を見つけて採用し、通信機器を与えて現場での活動を管理し、諜報報告を分析する予算が得られないことになる。

CIAはアフガニスタンで数人の工作員を維持し給料を支払っていたが、彼らは九三年一月二十五日にラングレーの本部でCIA職員に発砲した若いパキスタン人、ミール・アマル・カシの追跡に専念していた。カシは二人を殺害、三人を負傷させてパキスタンに逃亡。九六年には、アフガニスタンとの間を往来し、アメリカの警察もスパイも簡単には活動できない部族地域に潜伏しているとみられていた。カシを追跡するCIA工作員は、タリバンとアハメド・シャー・マスードの戦争については何かのついでにしか報告してこなかった。アフガニスタンの政治・軍事面に関する情報収集は、遠く離れた米バージニア州にあるCIA本部の任務だった。近東局の全般的職責にひとまとめにされていたのだ[4]。

これは米政府機関のなかでは何ら珍しいことではなかった。米国際開発局（USAID）はアフガンでの人道支援計画を九四年に中止してしまっていた。国防総省には何のつてもなかった。ホワイトハウスの国家安全保障会議（NSC）は、平和と繁栄を望むという漠然とした願いのほかアフガン政策を持ち合わせていなかった。国務省はもっと深くアフガン問題にかかわっていたが、官僚機構の中位レベルでの話だった。ウォーレン・クリストファー国務長官は、四年間の任期中、アフガンに言及したことはほとんどなかった[5]。

マスードは、ゲーリー・シュローンを出迎えるためにマスード・ハリリという側近を派遣した。アリアナ・アフガン航空はカブールで必要とされている荷物をたくさん積み込むために客席の大半を取り外し、通路には固定されていない箱やかごが積み重ねられた。ハリリはシュローンに「今まで墜落したことはないから」と請け合った。

彼らの飛行機は折り重なった茶褐色の尾根をすれすれに飛び越えてアフガニスタン領に入った。眼下には一本の木もなく、茶色い砂地と赤土が入り交じった土地が広がっていた。北にはインクのように黒い川がヒンズークシ山脈に峡谷を刻んでいる。南には標高約三三〇〇メートルの山々が、標高一六〇〇メートルを超す高地にあるカブール盆地を取り囲む。飛行機はカブール北方の空軍基地バグラムに向けて旋回した。焼け焦げて赤錆びた戦車や装甲車両の残骸が、周囲の道路脇にうち捨てられていた。破壊された戦闘機や輸送機が滑走路に並んでいる。

マスード率いる情報機関の将校らが四輪駆動車で飛行機を出迎え、アメリカ人の訪問者を車に乗せ、カブールに向けてショマリ平野を走り出した。骨が砕けるようなドライブだ。シュローンが小さいバッグを担いだだけで、通信機器も護衛もなしに現れたことに驚く者もいた。ゆったりと振る舞う彼がダリー語を話しアフガンの事情に精通していることは、彼らに感銘を与えた。

この時期になっても、シュローンは過去に米ドルを詰め込んだ鞄を抱えて出没した男として知られていた。その意味ではアフガニスタンの兵士らにとって、彼とCIAの同僚たちは好ましい存在だった。アフガンでCIAは一六年にわたって日常的に、大きな箱に詰めた現金を使って目的を追求してきた。マスードの部下たちは、金のために動くとCIAに思われていることは不満だった。

内戦は複雑で邪悪だったかもしれないが、マスードの部下たちは国のために戦い、血を流して死んでいく兵士だと自任していた。長年の間にマスードの組織には、快適な隠退生活を実現できるだけの出所不明の金が集まっていた。それでも彼らの多くは深刻な危険や窮乏にもかかわらず、カブールでマスードの側にとどまっていた。CIAはなぜいつも、おれたちが血族や国よりも金を重視しているかのように扱うのか。彼らのなかにはそう憤慨する者もいた。ただもちろん、彼らが金の受け取りを拒むことで有名になることはなかった。

ゲーリー・シュローンは、カブールに六つほどあるマスードの隠れ家の一つに案内された。彼らは真夜中近くまで待って、ようやく司令官に呼び出された。ロケット弾攻撃と銃撃戦でほとんどの欧州外交官が出て行く前はオーストリア大使の公邸だった家で、彼らは会談した。

マスードは白いアフガンのローブを身に着け、丸く柔らかい羊毛のパンジシール帽をかぶっていた。背の高い男だが、堂々とした体格ではない。静かで儀礼的。しかし強烈なオーラを放っていた。

付き添いの者がお茶をついだ。薄暗い明かりの中で、彼らは間に合わせの会議テーブルを囲んで席に着いた。マスードは訪問者の背後関係などについてハリリとダリー語で話した。

マスードはCIAが求めたこの会談に懐疑的な様子だった。CIAはマスードたちが直面する急進派タリバンの脅威を無視してきた。マスードの仲間内には、CIAが密かに金と銃をタリバンに提供したと疑う者もいた。アメリカは長年の間マスードの友人だったが、移り気な友人だ。今は何を求めているのだ?

「あなたと私には歴史があります。顔を合わせるのは初めてですが」。シュローンはこう切り出したのを覚えている。非難するつもりはなかったが実際のところ、あまり幸せな歴史ではなかった。

一九九〇年の冬にCIAはマスードと密接に協力していた。マスードは当時アフガン北東部の山中で活動し、カブールはナジブラ大統領が支配していた。太って口ひげを生やした元秘密警察長官で、ソ連軍が八九年に撤退したあとも権力の座にしがみついていた共産主義者だ。モスクワはナジブラを支援し、アメリカは軍事力によるナジブラの打倒を模索した。ソ連は大量の軍事・経済援助を陸路と空路で提供した。パキスタンの軍情報機関と協調するCIAは、アフガン周辺にいくつかある重要な物資供給ルートを同時に攻撃する計画を立案した。CIAはマスードにきわめて重要な役を割り振った。マスードの部隊がソ連からカブールに至る南北の主要道路サラン街道近くに陣取っていたからだ。

シュローンは一九九〇年一月にパキスタンのペシャワールを訪れた。そこにはマスードの弟アハメド・ジアの屋敷があり、アフガン北東部にあるマスードの本部と無線がつながっていた。シュローンは無線を通じてマスードとCIAの攻撃計画について話し、マスードに西に移動して冬が終わるまでサラン街道を閉鎖するよう求めた。

マスードは同意したが財政支援が必要だと語った。弾薬や兵士の防寒服を買う必要があった。政府軍の報復に巻き込まれないように、村人たちを攻撃地域から立ち退かせる必要もあった。こうした支払いのためマスードは、月々CIAから受け取る金に加えて多額の金を望んだ。シュローンとマスードは現金五〇万ドルの一時金支払いで合意した。シュローンはすぐにペシャワールにいるマスードの弟に自ら金を届けた。

数週間が経過した。小規模な戦闘が数回あり、サラン街道は数日間閉鎖されたが、すぐに再開されてしまった。CIAの知り得る限り、マスードは合意に反して主力部隊をまったく動かさなかった。この件にかかわったCIA担当官らは五〇万ドルを巻き上げられたのだろうと考えた。サランはアフガン北部の住民にとって死活的な交易路であり収入源だった。マスードは地元支持者の離反を恐れ、過去にこの道路を閉ざすことに消極的だったことがあった。マスードの部隊はこの道沿いで税金を稼いでもいた。

マスードはのちにCIAに対し、部下の司令官は合意どおりに攻撃計画に着手したが、天候やほかの問題のせいで足止めを食ったのだと弁明した。マスードの説明を裏づける証拠は見つからなかった。CIAの知る限り、マスードの司令官たちはサラン周辺での戦闘に加わらないことを選んだのだ。

シュローンは今、マスードに六年前の合意を思い出させ、彼の弟に自らが五〇万ドルを手渡した話をした。

「いくらだって?」マスードは尋ねた。

「五〇万」とシュローン。

マスードは側近らと話しはじめた。側近の一人が小声のダリー語で「五〇万ドルは受け取ってない」と言った。

マスードはシュローンに以前と同じ弁明を繰り返した。九〇年冬の天候はひどかった。望むようにうまく部隊を動かすことができなかった。多額の支払いにもかかわらず、弾薬が不足していた。

シュローンは「もう全部過去のことだ」と言った。

マスードは自分たちの不平を口にした。彼は思慮深く説得力のある話し手だった。明確で力強いが、大声を出したり感情を露わにしたりすることはなかった。CIAとアメリカはアフガン国民を置き去りにしてアフガンから立ち去った、と彼は言った。マスードたちはソ連占領中にCIAが提供した支援には確かに感謝したが、今ではアフガンを見捨てたアメリカの決断を苦々しく思っていた。

「われわれは、ここにいます」とシュローンは言った。「関係を再開したいのです。アメリカはアフガンにますます関心を高めています」。一年か二年後かもしれないが、CIAは戻ってくる。シュローンは彼らに言った。事態はそういうふうに動いているのだと彼は言った。とくに一つの懸念が台頭しているのだ。テロリズムが。


四カ月前の一九九六年五月に、サウジアラビアの億万長者の一七番目の息子であるウサマ・ビンラディンがアリアナ・アフガン航空の専用機でアフガニスタンに到着していた。CIAと違ってビンラディンは自分用にチャーター機を用意する金があったのだ。彼は、世界規模のイスラム戦争を心に描いて燃え上がり決意を固めた多数のアラブ急進派を伴っていた。彼はまず、カブール東方にある埃まみれの州都ジャララバードに到着し、地元の軍閥に出迎えられた。軍閥指導者たちの間でビンラディンは、対ソ聖戦中にときおり自らも戦闘に加わった慈善家として知られていた(6)。

彼が今回アフガニスタンに戻ってきたのはほかに選択肢がほとんどなかったからだ。これに先立つ四年間はスーダンで暮らしていたが、同国政府は彼を追放した。アメリカとエジプト、アルジェリアなどは、ビンラディンが中東各地の凶暴なイスラムテロ組織に資金を与えていると主張した。スーダンは国際社会の歓心を買うため、ビンラディンに出て行けと告げたのだ。母国サウジアラビアは彼の市民権を剝奪していた。アフガンは彼にとって安全な居場所を確保できる数少ない地の一つだった。政府はほとんど機能せず、軍閥は好き勝手に略奪をし、貧しい国民は贈り物を抱えた豊かなシャイフ〔指導者、長老〕を歓迎した。

ビンラディンがハルツームで暮らした都会的な邸宅やエアコンの効いたビジネス・オフィスに比べると、アフガンの居住環境はかなり厳しかった。アフガンに到着したときビンラディンは機嫌が悪く、自分を流浪の身にした者たちに腹を立てているようだった。この年の夏、ビンラディンはアメリカに対する大規模な攻撃を初めて公に裁可した。

彼は八月に「二聖都の地を占領するアメリカに対するジハード宣言」と題して戦争を呼びかける声明を発表した。「二聖都の地」とは五〇〇〇人を超す米軍兵士が駐留するサウジアラビアを指す。ビンラディンは信奉者たちにイスラエルとアメリカを攻撃して「可能な限り大きな損害」を与えるよう求めた。

ビンラディンはまた米国防長官のウィリアム・ペリーに宛てた詩も公表した。

　ウィリアムよ、明日おまえは知らされるだろう
若者がおまえの尊大な兄弟に立ち向かい

少年が微笑んで戦闘のまっただなかに加わり
槍の穂先を血で汚して引き揚げることを

彼はこの声明に「アフガニスタン、ヒンズークシの山頂にて」と記した。[7]

ＣＩＡは数年間ビンラディンを追跡していた。スーダン在住中はハルツームのアメリカ大使館を拠点としたＣＩＡのチームが彼を監視した。その当時、ＣＩＡはビンラディンを主にほかのテロリストらへの資金提供者だと見なしていた。[8] 一九九六年一月、ＣＩＡはビンラディンの組織がＣＩＡ職員や米外交官を攻撃する恐れがあるとして、ハルツームのアメリカ大使館閉鎖を進言した。大使館閉鎖後、ＣＩＡはバージニア州のＣＩＡ本部を拠点に、このサウジ人を追跡する新たな班を立ち上げた。[9]

ビンラディンがアフガニスタンから血も凍るような詩を発表したのち、ＣＩＡ本部とイスラマバード支局は公電を交わし、カブールでマスードと会談することは、「ヒンズークシの山頂」にいるビンラディンの情報収集に役立つのか否かを協議した。

マスードと接触する価値を疑問視するだけの理由はあった。アフガンを知るＣＩＡ担当官のほとんどはマスードの思慮深さと勇敢さに敬服していたが、サラン街道をめぐる五〇万ドルの件などは、マスードが生来の独立心によって先の読めない盟友になる可能性を示していた。マスードはビンラディン型の急進的イスラム主義者ではなかったが、自分の大義のためにアラブ人兵士を歓迎したことがあったし、過激派ネットワークとも接触を維持していた。マスードと彼の情報機関はビンラディンを追跡し対決するための信頼できるパートナーになり得るだろうか？　一九九六年九月、ＣＩＡ内の意見は割れていた。そしてこの後五年間、割れたままであり続ける。ＣＩＡとマスードの秘密の協調が深まり、マスードとアメリカの運命が破滅的にからみ合う五年後の九月まで。

ラングレー（ＣＩＡ本部）はゲーリー・シュローンに対して、テロリズムに関する協力関係をマスードと結ぶための資金も、正式な命令も与えていなかった。ＣＩＡのビンラディン担当班はシュローン訪問を支持し、マスードとテロリズムの問題を話し合うよう促した。しかし彼らには、それ以上のことをする資金も法的な権限もなかった。ただシュローンには、ＣＩＡとマスードの関係を復活させる方法がもう一つあった。スティンガーミサイルだ。

スティンガーはＣＩＡによって一九八六年にアフガニスタンの戦場に初めてもたらされた。携帯型で肩に担いで発射する兵器で、耐久性が高く使いやすかった。自動化された熱追尾システムは驚くほど機能した。ＣＩＡの供給を受けたアフガン反乱軍は一九八六年から八九年にかけて、スティンガーで多数のソ連軍ヘリコプターと輸送機を撃墜した。このミサイルのためにソ連の将軍たちは空爆戦術の変更を強いられた。その威力は何千ものロシア人パイロットと兵士らに恐怖を植えつけた。

ソ連軍の撤退後ＣＩＡは、テロ組織やイランのような敵対国が、出回っているスティンガーを買いつけ、アメリカの民間旅客機や軍用機に対して使用するのではないかと思い悩んだ。戦争中、ＣＩＡは二〇〇〇から二五〇〇のミサイルをアフガン反乱軍に提供した。その多くが反米過激派イスラム指導者とつながる司令官たちに渡ってしまっていた。イランはすでに数基を手に入れていた。

ジョージ・Ｈ・Ｗ・ブッシュ大統領とその後のビル・クリントン大統領は、ＣＩＡに可能な限り多数のスティンガーを現在の所有者から買い戻すよう命じる機密計画を承認した。議会は買い戻しを支援するため何千万ドルもの支出を秘密裏に認めた。この計画はイスラマバード支局を管轄するＣＩＡ作戦本部の近東局によって運営された。ミサイルの製造番号に基づいた詳細な記録が保存されており、ＣＩＡは供給したスティンガーの数をかなり精密に押さえていた。だが、兵器がアフガンに到達したあとのことは把握できなかった。一九九六年のＣＩＡの推定では、約六〇〇のスティンガーが出回ったままだった。[10]

CIAの買い戻し計画はアフガニスタン軍閥にとって冷戦後の現金払い戻し制度のようなものになっていた。ミサイル一基の価格は八万ドルから一五万ドルだった。パキスタン情報機関がCIAの下請けとして大多数の買い戻しを処理し、一基集めるごとに手数料を稼いだ。[11]アフガン内戦で空軍力は大きな役割を果たしていなかったこともあり、ミサイルを所有する司令官たちは積極的に買い戻しに応じた。九〇年代中頃にCIAがスティンガー買い戻しに費やした金額は、同時期に米政府の他部局がアフガン人道支援に注いだ総額に匹敵した。スティンガー買い戻しは空の安全を向上させたかもしれないが、アフガンの街や村を破壊している軍閥に多額の現金を与えることにもなった。

アハメド・シャー・マスードはまだ一基もミサイルを返納せず、金も受け取っていなかった。CIAはそれを変えようとしており、それがこの九月にゲーリー・シュローンがカブールを訪問した重要な側面だった。もしマスードが買い戻しに応じれば、手持ちの武器を売ることで現金を手にできるし、仲介人として手数料を稼ぐことも可能だった。CIA側はこの金で、将来的なビンラディン問題への協力についてもマスードの快諾を買えるかもしれないと考えた。

会談が行われた薄暗い部屋の中で、シュローンはマスードに一枚の紙を手渡した。対ソ聖戦中にCIAがアフガン兵士らに提供したミサイルは二〇〇〇を少し上回るとの推計が記されていた。[12]マスードはその数字を見た。「このうち私が何基のミサイルを受け取ったか知っているか?」彼は紙に数字を書きつけ、シュローンに見せた。マスードの非常にきれいな筆跡で「8」と書いてあった。「それだけだ」とマスードは言った。「しかも共産主義政権との戦いの最後になってだ」

シュローンがこの会話をCIA本部のいくつかの部局に公電で報告すると、マスードの言い分が正しいことがわかった。対ソ連アフガン戦争を生き抜いた者にとって、マスードが受け取ったのがそれだけとは信じ難かった。彼はこの戦争で最も荒々しい司令官の一人だった。だが反乱軍への武器提供でCIAのパートナーを務めたパキスタン情報機関は、複雑な理由からマスードを信頼せず、彼を邪魔し続けた。またマスードはミサイル供給を後押しするイスラム主義政党とも不安定な関係だった。この結果、アフガンの司令官たちに戦争で最も重要な武器が配られているときに、マスードはその一パーセント未満を、しかも一九九一年になって受け取っただけだった。

CIAはマスードにミサイルの買い戻しに応じるよう求めた。マスードは八基すべてを保管していた。またCIAはマスードに、アフガニスタン北部にいるほかの司令官たちとの仲介役も務めてほしかった。パキスタン情報機関はアフガン北部とのつながりが薄く、スティンガーをほとんど買い戻せていなかった。シュローンは、マスードの支援は役立つと告げた。

マスードは計画に加わることに同意した。彼は保有分の買い戻しに応じ、部下やほかのアフガン兵士らがスティンガーを持っていないか探してみるとシュローンに語った。彼は、言い値で売却に応じる司令官もいるだろうと考えていた。シュローンとマスードは細かい計画を立てた。まずマスードの支配下にスティンガーを集め、十分たまったところでCIAが秘密裏にC130輸送機を用意して持ち去ることになった。

彼らはビンラディンのことも話し合った。マスードは、このサウジ人の非常に厳格で非寛容なイスラム観は、アフガン人とは相容れないと言った。ビンラディンのグループは、その当時アフガンでタリバンの周辺に集結していた武装イスラム急進主義運動の危険な一部分にすぎない。マスードはそう言い、この運動は毒を持つ連合体だと描写した。パキスタンとアラブの情報機関、パキスタンの宗教学校から志願兵としてバスで死地に運ばれる貧しく若い学生たち、国を離れアフガンに革命運動の拠点を築こうとしている中央アジアのイスラム急進主義者たち、そして、ペルシャ湾岸から金と物資とインスピレーションを持ってジェット機で飛んで来た裕福なシャイフと説教師たちによる連合体だ。ウサマ・ビンラディンはこうしたよそ者のシャイフのなかで、最も野心的で最もメディアを意識しているにすぎなかった。

ビンラディンが最初に到着したジャララバードの東部は大混乱に陥っていた。一説によると五月にビンラディンの飛行機を出迎えた軍閥指導者は暗殺され、ビンラディンはアフガン人の明確な後援者を失ってしまっていた。[13] それと同時に、タリバンがジャララバード進軍を開始し、マスードと緩やかな連合を結ぶ軍閥をなぎ倒していった。事態は急変していた。

シュローンは、ビンラディンに関する信頼できる情報源構築を手助けしてもらえるかマスードに尋ねた。双方にとって利益となる。八〇年代以来の共通の知り合いで、ビンラディンらが拠点とする東部で活動中の司令官たちに働きかけてくれることをCIAは望んだ。マスードはやってみると答えた。シュローンは、これは手始めだと語った。この時点で彼に情報収集を支援する資金はなかったが、CIAのほかの面々があとに続き、協力を深めるだろうと言った。

会談は午前二時ごろに終わった。翌日、シュローンはサラン・トンネルまでドライブに出かけた。カブールとアフガン北部を結ぶ活気に満ちた岩の道で、海抜約三三五〇メートル。彼が閉鎖しようとしてCIAの五〇万ドルを無駄に費やした場所まで、でこぼこ道を車で四時間走った。

マスードの側近たちは、小さなバッグを肩に担いだシュローンが乗ったアフガン・アリアナ航空便を見送った。彼らはシュローンが来たことを喜んでいた。わざわざカブールを訪れるアメリカ人は少なかったし、シュローンのように地元の言葉を話し、アフガンの複雑さを理解する人はもっと少ない。マスードの情報将校たちはそう思った。このCIA構想がどこから突然出てきたのかはっきりせず、彼らはシュローンが本部に逆らって独自の任務を計画したのだろうと推測した。

これが手始めだとしたら、とても小さな始まりだとマスードの顧問たちは考えた。彼らは残忍な未完の戦争の最中にあり、アメリカに無視されたと感じていた。彼らは物資の補給と政治的支援、タリバンに対する公然の強い非難を必要としていたが、ＣＩＡが提案してきたのはスティンガーミサイル回収に関する限定的な協力だった。

会談に同席したマスード顧問の一人は、のちにアフガンのことわざを思い出すことになる。大まかにこう訳せる。「蜜のことを話しても甘くない。蜜を口にしなければ」。ＣＩＡはスティンガーとテロリズムに絞ったマスードとの新たな秘密協力について前途有望なように話すが、蜜はどこだ？

シュローンが帰ってから一週間もたたないうちに、アハメド・シャー・マスードは自身の軍歴上最悪の敗北を喫した。

タリバン軍がジャララバードから接近してきた。彼らはビンラディンか誰かが提供した現金で潤っているようだった。九月二十五日、鍵となる前進基地サロビがタリバンの手に落ちた。白いターバンを巻いてマスカラを塗ったタリバンは、自動小銃とロケット砲を搭載した新車の四輪駆動ピックアップトラックを飛ばし、派手に乗り回した。九月二十六日の午後三時、カブール北郊の機甲師団司令部で行った幹部司令官らとの会議で、マスードは自軍が包囲されており、壊滅を避けるため撤退しなければならないと結論づけた。[14] 彼の政府軍は持ち出せるだけの軍事装備品を引きずり、大急ぎで北へ退却した。日暮れまでにタリバンはカブールを征服した。敬虔なイスラム教徒を死後の栄光に備えさせるため、自らが神に選ばれたと信じる片目のアミール（指導者）率いる民兵組織は、アフガニスタンの領土と主要都市の大部分を支配下に置き、政権を握った。

ワシントンでは国務省報道官のグリン・デービスが、記者会見室の演壇で米政府の公式反応を発表し「国民的和解が始まる好機となることを望む」と語った。「われわれは、タリバンがすべてのアフガン人の権利を尊重し、早急に秩序と安全を回復し、国民的和解に向けて政府を発足させることを期待する」。アメリカがタリバン政権と外交関係を開く可能性について問われ、デービスは「アフガンにどう対処するのか早まった判断はしない」と答えた[15]。

これは、説明できる本物の政策がないときに国務省報道官が繰り返す表現だ。政府内外の少数のアフガン・ウォッチャーを除けば、ワシントンでカブール陥落への反響はほとんどなかった。ビル・クリントンは再選に向けた本格的な選挙運動を始めたばかりで、共和党候補のボブ・ドールを圧倒的に引き離していた。ダウ・ジョーンズの工業株平均は五八七二と四年間で八〇パーセント近く上昇しており、失業率は下落。かつて世界に滅亡の脅威を突きつけたアメリカとソビエトの核軍備は着実に解体されていた。国民は平和だと信じていた。

アフガニスタンとパキスタンなど近隣諸国では、デービスの言葉や同趣旨の国務省当局者らの発言は、アメリカがタリバンによる統治を容認したものと受け止められた。

ＣＩＡはカブール陥落を予測していなかった[16]。それどころか陥落の数日前に支局長が単独で首都に入り、捕らわれの身となる危険を冒していたのだ。ＣＩＡは現場組もラングレーの本部も、マスードの立場が弱まりタリバンが強くなったことをほとんど理解していなかった。

わずか数年前、アフガニスタンはＣＩＡにとって史上最も誇れる成果の中心だった。ソ連侵略軍を秘密工作で撃退したのだ。だが今やアフガンはＣＩＡの「作戦指令」からまさに消え去っていた。

冷戦終結後の「負のスパイラル」は、たとえばコンゴやルワンダでもアフガニスタンに劣らず険しかった。だが九月十一日の朝にアメリカを襲ったのはアフガンの嵐だった。アメリカ人がほとんど知らなかった戦争、会ったこともなかった敵が、ナチス・ドイツの空軍にもソ連のロケット部隊にも越えられなかった大洋を渡って、米本土の二つの都市で民間人数千人の命を奪った。それはどのようにして起きたのか？史上あまたある奇襲攻撃のなかで九・一一に特徴的なのは、事件前に情報機関と非公式の秘密ネットワークが果たしていた役割だ。ビンラディンと側近たちがアフガンの聖域で九・一一攻撃を承認したとき、ＣＩＡは秘密裏に彼らを追っていた。まさにその同じとき、ビンラディンと盟友たちはタリバンを通じてパキスタン三軍統合情報部（ＩＳＩ）の保護を受けていたのだ。

これが二〇年間続いたパターンだ。政府公認の秘密活動と非公認の秘密活動、秘密のテロと対テロ作戦。その失敗に次ぐ失敗が織り合わされ、二〇〇一年に白日の下で弾けた宣戦布告なき戦争の母体をつくり出したのだ。

この物語でアメリカの主役はＣＩＡだ。八〇年代にはアフガニスタンで反ソ聖戦をかたち作り、九〇年代後半にウサマ・ビンラディンがアフガンに戻ると彼を妨害し、捕捉・殺害する秘密の作戦を行った。ＣＩＡのテロ対策センターは九・一一に先立つ二年間、ビンラディンに対抗するためにマスードやほかのアフガン人と緊密に協力した。だがＣＩＡは米政府を説得できず、マスードやＣＩＡ担当官の望むようには進めなかった。

ビンラディンとどう立ち向かうべきか苦闘するなかで、ＣＩＡはサウジアラビア、パキスタン両国の情報機関との同盟関係を懸命に制御しようとした。相互不信に満ち、ときに有毒な同盟関係だ。アフガンでの過去の転換点のときと同じことだ。こうした公式接触の秘密の手順が延々と続き、思い込みが吟味されなかったことは、アフガニスタンがウサマ・ビンラディンの聖域となる一因となった。また、暴力的な世界的野心をにじませる急進的イスラム主義がアフガンで台頭するのを煽りもした。

アメリカ史上のほかの地殻変動的事件と比較すると、この物語でCIAが占めた中心的役割は異常だ。CIAの担当官と幹部らの苦闘と成功、失敗の物語は、九・一一に先立つ秘密の戦争を描き出す助けになる。将軍や米兵たちの物語が過去の戦争を描き出したように。もちろん、ほかのアメリカ人もこの闘いをかたち作った。大統領、外交官、軍高官、国家安全保障担当補佐官、そしてのちには「カウンターテロリズム」という新技術の専門家たちだ。

パキスタンとサウジのスパイと、彼らに命令を下し支配しようと無駄な努力をしたシャイフや政治家たちは、アハメド・シャー・マスードらアフガン人司令官とともに地域戦争に加わった。この戦争は頻繁にかたちを変え、死者を包む白布に常に包まれていた。地元権力者やスパイのなかにはCIAの仲間がいた。彼らと相反する目標を追い求めている者もいた。多くの者は同時に両方のことをしていた。九・一一に先立つ物語は彼らの物語でもある。そして彼らの間を旋回していたのが、国家を持たないイスラム急進主義者たちの流動的なネットワークだ。彼らは一九七九年以降に世界規模で再生し、ほかの多数の組織とともに、やがてビンラディンのアルカイダを生み出す。時がたつにつれ、これらの急進的イスラム・ネットワークは正規の情報機関の欺瞞に満ちた秘密のスパイ技術を取り入れた。直接の訓練を通じて方法論を身につけることもあった。

八〇年代、CIAの物資供給を受けるアフガン反乱軍に包囲されたソ連軍兵士は、アフガン兵を「亡霊（dukhi）」と呼んだ。ソ連は敵の姿をはっきりとつかむことができなかった。彼らが去ったあとも、アフガンではその状態が長く続いた。ソ連軍の侵攻が始まる前から二〇〇一年晩夏の最後のときまで、これは亡霊たちの闘いだったのだ。

第1部◆血を分けた兄弟

1979年11月〜1989年2月

第1章 おれたちはここで死ぬ

それは激動の年の小さな暴動、流れ去る雲間にきらめく一瞬の雷鳴だった。暴徒が押し入ってきたとき、三十二歳の米政府会計検査官ウィリアム・プッチャーはホットドッグを食べていた。昼食はプールサイドにあるクラブでとろうと決めていたのだ。パキスタンのイスラマバードに約一三ヘクタールの敷地を擁する、静かなアメリカ大使館内でのことだ。大使館には約一五〇人が雇用されており外交官とスパイ、援助関係者、通信専門家、各種の事務官と数人の海兵隊員がいた。「カーターの犬め！」と暴徒は叫んだ。アメリカ大統領ジミー・カーターを指している。「アメリカ人を殺せ！」。プッチャーは食事を放り出して小さな事務室に隠れたが、息の詰まるような煙とガソリンの刺激臭で外にいぶり出された。彼らはいきり立った乱入者が彼の顔めがけてれんがを投げつけ、別の一人が後頭部をパイプで殴った。彼らは指輪二つと財布を奪い、彼を車に押し込むと五キロ離れたクアイディアザム大学の寮に連行した。真のイスラム社会という理想像に燃え上がったエリート大学院の学生指導者たちが、プッチャーを「イスラム運動に反対した」罪で裁くと宣言した。プッチャーにしてみれば「アメリカ人であるというだけで告発された」ようなものだった。(1)

事件が起きたのは一九七九年十一月二十一日。テヘランの米大使館ではこのとき四九人のアメリカ人がイスラム急進派の学生やイラン革命軍によって捕らわれの身となっていた。彼らはこの日、人質を救出しようとする動きがあれば自爆攻撃で人質を殺すと宣言した。イスラム世界で最も神聖な街サウジアラビアのメッカでは、国家警備隊が大モスク（聖モスク）を取り囲み、コーランの予言どおりアラーに遣わされたマハディ（救世主）だと自称する神学生を捕まえようとしていた。マハディの信奉者たちは自分たちの信仰心を示すために礼拝者を自動小銃で銃撃した。ワシントンの近郊では、ジミー・カーター大統領がキャンプ・デービッドで感謝祭の準備をしていた。この日が終わる前に、カーターは自身の任期中初めて、敵の攻撃によって米兵の死者を出すことになる(2)。

イスラマバードの米大使館三階にあるＣＩＡ支局内。副支局長のボブ・レサードと若き担当官ゲーリー・シュローンは焼却炉の具合を調べ、機密文書を焼却する準備をした。こうした状況に備えて支局にはシュレッダーと、自前の煙突のついたガス焼却炉が用意されていた。レサードは事案ごとの書類やほかの機密書類を整理し必要なら焼却を始められるようにした。

レサードとシュローンはともにペルシャ語が話せ、一九七〇年代にイランで任務についた経験の持ち主だった。シュローンは電気技師の息子としてセントルイス東部で育ち、家族の中で初めて大学に進んだ。一九五九年、陸軍に入隊し兵卒のまま名誉除隊。除隊時の階級を説明するときには「おれは権威とうまくやれないんだ」と言った。半端仕事を転々とした末に一九六九年にＣＩＡに入った。権威とうまく折り合えない連中ばかりの組織だった。ボブ・レサードは副支局長としてシュローンの上司だったが、二人はお互いを同僚として扱った。レサードは長身で筋骨たくましいハンサムな男だった。髪が薄くなりつつあり、もみあげが長い。彼は面目を失ったと感じながらイスラマバードに赴任した。カブールで従事したソ連工作員の獲得作戦が失敗して異動になったのだ。レサードの知らぬうちに作戦の仲介者がダブルスパイとなり、工作員獲得は大失敗だった。レサードはアフガニスタンを去るしかなくなった。

作戦失敗は彼の責任ではなかったが、名誉を取り戻す必要があると思いながらイスラマバードに着任したのだ。

スパイ生活の中で、ＣＩＡ担当官同士は必然的に友人となる。常に秘密を保つ必要に迫られている彼らが安全に人間関係を築ける相手は、秘密社会の仲間だけなのだ。レサードとシュローンのように同じ外国語を操り同地域で勤務していれば、驚くほど緊密な関係になる。体調を維持するためレサードとシュローンはイスラマバード周辺の不毛な丘や谷を一緒に走った。彼らは数週間前、テレビや秘密公電を通じてイランの米大使館占拠事件に接し、衝撃を受けた。そしてイスラマバードの米大使館に対して同様の攻撃が迫っているとの噂を追いかけていた。この日の朝も首都を車で回り群衆の集まり具合を調べたが、警戒を要する事態は見当たらなかった。

今になって突然、若いパキスタン人の暴徒たちが大使館の壁を越えてなだれ込んできたのだ。

ＣＩＡイスラマバード支局長のジョン・レーガンと駐パキスタン米大使のアーサー・ハンメルは昼食のため帰宅していた。彼らは大使館内で対応する機会を失ったが、すぐに隣接する英大使館の指揮所から支援を始めた。

シュローンとレサードは大使館正門前にバスが山のように集まっているのを窓から見た。何百人もの暴徒がバスから出てくる。暴徒の一人はロープを投げつけ、大使館の壁を引き倒そうとしはじめた。

大使館の正門前で、暴徒の中核である学生たちはライフル銃を担ぎ、ピストルも所持していた。暴徒の一人がハリウッド映画の真似をして、大使館の門にかけられた錠をピストルで撃った。アメリカ側がのちに検証したところによると、この銃弾が跳ね返って押し寄せた暴徒に命中。暴徒たちは、大使館の屋上から米海兵隊員らが銃撃したのだと考え、発砲しはじめた。この日、大使館の警護に当たっていた六人の海兵隊員は交戦規定により、命を救う目的以外では発砲できなかった。彼らはあっという間に数で圧倒された。

海兵隊にとってイスラマバードは常に平穏な任地だった。大使館の屋上からは野原で牛が草を食むのが見えた。ベトナムを経験した屈強なロイド・ミラー一等軍曹は、一年前のパキスタン赴任以来、ダナン周囲の戦場にわずかでも比較できるような事態はまったく目にしていなかった。七月にも抗議行動はあったが、大したことはなかった。「彼らは歌を歌って石を投げ、それだけで行ってしまった」。ミラーと配下の海兵隊員たちは時間をつぶすために定期的に演習をした。小規模の群集を大使館敷地から排除する訓練をし、一人か二人が建物内に入り込んだ想定の訓練までした。だが今、目の当たりにしている事態――武装した多数の暴徒が、ロビー内に陣取った彼らに向かってくるような事態には、まったく備えようもなかった。正門前に次々にバスが止まるのが見えた。監視カメラは二台しかなく、暴徒がいったいどれだけの規模になったのか知ることもできなかった。ミラーはそれを調べるため部下二人を屋上に派遣した。

数分後、大使館の廊下に「海兵隊員が撃たれた」という叫び声が響いた。CIA支局のレサードとシューローンは医療用品をつかみ、大使館の通信部門近くにある階段を駆け上がった。屋上では何人かの大使館員が、うつぶせに倒れたスティーブン・クローリー伍長のまわりにひざまずいていた。身長一九八センチで金髪、二十歳のクローリー伍長はニューヨーク州ロングアイランドのポート・ジェファーソン基地所属で、チェスとクロスカントリーの愛好家。二年前に海兵隊に入隊した。ミラーは近くにあったベニヤ板で作った応急の担架にクローリーを載せると、頭上を飛ぶ銃弾を避けるために低くかがんだまま、階段に急いだ。CIAの二人がクローリーの頭のほうを持った。命にかかわる負傷だったが、病院に運べば助かりそうだった。彼らは担架を担いで三階に着くと、安全の確保された大使館通信室に向かった。通信室には、本国に電報や報告を送るために設けられた国務省とCIAの暗号室が隣り合っていた。今回のような非常事態の際には、大使館員は鉄製の強化ドアを閉めて通信室に閉じこもり、パキスタンの警察と軍が暴徒を排除するのを待つよう定められていた。時刻は午後一時ごろ。暴徒はもう一時間近くも暴れ回っていた。パキスタンの援軍が遠からずやってくるはずだった。(3)

クアイディアザム大学のキャンパスはアメリカ大使館から五キロほど離れた谷間にあり、低層の学生寮や教室、小さなモスクなどが大学通りに沿ってのどかに広がっている。イスラマバードは幾何学的な碁盤の目状に建設された計画都市で、パキスタンの活気ある混乱とは縁遠い街だ。ギリシャ人の建築家とパキスタン人の委員たちが一九六〇年代に首都を設計し、新進国家として認知されることを渇望する政府に、輝ける白い現代性という理想像を押しつけた。人間味のないイスラマバードの中でも、クアイディアザム大学はとくに周囲から隔絶していた。パキスタン「建国の父」ムハンマド・ジンナーの尊称にちなんで命名された。絵画のようなマルガラ丘陵の麓で、学生たちは木陰の遊歩道を好んで歩いた。イスラマバードの貧弱な繁華街からは一〇キロほど離れていた。一九七〇年代を通じて学内の雰囲気は西洋的だった。ブルージーンズ姿の女子学生や、最新流行のサングラスと革ジャン姿の男子学生らの姿も見られた。国際的な反主流主義の拡大や、多数民族パンジャブの開放的で装飾的なスタイルを反映していた。ラホールやラワルピンディではホテルやオフィスビルに電飾がまたたき、結婚式は音楽やダンスとともに夜通し盛り上がった。民族は異なるが沿岸部のカラチでは、とくにビジネスエリートたちがもっと世俗的だった。クアイディアザム大学の学生たちは多くの場合、イスラム文化と亜大陸的スマートさの少し不道徳な混合体の中で、ファッショナブルな部類だった。

だが近年になって、学内ではイスラム主義者の対抗勢力が台頭していた。一九七九年後半には、保守的イスラム政党ジャマアテ・イスラミ（イスラム協会）がクアイディアザム大学の学生自治会を支配した[4]。イスラム協会の学生たちは少数派だったが、世俗的な教授や学生を脅迫し、西洋のスタイルを取り入れスカーフをかぶるのを拒む女子学生を侮辱した。政党指導者と同じように、イスラム協会の学生たちはイスラム法の適用を通じてパキスタン社会を道徳的に変革すると訴えた。彼らの目的は純粋にイスラム的なパキスタン政府だ。同党は一九四一年に、著名なイスラム急進主義の作家マウラナ・アブ・アラ・マウドゥディによって設立された。マウドゥディはイスラム政治におけるレーニン的な革命手法を主唱し、一九二〇年代に出版した最初の著書は『イスラムの聖戦』と題された。指導部は武装を呼びかけたものの、イスラム協会はパキスタン政治や社会の中では周辺部にとどまっていた。選挙の際にはあまり多くの票を獲得することができず、軍政下でも影響力を発揮できなかった。マウドゥディはパキスタンでのイスラム国家建設という夢を果たせぬまま、この少し前の一九七九年九月に死去した。だが彼の死去とともに、その影響力は新たな高みに達し、支持者らは前進した。彼らには国際的な大義と地域的な大義があった。

ペルシャ湾岸などで非公式なイスラム・ネットワークを長年築いてきたイスラム協会は、一九七〇年代、フランスの学者ジル・ケペルがのちに「オイルダラー・イスラム」と名づける波に乗っていた。一九七三年に石油輸出国機構（ＯＰＥＣ）が実施した原油減産と輸出制限に伴って生じた巨額の富を、サウジアラビアが布教活動に注入したのだ。減産と輸出制限で世界の原油価格は高騰した。アメリカ人が一ガロン一ドルのガソリンをシボレーに給油するたび、サウジと湾岸諸国の国庫は想像もしなかった臨時収入で満たされた。サウジアラビア政府は王家と保守的な宗教指導者との不安定な同盟によって成り立っており、サウジ宗教界は「ワッハーブ派」と呼ばれる独特の教義を信奉する。十八世紀の砂漠の説教者で、あらゆる装飾と近代性を冒瀆と見なしたムハンマド・イブン・アブドゥルワッハーブが説いた教義だ。ワッハーブ派の執拗な厳格さは、従来のイスラム文明の芸術的・文化的伝統と対立した。だがそれは断固とした信仰であり、今や突如としてきわめて裕福なものになった。ジッダを拠点とするイスラム世界連盟などサウジの慈善・布教団体は、オイルダラーが湧き出すのに合わせて何百万部ものコーランを印刷しはじめた。彼らは世界中でモスク建設に基金を寄付し、東南アジアから北アフリカまで各地で考えの近い保守的イスラム組織と関係をつくった。そしてワッハーブ派の教えに基づくイスラム文書を配布し、教育活動を後援した。

パキスタンでは、ワッハーブ派の自然で熱心な盟友はイスラム協会だった。マウドゥディの著作は、自己防衛的なサウジ王室の許容範囲を超えて反体制的だったが、サウジのイスラム法学者たちが求めるイスラム的道徳と社会の変革を促した。

一九七〇年代末までには、イスラム協会のようなイスラム政党は各地で確信に満ちた行動を始めた。左派のアラブ民族主義政権の腐敗と統治失敗により、若者たちは政治的浄化を求めるようになっていた。ムスリム同胞団など秘密で非公式の国際的宗教ネットワークが、イスラム協会のような老舗の宗教政党の求心力を補強した。この傾向はとくに大学のキャンパスで顕著で、急進的イスラム学生組織はカイロやアンマンからクアラルンプールまで各地で影響力を競い合った[5]。一九七九年初頭にホメイニ師がイランに帰還し、アメリカの支援を受けるパーレビ王朝を追い出すと、ホメイニ師の火を吐くような大勝利はこれらの政党や青年組織を強く揺さぶり、キャンパスでの熱い扇動に火をつけた。ホメイニ師は少数派のシーア派であり、とくにサウジアラビアの保守的イスラム主義者の多くはその宗派を嫌っていたが、彼の大胆な成果はあらゆるイスラム教徒を鼓舞した。

一九七九年十一月五日〔一般的には十一月四日とされている〕、イランの学生たちがテヘランの米大使館を襲撃し、外交官らを人質にとった。イスラマバードの閑静な大使館街では翌朝、アメリカを非難し超大国に対する世界的イスラム革命を呼びかける挑発的な横断幕がイラン大使館に掲げられた。イスラム協会の学生指導者たちが熱心なボランティアだった。パキスタン建国時の宗教対立の記憶を抱く党の指導者たちにとって、憤怒の対象は常にインドだったが、新世代はもっと遠い敵――アメリカを視野に入れていた。キャンパスでは世俗的な左派学生組織もアメリカを批判した。アメリカの大きな犬を蹴りつけることは、イスラム主義者と非宗教者を手っ取り早く融合する手段だった。

イスラム協会の学生指導者たちは、パキスタンの新たな軍事独裁者ジアウル・ハク将軍の政治的お気に入りと見なされるようにもなった。ジアウル・ハクは一九七七年に社会主義者のズルフィカル・アリ・ブットから政権を奪った。ブットはのちに首相となるベナジール・ブットの父親である。カーター米大統領ら世界の多くの指導者が寛大な措置を求めたが、ハクは一九七九年四月にズルフィカル・アリ・ブットを処刑した。ほぼ同じ時期に米情報機関はパキスタンが核兵器を入手するための秘密計画を進めているとの分析を発表した。ハクは選挙を取りやめ、国内の反対意見を黙らせようとした。国外から遠ざけられ国内では足元が不安定となり、ハクは政治的宗教を熱烈に説き始めた。パキスタンで草の根政治基盤を構築するためにイスラム協会を強化した。イスラム協会はサウジアラビアやほかの湾岸諸国からの基金で膨れ上がり、パキスタン当局の先兵となってアフガニスタンやカシミールで秘密のイスラム主義活動を行うことになる。

一九七九年十月二十一日、ハクはパキスタンに「真のイスラム秩序」を打ち立てると宣言した。盗みに対する手切断や姦通罪へのむち打ち刑など、イスラム的な刑罰もすでに同年承認していた。これらの刑罰は実際には実施されず、象徴的な宣言であったが、パキスタン政治が向かう新たな方向性を強く示していた。すでに選挙を回避したのをいいことに、ハクは「イスラムには西洋型選挙の規定はない」と指摘した。[6] イスラム協会の指導者たちはハクを擁護し、その学生組織は、イラン急進派の成果に目を奪われ、力を示す準備をしていた。

この燃え上がりそうな時期に、サウジアラビア西部の砂漠にあるメッカの聖モスクに葬列らしい一行が到着した。腕に赤い布を巻き棺を担いでいる。十一月二十日の夜明けのことだ。彼らの様子に変わった点はなかった。モスクは死者に神の加護を祈る場所でもあるからだ。死者はもっと増えることになる。一行は棺を下ろしてふたを開け、突撃銃と手榴弾を取り出した。

彼らの陰謀は一九七〇年代前半にサウジアラビアのメディナ大学にあるイスラム研究組織で生まれた。組織の指導者ジュハイマン・ウタイビはサウジ国家警備隊を除隊していた。彼は数百人の支持者ら(多くはサウジに長期滞在するイエメン人とエジプト人だった)に、彼の義弟でイスラム神学を学んでいたムハンマド・アブドラ・カハタニは、すべてのイスラム教徒を救うため地上に戻った救世主なのだと説いた。ジュハイマンはサウジ王家を攻撃した。彼は石油で腐敗した王子たちが「国土を奪い」さらに「国の金を浪費している」と訴えた。「豪華な宮殿でふしだらな生活」を送っている「大酒飲み」の王子たちがいると。事実に間違いなかったが、彼の指示は過激だった。マハディ(救世主)が地上に戻った目的は「イスラムの純化」とサウジアラビアを王家から解放することだ。のちのサウジ反体制派の性向を示すように、ジュハイマンはサウジの国教である厳格なワッハーブ派よりさらに厳格だった。彼はラジオやテレビ、サッカーの禁止を求めた。この朝、伝統的な布教活動では我慢できなくなった彼は、聖モスクの門を鎖で封鎖し数万人の礼拝者をモスク内に閉じ込めた。モスクの指導者は救世主の降臨を追認しなかった。ジュハイマンと彼の配下たちは銃撃を始め、何十人もの罪なき巡礼者が死亡した。(7)

サウジアラビアは当初、この奇妙な事件の背後に誰がいるのかをイスラム世界に示そうとしなかった。世界中の敬虔なイスラム教徒は一日に五回、メッカにあるカアバ神殿の方角を向いて祈る。そこが侵入者によって不法占拠されたのだ。やつらは何者で、何が目的なのだ。サウジ政府はこの危機を広報したくなかった。サウジ当局者らにとっても、当初は攻撃の背後に誰がいるかが不明確だった。国から国、大陸から大陸へと断片的な目撃証言や噂が駆け巡った。ワシントンではサイラス・バンス国務長官がこの日の夜、メッカの危機を受けて警戒を強めるよう呼びかける電報を世界中の大使館に発した。国務省はこの二週間ほど前に、大使館施設がいかに脆弱で、憤りに駆られた群集がいかに迅速に米外交官を襲うか、苦い教訓を得たばかりだったのだ。

イスラマバードのハンメル大使は翌朝、これらの警戒電報に目を通した。イスラム急進主義がパキスタンのアメリカ人にとって深刻な危機だとは思っていなかった。そんなことは今までになかった。だがCIAイスラマバード支局はこの何週間か前に、クアイディアザム大学の学生たちがイランの人質事件を支援するため、米大使館で抗議行動を計画しているかもしれないとの情報を得た。このためハンメルは通常の警備に加え、二十数人のパキスタン警察部隊の追加配備を要求し認められていた。

追加部隊は二十一日の朝には大使館で配備についていた。この日イスラマバードでは聖モスク占拠の背後にアメリカとイスラエルがいるという噂が広がり、ラジオでも放送された。噂によると、ワシントンとテルアビブはイスラム世界を無力化するために、イスラム信仰の砦を占拠すると決めたというのだ。馬鹿げた話にもかかわらず、数千人のパキスタン人が信頼できる話だと考えた。メッカで占拠事件が起きているときに、ボイス・オブ・アメリカ〔米政府系ラジオ局〕は、テヘランの人質事件犯人らに力を誇示するためカーター大統領が海軍艦船のインド洋派遣を命じたと報道した。ちょっとした想像力があれば、二つのニュースを結びつけるのは難しいことではなかった。クアイディアザム大学の学生たちが抗議行動の計画を練っているとき、イスラマバードの日刊紙「ザ・ムスリム」は「帝国主義者と手下による……イスラム世界に対する二つの敵対行動」と題する特別号を発行した。[8]

ジアウル・ハク将軍はこの日、イスラムの価値観を通じた公民意識の向上を促進する計画だった。午後の長い時間をかけてイスラマバードに隣接したラワルピンディを自転車で走り回ろうと決めていた。ハク将軍はイスラムのパンフレットを配り、自転車のよさも宣伝する考えだった。軍事独裁者の行くところに、パキスタン軍と治安機関のお偉方が付き添うのは当たり前のことだ。米大使館が最初の緊急信号を発したとき、パキスタン軍幹部のほとんどは連絡がつかなかった。彼らはボスの後を追って自転車のペダルを漕いでいたのだ。

ゲーリー・シュローンがオフィスのカーテンを閉めようと窓に近寄ると、外にいるパキスタン人暴徒の一人が彼に銃を向け発砲し窓ガラスが割れた。シュローンと隣にいた若い海兵隊員は一瞬早く男の動きに気づき、映画のスタントマンのように飛んで銃弾をかわすことができた。銃弾はＣＩＡ支局の壁に命中した。もはや機密書類を破棄している時間はなかった。シュローンとレサードは事案ごとの書類と変装用具を残したまま支局のドアに鍵をかけ、海兵隊の武器庫からウインチェスター一二〇〇ショットガンを二挺つかんで三階の暗号室に向かった。

午後二時までに、一三九人の大使館員とパキスタン人職員が暴徒から身を守るため室内に入った。若い政務班員が、ワシントンに襲撃を知らせる至急電を手書きでしたためていた。彼が書き上げると、通信班員が暗号作成装置を一つ一つ破壊した。暴徒の手に落ちるのを防ぐためだ。ＣＩＡの暗号装置を壊すハンマーの音がリズミカルに室内に響いた。

負傷し意識を失って横たわった海兵隊員スティーブン・クローリーの血が床に流れる。酸素ボンベの助けで呼吸する彼を大使館の看護師が見守った。暴徒たちの人数と怒りは膨れ上がり、大使館敷地内のあらゆるところで暴れ回っていた。彼らは公文書保管室に火炎瓶を投げ込み、資料と家具に火が回った。建物のその一角全体が炎に包まれた。大量の紙が詰まった予算財政部門の部屋が燃え、真上にある通信室をたき火にかかった鍋のように熱しはじめた。英国大使館では、最大時で一万五〇〇〇人のパキスタン人暴徒が押し入ったと推定した。

ロビーに陣取って防御を指揮していたミラー一等軍曹には、わずか五メートル先で暴徒たちが押し潰された正面玄関を乗り越えてくるのが見えた。彼らは薪とガソリン、マッチを持ってロビーに向かってきた。ミラーは配下の兵士たちに発砲を命令する許可を何度も求めたが、大使館のデービッド・フィールズ参事官はすべて拒否した。発砲すれば暴徒を刺激するだけだと判断したからだ。自分が守るべき建物が火に包まれつつあるのに、ミラーには催涙弾で反撃するしか術がなかった。

ロビーに煙が充満すると、海兵隊員たちは退却して三階にいるほかの大使館員らに合流した。大使館に残された最後の避難所に暴徒らが上がってくるのを何とか諦めさせようと、彼らは最後に残った何発かの催涙弾を撃ってから室内に入った。

外の駐車場では暴徒たちが大使館の車にガソリンをかけ、次々に火を放った。全部で六〇台以上が燃やされた。暴徒たちの一部は大使館の居住区も襲った。れんが造りのタウンハウスが並び、アメリカ人職員とその家族が暮らす場所だ。クアイディアザム大学の学生指導者たちはここから人質のグループを引っ立て、大学のキャンパスに連行してアメリカのスパイとして裁判にかけると宣言した。機転を効かせたパキスタン人警察官の一人が、学生たちの話に従う振りをしてトラックに人質たちを乗せてすぐに出発し、安全な場所に避難させた。アメリカ人のために危険を冒したパキスタン人は彼一人ではなかった。大使館から数キロ離れたアメリカンスクールでは、退役陸軍大佐がクリケットのバットと箒で武装した急ごしらえのパキスタン人警備団を率い、学校を襲った暴徒を撃退した。こうした人びとが英雄的に振る舞った一方で、パキスタン政府は何もしなかった。アーサー・ハンメル大使とジョン・レーガンCIAイスラマバード支局長が何十回も要請したのに、パキスタン軍や警察は何時間たっても到着しなかった。午後遅くになるとガソリン臭い大量の黒煙がアメリカ大使館の敷地から立ち上り、何キロも離れたところからも見えた。

暴徒たちの多くは自発的に騒ぎに加わったが、事件の全容が明らかになるにつれ、かなりの部分は協調して計画されたことが露わになった。ＣＩＡ担当官は大使館の敷地内で、目立つベストを着て武器を持った暴動のまとめ役らしき者たちを見かけた。その中にはアラブ人もおり、クアイディアザム大学にいるパレスチナ人学生のようだった。あれだけ多数の暴徒が短時間で大使館に集結したことも、準備が進んでいたことを示していた。数千人が政府系のパンジャブ運輸会社のバスで到着した。暴徒はほとんど同時に複数のアメリカ関係地に現れた――大使館、アメリカンスクール、ラワルピンディとラホールのアメリカ情報センター、そしてイスラマバードにあるいくつかの米企業だ。クアイディアザム大学の教授らが明かしたところでは、学生たちは午前早く、グランドモスク占拠事件にアメリカが関与した噂が広がる前に教室に乱入して、イスラムの名の下に大使館を攻撃し復讐せよと叫んだ。

午後四時ごろ、パキスタン軍本部はようやくヘリコプターを派遣し現場の様子を調べさせた。ヘリは大使館の真上を飛び、建物を焼き尽くした炎がローターの風で燃え上がった。ヘリは飛び去った。ジアウル・ハク大統領の報道官はのちに、煙が濃密すぎて現場の様子が視認できなかったと説明した。だがハク大統領の周辺にいるＣＩＡの情報源は、別の話を伝えてきた。ヘリ乗組員は基地に戻ると、大使館は徹底的に焼けており館内のアメリカ人は助かったはずもないとハク大統領に報告した。どうせアメリカ人が全員死亡したなら、軍部隊を派遣してイスラム主義者の暴徒と立ち向かって流血を拡大させたり、国内政治的な大変動の危険を冒したりする必要はなかった。ＣＩＡがのちに報告したところによるとハク大統領は、大使館内のアメリカ人を救えないのなら、暴徒たちに焼き尽くさせてやれと判断した。(9)

このころには、館内に残ったアメリカ人とパキスタン人の忍耐は尽きかけていた。彼らは二時間以上閉じこもったが、助けはやってこない。国務省の部屋では、彼らは汗まみれで横たわり、濡らしたペーパータオルを口にあてて呼吸した。催涙ガスが三階に上がってきており、何人かは嘔吐していた。階下の部屋が燃えるにつれ、室内の気温が上昇した。カーペットの縫い目は熱でほころび、床のタイルは膨らんでゆがんだ。

隣のCIA暗号室ではミラー、シュローン、レサードとCIA担当官、海兵隊員らが天井と屋上をつなぐハッチをにらんでいた。ハッチをこじ開けて屋外の新鮮な空気を入れるべきかどうか迷っていたのだ。イスラマバード前支局長は、そういう用途のためにハッチを作らせた。襲撃開始から一時間ほどあとに、暴徒たちはこのハッチを発見した。彼らは鉄製のふたを、壁からはがしたれんがで容赦なくたたき続け、ここから館内に押し入ろうとした。通気管にライフルを突っ込んで銃撃する者もいた。上から撃ち下ろされる銃声と、館内のあちこちに保管された酸素ボンベが炎で爆発する音がときおり響いた。

暗号室の面々はハッチをたたく音を一時間ほど聞き続けた。そこでCIA通信専門家の一人が、鉄のふたに頑丈な延長コードをつなぐ計画を思いついた。「上にいる連中を感電させてやる！」と彼は嬉しそうに言った。彼は上半身裸になり、汗まみれになってハッチのふたに鰐口クリップをつけた。「さあ、ここに電流を流して、あいつらを殺してやる」。彼は壁の電源にコンセントを差し込んだ。四〇〇ボルトの電流がハッチに流れ込んだが、跳ね返されて戻ると壁がボンっとなり煙が上がった。「ちくしょう、抵抗が強すぎるんだ」

最初から怪しいアイディアではあった。装置はきちんと接続されていなかった。作戦が失敗すると、その日初めて笑い声が上がった。だが室内の気温は堪え難いほど上昇し、打開策は見つからなかった。「どうすればいいんだ」と彼らは自問した。「やつらは上にいる。どうすればいいんだ」

さらに一時間が経過した。暴徒のれんがは少しずつハッチをへこませた。周辺のコンクリートも崩れ始めた。ＣＩＡ担当官と海兵隊員たちは、あと三〇分ほどでハッチはこじ開けられてしまうと思った。だが突然、ハッチをたたく音がやみ、屋上の声も静まった。何分間かの静けさののち、ミラー一等軍曹は決断した。「ハッチを開けてみよう」。大使は、室内の安全を守るために発砲する許可を与えていた。必要とあれば戦えるだけの武器もあった。

レサードとシュローンはハシゴを上り、ハッチを半分押し上げた。五、六人の仲間たちが下に控え、暴徒が乱入してきたらいつでも撃てる構えをしていた。

「いいか、ハッチを開けて誰かがいたらおれたちは降りるから、そのあとに撃てよ。先に撃つんじゃないぞ」。彼らは一連の行動を打ち合わせた。

シュローンはハシゴ越しにレサードを見て言った。「おれたちはここで死ぬな、もし誰かが……」

「うん、そうだな、ゲーリー」

だがハッチを開けることはできなかった。ボルトをたたいたが、ハッチはあまりに折れ曲がってゆがみ、持ち上がらなかった。どれだけ押してもだめで、どうしようもなかった。

イスラマバードの日が沈み、外の騒音は十一月の冷たい空気に消え始めた。午後六時半ごろだ。暴徒はもう帰ったか、アメリカ人が脱出しようとするのを待ち構えているのかもしれない。デービッド・フィールズ参事官は、そろそろ潮時だと考えた。彼は一等軍曹に、隊を率いて三階の廊下から屋上に上がるよう命じた。暴徒が向かってくれば発砲する権限も与えた。

ミラー一等軍曹と五人の部下たちは部屋を出て、煙が充満した廊下に踏み出した。彼らは壁に手をあてて自分たちの位置を確認しながら、屋上に通じる階段のほうに向かった。階段に通じる鉄製のドアは蝶番が外れていた。暴徒たちはここまで来ていたのだ。

銃を構えながら、ミラー一等軍曹は部下たちを率いて注意深く階段を上がった。屋上に頭を出したとき、すぐに撃ち合いになると身構えた。だが彼が見たのは、両手を上げて「友達、友達」と叫びながら走り寄ってくる一人のパキスタン人だった。ミラーが手早く身体検査をすると、彼のポケットには「CIA人名録」が入っていた。学生指導者らはテヘランの事件のように、スパイたちを拘束しようと計画していたのだ。ミラーは人名録を取り上げ、男に消えろと告げた。一等軍曹と部下たちはその日、一度も発砲しなかった[10]。暴動はようやく終わった。最後のほうでは次第に散発的な略奪にかたちを変えていた。

調査隊が出発して数分後、室内にハッチを上からレンチで引っ張る音が聞こえた。巨体の海兵隊員が木づちのような手でハッチを引きはがした。間もなくCIA暗号室にいた全員が屋上に上がった。建物を包む煙の向こう、彼らの家があったあたりで炎が上がっているのが見えた。総工費二〇〇〇万ドルを投じて建てられた大使館敷地内の六つの建物はすべて、修復不可能なまでに焼かれてしまった。

海兵隊員は間に合わせの階段を作り、室内にいた大勢の人たちを安全な場所に移した。暗くて寒く、足場は不安定だった。車の明かりと燃え残りの炎が地面をぼんやり照らしていた。パキスタン軍部隊がようやく到着した。彼らは大使館敷地内に立ち、ほとんど見ているだけだった。

室内にいた全員を下に降ろしたあと、ミラー一等軍曹はハシゴを上ろうとした。どこへ行くのかとCIAの男たちが尋ねると、彼は「スティーブンを連れてこなくては」と言った。「おれの部下をあそこに置き去りにはできない」。

数分後、彼は動かなくなったスティーブン・クローリーを毛布にくるみ、肩に担いで戻ってきた。クローリーは室内の酸素ボンベが尽きたときに死んだ。ミラー一等軍曹は揺れる明かりの中で、ハシゴをつたって遺体を地面に降ろした。

「パキスタン軍のおかげで、大使館敷地内の全員が救出され安全な場所に移されたとの報告を受けています」。国務省報道官のホディング・カーターはこの日、ワシントンで記者団にこう語った。カーター大統領はジアウル・ハク大統領との電話で協力を感謝し、ハク大統領は人命が失われたことに遺憾の意を表明した。パキスタンの駐ワシントン大使はアメリカの感謝を受け、パキスタン軍は「速やかに大急ぎで」対応したと述べた。サイラス・バンス国務長官はパキスタン大使館襲撃事件とその背景を協議するため、イスラム諸国三〇カ国の大使を急いで招集した。最近国外で広がるイスラムの好戦性について問われ、バンスは「そういう傾向が出てきたのか否か、現時点では言い難い」と述べた[11]。

死者と行方不明者の情報を整理するのに一日か二日かかった。拉致された会計検査官のプッチャーは真夜中ごろに、クアイディアザム大学の学生たちから解放された。彼らはプッチャーを「帝国主義の豚」と呼び、「メッカの混乱と世界中の問題」についてアメリカは有罪だと結論づけた。だが個人としての彼は無罪だと判断したのだ。彼は傷つき、震えながら大使館に帰り着いた。

救助隊員たちは大使館の一階でパキスタン人従業員二人を発見した。窒息死したとみられ、遺体は激しく焼損していた。大使館敷地内の居住地区では、二十九歳の米空軍兵士ブライアン・エリスが焼けたアパートの床に倒れて死んでいるのが見つかった。ゴルフクラブが遺体の横に転がっていた。殴られて意識を失い、焼かれてしまったとみられる。

金曜日にはパンアメリカン航空のジャンボジェット機で、大使館員と家族ら三〇九人がアメリカに搬送された。

サウジアラビアの兵士とフランスの特殊部隊員が、血なまぐさい銃撃戦を経て聖モスクの襲撃者を打ち破ったのは土曜日だ。サウジは最終的な死者数を公表しなかったが、数百人単位だと推定された。サウジのナイフ内相は反乱の重要性を軽く見せようとして、襲撃者たちは「ただの犯罪的逸脱者」にすぎず「政治的な重要性はない」と述べた。マハディ（救世主）は撃たれて死んだ。信奉者の生き残りはモスクの入り組んだ地下トンネル網に逃げ込んだ。一週間に及ぶ戦闘の末に、彼らはサウジ軍によって一掃された。サウジ王室のためにモスクを再建した建設会社が詳細な設計図を提供し、それが戦闘の最終段階で治安部隊の助けになったという。「ビンラディン兄弟産業」は王家に最も忠実で繁盛している民間企業の一つだったのだ。[12]

アメリカの財務長官ウィリアム・ミラーは騒ぎの最中にサウジを訪問した。アメリカの銀行に約三〇〇億ドルの預金をもつサウジの投資家たちに、アメリカが忠実な盟友であることを伝えて安心させようとしたのだ。彼はまた、原油価格を抑制するためOPECへの影響力を行使するようサウジ王家に迫った。[13]ガソリン価格の高騰はインフレを招き、アメリカ人の自信を失わせていた。

サウジの王子たちは、メッカの反乱が西洋化の流れに対する国民の不安を反映しているのではないかと恐れた。近年、国内ではそうした流れが容認されていたが、彼らはすぐに女性向けの美容院を禁じ、国営テレビの番組から女性アナウンサーを追放した。サウジ情報機関を率いるトゥルキ・ファイサル王子は、メッカの反乱があらゆるサウジ人――シャイフ（指導者、長老）、政府、そして国民全般――の行いに対する抗議だと結論づけた。サウジ王家が汚職をなくし、国民に対する経済的機会を創出すれば、社会的進歩と伝統的宗教観との対立や危機は起きない。彼はサウジを訪れた人びとにそう説明した。

テヘランではホメイニ師が「パキスタンでのアメリカに対する反乱は大きな喜びだ。われわれ迫害された国民にとっていい知らせだ。国境は心を切り離せない」と語った。ホメイニは「プロパガンダのせいで人びとは超大国を恐れ、手を出せないと考えている」と論じ、そんな考えは誤りだと証明されると予言した。[14]

この暴動は、この後何年も繰り返されるパターンを示していた。パキスタンの独裁者ジアウル・ハク将軍は彼なりの理由で、急進的イスラム主義の相棒を後援し強化した。猛烈な反米姿勢を示すイスラム協会とその学生組織だ。彼らは制御が効かなくなった。米大使館襲撃でイスラム協会はハクの指示を大きく逸脱した。それでもハクは、この宗教的な盟友と手を切ることはできないと感じた。アメリカのほうにも、この件に長々とかかわっている余裕はなかった。アメリカとパキスタンとの関係には、もっと大きな利害がかかわっていたのだ。パキスタンは危機満載で貧弱で、しかも核兵器入手の瀬戸際にいるイスラム国だ。アメリカは、漠然としていて何とか対処できそうな政治的宗教の危険性よりも、もっと大きな戦略的問題を懸念すべきだと思われた。

大使館襲撃事件の夜、ジアウル・ハクは全国に中継された演説で暴徒たちを穏やかにたしなめた。彼はメッカの聖モスク占拠に触れ「事件をめぐる怒りや嘆きはきわめて自然なものだ」と述べた上で「その表現の仕方が、規律と寛容というイスラムの高尚な伝統に沿っていなかった」と語った。[15] このあとジアウル・ハクとイスラム協会との提携関係は、年月を経るに従って深まっていった。

イスラマバードに残ったCIAと国務省の職員たちは憤っていた。彼らは一〇〇人を超す同僚とともに、死を目前にして大使館内に取り残されたのだ。パキスタン軍はラワルピンディの本部から三〇分の道のりを五時間以上かけてやってきた。事件が少しでも悪いほうに流れれば、米外交史上最悪規模のアメリカ人死者数となったかもしれなかった。

CIAイスラマバード支局には工作員と会うための車もなくなった。すべて暴徒に焼かれてしまった。ゲーリー・シュローンは大使館近くに放置されたクアイディアザム大学のジープを見つけた。暴徒が置き去りにしていったのだろう。シュローンは点火装置をショートさせてエンジンをかけ、夜間に工作員らと密会するために使った。間もなくクアイディアザム大学の職員が大使館に来てジープの行方を尋ねた。車を取り戻そうというのだ。盗難届が出されたような車は乗り回せないと考えたシュローンはある夜、イスラマバード郊外の湖に行きジープを水に沈めてしまった。わずかではあるが、ちょっとした満足感だった。

第2章 レーニンが教えてくれた

ユーリ・アンドロポフは、クレムリンの物憂げな首領、ソ連共産党書記長のレオニード・ブレジネフを取り巻く灰色の組織をのし上がっていた。六十五歳のアンドロポフは反乱を押さえつける方法を知っていた。少なくとも知っていると思っていた。ソ連軍が一九五六年にハンガリー動乱を鎮圧した際、彼は若き共産主義の官吏として駐ブダペスト大使の要職を得た。一〇年後にはKGB（ソ連国家保安委員会）長官に就きソビエト国内の治安と国外のスパイ活動を管理した。彼は欺瞞の上に成り立つ政治制度内の指導的スパイだった。モスクワのルビャンカ広場にある本部で彼は、国外でのKGB秘密作戦を監督してCIAへの浸透を企て、ソビエト連邦内の反政府勢力を鎮圧した。青白い顔をした彼は集団指導体制の単調な規範に外見上は従った。プラトンを読み汚職撲滅運動を率い、ミハイル・ゴルバチョフら若手改革派に助言を与えていることから、西側のクレムリン・ウォッチャーの中にはアンドロポフにわずかな啓蒙の光を見出す人もいた。アンドレイ・グロムイコ外相やドミートリー・ウスチノフ国防相ら衰えつつある老政治家と比較すればという話だが(1)。アンドロポフのKGBはソ連の内外で、冷酷で残忍な組織であり続けた。カブールのような第三世界の基地で彼の部下は何のとがめも受けずに拷問や殺人を行った。恩顧を失った共産圏の盟友たちは殺されるか追放された。何十万人もの政治犯がグーラグ（強制労働収容所）で惨めな生活を送っていた。

アンドロポフもＫＧＢも、アフガニスタンで共産主義に対する反乱が起きるとは予測していなかった。最初の暴動は一九七九年三月に西部へラートで起きた。カブールで政権の座に就いたマルクス主義者たちが、女子の識字教育を義務化すると発表して間もなくのことだった。こうした識字教育運動は、貨車に積まれて第三世界の共産諸国に送られるソ連宣伝ポスターでおなじみだった。「女性労働者が行軍中」――筋肉質で笑みを見せず、進歩的で決意に満ち、顎を突き出して未来を見つめている姿だ。ソ連共産党はウズベキスタンやタジキスタン、カザフスタンといった中央アジアの国々を席巻する際に、ひなびたイスラム社会を徹底した無神論の警察国家に変質させた。女性たちは工場や集団農場に投入された。だから隣接したアフガニスタンでもそうなる。ＫＧＢの政治専門家たちはそう考えた。

ＫＧＢは二〇年近くにわたり、カブール大学とアフガン軍で共産主義の指導網を秘密裏に育てていた。三七二五人の軍人をソ連領内で訓練し教化した。アフガンのムハンマド・ダウド大統領は一九七〇年代にモスクワとワシントン双方から財政支援や建設プロジェクトを受け入れ、危ういバランスをとって双方を競わせたが、一九七八年四月に道を踏み外した。騒々しい抗議行動を行ったカブールの共産主義指導者らを逮捕したのだ。数日後、アフガン軍内部に育ったソ連の協力者たちが混乱した宮殿内でダウドを射殺した。勢いに乗るアフガン左派は緑色の国旗を破り捨て、農村ばかりで産業技術や現代性とは無縁の宗教的な国土に、赤い旗を掲げた。秘密警察網や軍、民兵組織、工場と共学学校を整備するため、何百人ものソ連軍事・政治顧問団がアフガン各地に駐留した。ＫＧＢの助言を受け、カブールのマルクス主義者たちは共産主義統治の障害となり得る宗教的、社会的指導者らを弾圧した。一九七九年までに約一万二〇〇〇人の政治犯が投獄され、塀の中で組織的な処刑が始まった(2)。

アメリカの資本主義者たちと同様に、ソ連の共産主義者たちもイラン革命の重要性を過小評価した。

彼らもイスラム武装主義がテヘランから地下網を通じて北や東に広がっていることを探知できなかった。クレムリンと系列学術団体にはイスラム専門家がほとんどいなかった。(3) ソ連の中東での盟友はシリアやイラクなどの世俗政権だった。アメリカと同じようにソ連も過去二〇年間、物資と人材のほとんどを欧州やアジアのイデオロギー戦場に注いでいたのだ。

一九七九年早春、ホメイニ師の帰還に鼓舞されたイランの宗教活動家たちが砂漠の国境を越えてアフガンに挑戦的な教義をもたらした。主な受け入れ先となったのがヘラート。貿易と政治を通じてイランとの結びつきが長く、古代の十字路だった町だ。ペルシャ訛りの言葉を話す砂漠の町でハリー川流域に位置し、その伝統的文化と顕著な神秘主義を含むイスラムの教義は、アフガンの他地方ほど女性に厳しくなかった。それでも信心深い土地だ。イランで支配的なイスラム教シーア派の信者が多い。シーア派でなくとも、年初にホメイニ師が宗教的、政治的な復活を遂げたことには力づけられた。カブールの共産主義者とソ連顧問団はそうした状況に気づかず、マルクス主義の教科書どおりに世俗的改革を押しつけた。女子に対する識字教育に加え、徴兵や、部族長老とイスラム法学者が支配していた土地の差し押さえを行った。イスラム的金融制度を廃止し、花嫁への結納金を禁じ、婚姻の自由を法制化し、マルクス主義の教義に基づいた義務教育を導入した。

アフガン陸軍のカリスマ的大尉イスマイル・ハーンは三月、共産主義の強奪者に対するジハード（聖戦）を呼びかけ、重装備のヘラート守備隊を率いて反乱を起こした。彼の部下たちは十数人のロシア人顧問を見つけ出し、妻や子もろとも殺害し、(4) 遺体を町の通りにさらした。ソ連で訓練を受けた飛行士らが報復としてカブールから爆撃機を飛ばし、容赦ない攻撃で町を粉砕した。空襲が終わるころには、アフガン共産政権は発足から一年を目前にしてヘラートだけで二万人もの自国民を殺害していた。イスマイル・ハーンは攻撃を逃れ、西部一帯に反乱を広げた。

ヘラート炎上にＫＧＢ幹部らは騒然となった。「侵略者と呼ばれようとも、いかなることがあろうともアフガンを失うことはできない」。アンドロポフは一九七九年三月十七日、モスクワのクレムリンで密かに開かれたソ連政治局の緊急会議で語った。(5)

この春モスクワのクレムリンで行われた秘密協議の記録は、ソ連指導部がＫＧＢの見方に支配されていたことを示している。アンドロポフはブレジネフの衰えとともに台頭していた。彼のカブール前哨基地である「ＫＧＢ官邸」（そう呼ばれていた）はソ連外交官を差し置いて、アフガン共産主義指導者と接触し資金的関係を維持した。

アフガン人は理解し難く、いら立たしい相手だった。ブレジネフ配下のアンドロポフらは、アフガンの同志たちが愚鈍で自分の利益にとらわれ、頼りにならない連中だと結論づけた。アフガンのマルクス主義者はモスクワが提供する革命の教科書を字義どおりに受け止めすぎ、性急すぎた。和解不能な派閥に分裂し、ささいな特権や退屈なイデオロギーをめぐって論争していた。

「問題は、アフガニスタン指導部がイスラム原理主義の役割を十分理解していなかったことだ」。ウスチノフ国防相は三月十八日の政治局会議でこう述べた。

アンドロポフは「アフガニスタンにはまだ、社会主義を通じてあらゆる問題を解決する用意ができていない。それは完全に明らかだ」と認めた。「経済は遅れておりイスラム教が支配的で、農村住民はほぼ全員読み書きができない。革命に必要な状況に関するレーニンの教えをわれわれは知っている。アフガンは、とてもそういう状況ではない(6)」

彼らはアレクセイ・コスイギン元首相を担ぎ出し、アフガン共産主義者のボスで未熟な悪党、ヌール・ムハンマド・タラキとの電話会談を行った。もっと計画的な手法をとるよう説得を試みたのだ。タラキはアフガン共産革命の最初の一年間で個人的なカルト集団を構築した。自分自身の写真に「偉大な教師」

と説明書きをつけたポスターを何千枚も印刷して貼らせた。国民が大規模な反乱を起こしはじめているときに、タラキは策略をめぐらせて共産主義者の政敵を追放していた。彼はカブールで開いたKGB代表団の歓迎パーティーで、レーニンの手本に忠実に従っていると打ち明け、アフガンの非共産勢力にはけっして妥協せずに「ソ連の模範に基づいたプロレタリアートの独裁」を実現すると誓った。カブールの刑務所で続く政治犯の殺害は苛烈かもしれないが「レーニンは革命の敵には無慈悲になれと教えてくれました。（一九一七年にソ連で起きた）十月革命の勝利を勝ち取るためには何百万人をも排除せねばならなかった」。タラキはそう言った。

コスイギンがタラキに電話したのは、三月十八日の政治局緊急会議の場だった。タラキは「状況は悪く、さらに悪化している」と認めた。ヘラートは新興イスラム勢力の手に落ちつつあり「ほとんど完全にシーア派スローガンの影響下にある」と。

コスイギンは「連中を打ち破る兵力はあるか」と尋ねた。

タラキは「そうだったらいいのですが」と答えた。

タラキはソ連軍の直接的な軍事支援が必要だと訴えた。

「ソ連で訓練を受けた何百人ものアフガン士官がいるはずだ。彼らはどこにいるのだ」とコスイギンが尋ねた。

「彼らのほとんどはイスラム反動主義者です。何と言ったか、そう、ムスリム同胞団だ」とタラキは答えた。「彼らに頼ることはできない。信頼できない」

タラキは、モスクワが中央アジア出身のソ連軍連隊を派遣してくれればいい、と解決策を提言した。「ウズベキスタンとタジキスタン、トルクメニスタン人を平服で送り込めばいいのです」とタラキは訴えた。「誰も気づきはしませんよ。アフガンにはすべての民族がいる。アフガン人の服を着せれば誰も気づきません」。イランとパキスタンはこの秘密戦術を使い、イスラム革命を扇動するために、正規軍兵士を変装させたゲリラ兵をアフガンに送り込んでいるとタラキは考えていた。

「あなたは問題を単純化し過ぎている」とコスイギンは言った。アフガニスタンのイスラム反乱軍は「複雑な政治的、国際的問題」を示していたのだ(7)。

CIAは一九七九年三月初旬、アフガン反共産主義反乱軍への秘密支援に関する最初の機密提案をジミー・カーター大統領のホワイトハウスに送った。ちょうどヘラートの反乱軍が兵を集め始めたころで、意見書は秘密作戦を監督する非公表の特別調整委員会に送られた。CIAはこの文書で、ソ連指導部が明らかにアフガン反乱軍の結集を憂慮していると報告。ソ連の統制下にあるメディアが、アフガンのイスラム武装勢力をアメリカとパキスタン、エジプトが密かに支援していると宣伝しはじめたことも指摘した。実際にはアメリカはまだ支援をしていなかったが、始めるにはいいころ合いだった(8)。

イランの激動は中東におけるアメリカの新たな弱みとなった。KGBはこの混乱に乗じようとするかもしれない。ホメイニの説教から広がる炎をアメリカからソ連側に押し返すには今が好機だった。アフガニスタンで反乱が継続すれば、中東の油田でソ連の影響力が抑制されるだろう。屈辱的だし、反乱を封じるためにアフガン軍と、おそらくソ連軍も忙殺されるだろう。だが危険な道でもあった。アフガンの混乱にアメリカが関与していることを知ればソ連は報復する可能性があった。カーター政権は意見書に対する態度を決めかねていた。三月六日、特別調整委員会は秘密作戦の第二提案を起案するようCIAに要請した。

CIAの首席ソビエト問題分析官アーノルド・ホーリックは、スタンスフィールド・ターナーCIA長官に懸念を伝える内部文書を送った。ホーリックはタラキ政権が崩壊しソ連に介入の口実を与えることを恐れていた。ソ連が侵攻すればパキスタンとイラン、おそらく中国でも、アフガン反乱軍を秘密裏に支援すべきだという議論が起きるだろう。パキスタンのジアウル・ハク将軍はアメリカに、ソ連軍のパキスタン侵攻に公然と反対を表明するか、抑止することを求めるだろう。核戦争への拡大という恐るべき可能性をはらんだ第三次世界大戦勃発のシナリオだった。ホーリックはカブール共産政権の立ち往生に対してソ連が「介入する準備ができている」という態度を取る展開もあり得ると結論づけた(9)。

ＣＩＡとＫＧＢはお互いの動機をかすかに垣間見ていたが、相手の計算を十分に理解することはできなかった。

ラングレーのＣＩＡ本部で近東局の秘密部門担当官たちはパキスタンとサウジアラビアに連絡をとり、アフガン国内で実際に何ができるかを探ってみた。するとＣＩＡが主導権を握れそうだった。アフガン秘密作戦計画は、惨めで受動的で消極的な時期を迎えたＣＩＡにとって珍しい例外に思えた。

数年前に大々的に報じられた議会公聴会で、キューバでの暗殺計画やラテンアメリカでの悪質な秘密作戦など、ＣＩＡの衝撃的な秘密の数々が暴かれていた。ウォーターゲート事件後に米政府の権力乱用に対して沸き起こった米世論と議会の怒りは、今やＣＩＡに向かっており、ＣＩＡの作戦に敵対的な政治環境が出来上がっていた。暗殺は大統領令で公式かつ法的に禁じられた。大統領と議会がＣＩＡの秘密作戦を確実に統制できるようにするため、新たな法と手続きが導入された。ラングレーのスパイ集団は改革に怒りを覚え、やる気を失っていた。彼らは大統領の命令に従い、時には大きな危険を冒して、自分たちの仕事をしていただけなのだ。ところがワシントンでは今、ＣＩＡは犯罪組織で非道な陰謀の巣窟だと見なされていた。一九七九年になると世論と議会の反発はますます拡大した。ジミー・カーター大統領はターナー海軍大将率いる外部者を招き入れ、組織のたたき直しを図った。ＣＩＡ予算を削減するため、ターナーは多数の秘密部門担当官を解雇した。ＣＩＡ史上初の大規模な解雇だった。落ちるところまで落ちた感じだった[10]。

アフガニスタン政策を検討していたCIA近東局は、パキスタンのジアウル・ハク将軍がアフガン武装勢力への秘密支援を拡大する意向のようだと報告した。ただ将軍は、ソ連の報復からパキスタンを守るとアメリカが確約しない限り、反乱軍への支援を強めすぎて「ソ連の怒りを買うリスクは冒せない」と懸念していた[11]。

一九七九年にアメリカとパキスタンの外交関係はどん底にあったが、CIAはイスラマバードでの連絡チャンネルを維持していた。カーター大統領がどんなに厳しくパキスタンの人権弾圧や秘密の核開発計画を非難しようと、ハク将軍はCIAを通じて裏口からワシントンに影響力を及ぼせることを理解していた。その年にホメイニ師が勝利を収めたことで、アメリカはイラン国内に置いていた対ソ連の電子傍受基地網を失った。ハク将軍は、パキスタン国内に新たな施設を設けるというCIAの願いを受け入れた。アメリカとパキスタンの関係はこのように何十年にもわたって幾層にも積み重ねられていた。一九六〇年代にはアメリカ初のU－2スパイ機がペシャワールの基地から秘密裏に飛び立った。一九七〇年代前半にはヘンリー・キッシンジャーがパキスタンを仲立ちに使って中国との秘密の関係をつくり始めた。ハク将軍にとっても、地域的な外交軍事目標を実現するためには秘密作戦が最も用心深い方法だった。八年前にパキスタンはインドとの戦争で領土の半分を失っていた。近隣諸国に対し公然と軍事攻撃を仕掛けるには、あまりに小さく弱い国だったのだ。ハク将軍は隠れて攻撃することを好んだ。

カーター大統領の国家安全保障担当次席補佐官デービッド・アーロンは三月三十日に第二回目の特別調整委員会秘密会合を開き、アフガン反乱軍へのアメリカの直接支援について検討した。コスイギンとタラキの電話会談が行き詰まってから二週間後だった。国務省のデービッド・ニューサムが出席者を前に、政権の方針を説明した。「アフガンでのソ連の方向性と存在感を一変させる。ソ連の関与ぶりをアメリカが懸念していることをはっきりパキスタンに伝える。またパキスタンとサウジアラビアなどに対し、第三世界でのソ連の影響力拡大を食い止めるという決意を示す」。だが具体的にどういう手順を踏むのか。政府に離反したアフガン軍部隊に銃と弾薬を提供するべきか。ソ連はどう反応するだろうか。アーロンが核心的な問いを投げかけた。「武装勢力を支援することは利益になるのか。それともソ連を挑発するリスクが大きすぎるか」

実行可能な選択肢を引き続き研究することが決まった[12]。

数日後にジャララバードのアフガン軍士官らがイスマイル・ハーンに続いて反共暴動を起こし、ソ連顧問団を殺害した。アフガン人司令官たちは戦車に乗って進撃し、ジハード（聖戦）の一員であると宣言した。ジャララバード北方コナル州のケララという村では、ソ連顧問団を伴ったアフガン政府軍が何百人もの男と少年たちを虐殺した。こうした処刑の話がアフガンの農村に広がると政府軍からの離脱が一斉に急増した。共産軍は雪とともに消え、徴兵された兵士たちは渓谷や山に去っていった。ムジャヒディン（イスラム戦士）反乱軍は広大な領土をたやすく手に入れ始めた[13]。

CIAなど米情報機関のほとんどは、ソ連軍が反乱鎮圧のために侵攻することはないと予測していた。夏が近づき、CIAはソ連からアフガンに攻撃ヘリコプターが移送され、ソ連軍顧問の関与が増大するのを確認した。それでもラングレーの分析官たちは、ソ連政治局が直接関与を最小限にとどめると感じていた。モスクワのアメリカ大使館も同じ考えだった。大使館から打電された五月二十四日の公電は「想定される状況下なら、ソ連は武装勢力に対する戦闘作戦の重要部分を受け持つことをおそらく避けるだろう」と予測した[14]。

この公電はクレムリン内の空気を正確に反映していた。KGBのアンドロポフはグロムイコ外相やウスチノフ国防相とともに、アフガン共産主義の危機を研究する作業グループをつくった。どの選択肢も魅力に欠けた。六月二十八日、ブレジネフ宛の報告書が完成し、アフガンでの革命は「経済的後進性、労働者階級の小ささ」、さらに地元共産党の弱さとアフガン指導者の自己中心さのために苦闘していると結論づけた[15]。

アンドロポフらは〝偉大な教師〟タラキに、政敵との小競り合いをやめるよう促す書簡を作成し、革命指導部により多くの同志を加え、イスラムに対する態度も軟化するよう指示した。またイスラム教指導者を採用して「社会経済改革はイスラム教徒の宗教的信条に影響を及ぼさないと民衆を説得する」よう助言もした。だがタラキは銃を望んだ。彼は依然としてソ連軍が反乱軍と対決することを求めていた[16]。

その週ワシントンでは、国家安全保障問題担当の大統領補佐官ズビグニュー・ブレジンスキーが、アフガン反乱軍に対する「命を奪わない」秘密支援を承認するようカーター大統領に進言した。ブレジンスキーはナチスの侵攻とソ連の占領によって祖国を追われたポーランド外交官の息子だ。彼は第三世界でソ連を困惑させる機会があまりに少ないと考えていた。アフガニスタンでその機会が訪れた。リスクは管理できる。ブレジンスキーの計画は、特別調整委員会で延々と続く論争を橋渡しする妥協案だった。CＩＡはアフガン武装勢力に支援を注入するが、現時点では武器は提供しない。

一九七九年七月三日、カーターは大統領「事実認定」に署名した[17]。ホワイトハウスがCＩＡの作戦を確実に統制するため、新法で定められた手続きだった。新制度では、CＩＡが他国の政治状況に影響を与えるための「特別活動」を行う場合（より日常的なスパイ活動などと別に）には、大統領はその秘密作戦によってアメリカの安全保障が促進されると「認定」し、文書で公式に宣言する必要があった。さらに大統領は議会指導部にも決定を通知するよう求められた[18]。

カーターの事実認定によって、ＣＩＡは五〇万ドルを費やして宣伝活動や心理作戦を行うほか、アフガン反乱軍に通信機器と医療物資、現金を提供する権限を手にした。[19] ドイツなどにいる仲介者を利用して関与の痕跡を消しながら、ＣＩＡ近東局はこの夏、パキスタンに医療物資や通信機器を送り始めた。ジアウル・ハクの情報機関を通じてアフガン・ゲリラに配られるのだ。

この時点では小さな始まりに思えた。

モスクワが良識を訴えたにもかかわらず、カブールのマルクス主義者たちは自壊しはじめた。夏の終わりまでには〝偉大な教師〟タラキは同志であるハフィズラ・アミンとの内紛にかかりきりになった。アミンはニューヨークのコロンビア大大学院で落第し、一九七八年のアフガン共産革命を主導した人物だ。二人とも相手を消す必要があると結論づけ、アミンが九月にタラキ追放に成功、数週間後に処刑を命じた。〝偉大な教師〟はカブールで銃殺された。

ハフィズラ・アミンの権力掌握は、ＫＧＢ内部に悲喜劇的な疑念と計算違いをもたらした。カブールの「官邸」を拠点とするＫＧＢ要員らは何年間もタラキとアミンの双方に金を与えてきた。通りに停めた車の中で密会することもあった。[20] ところがアミンは権力を手にすると傲慢になり、アフガニスタン政府が国外の銀行に設けた口座から金を引き出す権限まで要求した。ＫＧＢの記録によれば、預金額は四億ドルに達していた。いら立ちを募らせたＫＧＢはアミンの信用を失墜させようとして、彼がＣＩＡの工作員だという偽情報を流した。

この噂はＫＧＢに跳ね返ってきた。敵に流した情報が出元に戻ってきて混乱を招く、スパイ界で「逆流」と呼ばれる現象だ。アミンはカブールで米外交官と秘密の会合を何度も繰り返していた。ＫＧＢはその事実をつかむと、自分たちが流した偽情報は真実だったのではないかと恐れた。そのころ出回ったインド発の文書によれば、アミンはニューヨーク滞在中にアジア財団とつながっていた。CIAとの関係で有名な組織だ。KGB担当官は時がたつにつれ、アメリカがアミンを送り込んでアフガン共産党に浸透させた可能性を検討しはじめた。また彼らは、アミンがアフガン・イスラム武装勢力との政治的妥協を求めているとの情報もつかんだ。まさにKGBがタラキに対して求めていたことだった。ここに来て突然、疑いが深まった。アミンはアメリカとパキスタンに取り入ろうとしているのではないか。KGBはそれを懸念した(21)。

KGBは十一月、アミンに関する警告文書をブレジネフに送った。KGBのカブール官邸はアフガンの外交政策が「右旋回を意図している」と恐れた。アメリカとの緊密な連携ということだ。アミンは「アメリカの代理大使と何度も会っているのに、ソ連側との会談ではその事実を語ろうとしない(22)」。

アメリカ側ではアミンは危険な独裁者だと考えており、この年に駐アフガン米大使アドルフ・ダブスが拉致されカブールのホテルで撃ち殺された事件も、アミンに責任の一端があるとみていた。アメリカの外交官たちはアミンがCIA工作員だという噂は知っていた。大使館内でこの情報についての懸念と混乱が広がったため、ダブス大使は事件前に噂の根拠をCIA支局長に直接尋ね、CIAとアミンは無関係だとの回答を得ていた。アミンがCIA工作員なら直接受け持ったはずの近東局担当官らも、外交上のパーティーで当たり障りのない会話をする以外にアミンとの接点はなかったと語った。こうした説明と矛盾する証拠は見つかっていない(23)。

ダブス殺害事件後に代理大使となったJ・ブルース・アムスタッツはこの秋、アミンと密かに五回会った。会談はぎこちなく得るところは少なかった。アムスタッツは後年そう回想している。アメリカに傾くどころかアミンは断固として敵対的だった。彼はコロンビア大で博士号の試験に二度失敗しており、アメリカに対する怒りと憎しみはその屈辱が原因というのがアムスタッツの分析だ。

カブール支局のCIA担当官たちはアフガンの共産主義ではなく、ソ連にほぼ全力を注いでいた。カブールでの主任務は何年も前からソ連の軍事機密を盗むことで、とくにミグ21攻撃機などソ連新兵器システムの操作マニュアルが標的だった。同時に彼らはKGB工作員や共産圏の外交官をCIAの一員にしようとした。CIA担当官たちがドイツクラブ主催の外交官六人制サッカーリーグに参加していたのもこの目的のためだった。彼らはアフガン人の情報源獲得や、アフガン内政事情の報告にはあまり力を入れていなかった。このためCIAは一九七八年の共産主義クーデターも予測できなかったし[24]、この時点でもアフガン人情報源は少なかった。トーマス・ソーントンが一九七九年九月、国家安全保障会議のブレジンスキー大統領補佐官に送った極秘暗号書簡はあらゆる情報を結集したものだが「ソ連はアフガンで何をしているのか。率直に言ってわからない」と書き起こしている[25]。

KGBもアメリカの意図はつかめていなかった。アミンが米外交官と秘密裏に会っていることを知りながら、会談の中身をつかめずにいるKGB担当官たちは、CIAがカブールの政府を操るためにアミンと協力しはじめたと結論づけた。アフガンのKGB担当官はモスクワの上司に対し、大胆な手を打つ必要があると訴えた。アフガンの革命をCIAから守るため、アミンは殺すか排除せねばならないと。

KGB長官のアンドロポフは、ブレジネフに宛てた私信で理由を説明した。「今年九月の政変とタラキ殺害後、党と軍、政府機構はひどい状況になっています。アミンの圧政によって破壊されたようなものです。また同時に、アミンの秘密行動に関する情報も届き始めており、西側に寝返る可能性が懸念されます」。アンドロポフは続けた。「アメリカ側と接触しています。協議の内容は不明です」。アンドロポフの熱に浮かされた想像の中では、CIAによるアミン獲得工作は「ソ連南部の共和国を含む『新オスマン帝国』建設のための」大きな企みの一環だった。アメリカがアフガンに基地を確保すれば、防空が脆弱なソ連南部に核弾頭を搭載したパーシングミサイルを向けかねない。イランとパキスタンがアメリカの支援を受けて核兵器を保有し、中央アジアに押し入るかもしれない。アンドロポフはこう危惧し、そうした事態を防ぐためにソ連が断固とした行動を起こしてアミンを排除し、アフガン共産党をてこ入れするよう提言した[26]。

ついにアンドロポフとブレジネフの側近たちは、最善の方法はアミンを暗殺してアフガンに軍事侵攻し、ソ連の言うことを聞くアフガン共産党指導部を打ち立てることだと結論づけた。KGBがアミンの信頼性を危ぶんだことは、けっしてこの決断の唯一の理由ではない。モスクワによる直接的な軍事支援がなければ、軍の職場放棄によってアフガン政府は崩壊に直面しており、アフガンの共産主義を救うにはソ連の断固とした行動が必要だった。だがソ連政治局の記録は、アミンの忠誠心に対するKGBの懸念がこの分析に影響を与えたことを明確に示している。アミンに対する疑念によって政策決定のタイミングが早まり、CIAの狡猾な陰謀に直面したと信じる政治局は大胆な手を打つしかないとの確信を強めた。

モスクワでの会議でソ連政治局中枢は、一九七九年十一月二十六日に侵攻するという最初の暫定案をまとめた。この日はイスラム協会の学生たちがイスラマバードのアメリカ大使館を襲ってからわずか五日後に当たり、イランの学生たちがテヘランのアメリカ大使館を占拠し人質をとってから三週間後だった。

ソ連軍とKGBの秘密部隊は十二月初旬、攻撃準備のためアフガニスタンに侵入を始めた。十二月七日にはアミンの後釜としてKGBに選ばれた亡命共産主義者バブラク・カルマルが、KGBやソ連軍空挺部隊に守られて密かにカブール近郊のバグラム空軍基地に到着した。KGBの暗殺部隊はアミンの住居を下調べしはじめた。スパイたちは初め、キッチンに忍び込んでアミンを毒殺しようとしたが、病的に疑い深くなっていたアミンは家族を含む何人かを毒味係に雇っていた。KGBの記録によれば、毒殺計画はアミンの甥を病気にしただけだった。翌日には狙撃手がアミンをねらったが外した。いら立ったKGBはソ連軍の大規模侵攻開始後にアミンの邸宅を正面から攻撃することとした。[27]

CIAはソ連軍のアフガン国内や周辺での配備状況を注視していた。CIA内部はソ連の政治的意思の分析では割れていたが、軍事的行動についての正確な報告はきちんと上がっていた。十二月半ば、CIAは大規模なソ連軍がアフガン国境地帯に向かっていることを探知した。ターナー長官は十二月十九日、カーター大統領と政権上層部に「警報」文書を送り、ソ連が「アフガンへの軍事的関与で重大な境界線を踏み越え」、南部に部隊を増派していると警告した。三日後には副長官のボビー・インマンがブレジンスキー大統領補佐官とハロルド・ブラウン国防長官に電話し、ソ連は間違いなく七二時間以内にアフガンへの大規模軍事侵攻を実施しようとしていると報告した。[28]

ソ連空挺部隊兵士を載せたアントノフ輸送機はクリスマスイブの日が暮れるころ、カブール国際空港に着陸した。クリスマスの早朝、ソ連第四〇軍の軍橋連隊がテルメズ近くのアムダリヤ川に浮橋を架設し、ソ連軍の最初の戦車が国境を越えた。ソ連正規軍が前進するのに合わせ、アフガン軍の制服を着た七〇〇人以上のKGB要員らが、ハフィズラ・アミンと側近らを殺害しアフガン共産党に新指導部を据えるための作戦を開始した。カブールの宮殿に突入しアミンを銃殺するまでに、数十人のKGB担当官が命を落とした。[29]

在カブール米大使館からの公電でソ連のアフガン侵攻が確認された直後から、カーター政権最強の冷戦戦士ズビグニュー・ブレジンスキー大統領補佐官は、ソ連は足を延ばしすぎたのではないかと考えていた。KGBがCIAの企てに怯えていたことを知らないブレジンスキーたちは、この侵攻がアフガン共産党支援のための向こう見ずな試みで、もしかするとペルシャ湾への進軍をねらったものだと解釈した。アメリカの対応策を検討しながら、ブレジンスキーの気持ちは定まらなかった。彼はソ連軍がアフガン侵攻の罰を受け、がんじがらめになって血まみれになればいいと思った。アメリカがベトナムで経験したようにだ。その一方で彼は、一九五六年のハンガリー動乱や一九六八年の「プラハの春」に対する軍事介入のように、ソ連が無慈悲にアフガンを蹂躙するのではないかと恐れた。

クリスマス翌日にカーター大統領に宛てた「ソ連のアフガニスタン介入に関する考察」という機密文書でブレジンスキーは、アメリカのベトナムでの戦術を縛った自己不信や自己批判は、ソ連には存在しないのではないかと憂慮を表明した。ブレジンスキーは「アフガンがソ連のベトナムになると楽観してはなりません」と書いた。「ゲリラの組織は弱く統率力も足りない。隠れ場所も組織化された軍隊も中央政府も存在しない。これらはすべて北ベトナムにはあったものです。外国からの支援も限定的で、北ベトナムがソ連や中国から膨大な武器を受け取っていたのとは対照的です。ベトナムで敵に対する思想の〝植えつけ〟政策をとったアメリカとは異なり、ソ連は断固とした行動をとるでしょう」

「何をなすべきか」をブレジンスキーは問いかけ、新アフガン政策の概略を示した。ほとんどの部分は秘密裏に実行されることになる。彼はホワイトハウスとCIAが立案したアフガン反乱軍に対する医療物資などの提供計画を発展させた。「アフガンでの反政府運動継続は不可欠です。つまり反乱軍に対しもっと多額の資金と武器、技術的助言を与える必要があるということです。それを可能にするには、パキスタンを安心させて反乱軍を支援するよう促さねばなりません。すると対パキスタン政策を見直して安全の保証と武器支援を与えることが必要になり、何たることか、対パキスタン安全保障政策は核不拡散政策とは別物にするという決断が必要になります。中国に対しても反乱軍を支援するよう働きかけが必要です。宣伝作戦とアフガン反乱軍支援の秘密作戦で、イスラム諸国とも協調せねばなりません」(30)。

変装したKGB要員らは、カブールの宮殿でまだハフィズラ・アミンを捜し回っていた。ソ連軍の戦車は部隊集結地域に到着していなかった。そのときすでにブレジンスキー米大統領補佐官はＣＩＡ主導のアフガン作戦を固めていた。その大枠はこのあと一〇年も維持されることになる。

「アメリカの最大目標はソ連軍のアフガン撤退だ」。ブレジンスキーは一週間後に書いた極秘文書でそう訴えた。「仮にその実現が難しくとも、ソ連には高い代償を支払わせねばならない」[31]。

ワシントンでは反ソ連感情が燃え上がり、米パキスタン関係を新段階に進めることへの支援が広がった。両国はともにカイバル峠を越えてソ連に挑むのだ。あたかも英国が一世紀前にアフガンの大地で帝政ロシアに挑んだように。

イスラマバードのアメリカ大使館はカイバル峠から車で半日ほどの距離だ。その焼け跡近くに残って働く米政府関係者たちは、ソ連軍のアフガン侵攻を二重の意味で苦々しく思った。彼らはソ連の激しい覇権主義に衝撃を受け、同時にパキスタンの独裁者ジアウル・ハクが得をすることに腹を立てた。

イスラマバードの外交官とＣＩＡ担当官はこのころ、機密書類の焼却と、大使館近くの米国際開発局（ＵＳＡＩＤ）敷地内に新たな事務所を立ち上げることに専念していた。襲撃事件が再び起きることを懸念して、ＣＩＡは何十年分もの情報源や工作員の資料をラングレーの本部に送り返してしまった。

ジアウル・ハクを突如としてアメリカの戦略的パートナーともてはやすことは、彼らには堪え難かった。あの男は十一月の襲撃事件の際、彼らを見殺しにしようとしたのだ。ソ連軍がアフガンに侵攻すると、ＣＩＡイスラマバード支局は辛辣な対パキスタン新政策を提案した。ソ連が地域の占領を完了したら、パキスタン政府のためにロシア語の辞書と慣用表現集を何十万部か密かに送り届けてやること。何冊かはクアイディアザム大学の学生自治会にも分けてやろう。

第3章 暴れてこい

長身で眼鏡をかけたハワード・ハートは、ペシャワールのくすんだ冷たい夜気の中に一人で立ち、人目を引かぬよう努めていた。ペシャワールはアフガニスタン難民と反乱軍兵士、密輸屋、両替屋、詩人や改宗者に売春婦があふれ、ありとあらゆる陰謀に満ちた国境の乾いた街だ。ハートはＣＩＡ支局長として一九八一年五月にパキスタンにやってきて、アフガンの反ソ連ゲリラを武装する秘密作戦を運営していた。英秘密情報局（ＭＩ６）の知人が、若くてはったりの効いた自信家のアフガン反乱軍司令官アブドゥルハクという男に会う段取りをつけてくれた。ＣＩＡイスラマバード支局にはパキスタン人工作員が何人かいたが、アフガン人の連絡員はほとんどいなかった。ハートはこの日インド人工作員に金を渡す用があり、それに合わせてアブドゥルハクと会うことにした。彼は二〇万インド・ルピーが入った小さな鞄を持っていた。この日はイスラマバードから約一六〇キロ、騒々しいグランド・トランクロードを車で走ってきた。バラヒサル砦の城壁と馬車の群れ、果物を売る屋台、エンジン付きのリキシャやバイクと彩色したトラックの間を縫ってきたのだ。彼はホテルに泊まりたくなかった。ペシャワールのホテルでは宿泊客のパスポートをコピーしパキスタン情報当局に渡す行為が横行していたからだ。薄暗い通りに一人でポツンと立ち、アフガン・ゲリラは時間の感覚が違うなと思いながら待っていた。

通りの向こうから、ソ連軍戦闘機パイロットのヘルメットをかぶり気密服とコートを着込んだ男が、けたたましい爆音をたてて大型バイクでやってきた。パキスタン領内にソ連軍兵士はいないはずだったが、ソ連特殊部隊はときおりアフガン国境を越えて小規模の襲撃を行うことがあった。CIA担当官にとって最大の恐怖はアフガン共産主義者やKGBに拉致されることだ。バイクは彼の横で止まり、男は後ろに乗るよう手招きした。ハートは不審に思い男を見つめた。男がようやくヘルメットを取ると、木こりのように濃いひげ面が現れた。それがアブドゥルハクだった。ソ連機を撃墜した彼の部下がパイロットの遺体から引きはがした気密服はアブドゥルハクにぴったりで、冬の夜にも暖かかった。彼はアフガンのバック・ロジャーズ〔米SFテレビ番組の主人公〕のように見えようと気にしなかった。ハートがバイクに乗ると、ドシン、ガタン、ドタン、二人はでこぼこの泥道を走り出した。「楽しい夜だったよ」とハートはのちに語ったが、アブドゥルハクには「もう二度とやるな」と言い渡した。[1]

これがCIAとアブドゥルハクとの長く騒がしい関係の始まりだった。ハートによれば、アブドゥルハクは「何事にも確信を持ち、誰も信用しない」人物だった。「当時二十七歳だったと思うが、すでにあらゆる経験をしていた」。アフガン東部ジャララバード近郊のパシュトゥン部族名門の御曹司として、ソ連軍の侵攻後すぐに部隊を立ち上げ、カブール周辺の共産軍を襲った。CIAが銃の輸送を始めると、アブドゥルハクはCIA、MI6とカブールの前線との間を取り持つ仲介人になった。彼はとくに宗教的な戦士というわけではなく、ムスリム同胞団に影響されたアフガン・ゲリラの反米論には与さなかった。ハワード・ハートにとってアブドゥルハクは、ソ連との戦争で最も重要なアフガン人案内者となった。乱暴で大胆な二人は時に仲間をいら立たせた。アフガン聖戦初期の熱情が二人を結びつけていた。ソ連兵を殺したかったのだ。

ハワード・ハートは幼いころ、フィリピンの日本軍収容所にいた。彼の父親が一九三〇年代に銀行家としてマニラに渡り、第二次世界大戦中に侵攻した日本軍に捕らわれた。ハート家はアメリカ人とヨーロッパ人、オーストラリア人ら約二〇〇〇人とともに約三年間を日本の収容所で過ごした。一九四五年に日本軍が敗れると、収容所の司令官は処刑開始を決定し、死体を埋めるため観兵式場に塹壕を掘るよう成人男性らに指示した。ダグラス・マッカーサー将軍が空挺部隊に収容者の解放を命じた。ハートは、右手に軽機関銃を握った若い米軍空挺部隊兵の左腕に抱えられてフィリピンの海岸を横切ったのを覚えている。母親が後ろを走ってついてきた。彼らは上陸用船艇に乗せられ、海に押し出された。五歳のときだった。

その後、彼の父親は銀行での仕事を再開し、まずカルカッタへ、そしてマニラに舞い戻った。ハートはジャングルで日本兵と戦った父親を持つフィリピンの少年たちと一緒に育ち、アメリカの子供が野球をするようにゲリラ戦ごっこをして遊んだ。

彼はアメリカン大でアジア政治とヒンドゥー語、ウルドゥー語を学び、ベトナム戦争が拡大していた一九六五年に大学院での勉強を終えた。海兵隊への志願も考えたが、CIAを選び、「ファーム（飼育場）」と呼ばれるバージニア州のピアリ基地で二年間の訓練を受けた。金を払って工作員を動かす方法、監視を避けながら標的を見張る方法、暗号表の使い方に飛行機からの飛び降り方。訓練を終えるとハートは秘密部門である作戦本部に配属され、幼児期を過ごしたカルカッタに派遣された。バーレーンとテヘランでも勤務した。イラン人学生によるアメリカ大使館占拠事件が発生すると、人質救出を試みる秘密チームの一員となった。救出作戦は一九八〇年四月二十四日、砂嵐に巻かれたヘリがテヘランから遠く離れた砂漠に墜落し、壊滅的な結末を迎えた。

彼は若かったが、武器と、武装組織を使った戦術への熱意があった。一九八一年にイスラマバード支局長に選ばれたのは自然なことだった。ナイフとピストル、ライフル銃、自動小銃、機関銃、銃弾、砲弾、バズーカ砲に迫撃砲を収集し、自宅にはＣＩＡ最大級の骨董、現代兵器コレクションが出来上がった。イスラマバードで彼はアフガン人イスラム戦士（ムジャヒディン）にとっての物資補給将校役を務めた。ＣＩＡ本部に武器を発注し、パキスタンの基地で行われるムジャヒディンの秘密訓練を支援し、武装勢力にはどの武器がふさわしいかを決定した。

この戦争でＣＩＡに込み入った戦略はなかった。「おまえらは若い。ここに金がある。暴れてこい」。ハートの考えでは、彼に与えられた命令はそういうことだった。「しくじるな。ソ連人を殺し、パキスタン人の面倒を見て必要な仕事をさせろ」[2]

ラングレーのＣＩＡ本部では新世代の担当官たちが充実期を迎えていた。多くはベトナム世代の軍や警察などの出身者だ。彼らはケネディ世代、つまり一九五〇年代から六〇年代前半にかけてＣＩＡを支配した東部アイビーリーグの名門大学出身者たちと影響力を競っていた。「テニス選手たちが、ボーリング好きに取って代わられているんだ」。新世代の一人はそう言った。

一九八〇年代前半には、アイビーリーグの卒業生たちは収入が比較的低い国家公務員ではなく、ウォール街の富を求めるようになっていた。アメリカのリベラル派にとってＣＩＡは信頼できないものだった。私立校出身者の代わりに、ゲーリー・シュローンのような面々が増えていた。労働者階級の中西部出身者で、同世代がベトナム反戦運動をしているころに軍に志願したような者たちだ。彼らはソルボンヌ大学やらではなく、ＣＩＡの講義で外国語を習得した。多くが共和党支持者か無党派でロナルド・レーガンが彼らの大統領だった。作戦本部内の新世代には、自分たちは不敬な反乱者で、旧世代のＣＩＡエリートに文化的・階級的な闘争を仕掛けていると考える者もいた。ハートがイスラマバードに到着したころはまだ、ＣＩＡを率いるのは旧世代のエリート秘密部門担当官だった。彼らの多くは東部出身の民主党支持者で、冷戦初期の理想主義とケネディ的文化スタイルに影響されていた。たとえばラングレーにいるハートの管理官チャールズ・コーガンは、ポロをたしなむフランスびいきのハーバード大学出身者で、薄い口ひげを生やし、学者のように歴史書を読んだ。同僚の一人によると、パリ支局長時代のコーガンは「フランス上流階級の友人たちと乗馬をして休日を過ごしていた」。作戦本部で彼と肩を並べたクレア・ジョージは、ペンシルベニアの労働者地区で育った郵便局員の息子だが、カントリークラブ的な東部民主党支持者のマナーを身につけていた。このあとすぐに秘密部門の最高責任者となったトーマス・トゥウェッテンは引退後、バーモントで骨董本屋を開いた。この中にボーリング好きはいなかった(3)。

ハワード・ハートは、このどちらにも当てはまらない存在だった。彼はイスラマバード赴任に備え、アフガンでの英国植民地政策、とくにパシュトゥン人の部族的複雑さについて徹底的に勉強した。彼は自分が知的な活動家であると考えていた。同時に、ぶっきらぼうな保守派でソ連に対する武装活動を好む銃マニアでもあった。アフガン人の政治的駆け引きを巧妙に操るような時間は彼にはなかった。撃ちまくって前進したかった。

テヘランでの勤務と本部でのテヘラン担当勤務を通じて、ハートは同僚の一部とうまくいかなくなった。自分を大きく見せる信頼できない男と見なされたのだ。CIAの厳しさと徹底した秘密主義は、激しい内部対立を招くことがある。ルームメートや兄弟の間に起きる類のライバル関係だ。ハートの対立相手には一九七九年のイスラマバード米大使館襲撃事件時に副支局長を務めたボブ・レサードも含まれた。レサードは帰国しピアリ基地で教官を務めていた。自分の経歴はもう終わりだと確信していた。ハートとの不仲だけではなく、カブールでのダブルスパイ問題があったからだ。レサードがどれだけ落ち込んでいたか、近東局ではほとんど誰も理解していなかった。一九八〇年のクリスマスの朝、彼はファーム(ピアリ基地)内でショットガン自殺した(4)。

ハートは一九八一年五月、再建が続くイスラマバードのアメリカ大使館に到着した。CIA支局は米国際開発局（ＵＳＡＩＤ）の建物に詰め込まれていた。イスラマバードは比較的小さな支局で、支局長と副支局長のほかは三、四人の担当官だけだった。襲撃事件の再発を懸念してハートは「ペーパーレス支局」をめざすと宣言した。機密文書は可能な限り焼却する。少数の記録を保管するための秘密文書作成法も支局員に示した。用紙の上にパラフィン紙を載せてタイプする。書類を読むときはシナモン粉を振りかけてから吹き払うと、蠟に粉が付着して文章が浮かび上がるというわけだ。「本部にできるのはこれが精いっぱいだ」とハートは言った。

ハートは、秘密のアフガン戦争と、パキスタン核計画に対するスパイ活動を重視すると指示し、パキスタン内政に関する情報収集はしないと言い切った。それは外交官にもできることだ。

十九世紀の英植民地統治官と同じように（うち何人かの回想録を彼は読んだ）、ハートはアフガン人が魅力的で勇敢な、文明化の半ばにある統治不能な人びとだと思っていた。アフガン人が二人集まれば三つの派閥ができる。彼は同僚たちにそう語った。アフガンでは「誰もが王様になろうとする」し、この政治的傾向はアメリカの創意工夫をもってしても変えられない。彼は五〇人から一〇〇人規模の小さく変則的な部隊としてソ連と戦うよう、イスラム戦士たちに働きかけた。しかし反乱軍の戦術や作戦立案にはかかわろうとしなかった。「戦争をうまく運営するには、細部にこだわらないことだ」。彼はのちにこう語った。

ハートの推定では、現場で戦っているイスラム戦士は二万から四万人だった。このほかに数十万人が、パキスタンの難民キャンプに家族を訪ねているか、農業や密輸をしているか、天候が好転するまでブラブラしていた。ハートはイスラム戦士の無秩序さを気にしなかった。ゲリラに何十万ものライフルと何千万もの銃弾を提供し、あとはイスラマバードでゆっくり見守るのが彼の戦略だった。アフガン人にはソ連と戦う十分な動機がある。ソ連とアフガン共産主義勢力に対して、自分たちのやり方で効果的に武

器を活用するだろう。ハートはそう考えた。(5)

いずれにせよワシントンの政策立案者たちは、反乱軍が軍事的にソ連を打倒できるとは思っていなかった。ＣＩＡの任務は大統領が署名した極秘の「事実認定」に記されていた。カーター大統領が一九七九年十二月末に署名し、レーガン大統領が一九八一年に引き継いだ文書だ。ＣＩＡはイスラム戦士に秘密裏に武器を送ることを認められていた。目的はアフガンでソ連軍を「悩ます」ことにあった。アフガン侵攻に伴うソ連の損失を大きくすることがＣＩＡ秘密作戦の目的だった。そうすればソ連によるほかの第三世界侵攻を抑止するかもしれないと考えられたが、ＣＩＡが戦場で明らかな勝利を収めると期待された戦争ではなかった。大統領は文書で、ＣＩＡはパキスタンを通じて活動し、パキスタンにとっての優先事項があればそれに従うよう明確に求めていた。アフガンでは、ＣＩＡ単独の秘密作戦とは異なり「単独行動主義」が認められず、パキスタン情報当局との「連携」が強調された。(6)

最初に輸送された銃はリー・エンフィールド銃だった。一九五〇年代まで英陸軍の制式銃だったボルトアクション（手動で弾薬を装てんする）方式の銃だ。重い木製の銃把と骨董的なデザインで、あまり刺激的な武器ではなかったが、精密で強力だった。ハートはリー・エンフィールド銃のほうが、共産主義者の開発した派手なＡＫ47自動小銃よりも遙かに優れた武器だと考えていた。ＡＫ47は見た目がスマートで音が大きいが、パワー不足で照準を定めるのも難しかった。ＣＩＡの兵站担当官はラングレーを拠点に、何十万挺ものリー・エンフィールド銃をギリシャやインドなどから買いつけてカラチに送った。またロケット砲も数千基、エジプトと中国から購入した。ＲＰＧ－７というモデルで、安価で携帯しやすくソ連軍の戦車を止めることができた。(7)

前線からの戦闘損害評価が、ＣＩＡカブール支局やアブドゥルハクらアフガン人連絡員から続々と届いた。ハートは、聖戦にはラングレーの官僚連中が考えているより大きな可能性が秘められていると考えるようになった。ソ連軍の侵攻には幅広い層のアフガン民衆が感情的に反応した。カブールでは夜になると、家々の屋上に何万もの人びとが上がって「アラー・アクバル」（神は偉大なり）と唱和した。不気味で結束した反抗だ。ソ連軍の戦車と兵士らは街頭での抗議行動を鎮圧するため何百人ものアフガン民間人を殺害していた。数カ月後にはアフガンの知識人、公務員、スポーツ選手らがイスラム戦士に加わった。一九八一年末には、反乱軍はアフガン全二九州で自由に動き回れるようになった。彼らは頻繁にソ連軍部隊への待ち伏せ攻撃を仕掛け、町や村でも襲撃を行った。攻撃の頻度は上がっていた。[8]

就任から数カ月で、ハートは戦線を拡大すべきだと結論づけた。一九八一年秋に彼はバンコクで開かれた地域の支局長会議に出席した。尻のポケットにはイスラム戦士の強化に必要な武器の手書きリストを突っ込んでいた。バンコクでは「パキスタンはどこまで許容するか。ソ連はパキスタンを攻撃せずにどこまで我慢するか」という問題も討議された。ラングレーの担当官たちは現場が走りすぎていると懸念した。

イスラマバードに戻ったハートは夜、自宅でラングレー宛の長い公電の下書きをレポート用紙にしたためた。ソ連の戦車がここで破壊され、あそこではヘリコプターが撃墜された。CIAの支援を受け、イスラム戦士は重装備のソ連軍をやり込めている。時代遅れの武器と緩やかなゲリラ戦術で、だ。一九八二年一月、ハートはCIA本部に公電を送り、もっと性能のいい武器を大量に送るよう再度求めた。[9]

ハートやほかの担当官たちは、CIAが単独で作戦を進めることさえできればもっと単純な戦争になるのにと考えた。だがアメリカは一世紀前の英国と違ってインド亜大陸を所有しておらず、CIAが高性能の武器をもっと大量に送ろうとすれば、アフガン前線への入り方について主権国家パキスタンと交渉しなければならなかった。一九八二年になり聖戦が力を発揮しはじめると、ハートはますますパキスタンの意向を考慮に入れねばならなくなった。それはパキスタンの独裁者、ジアウル・ハク将軍の目的を考慮に入れるということであり、ハクの情報機関である三軍統合情報部（ＩＳＩ）に配慮するということだった。

ベトナム戦争と一九七〇年代にワシントンで相次いで発覚したスキャンダルのため、ＣＩＡ担当官の多くは現地国の内政への深入りを恐れていた。とくに暴力的な秘密作戦での深入りを。彼らはベトナム戦争後、第三世界の心をつかもうなどというドン・キホーテ的冒険は二度とごめんだと心に刻んだ。アフガンでＣＩＡは法的権限を厳守するのだ。ロバと金と迫撃砲だけだ。彼らはそう言った。(10)

ＣＩＡの大多数にとってアフガンの聖戦はソビエト人を殺すことで、それだけだった。ハートはパキスタンに、ソ連兵に懸賞金をかけるよう助言までした。特殊部隊兵には一万ルピー、徴集兵には五〇〇〇ルピー、生きたまま連れてくれば倍額という内容だ。(11)これはソ連が北ベトナムとベトコンを支援したことへの仕返しだった。ベトナムで従軍した多くのＣＩＡ担当官にとっては、個人的な報復でもあった。ハワード・ハートは「銃を全員に！」という考えを好んだ。ラングレーの作戦本部は、パキスタン領内でアフガン亡命政党を組織しようとは考えなかった。反共のアフガン暫定政府を発足させることも望まなかった。聖戦ゲリラ指導者の誰が勝者で、誰が敗者かを決める手伝いさえしたがらなかった。アフガンの政治をめぐる大騒ぎならパキスタン人に好きなだけやらせればいい。

この間接的手法は機能しはじめている。ハートはそう信じていた。レジスタンスは拡大し強化されたが、アフガン反乱軍を誰が率いるのか——誰が銃と金、権力を握るのか——という問題に、ＣＩＡは受け身の消極姿勢を続けた。この結果、アフガンに対するジアウル・ハクの政治面、宗教面での行動指針が幅を利かせ、次第にＣＩＡ自体の行動指針になっていった。

ムハンマド・ジアウル・ハクは一九四七年、疲弊しきった英国がインドから撤退したとき、英植民地軍パンジャブ部隊の若き大尉だった。彼はヒンドゥー教徒とイスラム教徒の血で描かれた新たな国境のインド側で生まれ育った。父親は英国びいきの公務員で、同時に敬虔なイスラム教の教師でもあった。家庭内では英国アクセントの英語を話し、イングランド南部の田舎家のような俗語が飛び交っていた。

パンジャブ州の何百万ものイスラム教徒同様、パキスタン建国時の宗教的暴力はジアウル・ハクの記憶に焼きついた。四七年にインド北部からパキスタンへ難民を乗せた列車を護衛する一週間の旅で、彼は損壊された遺体が散らばる悪夢のような光景を目撃した。「われわれはずっと攻撃にさらされていた。ラホールに到着するまで国土が炎上していた。ヒンドゥー教徒とイスラム教徒の間では、命の値段が非常に安くなってしまった」。パキスタンに入ると「自分たちが血まみれなことに気づいた。でもついに自由市民になったのだ[12]」。

ハクのような英国で訓練されたパンジャブ人イスラム教徒の軍士官は、新国家の最も強力な指導層の一つとなった。インドとの三度の戦争によって彼らはパキスタンの守護者という立場を確立し、戦場での経験が彼らを規律ある同胞として一体化させた。民間人が率いる政府の相次ぐ失政と軍によるクーデターの連続で、若い将軍たちは自分たちも政治家だと考えるよう迫られた。

イスラムの名の下に建国された国ではあるが、パキスタンには確固とした国家的アイデンティティーが欠けていた。建国者ムハンマド・アリ・ジンナーは世俗的な都市部のイスラム知識人運動に属していた。彼らはイスラムを文化の源の一つと見なしたが、政治的秩序の基盤とは考えていなかった。ジンナーはパキスタンのために、イスラム的価値観の色彩を帯びた世俗的で民主主義的な憲法をつくり上げようと試みた。だが彼は建国後間もなく死亡し、彼の後継者たちはパキスタンにとっての障害を乗り越えることができなかった。分裂した国土、脆弱な中産階級、多民族の伝統、手に負えないアフガン国境、敵対的なインド、そして巨大な貧富の格差という障害だ。

将軍に上り詰めたジアウル・ハクは、軍の同僚たちに比べ信仰を大切にした。パキスタンをかたち作る原理として政治的イスラムを大事にすべきだとも考えていた。「パキスタンはイスラムに基づいて建国されたのだ」とハクは語り、「宗教とイデオロギーが強さの源となっている」イスラエルに自国をなぞらえた。彼は「イスラムがなければパキスタンは倒れる」と信じていた[13]。

一九七七年以降、彼は独裁者として君臨し政治的特権をほぼ独占した。だが自分をけばけばしい権力の衣装で飾り立てはしなかった。彼は礼儀正しい男で、障害を負ったわが子に根気よく付き合い、来客に親切だった。グリースで髪をなでつけ、刈り込んだ口ひげにワックスを塗っていた。控えめな姿勢のため軽く見られがちで、ズルフィカル・アリ・ブットがハクを陸軍参謀長に引き立てたのは彼が従順に思えたからのようだ。だがハクはブットを追放しただけでなく、絞首刑にした。

一九七九年の激動の中で見れば、ハクは急進派とは言えなかった。パキスタンをイスラム国家と宣言したものの、ホメイニがイランでしたような強引な手は打たず、サウジアラビア型の宗教警察も導入せず、イスラム法学者たちを権力の座に就かせることもなかった。ハクは植民地時代から続く英国式の軍の価値観と伝統、それに地政学上の使命を強く信じていた。「敬虔なイスラム教徒だが、政治家だから原理主義には熱を上げなかった」。ＩＳＩの准将はハクの人物像をこう語った。「ハクがいなければ聖戦は成功しなかった。だが彼は公的なイメージの裏側で、自分の立場を何よりも重視し計算する政治家だった[14]」。彼はパキスタンを守ろうとし、ときにはアフガンをめぐって、交渉を通じてソ連に妥協する構えを示した。

ハクはパキスタン陸軍の士官たちにも敬虔なイスラム教徒となるよう強く奨励した。これは過去からの大きな転換だった。またアフガン国境地帯に何百ものイスラム神学校（マドラサ）を創設して資金を支出するよう促した。若いアフガン人とパキスタン人をイスラムの教えに従って教育して、その中から反共聖戦に進む者を育てるためだ。国境地帯のマドラサは、共産主義のアフガニスタンとパキスタンを隔てるイスラムの壁となった。ハクは次第に聖戦を戦略として重視するようになった。一九八〇年代初頭にアフガン国境に集結したイスラム戦士の大軍は、彼にとって秘密の戦術兵器だった。彼らは殉教の栄光を受け入れた。信仰は、火力に勝る占領者・無神論ソ連に対する切り札になり得た。ハクはレーガン米大統領との会談で「アフガン人の若者は必要ならソ連の侵攻と素手でも戦う」と請け負った。⑮

ハクはカブールの共産主義者が、アフガンとパキスタンの国境地帯でパシュトゥン独立運動を扇動することを懸念していた。パシュトゥン人はアフガンの多数派民族だが、パキスタン領内のほうがパシュトゥン人口は多かった。独立運動が成功すればパキスタンは粉砕されてしまう。ソ連軍の侵攻から一年もたたないうちに約一〇〇万人のアフガン難民がパキスタンに流入し社会不安を引き起こしていた。ソ連とアフガンの情報機関はパキスタン領内、しかもシンド州のような国境から遠い地域で、テロ作戦を始めていた。シンド州はブット家の拠点で、反ハク運動の温床だった。KGBのアフガン人工作員はカラチとイスラマバード、ペシャワール、そしてクエッタに拠点を設けた。彼らは処刑されたブットの息子であるムルタザと結びつき、パキスタン機ハイジャックの実行を支援した。⑯ハクはインド情報機関も関与していると考えた。ソ連の支援を受けた共産主義者がアフガンを完全に支配すれば、パキスタンは二つの敵対政権に挟み込まれることになる。西と北にソ連帝国、東にインドだ。これを避けるため、ハクはカイバル峠を大きく越えてアフガンでの聖戦を遂行する必要性を感じていた。ソ連を縛りつけるためだ。イスラムの原理に従って戦う戦争ならば、国内での基盤を築きやすくパシュトゥン民族主義の勢いをそらす助けにもなる。

ハクはアメリカの助けが必要だとわかっており、ワシントンから可能な限り搾り取った。カーターが最初に示した四億ドルの支援は「取るに足りない」と拒絶し、レーガン政権から三二億ドルの申し出を勝ち取った。しかも北大西洋条約機構（ＮＡＴＯ）の同盟国と日本にしか認められていなかったＦ16攻撃機の購入まで許されたのだ。[17] 戦利品を手にしたあとも、ハクは冷静さと距離を保った。レーガン大統領やブッシュ副大統領、シュルツ国務長官らとの会談で、彼は核兵器開発の秘密計画について臆面もなく嘘をつき通した。カーターが人権問題を騒ぎ立てて同盟国との関係を悪化させたと批判して就任したレーガン新大統領は、ハクに対し、アメリカはもっと忠実な友人になると確約した。シュルツ国務長官は一九八二年後半のジアウル・ハク訪米に際して作成した秘密文書で「両国関係には、不確かさと繊細さに覆われている領域があることに鑑み」、レーガン大統領が「これらの懸念に強い個人的関心を抱いていること、ハクの見解に細やかな気配りができることを確信させねばならない」と主張した。シュルツはさらに「ハクの支援がなければ、アフガンでの抵抗運動は事実上死んでしまうことを忘れてはなりません。ソ連にアフガン侵攻への高い代償を支払わせる鍵です」と記した。[18]

ハクはＣＩＡの武器と金に対する統制権を握った。イスラム戦士に対するすべての銃と金は、彼の手を通らねばならないと主張した。どのアフガン・ゲリラが恩恵を受けるかは彼が決める。パキスタン領内で、ＣＩＡ本部がアフガンのキングメーカー役を務めることを彼は望まなかった。ハクはアフガンの人心掌握を自分でやりたかった。ベトナム後遺症を負ったラングレーのＣＩＡ本部にとっても都合のいい話だった。[19]

アフガン聖戦の最初の四年間、ＣＩＡは単独の作戦やアフガン人との接触を最小限に抑えていた。ハートがアブドゥルハクと接触するためペシャワールに忍び込んだのは、このためだ。ＣＩＡとアフガン反乱軍との直接接触はパキスタン情報機関によって禁じられていたのだ。それでもＣＩＡは直接の会合を行ったのだが、程度に限りがあった。戦争初期のＣＩＡ単独作戦は主に、最新鋭のソ連軍兵器に関する秘密情報をアフガンの戦場で盗み、アメリカに送って分析させることだった。

　CIAとの複雑な連携を機能させるため、ハクは自身の右腕であるISI長官アフタル・アブドゥルラフマンを頼りにした。CIAを引きつけて逃がさないことが彼の仕事だった。ハクには時間が必要だった。アフガンの戦場で大きな危険は冒したくなかった。パキスタン領内でソ連が糸を引くテロが増えたり、ソ連軍による直接軍事攻撃を招いたりするような危険は冒せない。ハクはアブドゥルラフマンに何度も繰り返して命じた。「アフガニスタンの湯は適度な温度で沸かさねばならない」[20]。湯が噴きこぼれることは望まなかった。


およそ二カ月に一度、ハワード・ハートはラワルピンディに出かけてISI本部でアブドゥルラフマン長官と食事をともにし、アフガン聖戦の最新情報を手に入れた。彼らは長官室か、のりの利いた制服姿の召使いがいる小さなダイニング・ルームで話した。屋外では庭師が植え込みを刈り、歩道を掃除していた。パキスタンの陸軍基地は緑の芝生と白い壁に囲まれ、国内で最も清潔できれいな場所だった。

　ISIとCIAは何十年も密かな協力関係にあったが、相互の不信は消えていなかった。アブドゥルラフマンはアフガン反乱軍との接触はISIが握るという規則を定めた。アメリカ人のアフガン入国はCIAだろうと認めない。パキスタン領内での武器の移動とアフガン司令官らへの分配は、厳密にISI担当官だけが扱う。イスラム戦士の訓練はISIが単独でアフガン国境沿いの基地で行う。CIA担当官がアフガン人を直接訓練することは認めず、複雑な新兵器が導入された場合はCIAがISIのパキスタン人指導者を訓練する。

　アブドゥルラフマンはISI担当官とCIA担当官との社交的接触も禁じた。彼の部下は外交行事への出席も許されなかった。ISI側は自宅や事務所に盗聴機が仕掛けられていないかを頻繁に調べ、電話では粗雑な暗号を使って話した。ハワード・ハートは「H2」だった。移送する武器の種類は「リンゴ」や「オレンジ」だ。CIAも同じように相手を信頼していなかった。アブドゥルラフマンと側近たちが米国内のCIA訓練施設を訪問した際、彼らは基地に向かう機内で目隠しを強いられた[21]。アブドゥルラフマン自身は目立たぬように心がけていた。イスラマバードの社交界に現れることもまれだった。ハートに会う場所もほとんどISIだった。

彼はアフガン国境に近いペシャワール出身のパタン人医師の息子だった（「パタン人」は、アフガン国境地帯に広がるパシュトゥン人のパキスタンでの呼称）。彼はハクと同じように、独立直前にパンジャブの英植民地軍に入隊した。二人は一緒に昇進した。ハクは彼を信頼していた。アブドゥルラフマンは若いころ砲兵士官で、ボクシングとレスリングのチャンピオンでもあった。時がたつにつれ虚栄心が強く気難しい自己中心的な将軍になり、ハクに最も忠実な取り巻きの一人となった。「ハクが『今日はカエルが降る』と言えばカエルよけの網を持って出かけるような男」というのがハートのアブドゥルラフマン評だ。一九七九年六月にISI長官に任命され、八年間その職を維持することになった。

「がっしりした体格で制服には染み一つなく、勲章のリボンが三列並んでいた」とISIの同僚だったムハンマド・ユーセフが振り返る。「肌が白く、アフガンの祖先のおかげだと誇っていた。年よりも若く見えた。写真嫌い。本当に親しい人も信頼する人もいなかった。強情で冷酷な厳しい将軍で、善悪を見極められると確信していた。実際のところ、部下たちは絶対服従を強いる彼を嫌っていた[22]」。

ハートはアブドゥルラフマンのことを、頑固で想像力に欠けるが好感の持てる人物だと思っていた。「（アブドゥルラフマンの）自己像はチンギス・ハンとアレクサンダー大王の混合物という感じ」。ハートがCIA支局長として成功できるかどうかは、ISI長官とどれだけ効果的に協調できるかにかかっていた。スパイの言葉を使えば、ハートはアブドゥルラフマンを「リクルート（勧誘）」しようとしたのだ。工作員を金で雇うように正式にではなく、非公式に友人かつプロ仲間として。

何カ月かがたつと、ハートはアブドゥルラフマンとの私的な会談（「幹部会議」と呼んでいた）の内容をすべて記録する大佐に、二人だけにしてくれと頼むようになった。会談は次第に打ち解けたかたちになった。彼らが話し合う中心議題はいつも同じだった。アフガン反乱軍に対するＣＩＡの武器支援を、モスクワはどこまで容認するだろうか？　ハクはどこまで容認するだろうか？

ＩＳＩの金庫はＣＩＡとサウジアラビアの金で膨らみはじめた。ラワルピンディに何の印もない本部施設を置くＩＳＩは、パキスタンの新興勢力だった。何よりも、ハクによる鉄拳戒厳令体制の実行部隊であり、国内の治安維持、秘密ゲリラ作戦、インドに対するスパイ活動も任務だった。ＩＳＩはパキスタン陸軍の一師団のように機能し、陸軍士官と下士官で構成された。ＩＳＩのスパイたちは陸軍内部のトラブルメーカーや、クーデターを起こしかねない勢力を常に探していたので、周囲からは軽蔑された。アブドゥルラフマンの威張り散らす性格も不人気に拍車をかけた。

数人の准将が管理するＩＳＩアフガン局が、パキスタンによるイスラム戦士支援の実務を運営した。一九八三年までにこの局で約六〇人の士官と三〇〇人の下士官が働いた。アフガン東部と南部の言語パシュトゥー語を話せるパタン人の少将や大佐が起用された。これらのパキスタン軍士官たちは国境に広がる部族の一員であり、平服姿なら国境地帯やアフガン国内で活動しても誰にも気づかれなかった。パタン人士官の中には、ＩＳＩアフガン局で何十年も勤務し軍の他部門には一切異動しない者たちがいた。局は常設の秘密機関になりつつあった。(23)

ハートとアブドゥルラフマンは定例の会合で、よく諜報を交換した。ハートはＣＩＡが傍受したソ連軍の通信や、衛星写真に基づくアフガンの戦闘損害報告を提供。インド政府内部にすばらしい情報源を持つアブドゥルラフマンは、インド人が私的な会合でアメリカへの嫌悪感をどれだけ示しているかを話し、ハートをいたぶった。彼はフォルダーの中身を読みながら「やつらが君たちのことを何と言っているか聞いてみろよ」などと言った。

彼らの仕事は、輸送や支払いにかかわる細々としたことが多かった。議会は十月に始まるアメリカの会計年度ごとに、CIAのアフガン計画に対する予算を認可した。ハートの在任中に予算額は急増し、一九八一年度の三〇〇〇万ドルが一九八四年度には二億ドルになった。サウジアラビア王家とロナルド・レーガン大統領との合意（ワシントンとリヤドの反共同盟を強化する目的でつくられた）に基づき、サウジがCIAと同額の支援を拠出することになり、支援総額は倍増した（それでもソ連のアフガン共産政権支援に比べれば形無しだった。ソ連の支援額は一九八〇年だけで一〇億ドルを上回り、その後さらに増え続けた）[24]。ハートは新年度が近づくたびにアブドゥルラフマンと協議し、アフガン反乱軍に必要な武器リストを作ってラングレーの本部に公電を送った。彼らが注意深く練った計画は、年度末に議会で秘密裏に決まる不明瞭な予算措置でがらっと変わることが多かった。パキスタンに対する膨大な武器供与が突然認められるとISIの貯蔵・輸送能力に大きな負担となった。ハートの部下とISIはアフガン国境を越えて武器を送りこまねばならなかった。

新しくて性能のいい武器が流れ込み始めた。ハートの疑念にかかわらず、供与される武器はリー・エンフィールド銃から中国製のAK47に拡大された。またRPG7と大量の中国製六〇ミリ迫撃砲、一二・七ミリ重機関銃が二〇〇〇挺以上。ハートはISIのために多数のトラックを購入し、ラワルピンディの貯蔵庫から夜間にグランド・トランクロードを通ってアフガン国境沿いの倉庫に運ばせた。

一九八三年になると飛び交う現金が多額になりすぎ、誰が適正な利益を手にしており誰がCIAから法外な金を奪い取っているのか、ハートには正確に把握できなくなった。CIA本部の買いつけ担当部門は、国際的な武器市場を通じて共産圏の武器を買いつけ、アフガン反共勢力の手に渡していることを誇りとした。ポーランド反体制派の軍士官たちはＣＩＡから金を受け取り、ソ連製余剰兵器の秘密売却に応じた。ＣＩＡはその武器をアフガンに送りソ連軍に対して使わせた。中国共産党は、ＣＩＡ北京支局がまとめた武器取引で多額の利ざやを手にした。年間数千万ドルもの秘密武器取引により、ＣＩＡと中国情報当局との反ソ連秘密協力関係が強化された（中国共産党はソ連共産党と一九六〇年代初頭に関係断絶し、この時点では不倶戴天の敵同士だった。アフガン計画に関与したＣＩＡ担当官の一人は「ロシア人を撃つ銃弾を中国人から買うなんて最高だ」と語った）。第三世界の親米国も金儲けに加わった。エジプトは、かつてソ連から売りつけられた旧式の武器をＣＩＡに売却。トルコはライフル六万挺と軽機関銃八〇〇〇挺、ピストル一万挺、弾薬一億発を売却した。多くは一九四〇～四二年製で、ＩＳＩの補給担当官は文句を言いながらも受け取った。[25]

ハートはパキスタン人が金を盗んでいることを知っていたが、穏当な規模だと考えた。パキスタン国内で、軍は最も腐敗していない組織だった。だから何だと言うわけではないが、何がしかの慰めにはなった。いずれにせよ、こういう秘密作戦では説明のつかない現金を渡すしかないとハートは考えた。大目標のため正当化できる費用でもそうでなくても、銀行の監査官のように文句を言うことはできなかった。例を挙げれば、ＩＳＩにはイスラム戦士訓練基地を運営する金が必要だった。ハク政権は完全に金詰まりだった。ＣＩＡが何千人ものアフガン反乱兵に新兵器の使用法を教えたければ、パキスタン人訓練員や調理人、運転手への支払いが必要で、ＣＩＡが独自にこういう雇員を集めるのはほとんど不可能だった。一九八三年になるとハートとラングレーの上司たちは、アブドゥルラフマンに数百万ドルを渡して訓練基地の成果を見守り、ＩＳＩが手にする「手数料」が比較的穏当な額であることを願うほかないと感じていた。サウジアラビアもＩＳＩに現金を送っており、金の使い道にはもっと無頓着だった。

大規模な武器泥棒を見つけるため、ＣＩＡはアブドゥルハクらアフガン人数人を雇ってアフガン国境地帯での銃価格を調べさせた。もしもリー・エンフィールド銃やAK47の価格が劇的に下落していれば、CIAが提供した武器が売り払われたことがわかる。

だがパキスタン人は一枚上手だった。一九八三年にはクエッタで、CIA提供の武器を売りさばいて儲けるためアフガン反乱兵と共謀したISI担当官たちが捕まった。また別の事例でパキスタン軍は密かに、独自の余剰武器であるリー・エンフィールド銃と銃弾約三〇〇〇万発をCIAに売りつけた。シンガポール船籍の船がカラチで一〇万挺の銃を積んで出港。Uターンして港に戻ると銃を積み降ろし、輸入品のように見せかけた。この計画は露見した。弾薬には「パキスタン軍需工場（Pakistan Ordnance Factory）の頭文字「POF」というマークが付いたままだったのだ。ISIは金を払って銃弾からマークを削り落とさせねばならなかった。アフガンの戦場でソ連人がこの銃弾を拾い、パキスタンによるイスラム戦士支援の証拠とされないためにだ[26]。

アブドゥルラフマンは大規模なごまかしを恥じたようで、もっときちんとした武器分配システムを立ち上げるとハートに語った。ISIが支援するアフガンの政党に武器を配らせるという方法で、これなら政党指導者に責任を取らせることができた。同時にISIは、どのアフガン・ゲリラ指導者が武器を受け取り、強力になるかを統制できることになった。

ISIお気に入りのアフガン人指導者の多くは、たとえばグルブディン・ヘクマティアルのように、ムスリム同胞団系のイスラム主義者だった。一九八三年以降、アブドゥルラフマンらは伝統的なアフガン王党派や部族指導者を締め出して武器を与えないようになった。アブドゥルラフマンは、パシュトゥン人の王党派は懸命に戦わないからだとハートに説明した。この戦争の常としてCIAはISIのやり方をほとんど異議も唱えず受け入れた。ハートたちはこの政策がハクの個人的信仰に沿っているだけでなく、パキスタン領内でパシュトゥン民族主義を煽りそうなアフガン反乱軍を弱体化する意味もあるのだろうと考えた[27]。

CIAが提供する武器が、宗教的態度はどうあれソ連と激しく戦うアフガン司令官に渡ることを望むハートは、アブドゥルラフマンに「彼ら皆を結束させられる者などいるだろうか」と尋ねたことを覚えている。「銃と金の力で彼らを変えようとしているのか。できるのなら構わないが、過信しないほうがいい」

一九八三年になると在イスラマバード米大使館の中で、CIAがISIに頼っていることがアフガン反乱軍内部の不協和音を招いているとの懸念が広がり始めた。大使館は国務省に送った秘密公電で「やり方を変えるには、アメリカの政策をパキスタンの政策と区別する必要性があるだろう」と報告した。「ソ連のアフガン侵攻以来、われわれはずっとパキスタンの先導に甘んじて従ってきた[28]」

だが米政府内にはISIに依存して何が悪いのか理解できる者はほとんどいなかった。ソ連はアフガンで身動きが取れなくなっており、この戦争はソ連にとって国際的な恥辱だった。またCIA秘密作戦の費用対効果は向上していた。ハートはラングレーの本部に、議会が毎年イスラム戦士の武器のために支出している予算は、その八倍から一〇倍の額に相当するソ連軍装備を破壊し兵員を殺傷していると報告した。

ダニエル・パトリック・モイニハン上院議員はパキスタンを訪問した際、ハートにこう尋ねた。「ハワード、この人たちがソ連に殺されるか滅ぼされたら、どうやって助けるんだ」。

ハートは「上院議員、彼らはウィンストン・チャーチルの言葉を引用して『道具をわれらに与えよ。われらは仕事を成し遂げる』と言うんですよ」と答えた。

ハートは自分の目でアフガニスタンを見ることにした。厳密にいえばこれは違法行為だった。もし見つかれば譴責処分を受けるか解雇されることがわかっていたが、これはＣＩＡ支局長が個人の判断で実行する類のことだった。作戦本部の流儀だ。ハートはペシャワールで初めて会ったあと、アブドゥルハクと親しくなっていた。アブドゥルハクは短時間でアフガン国内を回るなら危険はほとんどないと請け合った。とくにペシャワールから山間部に入った谷間では彼の部隊が道路と抜け道を支配していた。彼らは重武装しトヨタのランドクルーザーで移動した。ソ連軍は夜間の作戦をほとんど行わなかったので、夜はとくに安全だった。

ハートは副支局長に数日間支局業務を任せ、武装してアブドゥルハクのジープで国境に向かった。ほかのアフガン人にはカナダ人ジャーナリストとして紹介してもらう手はずだった。ＣＩＡ本部向けの言い訳はすでに考えてあった。彼は武器供給を視察するためアブドゥルハクと一緒に国境の近くまで行った。何の目印もないため、残念なことに偶然アフガンに迷い込んでしまったというわけだ。

彼は国境を越えて、十分な装備を持った五〇人ほどのイスラム戦士とともに数キロ移動した。夜には野営して反乱軍の代表団と会った。会話はすべてパシュトゥー語かダリー語だったのでハートには通訳が必要だった。ひげを生やしターバンを巻いた反乱軍兵士らに囲まれて岩に座っていると、ハートは何か映画の中にいるような気分だった。寒さの中を、一〇人か二〇人の集団で行軍するアフガン人を見てハートは驚いた。ほとんど防寒装備もなく、二日間何も食べていないと打ち明ける者もいた。

ソ連軍の空爆と道路への攻撃のせいで、イスラム戦士は食糧補給線の確保に苦しんでいることをハートは知った。大都市を離れれば市場もなく、彼らは現金もほとんど持っていなかった。「その夜は本当に恥ずかしかった。彼らは新聞記者だと思って私を無視した。何も持たず何週間も歩き通しの彼らに、どうにかして金を渡したいと思った」

イスラム戦士たちは暗闇を利用してパキスタンに出入りし、待ち伏せ攻撃も闇に乗じて行った。彼らは火を使わずパンもお茶も冷たかった。これが本当の戦争だとハートは思った。多くのアフガン人が熟知する残酷な草の根の国民的闘争、岩の合間で戦われている戦争。二つの超大国が焚きつけた戦争だ。

作戦本部からみれば、ハートのイスラマバードでの任期はほぼ完璧だった。スキャンダルはなし。アブドゥルラフマンやISIともうまくやった。ディーン・ヒントン大使は、離任を控えたハートの秘密評価文書に「アフガニスタンに関して、ハワードとアフタル・アブドゥルラフマン将軍の関係は緊密で生産的だった」と書いた。「一方でハワードはパキスタンに対する特別の情報収集作戦も運営した。パキスタンの核兵器開発に対する情報収集は驚くほどうまくいき、心をかき乱すものだ。ハク大統領の言葉と裏腹に秘密裏に何が起きているのか、ハワードたちがこれほど暴き出さなければ、私ももっと安眠できただろうに(29)」。

船やトラックが次々に到着し、アフガンに対するCIAの秘密供給はハートの任期中に前例のないレベルにまで増加した。ただ計画自体はもはや秘密ではなかった。レーガン大統領は、アメリカがアフガンの「自由の戦士」を支援していることを公に示唆しはじめていた。アメリカやヨーロッパから来た記者たちはイスラム戦士の護衛を受けてアフガン国内を旅した。彼らの記事で反乱軍が外部からの相当な支援を受けていることが明確になった。

それでもハクは公的には否定し続けた。彼はソ連のパキスタンに対する報復を恐れていた。ハートらCIA担当官と会うたびに、ハクは「アフガンの鍋は適度な温度を保たねばならない」という比喩を繰り返した。噴きこぼれるのを防ぐためにだ。ISI本部での会議で、ハートとアブドゥルラフマンはこの比喩を冗談のネタにした。二人は武器の調達書類を書きながら「火にもっと薪をくべろ！」と言い合った。

ソ連には、本格的なパキスタン侵攻に足りるほどの増派をする用意はない。ハートはそう考えるようになった。「あのくそったれ連中にはタマが付いてない。やりはしない」と結論づけたのだ。「何も起きないから心配しないで」。ＣＩＡは勝利しつつあり、その有利な立場をさらに強めることも可能だった。

第4章 ウサマが大好きだった

それはいくつもの木箱に詰めてアメリカから送らせた新札で、とても重かった。身の回りの荷物に加え、アハメド・バディーブは約一八〇万ドルの現金をカラチ行きのサウジアラビア航空便で運んだのだ。パキスタン到着後に荷物をピックアップして、彼は信頼できるポーターを用意しなかったことを後悔した。すでに筋肉がぱんぱんだった。イスラマバードに向かうには、パキスタン国際航空の国内便に乗り換えなければならない。税関職員や保安係員が荷物の中身を調べようと待ち構えていた。バディーブは際どい冗談をしょっちゅう口にする元気な男で、保安検査のテーブル前で熱弁を振るった。「とても重要な書類が入っている。誰にも見せることはできない」。係員は、それならエックス線検査機を通すだけだと応じた。安月給のパキスタン税関職員が現金を見つけたらどうなることか。バディーブは再びべラベラしゃべり始めた。「非常に大切なフィルムが中に入っている。エックス線を通されたらだめになる」。ようやく荷物はチェックイン・カウンターを通り抜けた。イスラマバードに到着し高官らが出迎えに来ていることを知り、彼は安心した。ＩＳＩ長官のアフタル・アブドゥルラフマン将軍が飛行機から降りるバディーブを出迎えた。

アハメド・バディーブは反ソ連の聖戦に部隊が結集した一九八〇年代初頭、三十代半ばだった。サウジアラビアの砂漠で生まれ、雪深い米ノースダコタで大学に通い、サウジ教育省に雇用され教師として働いたときにはウサマ・ビンラディンという名の真面目な生徒と仲よくなった。ずんぐりした体格でひげを生やし、浅黒い肌のアハメド・バディーブは生まれつきの陽気さと自信を備えていた。幸運と親族のコネ、サウジ政府の気前いい支援のおかげで、彼はサウジアラビア総合情報局長の参謀となるべく学業を終えたところだった(1)。

ソ連軍のアフガニスタン侵攻後間もなく、サウジ情報機関を率いるトゥルキ・ファイサル王子は、サウジの切り札であるドルの現金を持たせてバディーブをパキスタンに派遣した。サウジ情報機関と彼らが管理する慈善団体は、ＩＳＩにとってＣＩＡをしのぐ最大の資金援助者となっていた。

アブドゥルラフマンはアハメド・バディーブを連れてラワルピンディに行き、ハク大統領と会見させた。バディーブは、精密なロケット砲などを中国から購入できるように、サウジアラビアはＩＳＩへの資金提供を決めたと述べた。バディーブが運んできた現金はその手始めだった。

その夜ハクとバディーブが話している間に、ＩＳＩの将軍たちは隣室で木箱をこじ開け、中の現金を数え始めた。バディーブは大統領と礼儀正しい会話を続けながらも、その動きに目を配っていた。「失礼致します、大統領閣下。将軍方が……」

バディーブは隣室に行き「もう数えた金ですよ！」と冗談交じりに言った。「新札です。記番号もそろっています」

バディーブは銀行員のような扱いを受けることにすぐ慣れた。「私たちは作戦を行いません」。トゥルキ王子はかつて、ＣＩＡ作戦本部近東局の相手にこう告げたことがある。「やり方もわかりません。知っているのは小切手の書き方だけ(2)」

ソ連軍のアフガン侵攻はＣＩＡ同様、サウジアラビアの対外情報機関「総合情報局」（ＧＩＤ）にも衝撃を与えた。信心深い遊牧民であるサウジ王家は、ソ連の共産主義を異端と見なしていた。ペルシャ湾へ向かうソ連の前進は、サウジ指導部が有する石油の富を脅かした。サウジの王子たちは、パキスタンはソ連の野心を封じ込めるための最前線国家だとするアメリカの見方を支持した。またアブドゥルラフマンの側近によると、トゥルキとアブドゥルラフマンは政治と別次元で「国境を超越したイスラム同胞愛の重要性を熱烈に信じていた」。激動の一九七九年が終わると、この後王位に就くファハド皇太子は、パキスタンが東方で最も力強く頼りになる盟友だと考えるようになり、豊富な資金をアブドゥルラフマンのISIに与えることを認めた(3)。

サウジアラビアとパキスタンとの秘密同盟はすでに確立していた。双方とも若く不安定な国家で、イスラムを国家アイデンティティーの中核と見なした。パキスタン軍部隊がサウジの治安維持目的で駆り出されたこともあった。一九七一年の印パ戦争の祭には、サウジ空軍がカラチ上空の防衛を果たした(4)。

一九八〇年代初頭まで、サウジ・スパイ機関の役割は限定的だった。GIDはサウジ王家の人脈に基づいてつくられた組織で、長い間未熟で脆弱だった。近代サウジアラビアを建国した君主で一七人の妻との間に四一人の子供をもうけ、一九〇二年から一九五三年に亡くなるまで君臨したアブドゥルアジズ・イブン・サウド国王は、あるとき息子の一人ファイサルをトルコに派遣し、王家の流れをくむ適齢期の女性の品定めをさせた。結局ファイサル自身がこの女性をめとった。彼女の裕福な兄弟で、アラブ世界全般にコネを持つトルコ人カマル・アドハムが、一九六〇年代にGIDの初代局長に指名された。アドハムは在外大使館にGIDの事務所を開設した。彼は一九七〇年代中頃に解雇され、その跡を継いだのが若く世才のある甥トゥルキ・ファイサル王子だった。この人事は、御し難い氏族間のバランスを取ることが欠かせないサウジ政治の典型だった(5)。この半ば偶然の経緯からトゥルキはGID局長を二〇年以上にわたって務め、世界でも有数の影響力を誇る情報機関の大物となった。

一九七九年から二〇年にわたって、トゥルキ王子はほかの誰にも負けぬほどアフガニスタンの運命を決定づけ、アメリカとイスラム急進主義とのかかわり合い方を定めた。彼はアフガン人司令官の勝者と敗者を選定し、中東全域でイスラム志願兵に資金を提供し、それぞれの組織間の同盟を創出し、またパキスタン情報機関に巨額の補助金を支出した。陰の政府として、ＩＳＩの台頭を支援したのだ。トゥルキ王子はサウジアラビアの多層的な矛盾を体現していた。厳格なイスラム教の擁護者であり、女性の権利を促進し、億万長者で仕事中毒、敬虔でバナナダイキリを好み、陰謀をめぐらし知的で、祖国に忠実な王子でありアメリカの誠実な友人で、反米の大義に気前よく資金を提供した。ＣＩＡが共産主義と対決し、のちにはイスラム武装勢力と対決するのに合わせて、彼の組織は重要な連絡係となった。トゥルキ王子が構築したサウジ情報機関はＩＳＩと同じように、ときには毒入りで、ときには甘い杯となった。ＣＩＡ近東局とテロ対策担当官は、それを飲むしかないと信じていた。

トゥルキ・ファイサル王子はサウジアラビア王国で一九四五年二月十五日に生まれた。アブドゥルアジズ国王が、ヤルタからの帰途にあったフランクリン・ルーズベルト米大統領と初めて会うために、紅海上で米軍の戦艦に乗り組んだ翌日だった。

遊牧民である王は、食事用に自ら殺すために羊の群れを艦上に持ち込んだ。彼は米兵のニュース映画を見ながら、思いがけず長時間眠り込んでアメリカ側を混乱させた。ともかく、ナチスの降伏前から戦後世界の同盟関係を模索していたルーズベルトは、国王に好ましい印象を与えた。彼らはパレスチナ問題と石油について協議した。アブドゥルアジズは国際情勢に比較的疎かったが、シオニスト〔パレスチナにユダヤ国家を建設しようとする人びと。イスラエル〕に対するアラブの闘争を自分の問題でもあると見なしていた。アラビア半島にいるルーズベルトのスパイには石油を求める山師もおり、彼らは砂の下に眠る莫大な富に気づき始めていた。ルー

現代サウジアラビアの誕生
第２次世界大戦終了時のサウジアラビア

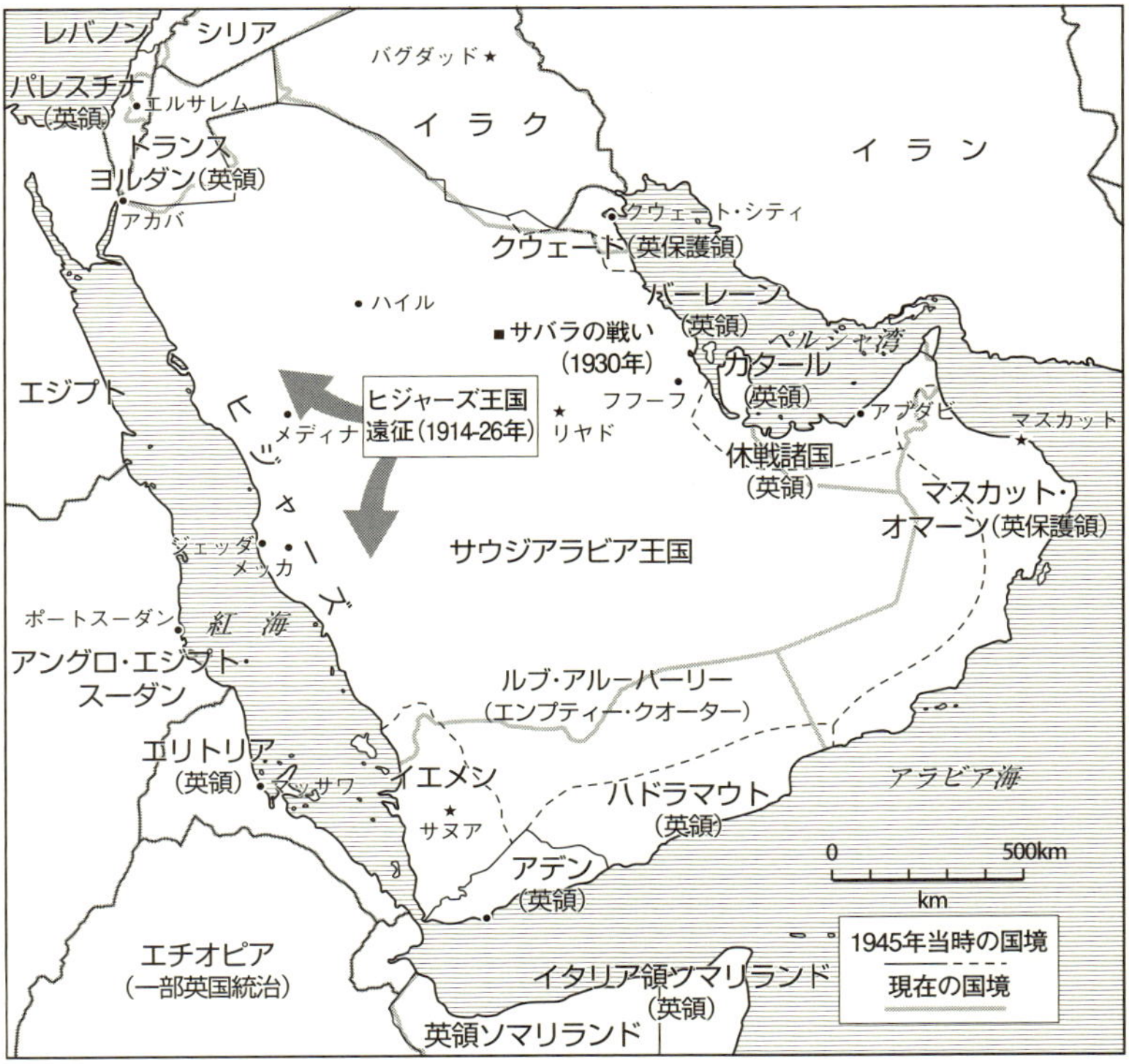

地図制作：閏月社

ズベルトは英国がやってくる前にサウジ王家を取り込むよう彼らに尻をたたかれ、そのとおりにした。できる限りアブドゥルアジズ国王をおだて上げ、軍事・経済協力を限定的ながら取りつけた。

アブドゥルアジズが率いるサウド王家は、植民地支配をほとんど免れていた。彼らの土地は荒涼として隔絶されていたため、ヨーロッパ列強の関心を引かなかったのだ。彼らはまず十八世紀に中部ナジュド地域の灼熱の砂漠から暴れ出て、部族間の戦争を仕掛けた。当時のアラビア半島は過酷で貧しく、ラクダ遊牧民がいるだけで人も住まない不毛の土地だった。文明に最も近いのは、オスマン帝国の貿易港で、植民地競争の中ではそこそこの獲物となったジッダだった。ジッダ市民は紅海沿岸を離れようとはしなかった。内陸の土地は焼け焦げるようで、そこの部族は容赦のない人びとだった。内陸のメッカとメディナに毎年集まるイスラム教の巡礼たちは、道中での強盗に気をつけねばならなかった。

厳格で好戦的な砂漠の説教師ムハンマド・イブン・アブドゥルワッハーブと運命的な同盟関係を結ぶまで、サウド家は数多い民兵組織の一つにすぎなかった。芸術家気取りで煙草やハシシを吸い、音楽好きで太鼓をたたいて回るエジプト人とトルコ人がメッカで祈るため毎年アラビア半島を旅する姿に、ワッハーブは怒っていた。彼のコーラン解釈によれば、オスマン帝国からの巡礼はイスラム教徒ではなく、冒瀆的な多神教信者で、偶像崇拝者だった。地元のアラブ人が聖人を顕彰して記念碑や墓石を飾り立てたり、イスラム教をアニミズム的な迷信と混淆したりしていることにも、ワッハーブの怒りは向かった。ワッハーブはこれらの行為を神に禁じられたものとして非難した。肖像を崇拝する者はアラーの真の共同体には入れない。彼らはアラーの敵であり改宗させるか打倒せねばならない。ワッハーブは自らの神学に対するサウド部族の忠誠を勝ち得た。あるいはサウド部族が彼らの政治的目的のために、ワッハーブの忠誠を勝ち得たのかもしれなかった――これはどちらの一族が歴史を物語るかによる。いずれにせよワッハーブの改宗主義はサウド家の軍事的野心と一体化した。ワッハーブ―サウドの統一民兵組織がオアシスを襲撃するたびに、彼らは墓標や聖なる木々を破壊し、ワッハーブの解釈に基づく厳しいアラーの言葉を広めた。あるときワッハーブは姦淫の罪に問われた女性に対し、石打ちの刑を命じた。彼の恐ろしい伝説が広がった。

高潔さをたたえて広大な土地を贈られたワッハーブはその後、宗教的瞑想の生活に引きこもり複数の女性と結婚した。彼の死後、エジプト人がアラビア半島に攻め入り、ワッハーブとサウド家の子孫をナジュドの何もない土地に押し戻した。（復讐に燃えるエジプト人はワッハーブの孫の一人に一弦バイオリンの音楽を強制的に聴かせたのち、処刑した。）サウジアラビア人はナジュドで動物を飼い、憤りを鎮めながら、惨めな十九世紀を過ごした。

第一次世界大戦の混乱の中でオスマン帝国が崩壊すると、彼らは再び紅海に攻め入った。サウド家は今回、並外れた司令官であるアブドゥルアジズに率いられた。彼は無口ながら熟達した首長であり、軍事的な勇敢さと政治的鋭敏さでアラビア半島の手に負えない遊牧民部族を統一した。「彼の思慮深い物腰と感じのいい微笑み、深く刻まれた眼差しは彼の威厳と魅力を増したが、西洋流の『強健な個性』という概念とは一致しなかった」と、アブドゥルアジズと会見した英国人旅行家は書き残している。「しかしながら、彼は過酷なアラビアでも希有な肉体的忍耐力を備えているとされる」[6]。アブドゥルアジズはワッハーブの教義を奉じた。彼は新しく強力でなかば独立した先兵「イフワン」（同胞）を支援した。彼らは戦う信者であり、特徴的な白ターバンを身につけ、口ひげと顎ひげを刈り込んでイスラムの連帯を表した。イフワンは村や町を次々に征服した。彼らはワッハーブの名においてアルコールと煙草を禁じ、絹の刺繍に賭け事、占いや呪術も禁じた。彼らは電話とラジオ、自動車が神の法に反すると非難した。彼らは領内にトラックが初めて現れると火を放ち、運転手は走って逃げ出した。

アブドゥルアジズはイフワンをうまく使いこなし、一九一四年から一九二六年の間にメッカとメディナ、ジッダを手に入れた。だが王はイフワンの抑制不能な急進主義を脅威と見なすようになる。イフワンが蜂起し、アブドゥルアジズは近代的な機関銃でそれを制圧した。イスラム的高潔さというイフワンの魅力や人気を横取りするように、アブドゥルアジズはサウジ宗教警察を創設した。のちに勧善懲悪委員会となる組織だ。王はワッハーブの教義に基づいて厳しく統治すると宣言し、家父長制度に基づく厳格で装飾を廃した敬虔さを強制した。

二十世紀を通じてサウジ王家が採用した戦略がこうして登場した。イスラム急進主義の脅威を受けながら、支配権を維持するために急進主義を奉じる。アラビア半島におけるサウド家の権力は脆弱で、盟友関係を結ぶ聖戦主義者の征服によって拡大した部分が大きかった。彼らは今やイスラム世界で最も神聖な神殿を支配下に収めた。厳格で公式な敬虔さ以外に、妥当な政治手法は見当たらなかった。王家には真の信者が多かった。結局のところサウジアラビアは、聖戦によって創設された唯一の近代国民国家だったのだ。(7)

のちにスパイの長となるトゥルキ・ファイサル王子が育ったのは、サウジアラビアが血まみれの難産の末に誕生して一世代もたたぬ時期だ。彼が成人したのは、石油収入の飛躍的増加や近代化運動、カリフォルニア型高速道路や屋内型ショッピングモールのテープカットが行われる以前のことだ。トゥルキが少年だった一九五〇年代の中頃には、サウジアラビア人の三分の二は依然として遊牧民かそれに近い状態で都市住民は四分の一以下だった。一九六〇年代半ばになっても国民の半数は畜産で生計を立てていた。奴隷制度がようやく禁じられたのは一九六二年だ。この後も長い間サウジの家庭では、アフリカ人やアジア人が非公式に年季奉公を続けた。伝統的な遊牧民ベドウィンの文化は定住労働を蔑視した。アメリカ人ら外国人は東部で原油掘削を始めており、道路や電話線への投資も始まっていたが、トゥルキの子供時代のサウジは大部分が貧しく、テント生活のラクダ遊牧民とイスラム説教師の土地だった。

そして王家と高潔なウラマー（イスラム法学者）との危うい同盟によって統治されていた。[8]

この非近代的な風景の中で、トゥルキ王子の父ファイサル王子は比較的近代的な人間だった。アブドゥルアジズの息子たちには無教育で享楽的な者もいたが、ファイサルは勤勉な国家主義者であり読書家で、指導的な技術官僚で政府改革者だった。彼は均衡の取れた予算と社会的投資、テクノロジーの恩恵を重視していた。またイスラム教ワッハーブ派を信奉し、サウジの社会変革はゆっくりと慎重に進めるべきだと主張した。州知事としての経験も豊かで、将来はサウジの王位を継承すると思われた。息子には真剣な生き方を求めた――アメリカで教育を受けるという意味だ。

ファイサルはトゥルキ王子が十四歳になると、裕福な少年たちが集まる米ニュージャージー州の全寮制学校ローレンスビル・スクールに送り込んだ。トゥルキ少年にとって、これは「カルチャーショック」などという生易しいものではなかった。「私は独りぼっちだった」とトゥルキは後年回想した。「ひどく緊張していた……。寮に入ると誰かが私の背中をたたいた」。一人の若者が「よう。おれスティーブ・キャラハン。君だれ？」と呼びかけたが、トゥルキは黙って立ち尽くした。「だってサウジでは人の背中なんてたたかないんだ」。ようやく彼が名乗ると、キャラハンは「トゥルキ？　ああ、感謝祭のターキー（七面鳥）と一緒か」と言った。[9]

後年のトゥルキは人前で話すことがほとんどなく、とくに自身の内面については語っていないので、彼がローレンスビルでアメリカについてどういう印象を受けたのかはうかがい知れない。トラウマ（心的外傷）なのか、好ましい印象だったのか、その両方だったか。青春がようやく始まった時期にトゥルキは大海を越えて、厳格なイスラム教のしきたりを守る隔絶された王国から、フットボールとセックス、ビールのアメリカ的世界に放り込まれたのだ。ただ少なくともローレンスビルの少年たちは彼と同じように裕福だった。外国人の生徒は彼のほかにもおり、同級生の一人には将来のホンジュラス大統領がいた。

　母国で彼の父ファイサルは、アブドゥルアジズ没後の王位継承をめぐり、長男である異母兄サウドと執拗な闘争を始めた。アブドゥルアジズが多数の妻をめとり多くの息子をもうけたことで、王家内には互いに競い合ういくつもの閨閥ができた。彼の死後すぐに複雑な権力闘争が勃発した。サウドの浪費が問題を悪化させた。原油が湧き出してドルが流れ込み始めていたが、サウドと家臣たちはその金を宮殿や派手な買い物、管理のまずい開発計画に使い果たした。一族は秩序を求めてファイサル王子を皇太子に指名したが、サウドは彼を嫌った。

　米東海岸の行儀作法を身につけたトゥルキは一九六四年にワシントンDCのジョージタウン大学に進んだ。同学年には野心的でよくしゃべるアーカンソー州ホープ出身のビル・クリントンという若者がいた。クリントンの仲間づくりレーダーにしては珍しい作動不良で、彼は裕福な皇太子の息子で権力の座が約束されたトゥルキと友人にはならなかった（二人が初めて会ったのはクリントンの大統領就任後間もなくホワイトハウスでだった）。何年ものちにトゥルキはジョージタウンでの同窓会で、「マリファナを試したことはあるが、吸い込みはしなかった」というクリントンの有名な釈明に触れてこう言った。「ぼくらの学年は吸い込まなかっただけじゃない。バナナの皮まで吸おうとしたんだ。覚えていますか？バナナの皮ですよ。考えられますか？　でもそういう時代だったのです(10)」

　一年生のときにキャンパスで誰かがトゥルキに近づき「ニュースを聞いたか」と尋ねた。トゥルキがまだだと答えると「君のお父さんが国王になったよ」と告げられた。

　サウドがようやく王位を手放したのだ。ジョージタウンの学部長はトゥルキを呼び、警護が必要かと尋ねた。トゥルキは辞退した。なぜなら「あのころは誰にもつけ回されたくなかったんだ、とくにジョージタウンではね(11)」。

トゥルキは三年生を終えたときに大学を去った。のちにその理由を、一九六七年の六日間戦争でアラブがイスラエルに敗北したことに取り乱し幻滅したからだと説明した。「どれほどの意気消沈と敗北感がアラブ世界を包んだか、想像もできないでしょう」。彼は数年後に英国で学校教育を終えた。トゥルキは政府省庁の相談役として採用され、その後おじの後を継いでGID局長となった。

そのときには、父ファイサルはすでに暗殺者の銃弾で倒れていた。反イスラエルの石油禁輸措置を主導して世界のエネルギー価格を急騰させ、アメリカに衝撃を与えてから二年後、国王ファイサルは精神錯乱状態のいとこに殺害された。この暗殺は王国の近代化努力が遠因だった。一九六五年にサウジテレビが開局するとワッハーブ派の急進派が暴力的な抗議行動で政府のスタジオを襲った。このときの銃撃戦でファイサルのいとこの一人が死亡した。一〇年後の一九七五年三月二十五日、犠牲者の弟が祭の最中に国王にピストルを向け、復讐として射殺したのだ。トゥルキはテロで父を失った。このテロは少なくとも部分的には、開発とイスラム正統信仰の結合をめざすサウジアラビアの試みが原因だった。トゥルキは詳しい説明を避けながら、こう語っている。「最も苦しい出来事だった」[12]

トゥルキ王子が責任者となった一九七〇年代後半、サウジ情報機関は大規模拡大の苦闘を続けていた。湧き出す原油収入は王国の官僚機構のあらゆる部署に注ぎ込まれた。一九六九〜七四年、サウジアラビアの五カ年政府予算は九二億ドルだった。次の五カ年予算は一四二〇億ドルだ。遊牧民的貧困から抜け出してわずか一世代で、王国はコンピューター時代に突き進んでいた。トゥルキは総合情報局（GID）の国内事務所と、国外三二の大使館、領事館内の事務所とを電信で結んだ。しかしどのソフトウェアも、正気をなくしたジュハイマン・ウタイビによる一九七九年十一月のメッカ占拠計画を探知できなかった。アブドゥルアジズが鎮圧した「イフワンの反乱」の影響が感じられ、このメッカ占拠事件はサウジ情報機関を揺るがした。スパイと警察に対する大規模な投資が必要だと、王家は確信した[13]。

心配したのはサウジだけではない。イランのシャー王朝が倒れると、米情報機関は次はサウジ王家かと恐れた。CIAジッダ支局は王国の不透明な内政に関する報告を改善しようとした。メッカ占拠事件は、CIAがアラビア半島のイスラム急進主義についていかに何も知らないかを明確にした。情報に近づく方法の一つは、技術支援を提供してサウジ・スパイ機関に取り入ることだ。一九七九年以降、サウジアラビアのCIA支局は王国内に情報源を開拓する努力を強めた。同時にGIDのコンピューターシステムを支援し、ソ連からの電子情報傍受という機微に触れる計画も支援した[14]。

トゥルキと部下たちはラングレーや欧州、アラブ諸国を訪問し、他国の情報機関がどのように組織されているかを研究した。彼はGIDを設立するに当たり、CIAを模倣した。トゥルキ王子がGIDの非閣僚級局長で、彼の直下に六つほどの部を設けた。CIAと同様に、その一つが作戦本部であり、秘密活動や他国情報機関との連絡を担当した。トゥルキはまた情報本部も設け、安全保障問題に関する機密情報をサウジ王家に報告させた。情報本部はサウジ国王と皇太子に諜報要約を毎日届けもした。CIAがホワイトハウスと大統領に毎日届ける報告を模したものだ[15]。

彼の申し分ない英語と礼儀正しさ、茶目っ気のあるユーモアと趣味のいい贅沢さ、歴史への造詣、そして何よりもサウジアラビアと西洋との間で舵を取る希有な能力、双方の相手に対する理解を助ける能力で、トゥルキはアメリカに食い込んだ。彼は控えめで柔らかな語り口の男だったが、強い自信を抱いていた。アラビア語を話すCIA担当官の一人は、トゥルキが英語とアラビア語の通訳者として最も熟達し、微妙なニュアンスを伝えられる人物だと評した。トゥルキは西洋の情報源を貪欲に活用した。彼はスイスに世界の精鋭が集うダボス会議に毎年出席し、経済や戦略、国際的勢力均衡に関するほかのオフレコ会議にも出席した。一方でCIAは、トゥルキがごまかしの名人であることも承知していた。C

IA秘密部門の高官で作戦本部長を務めたクレア・ジョージは「彼は人を欺いた」と回想する。彼が職務を通じて手に入れる富の規模は、アメリカ側に衝撃を与えた。ジョージによれば「彼らの情報機関を運営する人間で、多額の金を盗まない者は見当たらない」のだ。もちろんサウジの制度上、政府予算と王室の財産、個人の富との間に明確な線引きはないのだが。指導的立場にある王子は全員が個人的に富を得ていた。トゥルキはGIDの予算で自分がいい暮らしをするだけではなく、サウジの国益を擁護できるアメリカやヨーロッパの友人を獲得するためにも使った。サウジでの勤務を経験したCIA支局長や国務省の外交官、MI6担当官が退職すると、その多くはGIDから多額の金を受け取ってトゥルキの個人的顧問になった。ワシントンやロンドンなど各地におけるトゥルキの目と耳になったのだ。トゥルキはまた貧しいアラブ諸国の情報機関に制度的に財政支援を与え、情報と盟友を買った。[16]

アハメド・バディーブと弟のサイードはトゥルキの側近だった。彼らの父親はジッダでそこそこの成功を収めた商人。アハメド・バディーブはトゥルキのエネルギッシュな手先で、事実上の代理人だった。サイードはもっとおとなしく眼鏡をかけた本の虫で、一九八〇年初頭にワシントンDCのジョージ・ワシントン大で博士号を取得し、GID情報本部長に就任した。サウジとイエメン、エジプトとの関係について博士論文を書き、サウジ－イラン関係の著書があった。バディーブ兄弟はともにCIAと定期的に交流していた。[17]

マルクス主義の無神論に強い敵意を抱くサウジ王家はソ連と外交関係がなく、CIAと反モスクワの密かな協力関係を何十年も続けていた。年に一度のハッジ（イスラム暦十二月に行うメッカ巡礼）の季節には、巡礼に来るソ連・中央アジアのイスラム教徒からCIA担当官がソ連内部の状況について話を聞けるよう、サウジ当局が手配をした。議会で発覚したスキャンダルとホワイトハウスの警戒心によってCIAの秘密活動が禁じられた一九七〇年代には、トゥルキのGIDは英、仏、モロッコ、イランとともに「サファリ・クラブ」を結成し、ソ連の支援を受けたアフリカでのマルクス主義運動を封じるため秘密活動を行った(18)。

ソ連がアフガニスタンに侵攻すると、トゥルキはすぐにパキスタンに接近した。ＩＳＩのアブドゥルラフマンが侵攻後一週間もたたぬうちにサウジに飛び、リヤドのレストランでトゥルキとアハメド・バディーブに会った。アブドゥルラフマンは、ソ連の侵攻を放置すればサウジアラビア自身も危機に直面すると警告するハク大統領のメッセージを伝えた。バディーブはイスラマバード、ペシャワールとの往復を始め、木箱に詰めたドルを運ぶこともあった。

ソ連のアフガン侵攻は、中東でアメリカと同格の立場をめざすモスクワの意欲を示している。トゥルキはそう考えた。アラブ世界では最近まで、武器売却が共産主義者の切り札だった。今やソ連は石油の価格と供給にもっと影響力を発揮したいと望んでいる。トゥルキはアフガン占領自体がソ連の目的ではなく、自らの代理となる共産党や左派運動を通じて地域での勢力を増すための一歩だと結論づけた。地政学的に見てソ連の野心に立ち向かうにはパキスタンが最適の通り道だった。アフガン反乱軍に対する支援をパキスタン軍と情報機関を通じて行えば、一九七一年のインドとの戦争で荒廃したパキスタンを地域での同盟国として強化することにも役立つだろう(19)。

一九八〇年七月にトゥルキは、米議会が決めるアフガン反乱軍支援予算と同じ額をサウジも毎年支出することでＣＩＡと正式合意した。サウジは自国の支出分を毎年ワシントンの大使館に送る。サウジの駐米大使バンダル・ビンスルタンが、この金をＣＩＡが管理するスイスの銀行口座に移す。ＣＩＡは国際的な武器市場での秘密裏の購入に、このスイスの口座を使った。ラングレーでサウジとの連絡役を務める近東局は、トゥルキのＧＩＤと支払いの遅れについてかけ合いを続けねばならなかった。リヤドの財務省から支出された金はワシントンに移されるが、バンダルは数週間にわたって金を握り続けることが多かった。近東局の担当官たちはバンダルが大使館か自分のために資金の移動を遅らせて金利を稼いでいるのではないかと推測した。イスラム戦士に向かうサウジの膨大な銀行預金は日々何百万ドルもの金利を生んでいた[20]。

トゥルキは個人的にアフガンでの計画に関心を抱き、多いときで月に五回もパキスタンを訪問した。トゥルキは「アフガンに入り込むことに反対しなかった」とアハメド・バディーブが回想する。トゥルキはアフガン国境での主なパートナーであるパキスタンＩＳＩの准将たちに好印象を残した。「彼は上流階級育ちだが、私が会った中で最も謙虚で慎み深いアラブの王子だった」。一九八〇年代中盤に四年間ＩＳＩの作戦を監督したムハンマド・ユーセフはこう語っている。「西洋での教育と経験のおかげで、非アラブ人に対してアラブ人が抱きがちな偏見が彼にはまったくなかった[21]」

アブドラブ・ラスール・サヤフ（Abdurrab Rasul Sayyaf）はイスラム戦士の中でサウジにとって最も重要な取引相手となった。カブール大学でイスラム法の教授をしていたサヤフは図体が大きく白髪交じりの長いあごひげを生やしていた。カイロで長年生活した経験があり、華麗なアラビア語を話した。アフガニスタン秘密警察による弾圧や長期刑の宣告を受けたためパキスタンでの亡命生活を強いられるようになった。

トゥルキ王子のＧＩＤがアフガンの聖戦に浸透しはじめた一九八〇年、イスラム諸国の同盟機関であるイスラム諸国会議機構（ＯＩＣ）がサウジアラビアのリゾート地タイフで大規模な首脳会議を開催した。サウジはこの会議でソ連のアフガン侵攻を非難しようとしたが、当時左派の大義を支えていたヤセル・アラファトはモスクワを擁護する演説を予定していた。アフガン反乱軍の指導者らも自分たちの大義を訴えるためにペシャワールからやってきた。アハメド・バディーブはアラファトの直後に演説し、ソ連の侵攻をイスラムに対する侮辱だと訴えるイスラム戦士指導者を一人だけ選ぶ任務を与えられた。一応満足できるアラビア語を話す反乱軍指導者は何人かいたが、このころ別の指導者の補佐役をしていたサヤフが抜きんでて流暢で有能であることがわかった。「われわれは彼に演説をさせると決めた」とバディーブが振り返る。だがすぐにアフガン指導者たちは「内輪もめを始めた。信じられない連中ですよ。誰もが自分こそアフガンを代表しており、演説するべきだと主張したのです」。事態は収拾がつかなくなり、バディーブは彼らが代表に合意するまで全員をタイフの刑務所に閉じ込めた。

刑務所での六時間に及ぶ議論の結果、アフガン人たちはサヤフを受け入れた。次にバディーブはこの人物にはいい芸名が必要だと考えた。サヤフは「アブドゥルラスール・サヤフ」(Abdul Rasul Sayyaf)と名乗っていた。アブドゥルラスールはアラビア語で「預言者のしもべ」を意味し、サヤフの先祖が奉公人だったことを示唆していた。バディーブは「アブドゥル」を「アブドラブ」(Abdurrab)と変えることで、名前の意味は「神のしもべ、預言者」と変わり、社会的地位の低さではなく宗教的な献身を示す名前になった。バディーブはこの後何年も、サウジ情報機関が文字どおりサヤフを名づけたことを誇りとした[22]。

これで大胆になったサヤフはペシャワールに戻ると自分の組織をつくりサウジの金を引き出すようになった。サヤフはワッハーブ派の教義をアフガン反乱軍に広め、またGIDがISIの支配を受けずに戦争に接近することを可能にした。

サヤフは、GIDがサウジアラビアの裕福なワッハーブ派宗教指導者とアフガンでの影響力を争う手段も提供した。アブドゥル・ビンバズ師はサウジ宗教界の長で、ワッハーブ派創設者の子孫でもあり、独自にイスラム戦士とのつながりを持っていた。彼は慈善事業を通じて、厳格なアフガンの宗教指導者ジャミル・ラフマンに何百万ドルもの現金と何百人ものアラブ志願兵を送った。ジャミル・ラフマンはアフガンのコナル州内にワッハーブ派に触発された小さな「首長国」を設立していた。バディーブはサヤフこそがGIDの支援を受け、これらライバルのワッハーブ派組織に代わる存在だと考えた。GIDがサウジのウラマー（イスラム法学者）たちと織りなした密やかな同盟や敵対関係は、一九八〇年代に拡大するアフガン聖戦の特色となった。

石油の富で潤う中流階級の敬虔なサウジ人たちは、教会に通うタイプのアメリカ人がアフリカの飢饉やトルコの地震に反応するように、アフガンの大義を支援した。慈善はイスラム法上の義務だ。サウジからアフガンには、あらゆる形式と規模の金が届いた。ジッダの貿易商夫人が、モスクで回ってきた寄付集めの盆に入れた金細工のアクセサリー。リヤドの慈善団体にザカート（イスラム教の一〇分の一税）として届いた鞄いっぱいの現金。政府系の口座から王子が振り出した多額の小切手。リヤド州知事サルマン王子が率いる年に一度の長時間テレビ番組で集まった多額の収益金。そして最も高額なのが、GIDが毎年CIAのスイス銀行口座に振り込む金だった。

トゥルキ王子は後年、アフガンで誰が非公式の慈善基金を受け取るかはGIDが管理していたと語ったが、ウラマーが運営する慈善団体の動きをどの程度効果的に監督できていたかは不明だ。一九八〇年代初頭から中頃まではあまり管理が行き届いていなかった。この統制の欠如をバディーブはのちに悔やむことになる。(23)

金の流れよりも不明確だったのはアフガン聖戦に参戦または支援しようと集まった多数のサウジ人だ。誰がサウジ情報機関の公式なスパイで、誰が無所属の宗教的ボランティアなのかがはっきりしなかった。パキスタン軍の将軍や米情報機関の担当官たちにとって、ジッダでアハメド・バディーブの教え子だったサウジ人は誰よりも謎めいていた。ウサマ・ビンラディンのことだ。

ムハンマド・ビンラディンは一九三一年、過酷で貧しいイエメンの谷からジッダに移住した。アブドゥルアジズと荒々しいイフワン（同胞）が紅海沿岸を制圧してから数年後のことだ。有能で野心的、質素で決然としたビンラディンは仕事が少なかった一九三〇〜四〇年代、建設事業を一つずつ仕上げた。彼は家を建て、道路を造り、会社やホテルを建設し、サウジ王室との関係を育み始めた。サウジとイエメンの伝統に従い、ビンラディンは何人もの若い妻をめとって最終的に約五〇人の子をもうけた。一九五七年、若いシリア人の妻との間に一七番目の息子ウサマが生まれたころには、ムハンマド・ビンラディンはジッダとメディナ（ウサマはここで少年時代を送った）、リヤドで名を成していた。まずはサウド国王のもとで、そしてとくにファイサル国王のもとで、ビンラディンの建設会社はサウジ有数の請負業者となり、ジッダとタイフを結ぶ高速道路や聖地メッカとメディナの大規模改修など、大がかりで政治的にも機微に触れる事業を受注するようになった。[24]

トゥルキ王子の父親とウサマ・ビンラディンの父親は友人であり事業上のパートナーで政治的盟友だった。ムハンマド・ビンラディンは「重要人物だった」とトゥルキ王子は回想した。「国に尽くした業績が評価され、彼は王族を含む多くのサウジ人にとって真の英雄となった」。ただ彼はあくまで建設業者で、なすべき仕事があれば成し遂げた。[25] ファイサル国王はムハンマド・ビンラディンを公共事業相に任命した。国王の後援によりビンラディン家は王室の明白な支持を手にし、建設事業で数十億ドルの富を得ることが確実となった。サウジの国庫にはファイサルのＯＰＥＣ策略でつり上がった石油収益が流れ込んでいた。

子供のころウサマは父親のブルドーザーに乗り、紅海沿岸ヒジャーズ地方の建設現場をうろついた。だが父親のことはほとんど知らなかった。ムハンマド・ビンラディンはファイサル国王の統治が始まってわずか三年、一九六七年に航空機墜落事故で死亡した。ファイサルは自ら乗り出して、ビンラディン建設会社の運営を監督する財団を設立した。ウサマの異母兄サレム率いるビンラディン家の息子たちが成長し後を継ぐまで、ビンラディン家の安定を確かなものにしたかったのだ。トゥルキ王子の父親の主導で、サウジ王家が事実上ビンラディン家の息子たちの後見人となった。

サレムとほかの息子たちは英国のエリート寄宿学校やアメリカの大学に進んだ。金の力で、彼らはサウジと西洋の間を快適に、ときに大胆に行き来した。サレムは上流階級の英国人と結婚し、ギターを弾き飛行機を操縦し米フロリダ州オーランドで休暇を過ごした。

一九七〇年代初頭にスウェーデンの街角で撮影されたビンラディン家の子供たちの写真には、長髪でベルボトムジーンズ姿の一族が写っている。母親がムハンマドのお気に入りではなかったためか、母親の判断によるものか、または彼自身の好みなのか、ウサマはきょうだいたちと異なり一度もジュネーブやロンドンやアスペンには行かなかった。彼はジッダのアブドゥルアジズ国王大学に入学した。サウジでは一流大学だが国際情勢からは隔絶されており、エジプトやヨルダンから来たイスラム主義の教授が多かった。ムスリム同胞団のメンバーや、地下組織網の関係者もいた。

激動の一九七九年、ウサマ・ビンラディンは感受性の強い大学二年生で一年間の小遣いは一〇〇万ドルだった。ジッダで彼を教えた教師の中にはアブドラ・アッザムがいた。パレスチナ人で、世俗的な左派パレスチナ解放機構（ＰＬＯ）と対立するムスリム同胞団の分派組織ハマスの精神的創設者となる人物だ。教師陣にはムハンマド・クトゥブもいた。世俗派政権の暴力的追放を主唱して一九六六年に処刑されたエジプトのイスラム急進主義者サイイド・クトゥブの弟だ。こういう教室でビンラディンは現代イスラム聖戦の責務とニュアンスを学んだ[26]。

ビンラディンが初めてパキスタンを訪問しアフガニスタンのイスラム戦士指導者らと会ったのがいつなのか、正確なことはわからない。後年のインタビューでビンラディンはソ連の侵攻後「数週間で」パキスタンに飛んだと示唆している。彼の初訪問はもっと遅く、経済学と行政学の学位を得て一九八一年にアブドゥルアジズ国王大学を卒業した少しあとだと言う人もいる。ビンラディンは毎年のハッジ〔巡礼〕の時期にメッカでアフガンのイスラム戦士指導者たちに会ったことはあった（サウジとつながりのあるアフガン・ゲリラたちは、裕福な巡礼の前でブリキのコップを鳴らせばＩＳＩの支配外で巨額の収入が得られることを素早く学んだ）。バディーブによると、ビンラディンは初めてパキスタンを訪問した際、ジアウル・ハクの政治的突撃部隊であるイスラム協会のラホール事務所に寄付金を届けた。イスラム協会はムスリム同胞団のパキスタン分派組織で、ここの学生たちが一九七九年にイスラマバードのアメリカ大使館を襲撃した。ビンラディンはパキスタン情報機関を信頼せず、最初の慈善活動を個人的な宗教的、政治的ネットワークを通じて行おうとした。

アフガニスタンでの聖戦開始当初から、サウジ情報機関は独自の作戦を支えるために宗教的慈善団体を利用した。ＩＳＩとＣＩＡの統制外でお気に入りのアフガン司令官に金や装備を届けるためだった。バディーブはペシャワールで活動する慈善団体を通じて、自分自身やほかのサウジ・スパイのための隠れ家を造った。またバディーブはイスラマバードのサウジ大使館にも頻繁に滞在した。「人道支援はアメリカとは完全に切り離されていた」とバディーブが回想する。「われわれはアメリカ人が関与しないよう、とくに初期にはそう主張した」。イスラム戦士の中に西洋の異教徒と直接接触するのを嫌がる者がいたことも一因だった。(27)

ジアウル・ハクの勧めもあり、サウジ慈善団体はアフガン国境沿いに何百ものマドラサ（イスラム神学校）を建てた。若いアフガン難民にコーランを教え暗誦させる学校だ。アハメド・バディーブも自分の金で国境沿いに難民学校を設立した。自分の学校ではコーランの暗記ではなく、手工業や実用的な貿易技術を重視した、とバディーブは強調した。「『何で全員が宗教的でなければならないんだ』と思ったよ」[28]

アフガン聖戦に関与する主な情報機関GID、ISIとCIAは公式の連絡役を通じて共同作業をしていたのだが、実際には自分たちの仕事を、スパイ用語で言う「コンパートメント（区画）」にしはじめた。彼らは協調して何万トンもの武器弾薬を購入し、アフガン反乱軍に送り届けた。これとは別に、お互いにスパイ活動をしてはそれぞれの政治的目標を追求していた。一九八四年までCIAイスラマバード支局長を務めたハワード・ハートによれば、サウジが単独でサヤフに銃と現金を与えていることは「最も有名な秘密」だった。

サウジ側は、パキスタン国内でCIAとGIDが互いに接触してはならないと主張した。そういう接触はリヤドかラングレーで行うことになっていた。GIDは武器購入計画の枠外でISIに補助金を支出している秘密を守りたかった。CIAの方では、アブドゥルハクのようなアフガン人司令官と直接接触していることを伏せようとした。[29]

ビンラディンはサウジ情報機関の「コンパートメント」内で、CIAの目の届かないところで活動した。CIAの公文書保管所にはCIAとビンラディンが一九八〇年代に直接接触したことを示す記録はない。二〇〇二年に議会証言したCIA担当官らは、そういう接触はなかったと断言した。何人ものCIA担当官や政府当局者がインタビューで同じことを述べている。これらの記録やインタビューによれば、CIAは一九八〇年代の後半になって、ビンラディンがアフガンやパキスタンで反乱軍としている仕事に気づいたが、その時期になってもビンラディンには会わなかった。仮にCIAが一九八〇年代にビンラディンと会っており、それを隠しているのだとすれば、すばらしい隠しぶりということになる。[30]

トゥルキ王子やほかのサウジ情報当局者は後年、ビンラディンがサウジ情報機関のプロの諜報員だったことはないと語った。GIDとの関係の正確な性質や時系列はいまだに不明だが、ビンラディンがサウジ情報当局と重要な関係を持っていたことは間違いなさそうだ。ビンラディンはＧＩＤと、イスラム協会など国際的イスラム教ネットワーク、サウジの支援を受けるサヤフらアフガン人司令官との間で半ば公式の連絡役を務めていた。そう結論づけるＣＩＡ担当官もいる。アハメド・バディーブはＧＩＤとウサマ・ビンラディンが作戦上の活動的なパートナーだったと表現した。トゥルキ王子やほかのどのサウジ当局者の説明よりも直接的な関係だったことになる。バディーブの説明によれば、ビンラディンは一九八〇年代初頭から中頃にかけて、サウジとパキスタン双方の情報機関からの具体的な指示を受け、それに対応していた。ビンラディンは定期的な手当や給与は得ていなかっただろう。彼は金持ちなのだ。ただバディーブは、この時期にビンラディンがＧＩＤとの間で、道路工事などの建設事業契約を正式に結んだ可能性を示唆している。ビンラディンは収益を上げたかもしれない。バディーブの説明は不完全ではっきりしない部分もある。このテーマについては二回しかインタビューに応じておらず、ビンラディンと自身の関係についてあらゆる点を詳しく述べたわけではない。だが彼の描写からは密接でプロフェッショナルな盟友関係がうかがえる。「私はウサマが大好きだった。サウジアラビアのよき市民だと思っていた」とバディーブは語っている。

バディーブ家とビンラディン家はサウジアラビアやイエメンの同じ地域出身だという。アハメド・バディーブがジッダの学校で初めてウサマに会ったとき（バディーブがトゥルキの参謀になる前の話だが）、ビンラディンはすでに「学校に多数ある委員会の中で、宗教的な委員会に入っていた」とバディーブは語る。「彼は過激派ではなかった。私が彼を好きだったのは上品で礼儀正しい人物だったからだ。学校での成績は中くらいだった[31]」

アフガンでの聖戦がサウジ人を行動に駆り立てるのに合わせ、ビンラディンはサウジ国内でトゥルキ王子や内相のナイフ王子ら高位の王子と定期的に会った。「二人とも彼が好きで感謝していた」とバディーブは記憶している。ビンラディンはアフガニスタンに通い詰めるうちに「サウジ情報機関や在パキスタンのサウジ大使館と強い関係を」築いた。イスラマバードのサウジ大使館はアフガン聖戦で「非常に強力で活動的な役割」を果たしていた。大使は現地を訪問したサウジの有力者や政府当局者を招いた夕食会を頻繁に開催し、ビンラディンも招待した。彼は「この大使と非常にいい人間関係を結んだ。ここで勤務したほかの大使とも同様だった(32)」

トゥルキ王子はこうした大使館でのパーティーで「数回」ビンラディンと会ったことを認めており「好ましい男に思えた」と回想している。「とても内気で当たりが柔らかく、実際のところほとんど話さなかった」。トゥルキによれば、こうした出会いは一過性のもので後が続かなかった。また一九八〇年代初頭から中頃にかけてのビンラディンとの接触はこれだけだったという(33)。

バディーブは「元教師としての立場でのみ」ビンラディンと会ったと語っているが、彼がサウジ情報機関局長の参謀だったことを考えれば、この言い分は信じ難い。彼は外交パーティーでの表面的な会話よりも遥かに活発な関係についても語っている。イスラマバードのサウジ大使館がビンラディンに「何かを頼めば、彼は前向きに対応した」。また「パキスタンは彼を、自分たちが成し遂げたいことを手伝ってくれる人だと思っていた」。バディーブがサウジのイスラム慈善団体を通じて隠れ家を組織するようになると、ビンラディンの「アフガニスタンでの役割は(彼はこのとき二十四歳か二十五歳だったのだが)国内に道路を造り、イスラム戦士への武器輸送を容易にすることだった」。アフガン人たちはビンラディンを「金持ちでサウジ政府当局者と強いつながりがある寛大ないい人」だと見なした。

バディーブは単純に表現している。「われわれは彼に満足していた。彼は私たちの男で、頼めば何でもやってくれた(34)」

この時点では、そうだった。

第5章 おれたちの戦争にするな

一九八四年一月、ＣＩＡ長官ウィリアム・ケーシーはレーガン大統領と国家安全保障閣議にアフガン秘密戦争の進展を説明した。最初のリー・エンフィールド銃がカラチに到着してから四年が経過し、ＣＩＡの機密推定ではこの時点までにイスラム戦士は一万七〇〇〇人のソ連軍兵士を死傷させていた。彼らは非常に有能で国土の六二パーセントを支配下に収めており、ソ連が反乱を鎮圧するためにはアフガンでの兵力を三倍から四倍に増やす必要があった。ＣＩＡの推定ではソ連軍は三五〇から四〇〇の航空機を戦闘で失った。このほかイスラム戦士たちはソ連軍の戦車や装甲車両二七五〇と、トラックやジープなど車両を八〇〇〇弱破壊した。ソ連のアフガン戦費は直接的な支出だけで一二〇億ドルに達した。一方でアメリカの納税者が支払ったのは二億ドルで、これに加えてトゥルキ王子のサウジアラビア総合情報局（ＧＩＤ）が二億ドルを支出したとケーシーは報告した。イスラマバード支局長ハワード・ハートはアフガニスタン戦争における秘密活動の費用対効果のよさを訴えてきたが、それがホワイトハウスに対してこれほどはっきり示されたことはなかった。(1)

一九八四年初頭のこの時期、ケーシーは最も熱烈な聖戦信者になっていた。論争と野望が渦巻くなかで一九八一年にＣＩＡ本部に着任後、ケーシーがアフガン戦争の細部にまで注意を払えるようになるまで一年か二年かかった。今や彼はその最大の擁護者だった。何のマークも付いていない専用機Ｃ１４１スターリフターで海を越え、トゥルキやパキスタン三軍統合情報部（ＩＳＩ）のアフタル・アブドゥルラフマン長官、同国のジアウル・ハク大統領らに会いに行き、ＣＩＡとサウジのＧＩＤが支出するイスラム戦士支援額を倍以上に増やすことを年末までに決めた。また彼はアメリカの法に触れかねない挑発的な作戦も、承認ないし許容するようになった。迫撃砲とボート、目標地点の地図を与えられたアフガン反乱軍は、ＣＩＡが印刷したウズベク語のコーランを携えて、密かにアムダリヤ川を渡りソ連領内の中央アジアで破壊工作やプロパガンダ作戦を行っていた。この侵攻は、一九五〇年代初頭以来初めてアメリカが支援したソ連領での武装ゲリラ活動だった。ケーシーが最も好んだ類の作戦だった。[2]

　彼はＣＩＡ内部からの抵抗に直面した。最初の副官であるボビー・レイ・インマンは、秘密活動は幼稚な間に合わせだと考えた。インマンが去ると二番目の副官、ぶっきらぼうなアイルランド系でスパイ衛星部門に長く勤めたジョン・マクマホンも、アフガニスタン秘密計画の何かがひどい大失敗となり、ＣＩＡが議会でたたかれることを懸念し続けた。アメリカのアフガン秘密戦争は何が目的で、持続は可能なのか。レーガン政権はソ連を撤退に追い込むための外交に十分な力点を置いているのか。マクマホンはこうした点を疑問視し、アフガンへの武器輸送を手堅く運営しようとした。基本的な兵器だけを送り、最大限可能な限り秘密を維持するということだ。「私を含めた分別のある官僚も極右も懸念していた」。秘密部門でマクマホンの同僚だったトーマス・トウェッテンはこう回想する。ＣＩＡ情報本部ソ連部門の分析官も、どれだけイスラム戦士を支援しようとソ連をアフガニスタンから撤退させることはできないだろうとケーシーに報告した。彼らは機密報告書の一つで、ソ連軍はアフガン反乱軍が「抵抗運動の代償に耐えられなくなるまで」圧力をかけ続けると予測した。彼らキャリア分析官はソ連の経済力と軍事力は膨大で揺らぐことはないと見ていた。ケーシーもソ連は強力な巨人だと考えていたが、共

産主義者の最も脆弱なところを突こうとした。まさにアフガンがその場所だった。(3)

レーガンの大統領就任で、ワシントンでは世界各地でソ連の力に対抗すべきだと信じる保守派が権力の座に就いた。ケーシーもその一人だ。彼らは活動的でリスク承知の構想を抱き、超大国間の全面対決も辞さなかった。ソ連の核ミサイル脅威を無力化するため「スター・ウォーズ」ミサイル防衛計画を承認した。ソ連による欧州侵攻を困難にするため、中距離パーシングミサイルの欧州配備を支援した。レーガン自身を先頭に、彼らはソ連を語るときデタント（緊張緩和）的な穏当な言葉ではなく善悪という宗教的な用語を使った。ソ連を混乱させるためなら、どこででも秘密作戦を行う用意があった。ポーランドの労働運動「連帯」支援、中央アジアやアフリカの反共勢力への武器支援。アフガンはとくにケーシーや保守派を引きつけた。ソ連の侵攻には明白な攻撃性があり、ソ連軍兵士が直接参戦し、アフガン市民に対し無差別暴力を行使していたからだ。

一九八四年になると、アフガン反乱軍のためにＣＩＡはもっと行動すべきだとの声が議会で上がった。ニカラグアをめぐる党派的対立に比べ、アフガン秘密活動計画は議会で超党派の同意を得ていた。熱狂的な支持者はチャーリー・ウィルソン下院議員だった。長身で騒々しく、磨き上げたカウボーイ・ブーツを履いたテキサス州選出の民主党員で、当時は「史上最長の中年の危機」に苦しんでいたという。アル中のウィルソンは議員の特権を悪用し「元ミス海とスキー」やら「元ミス食用油」の美女を連れて世界中をファーストクラスで旅行していた。イスラム戦士に魅了されたのもほとんど偶然だった（彼は運命的と言いたがった）。熱烈な反共主義者が集うテキサス社交界の奇妙な団体を通じ、彼は頻繁にジアウル・ハクに会いに行き、アフガニスタンを見渡すカイバル峠にも通った。アフガン人の知り合いはほとんどおらず、アフガンの歴史や文化についての知識もゼロに近かった。彼はウイスキー漬けのロマンティシズムでイスラム戦士を見ていた——自由のために戦う高貴な野蛮人。ほとんど聖書的な人物像だ。

ウィルソンがアフガン国境に旅したのには、次々に代わるガールフレンドに自分がどれだけパワフルかを印象づけるねらいもあった。

元ミス北半球でスノーフレークとも呼ばれた女性はペシャワールへの旅行を「大きな白い歯の男たちと同じ部屋にいるなんて、すごく興奮した」と振り返る。「それに大変な秘密だったのよ」[4]

一九八四年以降、ウィルソンはCIAのアフガン秘密計画予算を増額し、より洗練された兵器システムを盛り込むよう運動しはじめた。CIA本部が関心を示していないときでもだ。ウィルソンは、小さいけれども熱情的な反共ロビーに支えられ、CIAがマクマホンに代表される生ぬるい態度を変えて「アフガン人が最後の一人になるまで」ソ連と戦う政策にするよう訴えた。CIAは多数の勇敢なアフガン反乱軍が戦闘で見事に死ねるだけの兵器は送っていたが、勝たせるには不十分だった。ウィルソンが提案した決議案の表現でいえば「自由の戦士が戦死するのを助けるだけで、自由の大義実現に必要な支援はしないなど、弁解の余地はない」のだった。重要な予算案採決の前夜、彼は議会委員会のメンバーにこう語った。「彼らが戦うと決断したことはアメリカとはまったく無関係だ。彼らはクリスマスイブに決断した。石で戦うことになっても最後の一人まで戦うだろう。だが彼らに石で戦わせたら、歴史はわれわれを非難する」[5]

こうした議論はウィリアム・ケーシーの胸に響いた。アイルランド系の居酒屋の孫息子、二重あごのケーシーは七十一歳で、たたき上げの億万長者。カトリック信仰への熱情と反共の熱意は、CIAに多いキャリア担当官とひと味違った。秘密部門のプロたちも秘密活動強化へのケーシーの熱意にはうたれたが、マクマホンたちは彼がCIAの信用を賭けて博打をした揚げ句に負けることを恐れた。それでも彼のエネルギーと影響力は愛された。一九八〇年代中頃になると、ケーシーはレーガン政権でおそらく大統領に次ぐ影響力を手に入れた。彼は外交政策をかたち作り、リスクの高い計画にも支持を取りつけることができた。レーガンは前例を破りケーシーを閣僚に加えた。ケーシーが一世代に一人のＣＩＡ長官になることは明白だった。

人生の黄昏時に差しかかった折衷主義の十字軍戦士ケーシーは、敵を脅し常習的にルールを破った。彼はソ連に取りつかれており、新時代の米ソ対立は核軍拡競争や欧州での戦争では解決しないと信じていた。ケーシーはソ連の教義や歴史に関する知識から、年寄りだらけでＫＧＢに支配されたアンドロポフの政治局は、西側との黙示録的な核攻撃の応酬を避けると確信していた。彼らはその代わり、ブレジネフの教義を追求し、時間のかかる作戦を展開するだろう。必要なら何世代にもわたって、第三世界での「民族解放」戦争でマルクス主義者を支援し、アメリカの資本主義と民主主義を包囲し浸食する。ケーシーはレーガン政権でソ連の頑強な戦略を完全に理解しているのは、ほぼ自分だけだと思っていた。共産主義者が選んだ土俵で戦う覚悟があった。

彼はイエズス会の教育を受けたカトリックの「マルタの騎士」で、ニューヨーク州ロングアイランドのメリノールにある豪邸は聖母マリア像で埋め尽くされていた。毎日ミサに参列し、助言を求められれば誰にでもキリスト教の信仰を強く勧めた。ＣＩＡ長官に着任すると、ときには法を破り、カトリック教会を通じてポーランドや中米の反共勢力に秘密活動資金を送り込んだ。カトリック教会の勢力を強め範囲を広げることで、共産主義の前進を封じられると彼は固く信じていた(6)。

ケーシーはレーガンと同様に、共産主義を打倒する精神的な戦いでキリスト教の役割をとりわけ強調した。ケーシーのほうが実用主義者ではあった。彼は第二次世界大戦時、敵陣中でのスパイ活動を運営した。戦後はずる賢い取引や冷淡な訴訟を通じてビジネスを大きくした。ラングレーのＣＩＡ本部ではヘンリー・キッシンジャー的な現実主義政策の信奉者に囲まれていた。ケーシーは激しやすい武器密輸人であり、同時に真に敬虔なカトリック教徒だった。彼は矛盾を感じなかった。より大きな善のために規則を曲げていたのだ。

ケーシーの宗教性が、アフガン聖戦でのパートナーである厳格なイスラム教徒と彼との結びつきを緊密にした側面はあったかもしれない。キリスト教がイスラム教の源流にあることを認め、キリスト教の言葉を神の言葉と受け入れるイスラム教徒は多い。パキスタンにもカトリック系の学校があり、ジアウル・ハクは国内少数派であるキリスト教徒の存在を渋々許容した。サウジアラビアのワッハーブ派は柔軟性が少なかった。あるときトゥルキ王子との交渉のためサウジを訪問したケーシーは、復活祭の日曜に参列できるカトリックのミサを探すようCIAリヤド支局長に頼んだ。サウジ国内で公式のキリスト教礼拝は禁じられており、支局長は諦めるよう説得した。だがケーシーは譲らず、トゥルキ王子が走り回って私的な礼拝を用意した。[7] サウジのウラマー（イスラム法学者）は宗教の多元主義を拒絶していたが、トゥルキ王子を含むサウジ王家の面々はそれがキリスト教徒のものでも、確固とした信仰は尊重した。ケーシーはGIDから個人的な忠誠を勝ち得ることに成功し、GIDはファハド国王の許可を得て、ケーシーが進める中米での危なっかしい反共の冒険に秘密資金を提供することに合意した。

CIAとサウジ情報当局、ジアウル・ハクの軍隊との同盟を最も強化したアメリカ人はケーシーだ。イスラム教徒の盟友と同様に、ケーシーはアフガンの聖戦が単なる政治ではなく、共産主義無神論者と神の共同体とが繰り広げる世界的戦闘の前線だと見なしていた。

ケーシーの同級生はニューヨーク市の警察官や消防隊員の息子たちだった。六〇パーセント近くがアイルランド系カトリックで、残りの多くはイタリア系だった。ケーシーはクイーンズにある郊外の実家からバスに乗りブロンクスのフォーダム大学に通った。一九三〇年代初頭、大恐慌がもたらした衝撃的な損失によって、下層中産階級の若いアメリカ人には社会主義的公平さや共産主義の結束を説く急進主義に引きつけられる者も多かった。ウィリアム・ジョセフ・ケーシーは違った。彼の父親は市衛生局の事務員で、民主党のおかげで公務員の職にありついた何万人ものアイルランド系の一人だ。だがケーシーは若い時期に一家のリベラルな政治傾向と決別することになる。フォーダムのイエズス会教師たちはケーシーに、カトリックは真実であると厳しく理性的に教え込んだ。彼の妻はイエズス会が「自分が何者なのかを彼に教えた」と語っている。彼は隠遁者ではなく、フォーダムの友人たちとビールやジンを浴びるように飲み、よろよろ帰宅する道すがらアイルランド共和国軍歌をがなった(8)。

一九四一年七月十二日、真珠湾攻撃の五カ月前にフランクリン・ルーズベルト大統領は、外国の脅威に的を絞ったアメリカ初の文民情報機関、情報調整官事務局（ＯＣＩ）を創設した。大統領は初代長官に、ニューヨーク出身で裕福なアイルランド系カトリックの企業弁護士ウィリアム・ジョセフ・ドノバンを指名した。これ以前にドノバンは欧州で二つの事実調査団を率い、軍や連邦捜査局（ＦＢＩ）から独立したスパイ機関を創設するよう大統領に勧告していた。創設から一年後、ルーズベルトは組織の名称を戦略事務局（ＯＳＳ）と変更した。

一九四三年九月、ケーシー海軍中尉は上陸用船艇の生産調整官として、息苦しいワシントン事務所周辺で書類と格闘していた。彼はこの戦争を「造船屋に気合を入れる仕事で終える」つもりはないと決意しており、事務所の情報筋から「とっても秘密（Oh So Secret ＝ＯＳＳ）」と呼ばれる組織のことを聞きつけていた。ケーシーはドノバンと知己のある弁護士を通じて自分を売り込んだ。面接を受けて可能な限り陳情を繰り返し、数週間のうちにドノバン本人の前にいた。太鼓腹で青い眼に白髪の禁酒主義者は頬が赤く、新しいアイディアを求めていた。敵との戦いを恐れず政府の帝国を築く任務を容赦なく進めるドノバンは、ルーズベルトの信頼が厚かった。彼は生まれたてのスパイ機関職員をデュポン社やモルガン社、メロン社で採用した。ワシントンの新聞コラムニストの言う「元ポロ選手に百万長者、ロシアの王子、社交界を跳ね回る少年や素人探偵」もだ。戦争が北アフリカと太平洋で激しくなるとOSS職員は一万五〇〇〇人に拡大し、ケーシーもOSS本部での職を得た。これが彼の人生と運命を変えた[9]。

「私はロングアイランド出身の少年にすぎなかった」とケーシーはのちに語った。「ドノバンほどの輝きを持つ男と会ったことはなかった。彼は人生そのものよりも大きかった。しばらく見ていて、私は彼の仕事ぶりを理解した。六カ月かけた実行可能性調査でアイディアがモノになるかどうかなど調べず、うまくいくかもしれないということに賭けるのだ[10]」

ケーシーは船でロンドンに向かった。Dデー〔ノルマンディー上陸作戦を開始した一九四四年六月六日〕の十九日後に彼は水陸両用トラックでノルマンディーのオマハ海岸に上陸した。英国はOSSが欧州で独自のスパイ活動をすることを禁じていた。とくにドイツ国内でのスパイ活動は失敗するに決まっており、工作員の命を無駄にするだけだ。だがノルマンディー上陸後、英国は態度を軟化させた。一九四四年九月、ケーシーはドノバンに「OSSの対ドイツ作戦」と題する秘密公電を送った。彼はドイツにいる何十万人もの外国人労働者――ロシア人、ポーランド人、ベルギー人にオランダ人――が適正な書類で自由にドイツを出入りしていることを特筆した。これらの国々からの亡命者なら労働者を装い、工作員としてナチスの陣中に入ることができる。十二月、ドノバンはケーシーに「君に白紙委任状を与える。ドイツに入り込ませてくれ」と告げた[11]。

工作員を採用し訓練するにつれ、ケーシーは嫌々ながらも共産主義者と協調する必要があると結論づけた。彼らこそが、甚大な危険を跳ね飛ばすだけの信念に燃えていた。ドノバンはケーシーに、完璧さを求めるのは悪いことではないと教えたことがあったという。彼はヒトラーという大悪と戦っていた。必要ならば不快な盟友をも採用するということだった。

ケーシーは一九四五年四月末までに二人組のチームを五八、パラシュートでドイツに送り込んだ。いつも英国・サリーの滑走路で夜、彼らが出発するのを見送った。何人かは飛行機事故で死亡した。屋外で映画を見ていたヒトラー親衛隊から見えるところに降下してしまったチームもあった。だが残りの多くは生き残り、ドイツの崩壊に合わせるように活躍した。最終的にケーシーは秘密報告書で、任務の約六〇パーセントは成功したと判定した。死んだ者も正義のために送り込んだのだ。彼は自分が派遣した工作員による浸透の成果を声高に主張したりはせず「おそらく何人かの命は救った」と言った。彼らの最大の成果は「初めて自前で作戦を遂行した」ことにあったのかもしれない。彼は、ＯＳＳによるドイツでの工作員運営が一年前には可能だったと結論づけた。英国が活動を禁じなければ、どれだけの命が救えただろう。彼は何年もの間その思いに悩まされた[12]。

戦後ケーシーはニューヨークで節税対策分析やニュースレターの発行で財をなした。共和党の政治にも手を出し、ニクソン政権では米証券取引委員会（ＳＥＣ）の委員長も務めた。自身の投資実態は不明瞭なままにするという闇取引をして、辛うじて名誉を保ったままワシントンを脱出した。年齢を重ねるにつれ、ケーシーは再び公職や名誉を求めるようになった。ロナルド・レーガンの選対幹部として招かれ、一九八〇年の有名なニューハンプシャー州予備選でジョージ・Ｈ・Ｗ・ブッシュを破る一助となった。ジミー・カーターに勝利すると彼は政権入りするためワシントンに移った。国務省入りを望んだが、ＣＩＡ長官のオファーが来るとドノバンとの関係やＯＳＳでの経歴から断れなくなった。ドイツを相手にしたのと同じ手法と精神で、ソビエト帝国と戦うことになる。

ＣＩＡ本部は有刺鉄線とフェンスに囲まれ、ポトマック川を見下ろす高台に広がっている。すべての建物の屋上にある衛星アンテナがなければ、薬品会社の本社と見分けがつかない。長官室は施設中央にある平凡なビルの七階にあり、のどかな森が見えた。飾り気のない大きな部屋で専用エレベーターと食堂、シャワー付きのバスルームがあった。ケーシーはここが自分の所有物であるかのように振る舞った。午前九時からの会議を週に三回開いては一四人の高官に檄を飛ばした。就任間もなく、彼は「CIAの減員で高官に人材がいなくなっている」とレーガンに書き送った。ケーシーはもっと多数の工作員をビジネスマンや学者に「非公式偽装」(CIA用語)させ、大使館の外で活動させたがった。また外国の社会に浸透させる工作員を見つけるため、もっと米国内の移民社会に目を向けるよう求めた。ケーシーは旋風を巻き起こした。ケーシーの側近を務めたロバート・ゲーツ〔ブッシュ政権後期からオバマ政権にかけての国防長官〕は最初の出会いをこう振り返る。「ほとんど禿げ上がり、長身で少し背が曲がった年寄りが自室のドアをぐいっと開け、誰にともなく『ウォッカ・マティーニを二つだ!』と命じるんだ」。スタンスフィールド・ターナーは局長室で酒など飲まなかったから「パニック状態になった」とゲーツは語る。「もはやCIAには不可能になったことでも、彼は直ちに成し遂げるよう求めた。誰彼構わず手近にいる人間に命令を飛ばし、相手に聞こえたかどうか確認することさえしなかった(13)」

彼の言葉を聞き取るのが難しかったからかもしれない。ケーシーは発音がはっきりせず、もごもごと話した。実業界にいたころ、秘書たちは彼の口述筆記をとるのを嫌がった。話す内容がわからなかったからだ。若いころボクシング中にのどにパンチを受けたことがあり、また口蓋が厚かったため言葉が流れにくかったのだ。トゥルキの参謀アハメド・バディーブはケーシーを「もぐもぐ男」と名づけた。ファハド皇太子との会談で通訳を務めたバディーブは肩をすくめるしかなかった。政権初期にケーシーが安全保障閣議で報告したとき、レーガン大統領でさえ彼の言うことが理解できなかった。レーガンはブッシュ副大統領に「彼の話したことが一言でもわかったか?」と書いたメモを滑らせた。レーガンはのちにウィリアム・F・バックリーに対し、「ケーシーと会うと言っていることがわからず困った。一度や二度ならもう一回言ってくれと頼めるが、三度は頼めない。無礼になってしまうからね。だから私はうなずいていたが、実際は何を言っているのかわからなかった」。四つの大陸で秘密戦争を行う核武装国で、大統領と情報機関トップとの対話は六年間にわたってこの調子だったのである。ケーシーはこの問題に敏感だった。彼は「話す側の口よりも、聞く側の心に問題があるといえる」と述べている。「複雑で危険な世の中でCIA長官が知ったことを、何しろ聞きたがらない人たちがいるのだ[14]」

ケーシーは彼の師であるドノバンが「パールハーバーを二度と起こさぬための遺産として」アメリカにCIAを遺したと信じていた。真珠湾級の奇襲を起こせるのはソ連しかないとみたケーシーは、ほぼモスクワの意向だけに意識を集中した。スパイ衛星や通信収集能力から、アメリカはソ連の軍事攻撃を事前に察知できるとケーシーは結論づけた。その点では、ドノバンの目標は達成されたのだ。だがCIAはソ連を見張り機密を盗む以上のことをしなければならない。そう考えたケーシーは、アメリカがマルクス・レーニン主義と対決するうえで「主戦場はミサイル実験場や軍備管理交渉のテーブルではない。第三世界の農村地帯だ」と語った。ソ連は「忍び寄る帝国主義」戦略を推し進めており二つの具体的目標を掲げている――「北南米間の地峡」と「西側同盟の生命線である中東の油田」だ。ケーシーは二つ目の目標がソ連のアフガン侵攻の理由を示していると考えた[15]。

ニキータ・フルシチョフは一九六一年、ソ連は民族解放戦争で左派を支援することで、世界的な基盤を広げるという計画を立てた。次世代のソ連指導者もこの教義を再確認していた。ヒトラーが『わが闘争』で周辺国の征服を宣言したとき、欧州の指導者たちが彼の真剣さを理解できなかったように、アメリカもソ連が宣言した野心を理解できず対応を怠るという危険を冒している。CIAの役割は「(米ソの)双方に同じゲームができる」と示すことだとケーシーは語った。「共産主義による政権転覆と乗っ取りに古典的な手順があるように、圧政の追放も手法が確立されており、第三世界にも応用可能だ」。共産ゲリラとの戦いに「実証済みの方法」を適用する場がアフガニスタンだった。ケーシーは「政府を守るのに比べ、守勢に追い込むにはずっと少ない兵員と武器で足りる」と語った。別の機会に彼は「アフガンの自由の戦士たちによって、ロシア兵やソ連軍車列は幹線道路を離れることが危険になった。ちょうど一九四四年のフランスで、ドイツが味わったように」と自慢した[16]。

ケーシーはソ連の帝国主義を妨げるCIA秘密作戦の「現実的な対抗戦略」において、政治的イスラムとカトリック教会は自然な同盟だと見なした。CIAの中東分析官の一人ロバート・エームズは、この作戦で宗教が果たす役割についてケーシーに影響を与えた人物だ。エームズは一九八三年、ソ連が共産主義拡張の下地をつくるために若者の教育を操作し、宗教的価値観を抑圧した南イエメンなどの事例をケーシーに説明した。ソ連はイスラム世界で「社会の伝統的な要素を根こそぎ変える」ために国家の教育制度を変革できる「若き革命家」を雇い目的を追求している。ケーシーは、エームズがこう語ったのを記憶していた。「つまり宗教の影響力を低下させ、国家的教育のため子供を親から連れ去るということだ」。ケーシー自身が受けたような宗教教育でソ連の戦術に対抗できる――イスラム教でもキリスト教でも。ソ連はあらゆる宗教を障害物と見なし、教会もモスクも同じように弾圧した。反撃するため、イスラム教戦闘員とキリスト教戦闘員は共通する大義の下に協力するべきなのだ[17]。

CIA長官が外遊する目的の大部分は相手国側と打ち解けた話をすることにある。ケーシーはマナーが悪く世間話が苦手で、同僚の一人が言うにはいつも「腹が減っているような食べ方」をして食べかすを胸に散らした。だが彼は疲れを知らなかった。世界中を回る彼の専用機、黒いスターリフター輸送機は大きな貨物室内に窓のないVIP室を備えるようになり、ソファーとベッド、執務机に酒棚が並んだ。保安上の理由で出発も帰着も可能なら夜を選び、若者でも疲弊するような日程をこなした。

ケーシーはアフガン関係の外遊では、いつも最初にサウジアラビアを訪問した。トゥルキとは定期的に、ナイフ内相ともときどき会い、通常なら皇太子か国王とも面会した。サウジの閣僚は砂漠の気温が下がる夜に働くことが多く、上流階級の習慣で重要な客でもピカピカの応接室で長時間待たせケーシーをいら立たせた。ハリド国王はあるときアイルランド人に経営させている酪農場を見せるためケーシーを呼びつけ、ジープに乗せて王室のラクダも見学させた。ケーシーはこのツアーは何とか耐えたが、国王がグラスに注いだ温かいラクダのミルクを無理強いすると、青ざめた。

ケーシーはソ連経済が石油輸出収入に依存していることを知っており、油価高騰という〝たなぼた〟をソ連から取り上げるため石油市場価格を抑制するようサウジに働きかけた。油価が下がればアメリカ経済にとっても後押しになるのはもちろんのことだ。サウジはソ連とアメリカ双方に対する有利な立場を自覚しており、商人の冷徹さで油を利用した[18]。

パキスタンでは、ケーシーの専用機スターリフターは暗闇の中でイスラマバードの軍民共用空港に着陸し、いつもアブドゥルラフマンとCIA支局長が出迎えた。ISI本部で開かれる公式の連絡会合で、双方はイスラム戦士に対する武器輸送の詳細について話し合った。ISIの将軍たちにとってケーシーは寛大な盟友だった。全体像に関心を集中し、現場での具体的判断はたとえCIA担当官が反対してもISIに任せた。ケーシーは「(アブドゥルラフマンは)この戦争に完全に没頭しており、何が必要か誰よりもわかっている。彼を支える必要があるのだ」と説明した。アブドゥルラフマンはケーシーの訪問時に七〇〇〇ドルの絨毯を贈ったことがある[19]。

「アフガン作戦のよさは、こういうことだ」とケーシーは同僚に語った。「いつもは大きくて悪者のアメリカ人が現地人をぶちのめしているように見える。アフガニスタンでは逆なのだ。ロシア人が小さい人たちを殴りつけている。われわれは、これを自分たちの戦争にはしない。イスラム戦士には十分な熱意がある。もっと助けるだけでいいのだ[20]」

訪問の際、ケーシーはラワルピンディの陸軍ゲストハウスでジアウル・ハクと夕食をともにするのが常だった。ウェイターはワイングラスにコーラかセブンアップを注ぎ彼をがっかりさせたが、ハクの礼儀正しさと気さくな温かみにケーシーは本当に驚いたようだ。二人はゴルフについても話したが、いちばん盛り上がるのは地政学の話だった。

ケーシーもジアウル・ハクも、ソ連の野心は空間的なものだと強調した。ソ連の戦略は、植民地時代の欧州列強が天然資源やシーレーン、大陸への足がかりをめぐって繰り広げた奪い合いと同じことだ。帝国的地図作成者の継子ともいえるパキスタンの将軍たちはこの発想を十分すぎるほど熟知していた。ケーシーとジアウル・ハクはそれぞれ、ソ連の拡張主義を赤い地図を使って説明するプレゼンテーションの方法を考案していた。ハクはこの説明で、ソ連は中東の石油に向かって進撃するためにアフガンに侵攻したという信念を訪問者に植えつけようとした。彼は地域の地図を示し、赤い三角のセルロイド型を使って、ソ連が不凍港とエネルギー資源を求めて南西に向かっていることを説明した。ある会議の席でハクは、十九世紀に英国植民地主義者がロシアの浸食を止めるためアフガン北部に確固とした線を引き、その結果ロシアは九〇年間南下をしなかったとケーシーに語った。今はアメリカがソ連に線を順守させる「道義的義務」を負っているのだ。ケーシーも、地球規模でソ連の地政学的野心を示す似たような説明方法を考案した。CIA情報本部のグローバル問題事務局に命じて、ソ連のプレゼンスと影響力を描いた世界地図を作成させた。地図には、ソ連帝国主義の達成度合いが六段階で示されていた。完全にソ連の支配下にあるのが八カ国。ソ連の代理政権が六カ国。モスクワの顕著な影響下にあるのが一八カ国。ソ連が支援する反政府勢力に直面する一二カ国。友好協力条約を結んでいる国が一〇カ国。そしてきわめて不安定な国が三カ国あった。これとは別に、ソ連がKGBと経済・軍事支援を活用して、一九七〇年から一九八二年にかけて次々に影響力を拡大したことを示す注釈付き地図もあった。[21]

赤が散らばったケーシーの世界地図でピンク色なのがインドだった。モスクワと広範な協定に署名する一方で、民主的な独立を維持していた。ケーシーはときおりインドの軍事活動をハクに説明し、ハクはインドこそが地域の真の脅威だといつも訴えた。アメリカは共産主義に対しては信頼できる盟友だが、インド・パキスタン紛争をめぐる気まぐれさは実証済みだった。ハクはケーシーに、アメリカの同盟であることは大河の川岸に住むようなものだと語った。「土地は非常に肥えているが、四年か八年おきに川の流れが変わり、砂漠の中に取り残されるかもしれない」[22]。

ISIはアフガン反乱軍を訓練する国境沿いの基地にCIA担当官を近づけないよう努めたが、ケーシーは訪問すると言い張った。一九八四年初頭に初めて彼が基地訪問を求めたとき、パキスタン側は慌ててCIAイスラマバード支局に彼を説得するよう頼んだ。ソ連の特殊部隊が国境地帯での活動を活発化させており、ロシアがケーシーの動きを察知したり、待ち伏せ攻撃で偶然ケーシーが巻き込まれたりすることをISIは恐れていた。CIA長官がパキスタン領内でKGBに拉致されるシナリオは、どれほど可能性が低くとも、パキスタンの安全保障にとって最悪の事態だった。だがケーシーは譲らなかった。結局ISIはCIAの支局と協力し、イスラマバードの北に広がる丘陵地に暫定的な（つまり偽の）イスラム戦士訓練基地を設置することにした。アフガン国境からは遠く離れていた。彼らは夜ケーシーをジープに乗せるとどこに行くかを告げず、アフガン国境に行くのと同じぐらいの時間をかけて悪路をぐるぐる走り回った。その後にケーシーを車から降ろし、少人数のアフガン人が一四・五ミリや二〇・七ミリの対空砲訓練を行うところを見せた。アフガン人たちは騒々しい音を立て、ケーシーは自由の戦士を目にした喜びで涙を流した[23]。

この夏ワシントンでは議会や保守派から、アフガン戦争に関する苦情が広がった。CIAの慎重で不干渉主義の姿勢が反乱軍の大義を傷つけているというのだ。チャーリー・ウィルソンの美化した話に背を押され、また戦場土産をうらやんで、多数の議会代表団が次々にパキスタンとアフガン国境の視察に出かけた。訪問した議員らはアブドゥルハクのようなアフガン人司令官から、ＩＳＩの汚職体質や武器分配の統制ぶり、不安定な兵器の性能などへの苦情を聞かされた。そして彼らはケーシーに対し最新型の兵器と、聖戦に対する直接的なアメリカの関与を求めるのだった。ラングレーの本部でマクマホンは渋っていた。近東局の担当官たちは古典的なワシントン症候群の始まりだと感じた。外国での秘密活動でも国内の教育計画でも、政府の政策がうまくいっているとあらゆる官僚や議員らが出しゃばって首を突っ込みたがるのだ。国防総省からは突然、米軍が役割を拡大すればイスラム戦士の能力が上がるというささやきが聞こえはじめた。部下たちはこうした策略に激怒したが、ケーシーはまったく気にしなかった。ＣＩＡの慎重さに対する批判は正当かもしれないと考えたのだ。一九八四年七月二十八日、ケーシーはマクマホンに書簡を送り、アフガンに新たに流れ込む予算と高まる苦情を受けて「アフガン計画に関する徹底した見直しと再評価を行う」と伝えた[24]。

ケーシーはハワード・ハートの後任となるイスラマバード支局長を任命し、パリで副支局長を務めたウィリアム・パイクニーがこの夏パキスタンに着任した。パイクニーは元海軍将校でＣＩＡのチュニジアとギニア支局で勤務経験があり、ハートよりも練達の知的なスパイだった。ハートのような強引さはなく、骨董武器の趣味もまったくなし。熱狂的な保守派でもなかった。マクマホンを右派による迫害の犠牲者だと見なし、同僚たちの不満にも共感した。パイクニーはバランス感覚のある調整型で、チームづくりに長けていた。上院議員や下院議員の訪問団をイスラマバードの大使館にある特別室に案内しては、秘密の戦況やソ連の損失についてはっきりと説明した。増え続ける国防総省からの訪問客が支援提供を持ちかけると、パイクニーは親切さで相手を封じ込めＣＩＡの仕事には手を触れさせなかった。ＣＩＡにとって国防総省をどう扱うかは、注意を要する方程式だった。国防総省に比べればＣＩＡの財源は小さく、ＣＩＡの年間予算など国防総省予算の誤差の範囲内といえるほどだ。パイクニーは国防総省とのバランスのとれた関係を維持することがＣＩＡの利益にかなうと考えていた[25]。

国防総省の黙認を得て、ケーシーは国防予算からアフガン秘密作戦に使える金を吸い上げる予算上のからくりを毎年使った。ウィルソン率いる議会のイスラム戦士シンパはアメリカの会計年度〔十月から翌年九月〕が終わるたびに、巨額の国防予算のうち前年分に割り当てられたが消化されなかった金を探し出し、こうした残金の一部（何千万ドルにも上るのだ）をアフガン反乱軍に振り向けるよう命じた。近東局長で古いタイプのスパイであるチャールズ・コーガンは、こういう金を受け取ることに抵抗した。だがゲーツの記憶によると「ウィルソンはコーガンもＣＩＡも押し切ってしまった[26]」

一九八四年十月の予算増額はあまりに膨大で、ＣＩＡによるアフガン秘密作戦の性質を変えてしまう恐れがあった。議会はこの月、新たに巨額の国防予算残金をＣＩＡのイスラム戦士支援に注ぎ込み、一九八五会計年度のアフガン計画予算総額は二億五〇〇〇万ドルに膨れ上がった。前年までの累計予算に匹敵する額だ。サウジアラビアのＧＩＤが同額を支出すれば、ＣＩＡは一九八五年十月までにイスラム戦士の武器と支援物資に五億ドルを消費できることになる。前年までに比べて巨額すぎ、考えることも難しかった。十月後半にケーシーはサウジとパキスタンに電報を送り、アメリカは一億七五〇〇万ドルだけを直ちに執行し、残る七五〇〇万ドルは積立金として、両国と協議すると伝えた。ウィルソンにハッパをかけられて、数週間のうちにアフガン秘密戦争の予算は三倍増となった。

ケーシーは、この戦争の大望も予算と同じように拡大したいと考えた。「アメリカがソ連の脆弱さを幅広く攻撃すべく政策を再設計しなければ、アフガニスタンの独立は保てない」。ケーシーは一九八四年十二月六日にマクマホンらＣＩＡ高官に送った機密文書でこう書いた。「アメリカが現在の計画を継続すれば、ソ連は余裕をもってアフガンの抵抗運動を克服してしまうだろう」。国防総省は、アフガン国内のソ連軍標的に関する衛星情報を提供すると提案していた。ケーシーは、この申し出を詳しく検討すべきだと訴えた。「われわれの活動は、ソ連のアフガン侵攻に高い代償を支払わせる作戦という建前だが、それだけでは長期的にはうまくいかない」。ケーシーはこう結論づけた[27]。

ケーシーは自ら大統領事実認定を書き直していた。一九八〇年一月にレーガンが更新した大統領事実認定では「アフガニスタンの独立を回復する」ことはCIA秘密活動の目的ではなかった。CIAのソ連分析官が妥当だと判断したことでもなかった。だがソ連を縛りつけるだけではCIAは満足しない、とケーシーは言っていた。ソ連を追い出すのだ。

彼は一九八四年の末にまたパキスタンを訪問した。今回は作りものの訓練ショーではなく、アフガン国境沿いにある本物のイスラム戦士訓練基地を見学することになる。パイクニー支局長が滑走路で出迎えた。ある日の夜明け直後、彼らはパキスタン軍のヘリコプターに乗り、アフガン方面に向かった。ISIの基地にヘリが着陸するのは初めてのことだった。ケーシーは丸い平らなアフガン帽をかぶり、緑色のナイロン・コートのジッパーを引き上げていたが、反乱軍兵士には見えなかった。付き添いのアブドゥルラフマンはサングラスをかけていた。最初の基地では一〇日間のゲリラ訓練過程を受講中の多数のイスラム戦士が、基本的な突撃銃戦術と接近・撤退、ロケット弾や迫撃弾の使い方を学んでいるのを見た。アメリカ納税者の金は、ここで確かに役立っているとアブドゥルラフマンが言った。アブドゥルラフマンはアフガン人司令官と訓練生を前に演説し、首都周辺でソ連とアフガン共産主義者に圧力をかける必要性を再三強調した。彼は「カブールを燃やせ」と宣言した。二カ所目の基地でケーシーは中国製の地雷除去装置を見学した。ソ連が敷設した地雷原に狭い通り道をつけられる装置だ。ISIの准将たちはケーシーにもっといい装置を配備するよう求めた。中国製の装置でつけられる通り道は狭すぎて不要な死傷者を増やしていた[28]。

ラワルピンディのISI本部に戻るとケーシーは、両情報機関の間で進行中の最も機微に触れる作戦の問題を提起した。アフガンの聖戦をソ連内部に推し進めることだ。

一九七〇年代後半を皮切りにCIAの秘密活動部門は、ソ連の中央アジアやウクライナに住むイスラム教徒を対象とした秘密出版とプロパガンダを提案していた。カーター大統領の国家安全保障問題担当補佐官ズビグニュー・ブレジンスキーは、ソ連の非ロシア系共和国でナショナリズムをかき立てる計画の熱烈な提唱者だった。だが国務省はためらった。ソ連領内で反乱を扇動すれば、モスクワから予測のつかない報復を招く恐れがあり、米国内を攻撃する可能性さえ含まれた。ラングレーのCIA本部でも論争が巻き起こった。(29)

CIAには何十年も前から、バルト諸国やウクライナ民族主義の亡命者と深いつながりがあった。だが、アフガニスタン北部に接するソ連中央アジアについては、あまり多くを知らなかった。茫漠として人も住まない大草原と山岳地帯だ。アメリカの学者とCIA分析官はケーシーに後押しされ、一九八〇年代初頭からソ連中央アジアで反抗の機運を調べていた。ウズベク人、トルクメン人、タジク人にカザフスタン人は、ロシア人の民族的支配下でいら立っているとの報告があった。また密輸された非合法のコーランや説教のカセットテープ、ムスリム同胞団系などの文書が出回っており、住民がイスラムへの関心を強めているとの報告もあった。CIAは一九八四年五月、イスラムは深刻な国内問題だとする講演がモスクワで行われたと報告している。米外交官らはモスクワの大使館を離れ、中央アジアを定期的に旅して証拠や新たな接点を求めていたが、KGBにぴたりとマークされ、ほとんど何も知ることはできなかった。(30)

亡命ポーランド人をスパイとしてナチス陣中に送り込んだ自身の経験から、ケーシーは中央アジアを標的としたCIAのプロパガンダ提案を復活させると決めた。CIAの専門家は中央アジアの文化と、この地域での歴史的なソ連の残虐さについての本を送ることを提案した。ＩＳＩの将軍たちは現地語に翻訳したコーランを送るほうがいいと指摘し、ラングレーのＣＩＡ本部も同意した。ＣＩＡはドイツに住む亡命ウズベク人にコーランのウズベク語翻訳を依頼した。ＣＩＡが何千部も印刷して、イスラム戦士に分配するためパキスタンに送った。担当者だったＩＳＩ准将は一九八四年十二月に最初のウズベク語コーランが到着したと記憶している。ケーシーの熱意はどんどん高まっていた。ＩＳＩは一九八五年初頭までに約五〇〇〇冊のコーランをアフガン北部へ、さらにソ連領内へと送り込んだ(31)。

同時にＩＳＩアフガン局は、ソ連中央アジア内部で破壊工作を行う少人数のイスラム戦士を選定した。ＫＧＢの支援を受けたスパイがパキスタン領内での爆弾テロで何百人もの民間人を殺害しており、ＩＳＩは報復を求めていた。この時期にＩＳＩの准将としてアフガン作戦を率いたムハンマド・ユーセフは、一九八四年末にＩＳＩ本部で行われた会議でこうした越境攻撃を最初に提唱したのはケーシーだったと証言する。ケーシーがアフガン国境地帯の反乱軍訓練基地をヘリで訪問中のことだ。

ユーセフの記憶によるとケーシーは、アムダリヤ川の向こうにいる多数のイスラム教徒を行動に駆り立てることは可能で「ソ連にとって大きな損害となる」と言った。ＣＩＡ長官の話はプロパガンダにとどまらなかった。ユーセフによると、ケーシーは「本を使って地元住民を立ち上がらせるべきだ。武器や弾薬だって可能なら送れる」と言った。アブドゥルラフマンはコーランの密輸には賛同したが破壊工作については沈黙を守ったという。ケーシーの側近を務めのちにＣＩＡ長官となるロバート・ゲーツは、一九八五年春にアフガン反乱軍が「ソビエト領内への越境作戦を始めた」ことを認めた。作戦には「国境のソ連側で騒ぎを起こす」ことも含まれた。ゲーツは、この攻撃が「ケーシーの奨励を受けて」実現したと述べている(32)。

ケーシーがユーセフの記憶どおりの発言をしていたとすれば、アメリカの法に違反していたことはほぼ明らかだ。ソ連領内で反乱を扇動する権限はレーガン大統領にしかなく、その場合でも議会情報委員会の指導部に知らせることが条件だ。核の時代にこういう作戦を行うリスクはあまりに大きく、いちいち挙げる必要さえないだろう。CIAや国防総省、ホワイトハウスの同僚たちは、ケーシーが越境作戦を承認したなどということは疑わしいと指摘している。[33] ユーセフはコーランと宣伝本の密輸をケーシーが支持していたという正しい記憶と、ISIが単独でアフガン人チームを武装させ中央アジアに送り込んだこととを混ぜ合わせてしまっているのだ、と彼らは指摘する。

そうかもしれない。だがゲーツの話は明瞭であり、ユーセフの記憶は明確だ。ケーシーが大統領の権限さえも逸脱して秘密作戦を追求したとしても、異常な感じはしない。ソ連領内での作戦ではISIが完璧な安全弁となり、CIAは関与を否定できる。のちにゲーツは、ケーシーが抱いていた使命感の概要について「(ケーシーは) 物事を改善し、機能的に改革し諜報の質を向上するためにCIAに来たのではない。ケーシーは何よりもソ連に戦争を仕掛けるために来たのだ」と語った。[34]

いずれにせよ、CIA分析官と担当官はパキスタン人がソ連領内で何をしているか承知していた。ユーセフは低音船外モーターなどの装備をCIAイスラマバード支局に要求した。アムダリヤ川を渡るのに使うものだ。新支局長のパイクニーはアフガン人チームがソ連領内で捕まるか殺されるかして、装備品がCIAのものだと突き止められることを恐れた。一九六〇年のU2撃墜事件に匹敵する国際事件となってしまう。

そうした対外的大惨事やもっと悪い事態を懸念して、CIA本部の分析官や国務省はISIのソ連領内攻撃は無謀だと確信した。当時国務省情報部門を率いていたモートン・アブラモウィッツはイスラム戦士の越境攻撃に関する機密報告を読み、容認できない作戦だとISIに伝えるよう要求した。CIAのパイクニー支局長はアフタル・アブドゥルラフマン将軍との非公式会談でこのメッセージを伝えた。

パイクニーはＩＳＩに対し「アフガン人にソ連領内での戦闘を承認も奨励もしないよう」求めたと記憶している。「だがわれわれは皆、アフガン人はどんな機会でも利用して自分たちのやりたいようにやるということを理解していた」とパイクニーは言う。パキスタン情報機関は、アフガン反乱軍がソ連領内の標的をときどき攻撃する程度なら「内心では、悪いことではない」と感じていた。「われわれにとって唯一の現実的な選択肢は、そういう活動に対するアメリカの公式な支持は控えて、思いとどまるよう働きかけることだった。実際にそうした」。ＣＩＡは詳細を知らないほどいいのだ。北部国境を越えると決意した武装アフガン人を制御することなど、誰にもできない。もしも作戦が露見したら、ＣＩＡはそう論じる構えだった[35]。

アフガニスタン北部は急峻な山々と雪に埋まった峠と、ソ連軍の大軍によってパキスタンと隔てられており、ウズベク人とタジク人、トルクメン人、またイスラム教の少数派であるシーア派が住んでいた。ソ連国境沿いで活動するイスラム戦士司令官たちには、ＩＳＩのパシュトゥー語を話す大佐やペシャワールで大金と銃を配っている准将との接点がほとんどなかった。ソ連にとってもアフガン北部はきわめて重要だった。この地域には天然ガスがあり、死活的に重要な道路が通っており、ソ連の共和国と同じ民族が住んでいたからだ。戦況の悪化に伴い、ソ連は自国の南端を防衛するためにアフガン北部に専念することも検討した。

だがそんな撤退は非現実的だった。一九八〇年代中頃になるとアフガン反乱軍の最も有能な軍事的・政治的指導者は、ソ連の山がちな裏庭であるアフガン北部で活動していた。訓練基地での〝ショー〟に出演するイスラム戦士司令官とは異なり、このアフガン人司令官はパキスタンに行ったこともほとんどなかった。彼はいつも自分の戦略に従って動いていた。ＣＩＡの報告によると、一九八五年春にソ連領内で最初の攻撃のいくつかを実施したのは彼の部隊だ。ウィリアム・パイクニーはこの男に会いたいと考えたが、物理的に不可能だった。あまりに遠くにいて訪ねられなかったのだ。
アハメド・シャー・マスードはそれが気に入っているようだった。

第6章 そのマスードとは誰だ?

アハメド・シャー・マスードは一〇人ほどの寄せ集め部隊を率い、カブール西部のアリ・アバド山の正面に突撃した。標高一八〇〇メートルの首都に横たわるアリ・アバドは岩だらけの丘にすぎなかったが、頂上を占領すれば有利な陣地を手にすることができた。南にはカブール大学のキャンパス、北にはソ連が牛耳る名門カブール科学技術大学を見下ろし、東側に市街地が広がっていた。街を取り囲むように雪を頂いた険しい峰がそびえ、カブール渓谷を冷気で包む。マスードは丘の頂上に達して敵(同規模の部隊だった)と相まみえる直前、敵陣の裏側に別動隊を送った。敵はまったく気づいていない。あっという間に降伏させると、ごく短時間だけ勝利を祝い、捕まえた敵を連行して丘を下りた。道路沿いの溝に造った捕虜収容所に放り込んだあと、マスードは手を振って部隊を解散し捕虜も解放した。通りの向こうで母親が夕食だと呼んでいる。

一九六三年、マスードは十一歳だった。彼の家は最近カブールに越してきたばかりで、まだこの街が自分の場所とは思えなかった。それでも彼はあっという間に断崖の高さと渓谷の深さを熟知した。近所の戦争ごっこで誰が司令官にふさわしいか、仲間たちの間に異論はなかった(1)。

彼の父親はザヒル・シャー国王の軍隊で大佐を務めていた。格が高いわりに安全な仕事だった。

一九三〇年代から六〇年代にかけた彼の軍歴の間、アフガニスタンは平和な国だったのだ。十歳になるまで、南部ヘルマンドに西部ヘラート、そしてカブールとマスードはあちこちを転々とした。だが彼の家族にとっては、マスードが生まれたパンジシール渓谷の町が故郷だった。カブールから車で北に数時間、バザラク地区のジャンガラクだ。

パンジシール川はヒンズークシ山脈を縫って約一一〇キロほど南西に向かって急斜面を流れ落ち、カブールから約五〇キロ上方にあるショマリ平原に至る。地図で見ると、北東から首都に向けた道を示す矢印のようだ。実際には急峻な崖の間を急流が流れている。ところどころにある傾斜の緩やかな土地では川の両岸に家々と畑が広がり、谷は突然青々とした緑の野に変わる。川は氷河湖のようにゆったりと流れ、草の茂った砂州が現れる。

ジャンガラクにあるマスード家の前で、川の流れは最も静かになる。一家がこの川の西岸に住み着いたのは二十世紀初頭のことだ。比較的裕福だった彼らは泥れんが造りの低層の屋敷を建てた。谷に広がるほかの家々と同じように、豊かな茶色の土壌から自然に立ち上がったように見える家だった。マスードの父親はこの屋敷を受け継ぐと、裏庭に家を建て増した。アハメド・シャー・マスードは一九五二年、次男としてここで生まれた。

マスードが生まれたパンジシールは何世紀もほとんど変化のない土地だった。谷に一本しかない川沿いのでこぼこ道では車のエンジン音よりも、穀物袋を背負わされたロバの甲高い鳴き声のほうが圧倒的に多かった。小麦の段々畑や川岸のリンゴとアーモンドの木、牛とヤギとニワトリが食料源。谷間の土地は広いところでも幅一キロ半ほどしかなかった。

パンジシールに読み書きのできる者はほとんどいなかったが、マスードの両親は例外で、父親は正式の教育を受けていた。母親は学校には通わなかったが、ジャンガラクの隣町ロヘーフの名士である弁護士の娘として育ち、読み書きを独習した。四人の息子と四人の娘たちにも自分と同じような向上心を求めた。厳格な女性で、子供たちには勉強はもちろん、教室の外でも優秀であることを望んだ。あるとき長男のヤヒヤがクラスでトップに近い成績をとったことがある。マスード家の子供たちにとって珍しいことではなかったが、父親は喜んでご褒美にオートバイを買ってやろうかと話した。すると母親は「私は反対です」と父親を強くとがめた。「息子たちに必要なことを教えてといつも言っているでしょう? 息子たちは馬に乗れますか? 銃は使えますか? 社会に出て人と一緒に過ごせますか? 男にはそういうことが必要なんです」。ヤヒヤはオートバイを買ってもらえなかった。

母親のしつけは厳しく、生来のいたずらっ子であるマスードはしょっちゅう叱られた。子供をぶつことはなかったが言葉のムチを使った。マスードは後年、彼が唯一恐れた人物は母親だったときょうだいに打ち明けた。

マスードが高校生になった一九六〇年代後半、父親は軍を引退し、一家はカブールで中流の上に当たる住宅街に落ち着いた。寝室が七つある石とコンクリート造りの家で眺望がすばらしく、その近所ではいちばんいい建物だった。マスードはフランスが支援する進学校リセ・イスティクラルに進んだ。成績はよくフランス語も覚え、フランスの大学に行くための奨学金を手に入れた。奨学金は、埃まみれで前近代的なカブールを抜け出すチケットだったが、マスードはこれを断ったので家族は驚いた。彼は軍士官学校に進み、父親の後を継いでアフガン陸軍の将校になると宣言した。父親はコネを使って士官学校に入れようとしたが、うまくいかなかった。マスードは自宅から丘を下ったところにあるカブール科学技術大学に進んだ。ソ連が支援する学校だった。

大学一年生のとき、マスードは自分が数学の達人であることを知った。同級生を相手に家庭教師を始め、技師か建築士になる考えも口にした。だが実際には、彼は建設ではなく、多くの建物を破壊することになるのだった。

冷戦はウィルスのようにアフガニスタンにもやってきた。一九六〇年代後半、カブールの大学はどこも政治熱に浮かされ、マルクス主義の秘密組織が秘密イスラム組織への陰謀を企てた。風雲は急を告げており、何百年も続いた弱い王朝は退場しつつあった。アフガンは新しい政治に急速に傾倒していた。それはマルクス主義なのか、イスラム主義なのか。世俗的なのか宗教的なのか。近代的なのか伝統的なのか。あるいはそれらを混ぜ合わせたものなのか——。大学教授の意見も千差万別だった。

マスードの両親は彼を敬虔なイスラム教徒に育て上げ、共産主義への嫌悪感も植えつけた。大学での一年目を終えて帰宅すると、マスードは自分が入ったイスラム青年団という謎めいた組織について家族に話して聞かせた。末弟のアハメド・ワリ・マスードによると、彼は家族だけではなく話を聞いてくれる相手なら商店主にでも誰にでも、自分の組織はマルクス主義者に戦争を仕掛けるのだと自信満々で語った。マルクス主義は首都の大学や政府省庁、軍の内部でも顕著になっていた。マスードの気張りぶりは誰の目にも明らかで「明日にでも四、五人の仲間と一緒に全員をやっつけてやるといった雰囲気だった[2]」。

マスードがカブール科学技術大学で身につけたイスラムは、彼の父親の信仰とは異なり、好戦的で陰謀含みで暴力の可能性をはらんでいた。こうした考え方は、とくにイスラム教の最高学府であるカイロのアズハル大学など、外国で高等教育を受け帰国したイスラム法の教授らによってカブールにもたらされた。アブドラブ・ラスール・サヤフやブルハヌディン・ラバニら一握りのアフガン人博士候補生が、アズハル大でイスラム的政治の新たなかたちを探求する急進的エジプト人イスラム主義者の影響を受けた。カブールに戻った若手のアフガン人教授らは一九六〇年代中頃、教室でエジプト的な信条を教え始

め、マスードのように聡明で変化を求める若い学生たちに急進主義を押しつけた。(3)

アフガニスタンの宗教信仰は何世紀も前から、この国の地政学的政治性を反映していた。多様で非中央集権的で、地域の特性に根差していたのだ。アフガニスタン領となった地域には歴史上、古代仏教徒にアレクサンダー大王が率いた古代ギリシャ人、神秘主義者、聖人、シーク教徒、イスラム戦士らがやってきて占領し、その多くが記念碑や墓を遺した。険しい山々や孤立した谷という地形のために、アフガン人全体が精神的にも政治的にも単一の教義によって牛耳られたことはなかった。征服者たちがペルシャから東進し、中央アジアの草原から南進するにつれてイスラム教が支配的宗教になった。征服者たちはヒンズー教圏インドの占領を終えると、折衷的な神秘主義と聖人信仰を持ち帰り、これがアフガンの部族主義や氏族中心の政治とうまく混じり合った。地域の偉人への忠誠に重点が置かれて、アフガンではイスラム教のスーフィー〔神秘主義〕的傾向が顕著になった。スーフィズムは神秘的な修業を通じて聖なるものと接触することを教え、指導者たちは秘儀を定め、聖人として崇拝対象になった。国内には入念に装飾された聖人の廟が点在し、アフガンに伝わるイスラム教の祝賀的で属人的で折衷的な傾向を示している。

十九世紀の植民地主義的・宗教的な戦争を通じて、アフガニスタンの孤絶した谷々にも厳格なイスラムの教えが吹き込まれた。インドのデオバンドを本拠とするイスラム神学者たちがマドラサ（神学校）を設立し、アフガンのパシュトゥン人部族に影響力を及ぼすようになったのだ。デオバンド派の神学はサウジアラビアのワッハーブ派の教えに共鳴していた。十九世紀前半にアフガンの王となったドゥスト・ムハンマドはシーク教徒の侵略に抵抗する民衆の支持を駆り立てるため、アミール・アル＝ムウミニーン（信徒たちの長）を自称し、宗教の戦争という大義を宣言した。また大英帝国主義者は、ロシアの侵食に対する緩衝地を求めてアフガンを二度侵略し、キリスト教の賛美歌を歌い優れた文明を説いたが、イスラムの熱情に燃え反旗を翻したアフガンの部族は数千人の英国人と象を虐殺し、不名誉な退却に追い込んだ。十九世紀後半には「鉄のアミール（首長）」アブドゥルラフマンが英国の秘密支援を受け、アフガン人を「一つの法が支配する一つの社会」に押し込めようとした。一〇〇年にわたるこれらの出来事によって、アフガンには新たな外国嫌いの風潮が生まれ、イスラム教は民族的で政治的な教義、また戦争のための教義として再興した。だが最も急進的なイスラム主義者でさえ、文明間の戦争だとか遠く離れた土地での聖戦の布告などは考えていなかった。

二十世紀になるとアフガンは平和だが貧しく孤立した国となり、国外からの支援に依存した用心深い王たちが統治した。地方での王の権限は弱く、地域レベルでは最も重要な政治的権威とイスラム的権威が一体化した。

国外からもたらされた急進的な教義が、首都カブール――大学のキャンパスや軍の宿営地――で大変動の素地をつくったのは一九六〇年代のことだ。ＫＧＢの支援を受けるマルクス主義者が秘密結社を立ち上げ支持者を集めるのに対抗し、同じように戦闘的なアフガン・イスラム主義が台頭した。すべての大学生が共産主義かイスラム急進主義かの選択を迫られ、争いは騒々しさを増していた。双方がデモを行い、路上での論争に備え旗とハンドマイクを携えて行進した。六〇年代後半から七〇年代にかけてのわずか数年間で、カブールにわずかばかり存在していたアフガン政治の中心地は、輸入されたイデオロギー間の摩擦で溶解してしまった(4)。

エジプトからカブールにもたらされたイスラム急進主義は政治に特化しており、ムスリム同胞団のイデオロギーに基づいていた。ムスリム同胞団は一九二〇年代にエジプトの教師ハッサン・バンナーが英国の植民地支配に抵抗するために創設した組織だ（イスラム協会は事実上、ムスリム同胞団のパキスタン支部である）。イスラム世界が経済的、政治的に正当な地位を回復するには、イスラムの中核的な原理を厳格に信奉するしかない。ムスリム同胞団のメンバーはそう信じた。秘儀に通じた同胞たちは、七世紀に創始されて勝利を収めながら失われてしまったイスラム文明をモデルとして、純粋なイスラム社会を建設するために密かに働くことを誓った（あるフランス人学者は、オプス＝デイ会など西洋の保守的で精選されたカトリック組織に同胞団をなぞらえた。[5]ＣＩＡ長官のウィリアム・ケーシーは生涯を通じてこれらのカトリック秘密組織に魅せられていた）。緑地に交差した白い剣と赤いコーランをあしらったムスリム同胞団の旗はエジプト全土に広がり、一九四九年にはメンバー数が五〇万人に膨れ上がった。英植民地主義者が同胞団に辟易し暴力的に弾圧すると、特別命令集団という同胞団の組織が、英国の軍事施設を爆破し英国の兵士や民間人を殺害するゲリラ攻撃を行った。[6]

自由将校団と呼ばれるエジプト軍指導者らは一九五〇年代、ガマル・アブデル・ナセルの指導の下にエジプトの実権を握ると、同胞団との協力を模索し、それに失敗して弾圧するという英国のパターンを踏襲した。エジプトの刑務所では「残酷な拷問の連続が骨を折り、皮をはぎ、神経に衝撃を与え魂を殺した」。刑務所に拘置されたエジプト人医師でのちにウサマ・ビンラディンの副官となるアイマン・ザワヒリはこう回想している。[7]エジプト政府による取り締まりの最中に、ナセル暗殺を試みて投獄されたサイイド・クトゥブという急進主義者が獄中から「道標」と題する宣言を発表し、イスラム革命に新しいレーニン的手法を用いるよう論じた。クトゥブは非イスラム教徒に対する暴力を正当化し政治的権力を手に入れるための急進的行動を呼びかけた。彼の理論は少なくとも部分的には、一九四八年に一年間訪米した際にかたち作られた。エジプト政府はアメリカの教育制度を学ぶため、彼をグリーリーの北コロラド教育大学に派遣した。だが彼はアメリカに嫌悪感を覚えた。アメリカは物質主義的でセックスに取りつかれており、アラブに偏見を抱きイスラエルに共感している。「現代人は巨大な売春宿で暮らしている！　報道と映画、ファッションショーに美人コンテスト、宴会場とワインバーと放送局しか目に入らない」。クトゥブは帰国後にこう記している。

クトゥブはすべての不浄な政府は追放されるべきだと論じた。真のイスラム教徒は「神の党」（ヒズボラ）に加わるべきだ。クトゥブはレーニンと同じように、政治的な革命と社会的価値観の強制的な変革とをつなぎ合わせた。「道標」は資本主義や共産主義という非イスラム的な制度を通じて統治するイスラム諸国の指導者らを攻撃した。クトゥブは、こうした指導者らは無信仰者と宣告され、革命的聖戦の標的となるべきだと訴えた(8)。

クトゥブは一九六六年に処刑されたが彼の宣言はイスラム急進主義の設計図として、モロッコからインドネシアまで次第に広がっていった。ジッダのアブドゥルアジズ国王大学でもクトゥブの思想についての講義があり、ウサマ・ビンラディンも出席した。クトゥブの思想はカイロのアズハル大学で熱狂的な支持者を引きつけた（一九七一年にトゥルキ王子の父ファイサル国王は、共産主義に対するイスラムの知的闘争を支援するため、アズハルの学長に一億ドルの寄付を確約した(9)）。こういう文脈の中で、サヤフやラバニら若手教授たちがカブール大学の教室にクトゥブを持ち帰った。

ラバニは「道標」をアフガンの公用語ダリー語に翻訳した。帰国したアフガンの教授たちはクトゥブによるレーニン型の革命理論を地元の伝統的スーフィー組織に適用した。一九七三年、イスラム青年団は第一回の指導部会議でラバニを代表に、サヤフを副代表に選出した(10)。

グルブディン・ヘクマティアルはこの夜イスラム青年団の創立集会に出席できなかった。毛沢東主義派の学生殺害を命じた罪で刑務所にいたのだ。それでも青年団はヘクマティアルを政治局長に選出した。カブール大の工学部に在学した短期間に、彼は筋金入りの急進派という評価を得ていた。彼は何にでも抗議したがっているようだった。大学が単位認定の下限を五〇点から六〇点に引き上げようとしたとき、ヘクマティアルは大学当局を非難する大規模デモ隊の先頭に立った。政府の非イスラム的やり方に拳を振り上げ、ベールをかぶらずに外出した若い女性の顔に酸を吹きかけたと噂された[11]。

マスードはヘクマティアルとは距離を置いたが、ラバニの教えには引きつけられた。ラバニが話すのを聞くためだけに、カブール科学技術大からカブール大イスラム法学部まで丘の道をしょっちゅう歩いた。れんが造りと敷石の建物はアメリカの中学校を模して一九五〇年代に建てられ、アリ・アバド山近くの谷にあった。

ザヒル・シャー国王のいとこに当たるムハンマド・ダウドが共産主義者の支援を受け、一九七三年七月十七日にクーデターで国家権力を握ったとき、マスードはイスラム青年団の一人前のメンバーだった。「同胞の中には、この犯罪者政府を倒すため武装闘争が必要だと考える者もいる」。ラバニは数カ月後にイスラム法学部で開かれた会合で、こう宣言した。彼らは武器を入手しておりアフガン軍との関係もあったが、権力への道筋がなかった。ダウドが一年後にイスラム主義者を弾圧すると、マスードとヘクマティアル、ラバニらすべてのメンバーはパキスタンに逃亡した。

パキスタン政府は彼らを厚遇した。ダウドが共産主義を支援しはじめたことをパキスタン軍は不安に思っていた。亡命イスラム主義者の存在は、パキスタン軍がアフガンに影響力を行使する手段となった。マスード、ヘクマティアルと約五〇〇〇人の若き亡命者たちは、ズルフィカル・アリ・ブット首相のアフガン問題顧問であるナセルラ・ババル准将のもとで秘密軍事訓練を受け始めた[12]。ともにパシュトゥン人であるヘクマティアルとババルはすぐに親友となり、ダウドに対する一九七五年の蜂起を共謀した。彼らはマスードを選抜してパンジシールに密かに帰らせ、そこで蜂起を始めさせようとした。マスードは渋々これに従ったが、この試みは失敗に終わりマスードはパキスタンに逃亡した。二年間で二度目のことだ[13]。

蜂起の失敗に亡命アフガン人は憤激し、反目が広がった。ヘクマティアルはパシュトゥン人中心の組織ヒズブ・イスラミ（イスラム党）を設立してＩＳＩと緊密な関係を築いた。マスードはラバニとともにジャマアテ・イスラミ（イスラム協会）に残った。タジク人がほとんどの組織だ。マスードは一九七八年、今度は自分の意思で密かにパンジシール渓谷に帰った。もはやほかのアフガン人指導者は信頼しておらず、パキスタンも信用できなかった。彼には三〇人の支持者とライフル銃一七挺、一三〇ドル相当の現金、それにソ連の支援を受けた政府に聖戦を宣言するよう地元の人びとに呼びかける手紙しかなかった(14)。

三十歳の誕生日を迎えるまでに、マスードは世界最強の軍による攻撃を六度もかわした。政治局とソビエト第四〇軍司令部は当初、ソ連軍が支援役を務めて、共産主義者率いるアフガニスタン軍をバックアップすることを望んだ。クレムリン当局者たちは、反乱軍など「バスマチ」（山賊）にすぎないと何度も繰り返した。「バスマチ」とは一九一七年のロシア革命後、ソ連の権威に抵抗して敗北した中央アジアのイスラム教徒反乱軍を示した言葉だ。だがアフガン軍から離脱する兵士は増えるばかりだった。大規模な徴兵によってアフガン軍の規模は水増しされたが、能力向上には結びつかず、次第にソ連軍部隊が自分たちで戦うようになった(15)。

マスードとパンジシール反乱軍の名は標的リストの上位に記されていた。パンジシール渓谷には一五〇〇万国民のうち八万人がいるだけだが、ソ連にとってこの渓谷は死活的に重要だった。パンジシールのすぐ側に、険しい山を縫ってカブールとテルメズを結ぶサラン街道がある。テルメズはアムダリヤ川のほとり、ソ連・アフガン国境にある町だ。アフガンへの抑えを効かせるため、ソ連にはサラン街道を維持する必要があった。ソ連とカブールを結ぶ信頼できる補給路はほかになかった。食料に制服、燃料、武器に弾薬。ソ連軍とアフガン軍に必要なすべてのものが、サランの危険で曲がりくねったアスファルト道路を通るのだ。

マスードの部隊にとっても、サランは食料と衣類、武器の源だった。ソ連軍の車列が街道に通りかかると、マスードの兵士らは山を駆け降りて集中砲火を浴びせ、車両を襲って闇の中に消えた。彼らはソ連軍から奪ったものは対戦車ミサイルでも戦車の部品でも、分解して馬の背に乗せパンジシールに持ち帰り、そこで技術者たちが組み立てて反乱軍のものとした。マスードがパンジシールからサランに連なる通路を確保していたために、ソ連軍兵士らは、ソ連軍の制服を着てソ連軍の武器を使うイスラム戦士の手にかかって死んでいった。マスードは一九八一年、訪ねてきたジャーナリストに「多数のトラックや戦車を破壊しても物資を持ち帰れなければ、攻撃は成功とは考えない」と語った。(16) マスードはすぐに止めねばならぬ盗賊だ。ソ連はそう結論づけた。

一九八〇年春から八二年秋にかけて六回実施されたソ連軍のパンジシール攻撃で、マスードにはほとんど勝ち目がないと思われた。最初の攻撃時、マスードの手勢は一〇〇〇人ほどしかいなかった。二年後に兵員数は倍増したが、依然として軍事的には大きな差があった。侵攻のたびにソ連軍は兵力と火力を拡大した。八二年秋の攻撃にソ連は一万人の自国軍兵士と四〇〇〇人のアフガン兵、多数の戦車、攻撃ヘリ、戦闘機をカブールから送り込んだ。作戦はサラン峠の確保だけが目的ではなく、より大きな軍事的計画の一環だった。KGBの記録によれば、ソ連はアフガンを長期的に制圧するには「ソ連と国境を接する北部で決定的な勝利を収める必要がある」と決断していたのだ。(17)

マスードは毛沢東とチェ・ゲバラ、またフランス革命の戦略家レジス・ドゥブレの著書を熟読していた。彼らの教えに従い、マスードはソ連に正面から立ち向かって食い止めようとはしなかった。彼は戦いの初期からアフガン軍内部にスパイを配置し、だいたい数日から数週間、ときには数カ月も前からソ連軍の攻撃計画を把握した。空爆が始まるときには、マスードの部隊はパンジシールから葉脈のように広がる谷の支流に消えているのが常だった。

空爆後にソ連軍とアフガン軍の地上部隊が谷に入ると、女性と子供、老人と家畜しかおらず、少なくとも最初はイスラム戦士が見当たらないのだ。マスードはソ連軍の戦車部隊を谷の中深くにおびき寄せてから攻撃命令を下した。正面から攻撃することはなく、とくに勇敢な兵士らにロケット砲を持たせて戦車部隊の先頭と最後尾を攻撃させた。そののちに岩陰や木陰に隠れていた反乱軍部隊が姿を現し、動きのとれなくなった戦車部隊に銃撃を浴びせ、谷の支流に逃げ込む。狭いパンジシールには道が一本しかなく、ソ連兵は戦車を捨てるしかなかった。破損した戦車はマスード配下の技術者が修理し、一週間ほどでイスラム戦士の武器となることもあった(18)。

マスードはアフガン兵とソ連兵を争わせることもした。驚くほど多数のアフガン兵がソ連よりも、マスードのような反乱軍指導者に忠誠心を抱いていた。マスードはアフガン軍内部のシンパに対し、軍を離脱しないよう説得する必要に迫られることさえあった。情報源として価値が高かったからだ。パンジシールに侵攻する際、ソ連は反乱軍の奇襲に備えてアフガン軍部隊に先頭を行かせることが多かった。マスードはこれを利用するようになった。アフガン軍を先頭に立てて敵が前進してきたとの情報が見張りから入ると、マスードの部下たちは崖の巨岩を爆破してアフガン軍とソ連軍の間あたりに落とし、部隊を孤立させた。アフガン兵はほとんどの場合、戦うことなく逃亡した。イスラム戦士側には敵が携帯してきた武器がそっくり残るというわけだ(19)。

ソ連兵には降伏という選択肢は与えられなかった。自軍の収容所にソ連兵がいない理由を尋ねられ、マスードは「イスラム戦士の多くは共産軍の攻撃で家族か家を失っており、ロシア人に対する憎しみがあまりに強い。ロシア人に出くわせば、すぐに殺してしまう」と答えた(20)。

一九八二年に六度目のソ連軍攻撃を撃退すると、マスードの名はアフガン全土にとどろき「パンジシー

マスードの戦争：1983-1985年

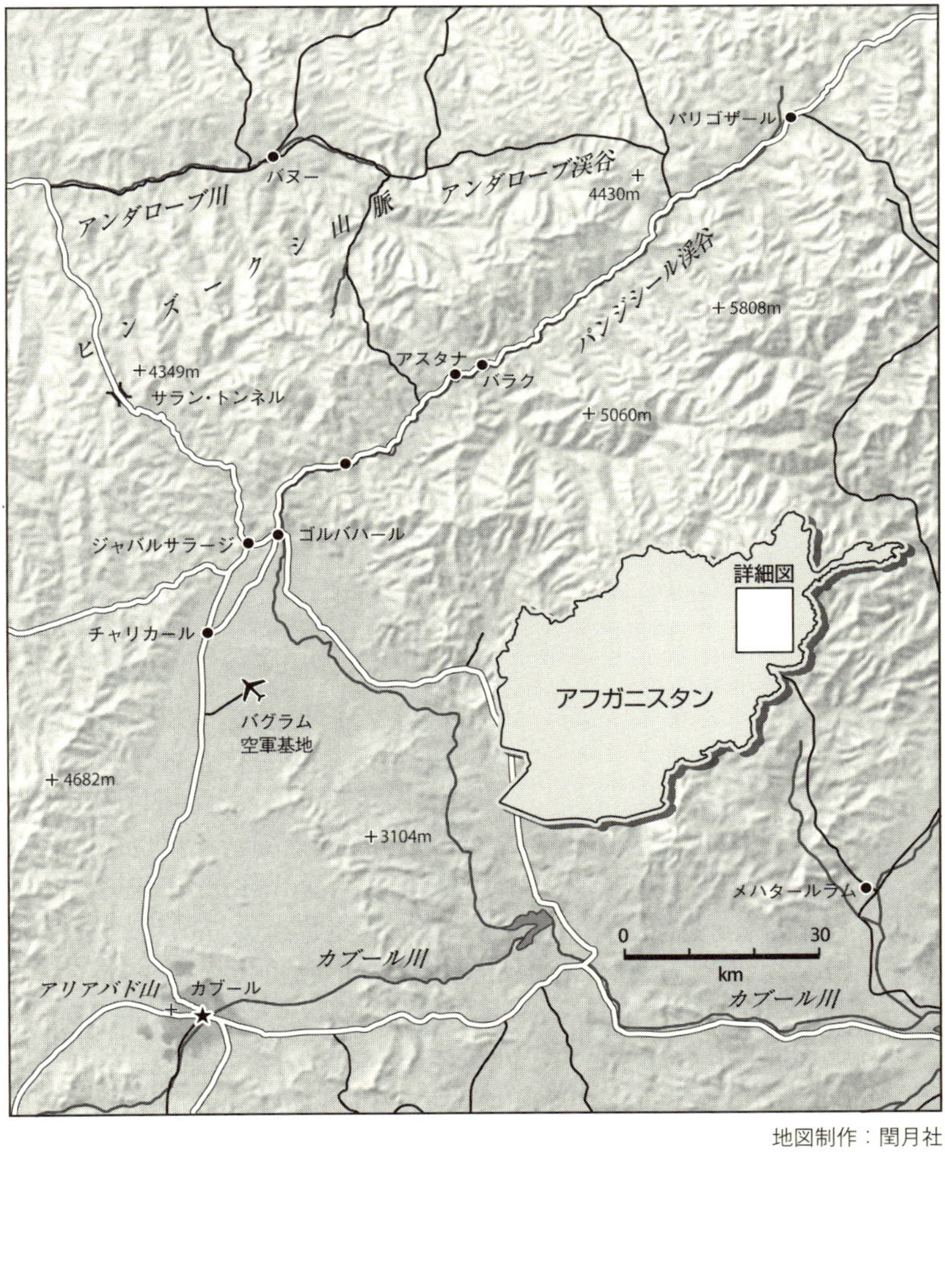

地図制作：閏月社

ルの獅子」と称された。「パンジシール」という単語そのものがアフガン内外で、反共産主義抵抗運動を象徴する合言葉となった。狭い谷の中でマスードは英雄であり、独裁体制を確立できるだけの人気もあった。だが彼は評議会を中心に反乱軍を運営し、パンジシールの長老たちや民間人、部下の司令官にも発言権を与えた。結果的に、マスードはＩＳＩの支援を受けてパキスタンを拠点とする反乱軍指導者たちよりも、民意に縛られることになった。パキスタンを拠点とする司令官たちはペシャワールやクエッタに広がる難民キャンプを利用した。食料配給はヘクマティアルやサヤフ、ラバニらＩＳＩの支援を受けるイスラム戦士指導者が支配し、とくにヘクマティアルは難民キャンプを軍事基地や政治活動の拠点とした。これに対しマスードは完全にアフガン国内だけでゲリラ部隊を運営し、ソ連の度重なる攻撃に耐えるアフガン市民に軸足を置いた。マスードはパンジシールで警察と行政委員会を動かし、エメラルドとラピスの鉱山に課税した。彼の民兵組織は民衆の支援に依拠していた。アフガン全土で革命的指導者が生まれていたが、マスードは最も卓越した指導者になりつつあり、フランスの学者オリビエ・ロワは「現代で唯一、農民に根差した復古的イスラム教徒の運動体」と評した。マスードの組織では「戦闘集団は市民組織であり、指導部は不変で戦士はプロ化しなかった[21]」。

ソ連の焦土戦術は土地と人びとを荒廃させ始めた。容赦ない空爆で何千人もの民間人が命を失った。八二年末にはパンジシールの建物の八〇パーセントが損傷するか破壊されていた。谷を飢えさせるため、ソ連は悪名高い「鉄のカーテン戦術」にまで打って出た。壁を造ったのだ。パンジシール渓谷の南側に高さ一・八メートルのコンクリート障壁を建設し、食料や衣類が流入するのを阻もうとした。これは機能しなかった。イスラム戦士たちはビスケットやチューインガムからトランジスタ・ラジオまで何でも密かに持ち込んだ。だが田畑は壊滅し家畜も殺され、戦闘の終わりが見えない。谷の民衆があとどれだけの苦難を耐え忍べるかは定かでなかった。

マスードは取引をすることにし、八三年春、前代未聞の休戦を宣言した。マスードがアフガン軍に谷の南端での活動を認める代わりに、ソ連はパンジシールへの攻撃を停止することが定められた。休戦は三年間にわたる秘密交渉の結果だった。パンジシール外部のアフガン人は、マスードがソ連と戦い続けている間、交渉もしていたことを知り衝撃を受けた。対話は、前線を越えてソ連の司令官と手紙を交わすことで始まった。この手紙の中でマスードと敵側は仲間同士のように話し合い、のちには実際に会談も行った。最後の二回の会談ではマスード自身が休戦協定の内容を整えた。元KGB長官でブレジネフの後継者として共産党書記長となったユーリ・アンドロポフが、モスクワから送った書簡で合意を承認した。[22]

アフガン人の多くや外国人は、この休戦を降伏と受け止めた。マスードの取引は「ベネディクト・アーノルド〔米独立戦争時に英軍に寝返った将軍〕がアメリカ人にとって打撃だったように」イスラム戦士にとっての打撃だ、とアメリカの評論家は宣言した。[23] なかでもマスードが属するイスラム協会は、裏切られたと感じていた。休戦についてマスードから事前の相談がなかったからだ。

マスード休戦の衝撃は、彼の政敵であるヘクマティアルの立場を強化した。アフガン北部の非パシュトゥン人勢力を長年にわたって軽蔑してきたパキスタンの情報機関はこの休戦を引き合いに出して、マスードを完全に切り捨てるべきだとCIA側に説明した。「彼は自分の地域のために休戦政策を定めた」。一九八〇年代を通じてISIアフガン支局で働いたサイエド・ラザ・アリ准将が振り返る。「アフガンの戦争に反して動く男となぜ手を組まねばならないのだ[24]」

パキスタンを拠点としISIと協力関係にあるイスラム戦士の中で、ヘクマティアルは最も強力な存在となった。チャーリー・ウィルソンとウィリアム・ケーシーがトゥルキ王子とともに、突然数億ドル相当に膨らんだ新しく強力な武器をＩＳＩの倉庫に送り込んでいるときだった。

ヘクマティアルは冷徹で無慈悲で有能な指導者に成長した。異議を許さず敵には死を命じた。ペシャワールや難民キャンプでは最も厳格で軍隊的な組織を運営することで力を強めた。ヘクマティアルと緊密に協調したＩＳＩの准将ユーセフは「彼らには完全に任せることができた」と回想する。「彼らに武器を渡せばパキスタン国内で転売される心配はなかった。彼は冷酷なほど厳格だったから」。ユーセフは病的な笑いを漏らしながら付け加えた。「一度彼の党に入ったら、けっして抜けられない」。アメリカの学者バーネット・ルービンの言葉を借りれば、ヘクマティアルは「全体主義の見本に従いすべての権限を党に集中した」[25]。

パシュトゥン人であるヘクマティアルの一族は部族の中であまり重要ではない地位を占め、十九世紀にパキスタン国境地帯を追われてアフガン北部のクンドゥズ州に移住した。パンジシールからそう遠くない地域だ。パシュトゥン社会の中でヘクマティアル家の部族的地位が低いことは、パキスタン情報機関にとって魅力的だった。彼らはアフガンの伝統的な王家とは離れたところにいるパシュトゥン人と関係を構築したかったのだ。ヘクマティアルはクンドゥズの高校とカブールの士官学校を経てカブール大の名門・工学部に入学した。パキスタンに亡命後は最も急進的で反西洋のイスラム主義者、聖戦を戦っている者たちを身の回りに集めた。ビンラディンや志願兵として到着したアラブ人らもその中に含まれた。

ラバニやサヤフら、ムスリム同胞団の影響を受けた年長の指導者たちはヘクマティアルのグループを軽率な分派だと見なしていた。学者肌のイスラム主義者は、幅広く世界的なイスラム社会や道徳の漸進的変化を語ったが、ヘクマティアルは違った。権力に焦点を合わせていた。多様で分散した聖戦の中で、ヘクマティアルのイスラム党は亡命軍にいちばん近い組織となった。彼はクトゥブの教えを固守し、真のイスラム政府を樹立するために腐敗したイスラム教徒指導者を打倒する必要があると信じた。誰が真の信者で誰が背教者なのかを独断で決めた。学者のオリビエ・ロワが言うように、アフガンの戦争では何世紀にもわたって「敵を倒すことではなく、勢力の均衡を回復すること」が目的だった。これに対しヘクマティアルは敵を滅ぼそうとした。共産主義とソ連占領軍にとどまらずイスラム戦士の競争相手も敵に含まれた。

彼は軍事的にマスードが最も恐るべき敵だと考え、戦場での戦いやパキスタン、サウジアラビアでの策略を通じて攻撃を始めた。マスードとの間で深まる敵対関係を憂慮するアラブ人支援者に対し、ヘクマティアルは「パシュトゥー語のことわざがあります」と語った。「『うぬぼれの強い雄鶏が爪先立ちで天井を歩いている。（自分の重みで）屋根が落ちるんじゃないかと心配なのだ』。マスードはこの雄鶏です」[26]。権力の座を求めてヘクマティアルは一九八〇年代中頃、マスードやほかのイスラム戦士を非常に頻繁に攻撃した。ワシントンの情報分析官は、彼がKGBの秘密工作員で、反共抵抗軍を内部崩壊させる任務を負っているのではないかと恐れたほどだった[27]。

それでもアフガン作戦を運営するCIA近東局の担当官たちは、本部組も現場組も、ヘクマティアルは最も頼りになる有能な盟友だと考えていた。ISI担当官らがヘクマティアルの重要性を強く説き、CIA側もソ連兵を殺す上で彼が最も敏腕だと結論づけた。戦場で敵に与えた打撃を分析し、武器輸送の動きを追跡し、難民キャンプを視察して政党の組織力を調べれば明らかだった。当時本部にいた担当官は「分析的に言って（ヘクマティアル率いる）原理主義者が、最も組織化された最強の兵士だった」と述べた[28]。

CIA支局長のウィリアム・パイクニーは、イスラマバードからISI担当官や訪問議員団と一緒に車に乗り、岩だらけの国境にあるヘクマティアルの訓練基地をよく訪ねたものだった。彼はヘクマティアルの戦闘能力を高く買っていたが、同時に最もぞっとするイスラム戦士でもあったという。「グルブディンの体に腕を回して戦友のように抱き合うと、彼は石炭のように黒い目でこちらをじっと見るわけです。するとわかるんです。このチームを束ねているのはたった一つ、ソ連の存在だということが[29]」

少なくとも、ヘクマティアルは敵が誰かはわかっている。ＣＩＡの担当官と分析官はそう自分に言い聞かせた。だがマスードがソ連と結んだ休戦は、彼が軍事的天才であるばかりではなく、目的を果たすためなら誰とでも、いつでも、どういう内容でも取引をする構えであることを初めて公に示した。

マスードは休戦を結ぶことで自分の立場を超大国と同等の位置にまで引き上げることができると感じていた。「ロシア人が、谷と交渉したんだ」。側近のマスード・ハリリは誇らしげに語った。この取引によってマスードは、先に控える長い戦いに備えて組織を再結集する時間を稼ぐこともできた。彼はソ連に対する抵抗だけでなく、カブールや全国レベルでの権力闘争を勝ち抜くこともめざしていた。彼が書物で学んだ革命の先人たちがしたように。戦況が不確かであったにもかかわらず、彼は早い時期から、ソ連が去ったあとにカブールを占領できる通常軍の設立を計画していた[30]。彼はこの停戦期間（最終的に一年以上続いた）を利用して、決定的に栄養不足で装備が貧弱な部隊のために武器と食料を備蓄した。もう何年もゆっくり作物を育てていなかったパンジシールの農民は、邪魔されずに収穫することができた。多数の兵士が全国に散り、マスードの名代として、パンジシールを訪ねたこともないイスラム戦士の司令官たちと同盟を結んだ。

またマスードは停戦期間を利用し、ヘクマティアルの部隊を攻撃した。休戦前、ヘクマティアルの党と同盟を結ぶ組織がアンダラブという渓谷を拠点にマスードの側面を攻撃し、供給線を寸断した。マスードは素早い奇襲作戦を仕掛けてこの部隊を谷から追い出し、当面の間厄介払いした。新たな戦闘の幕開けだった。

一九八四年春に停戦が崩壊しはじめたころ、マスードは黒い新車のボルガ・セダンでパンジシールを走り回っていた。ソ連がアフガン国防相に贈るはずだった車なのだが、マスードの兵士たちがサラン街道で奪い取り、数百の部品に分解して持ち帰って司令官への贈り物としたのだ[31]。

ソ連は不快感を示すかのようにアフガン人工作員をパンジシールに送り込み、一〇メートルの至近距離からマスードを狙撃させたが失敗した。暗殺未遂の余波で、マスード陣営の奥深くに共産主義者のスパイが二人いることが露見した。うち一人はマスードのいとこで、司令官を務めていた男だった。

マスードのスパイ網は一歩先を行っていた。八四年春、彼はソ連が二万人規模の兵員を投入したパンジシール攻撃を準備していることをつかんだ。マスードの情報源によれば、前例のない規模の大きさだけでなく、従来になく無慈悲な戦術を取るということだった。ソ連は高高度から一週間に及ぶ空爆を加えた上で、地雷を敷設して何年も人が住めないようにする計画だった。

マスードは四月下旬、パンジシール渓谷の全住民に避難を命じた。マスードが四万人以上の住民を率いて谷を逃れ隠遁したのは、ソ連の爆撃機が谷の上空に飛来する三日前だった。特殊部隊スペッツナズを含むソ連地上軍が一週間後に現地入りすると、パンジシール渓谷は完全な廃虚となり、ほとんど誰も残っていなかった。

パンジシール周辺の洞穴に潜み、マスードは組織を再編して用心深く帰還を企てた。彼の部隊は稜線からヘリを銃撃し、待ち伏せを仕掛け、陽動作戦を行い、ソ連軍が最も弱い夜襲を仕掛けた。

だがソ連がスペッツナズの精鋭部隊と最新鋭のＭｉ24ハインド攻撃ヘリ、さらに通信機器を導入したことで、戦況は次第にソ連側に傾いた。ソ連は八四年の一年間で二万人ものスペッツナズをアフガンに投入。防弾処置を施したＭｉ24の機体下部はイスラム戦士側の対空兵器を跳ね返した。重装備のスペッツナズは急峻な渓谷を地元の人間と同じような速さで歩き、マスードの部下たちを追い詰めた。ついにカブールラジオは、マスードが作戦中に死亡したと報道。アフガン革命評議会議長のバブラク・カルマルはマスードの生死を尋ねるインタビュアーの質問を退け「君が言うそのマスードとは誰だ?」と傲慢に言った。「アメリカのプロパガンダが人造人間や偽神をつくり出した。レーガンは俳優だから、国際舞台で操り人形をつくり出すやり方も知っているが、できたのは土の偶像で壊れるのも早い。マスードは帝国主義者の道具だったのだ。やつが生きているか死んでいるか私は知らないし気にもかけない。パンジシール問題は解決した[32]」

マスードは動揺していた。彼は「非常に厳しい戦争になった。以前に比べかなり厳しい」と茶を飲みながら訪問客に打ち明けた。無数ある洞穴の奥深くに隠れているときのことだ。「敵の特殊部隊は山岳ゲリラ戦をかなり勉強してきた。以前よりもだいぶ強くなった[33]」

複数のCIA分析官も報告書で、ソ連軍のパンジシール攻撃は「ヘリによる攻撃を増やし、前例のない高高度空爆を実施した」と述べている。だがマスードが事前に攻撃を察知し民間人を密かに避難させたことは大きかった。「ソ連情報機関は大部分のゲリラと民間人の支援者たちが谷を出たことをつかめなかった」のだ。一方でCIAは、マスードとヘクマティアルの間で激しさを増す内戦が聖戦を蝕んでいることもわかっていた。CIA機密報告書は、この内戦によって「パンジシール渓谷でマスードの部隊が実施する作戦と物資補給が阻害された」と指摘した[34]。

一九八四年後半から八五年初頭になるまで、マスードが外部から受け取った支援は比較的少なかった。英国の情報機関MI6は、イスラマバードの英国大使館にある窓のない小さな事務所を拠点に、戦争初期からマスードと接触して現金と少数の武器、通信機器を提供した。MI6の担当官は外交政策連絡員であるアブドラら、マスードの側近に英語を教えた。フランスもマスードに接近した。CIAとは違ってアフガンへの渡航を禁じる規則に縛られない英仏の情報機関は、ジャーナリストを装った担当官を陸路パンジシールへ送り込んだ。CIAはマスードの動静については英情報機関に頼っていた。担当官の一人が打ち明けたところでは、このころラングレーでは国境を飛び歩く欧州のスパイに対し「ちょっとした男根羨望があった」という。「わかるでしょう、彼らは入国していたのですから」。フランスにはとくに頭にきたという。マスードを「解放者的な人物に見立て」、アフガンの「シモン・ボリバル〔南米の独立を率いた英雄〕かジョージ・ワシントン」に仕立て上げようとしていた[35]。

マスードは英国人もフランス人も魅了した。ほかのアフガン人よりもおしゃれでフランス語を少し話し、冷静で自信に満ちけっして怒鳴り散らさなかった。側近のハリリによれば「感情的になったり主観的になったりせず、常に客観的だった[36]」。彼は少数の側近を伴っただけで気軽に馬の遠乗りに出かけ、泳ぎに行けば部下たちを突き飛ばして水に落とし、危険な任務に一緒に向かうときでも側近をからかったりした。毎日五回礼拝し、カブール科学技術大学で学んだ急進派の教えに従い、アラーの名の下に不屈の戦いを続けるマスードは、ほかのアフガン反乱軍司令官たちよりも寛容で人間味があり、土地に根づいているように思われた。

アフガンでの活動はすべてISIを通じて行うというジアウル・ハクとの合意を尊重し、CIAは一九八〇年代の前半、マスードと直接接触することはなかった。ISIアフガン局の担当官たちは、英国がマスードと「自分たちのゲームをしている」のを見ており、マスードを支援しない理由の一つとなっていた。だがCIAは八四年後半になって、マスードに対する金銭や物資の提供をパキスタンには秘密で始めた[37]。

「彼に問題があったわけではない。敵ではないし、彼を切り離そうとしたのでもなかった」とCIA担当官は打ち明ける。だがCIAには、マスードを「支援するために膨大な時間とエネルギーを費やす構え」がなかった。マスードはラバニに忠誠を誓っていたが、両者の関係はかなり悪化していた。ラバニはペシャワールでＩＳＩから大量の物資を受け取っていたのだが、マスードにはほとんど渡さなかった。「ラバニは愚か者ではなく政治家だった」とＩＳＩのユーセフが回想する。「ほかの者を自分より強くするわけにはいかなかったのだ」[38]。ラバニはパシュトゥン人とウズベク人、シーア派の司令官たちの忠誠を武器で買い、仲間に引き入れてアフガン全土で影響力を築き上げようとしていた。そうすることで、マスードの力を相対的に弱めようとした。

このためマスード部隊の装備はほとんどが敵からの略奪品だった。マスード自身がソ連軍の戦闘服とアフガン軍のブーツを身につけていた。ラバニはときおり、救援物資を送ってきた。ＩＳＩかサウジが出元で、十数頭の馬で担げる程度の荷だ。一九八〇年代初期にマスードに数カ月同行した西側のジャーナリストは、パンジシール渓谷にはアメリカが金を出したイスラム戦士支援物資は見当たらなかったと書いている。

戦いが厳しさを増すにつれ、マスードは外部からの援助が必要だと認めざるを得なかった。自らはアフガンを離れなかったが、兄弟をペシャワールやロンドン、ワシントンに派遣して、秘密物資補給線を支配するＣＩＡ担当官やパキスタンの将軍と接触させた。

彼は携帯食料とビタミン剤を欲しがった。兵士を飢えさせないためだ。ほかには負傷者を診断するためのエックス線カメラ、夜戦用の赤外線ゴーグルに照準装置、司令官間の調整を強化するための無線。なかでもヘリコプターや飛行機を撃退するための携帯型対空ロケット砲を望んだ。これらの支援があれば、ソ連を交渉の席に戻すことが可能だとマスードは考えた。さもなければ戦争は「四〇年も続く」[39]。

マスードは知らなかったが、ワシントンでは一九八五年春、アメリカ人のマスード信奉者たちも同様の結論に達していた。

第7章　世界がテロリストのものに

アフガニスタン戦争への熱意と、ソ連を最大限罰するという決意が高まるにつれ、ＣＩＡ長官のウィリアム・ケーシーはＣＩＡ本部の外に盟友が必要だということに気づいた。ＣＩＡのキャリア担当官たちは臆病すぎるという彼の信念は、時間がたってもほとんど揺るがなかった。行政府には、もっと強力な秘密戦争に向けて彼を後押しできる影響力を持つ保守派が存在したのだ。アフガン計画に関与した元秘密部門担当官フランク・アンダーソンは、レーガン政権が「非常に多数の『ソルジャーオブフォーチュン』〔保守系の軍事雑誌〕読者」をワシントンに引きつけたと振り返る。これら傭兵愛好者のなかには、ケーシーの友人であるオリバー・ノースのように直截な民兵タイプもいれば、右派シンクタンク出身の知的な反共タカ派もいた[1]。

ケーシーはこれらの盟友と結びついてアフガン聖戦の新計画を練った。彼らが作り出した文書は「国家安全保障決定指令（ＮＳＤＤ）１６６号」として知られ、最高機密に指定された付属文書が付いており、一九八五年以降アフガンでＣＩＡが爆発的に役割を拡大する法的根拠となった。

この新政策文書は、チャーリー・ウィルソン下院議員が一九八四年後半に実現した巨額のアフガン計画資金増額を正当化した。文書はまた、米軍の先進軍事技術をアフガンに直接導入したり、イスラム主義ゲリラに爆発物や破壊工作技術の集中訓練を施したり、さらにはソ連指導部の士気をくじくためにソ連軍将校を攻撃するような新時代を予見していた。この政策転換によってCIAは、アフガン反乱軍やパキスタン情報機関とともに、暗殺やテロのグレーゾーンに近づいていった。

NSDD166号を生み出した一連の会議によって、アメリカがアフガン秘密計画を指揮する方法が変わった。CIAは初めてほぼ完全だった支配権を失った。変わって支配的になったのが、ワシントンの一風変わった機構「省庁間プロセス」だ。一九八〇年代には、これが典型的な安全保障政策決定手法になっていた。政府内の各組織から外交政策に関連する代表者が選ばれ、ホワイトハウスの国家安全保障会議の監督下で組織を構成するのだ。組織にはだいたいいつも抽象的な名称がつけられ、その難解な略称が秘密会員権の暗号のように流布した。レーガン政権下でCIAは常にそうした組織の一つ「計画調整グループ(PCG)」と協調した。秘密活動を監視する大統領の非公表機関だ。

ケーシーの協力もあり、一九八五年初頭にはアフガン秘密計画の全面的見直しが行われた。中心となったのはPCGの下部組織である政策再検討グループ(PRG)で、ホワイトハウス西棟に隣接するオールド・エグゼクティブ・ビルディングで会合を重ねた。

このフランス・ルネッサンス様式を模した灰色の建物は一七番通りに面し、狭苦しい西棟に入りきれない安全保障関係職員の多くがオフィスを構えていた。ケーシーもその一人だ。ここには国家安全保障会議の各地域担当部長室が並んでおり、ラングレーのCIA本部や国防総省、近くのフォギーボトムにある国務省の職員らが出入りして作戦を再検討し、政策を議論し、大統領が署名する書類を準備した。

アフガニスタンに関する新たな省庁間グループはこの建物の二〇八号室で会議を行い、CIAを国防総省の背広組、制服組と同席させた。一九八五年前半に最も影響力をもつ新顔はフレッド・イクレだった。軍備管理軍縮局の元部長で優雅な反共の強硬派。また熱心な元議会スタッフのマイケル・ピルスバリーもいた。

イクレの助けを受けてピルスバリーはNSDD166号を推し進め、レーガンのサインをもらうばかりとなった。文書に対する権限をほとんど持たない中位の補佐官でありながら、ピルスバリーは自分の任務を野心的にとらえていた。アフガン反乱軍がソ連の軍事的圧力を跳ね返す手助けをするために、最高のゲリラ用兵器と衛星情報を提供したい。それを実現するには、CIA秘密活動に新たな法的権限が必要だった。カーター政権下で定められた、ソ連占領軍を「悩ます」という政策目標を超える権限だ。ピルスバリーは、CIAによるアフガン聖戦の目標と軍事的手段を劇的に拡大しようとした。

CIA近東局の担当官たちはピルスバリーを無謀なアマチュアと見なした。ピルスバリーは、用心深い官僚の脅しをはねつける信念に満ちた保守派を自認していた。彼はCIAのアフガンでの活動目的をソ連軍に対する「勝利」と定義しようとした。CIA担当官や国務省の外交官たちにとっては生々しすぎる表現に思えた。ピルスバリーは「ソ連を追い出す」との表現に譲歩する姿勢を示したが、これでもほかのメンバーにとっては挑発的だった。最終的に、イスラム戦士によるアフガン解放運動を支援するため、CIAに「あらゆる可能な手段」を用いるよう指示する、という表現で落ち着いた。

ピルスバリーはアフガンに関与するあらゆる省庁――国務省、国際開発局、広報・文化交流局、そして国防総省――に予算上の白地小切手を配り、支持を手に入れた。ケーシー率いるCIAは主導的役割を維持し、主にパキスタンのISIを通じた活動を続けることになったが、同時にパキスタンの目の届かないところで独自の活動を行う権限も付与された。ほかの省庁もCIAの活動と統合できる野心的計画を立案するよう奨励された。ピルスバリーは、この新政策の主眼はイスラム戦士を助けるために「全員がやりたいことをやる」ことにあったと回想している。「誰もが自分の求めることをこの文書に盛り込んだ。それに合わせて目的が変更された」(2)

レーガン大統領は一九八五年三月、「アフガン・ゲリラに対するアメリカの支援拡大」と題された機密のNSDD166号に署名した。アメリカのアフガン秘密政策に、敵対的な表現が公式に付与されたのだ。国家安全保障担当の大統領補佐官ロバート・マクファーレンは六ページに及ぶ高機密の付属文書に署名した。そこにはCIAが行う具体的な方策が示されていた。

CIAはイスラム戦士のソ連軍攻撃を助けるために、戦場の衛星写真を初めて使えるようになった。ソ連の無線傍受を防ぐためアメリカの先進技術を生かした通信機器セットも間もなく送られた。CIA独自のアフガン人工作員も初めて多数採用された。パキスタン情報機関には知らされない存在だ。そして少なくとも一説によれば、ソ連軍将校を直接ねらった攻撃も明確に許可された(3)。

ハワード・ハートがイスラマバード支局長だった新植民地時代の無干渉主義——骨董ライフル銃と、お茶を飲みながらの連絡、インク染みのある秘密積み荷目録の世界——は、急速に退潮した。CIA近東局の担当官、とくにソ連軍将校への攻撃を担当した者たちはこの変化をあまり歓迎しなかった。ピルスバリーとカウボーイ的な仲間たちはCIAをスパイ活動という尊敬すべき任務から、拡大する汚い戦争という陰気で裏切りに満ちた世界に引きずり込んでいる。彼らはそう感じていた。

一九八五年春に開かれた省庁間会議の一つで、フレッド・イクレはパキスタン情報機関を完全にすっ飛ばし、アメリカのC130輸送機をアフガン上空に送り込んで武器をパラシュートで落下させてはどうかと提案した。「ソ連が撃墜して第三次世界大戦が勃発したらどうするんですか」と誰かが聞くと、イクレは「ふむ。第三次世界大戦か。悪い考えじゃないな」と答えたという。CIA秘密部門の高官トーマス・トウェッテンの証言だ。イクレはのちに、もしそんなことを言ったとすれば冗談だったに違いないと述べているが、トウェッテンは「部屋中の者が言葉を失った」ことを覚えている(4)。

ソ連軍将校銃撃は、これと同様に厄介なことだった。CIAとKGBは一九八〇年代、お互いの将校に対する誘拐や殺害を避けるという紳士協定的な不文律に合意していた。危なっかしい合意ではあったが、これが破棄されれば世界中のCIA支局に混乱が広がりかねなかった。パキスタンのCIA担当官は、アフガンの戦場で補足したソ連の捕虜を丁寧に処遇する利点を主張した。冷戦下、世界のほかの代理戦場で捕らわれる米軍将校やスパイを助けることになるからだ。(5)

だがCIAに予算を割り振る議員たちは今や、アフガンで任務に就くソ連軍将校を殺害することを求め始めていた。ゴードン・ハンフリー上院議員はあるときカブールを訪問して帰国すると、アパートの窓にどれだけソ連軍将軍らの姿が見えるかを触れて回った。イスラム戦士に必要なのは、射程距離の長い狙撃用ライフルだけだ。それさえあれば一人ずつやつらを倒せる。(6)

同じようにISIの指揮下でも、イスラム戦士に対する訓練と爆発物の供給が増加した。ソ連の支配下にある都市でソ連軍兵士や司令官殺害をねらった自動車爆弾やラクダ爆弾による攻撃を行うためだ。CIA担当官の懸念をおして、ケーシーはこれらの技術を承認した。

ケーシーはけっして非軍事的な標的への攻撃までは求めなかったが、より好戦的な手法を望む傾向が強かった。一九八五年に世界的な対テロ作戦を構想しはじめた彼に、アフガンは新たな攻撃方法を提供したのだ。

「われわれはアフガン人を武装している。そうだね」。中東のテロリストに先制攻撃を仕掛ける権限を求めていたケーシーは、この時期にこう話したことがある。「反乱軍のイスラム戦士がソ連の狙撃手を殺すたびに、われわれは暗殺に手を染めているのだろうか。これは荒っぽい仕事なんだ。誰かが『暗殺だ』と叫ぶことを恐れてテロリストを攻撃しなければ、やつらは絶対に止まらない。世界はテロリストのものになってしまう(7)」

ＣＩＡのイスラマバード支局には、新時代がワシントンからの訪問客というかたちでやってきた。衛星地図を抱えた国防総省職員や、最新式爆弾の取り扱いを指導する特殊部隊司令官。スーツケースを持った議員たちは、ディズニー級のイスラム戦士基地ツアーと、手織り絨毯をゆっくり選べるだけの時間を望んだ。ウィリアム・パイクニーは彼ら全員が機嫌よく帰れるように努めた。高位の訪問団が来ればＩＳＩ本部に案内しアフタル・アブドゥルラフマン将軍との茶話会を設定した。

イクレとピルスバリーは一九八五年四月三十日にイスラマバードにやってきた。彼らはＮＳＤＤ１６６号の存在を隠すことができず、アブドゥルラフマンにその目的を理解してもらおうとした。ＩＳＩ長官公邸での二時間に及ぶ非公式な会合の結果、イクレは「大統領の新決定指令の主眼を説明すること」ができたという[8]。

アブドゥルラフマンがイスラム戦士に与える武器リストを示すと、イクレとピルスバリーは長官にもっと大きな野心を持つよう求めた。ＣＩＡの対アフガン供給制度はＩＳＩからの公式要求に基づいていた。間もなくイスラマバードから機密リストが公電で送られた。対空ミサイルに長距離狙撃ライフル、暗視ゴーグル、プラスチック爆弾用の時間差起爆装置、それに電子傍受装置が含まれていた。この要求によって、ＣＩＡが聖戦に関与していることを否定するのは従来になく難しくなった。秘密保持を職業とする者にとって居心地の悪い事態だったが、ソ連指導部がＣＩＡのアフガン計画概要をすでに把握していることは、すでに誰の目にも明らかだった。メディア報道に加えて戦闘員の拘束や通信の傍受、ＫＧＢによる対反乱軍スパイ活動が行われていたからだ。一般の米国民でさえ、新聞報道やテレビのドキュメンタリー番組を通じてＣＩＡによる活動の概略は知っていた。ＣＩＡが先進兵器導入の是非を論じる際には、もはや争点はアメリカの秘密供給線の存在を隠し通せるかということではなく、アメリカ製精密兵器の供給はソ連をパキスタン襲撃や対米報復攻撃に駆り立てるか否かに移っていった。

ＣＩＡイスラマバード支局は、アフガン領内で活動する独自の諜報員をどんどん増やしはじめた。アフガンへ送り込む武器の量は増大し、ＩＳＩの詐欺的商売に対する訪問議員団の質問も増える一方で、アフガンの戦況激化につれてＣＩＡ独自の深い情報が求められていた。ある意味では、それは議会の監視強化からＣＩＡを守るためでもあった。ＣＩＡは新たな武器の流れを独自に管理していることを示す必要があった。パキスタン情報機関に頼りきりではまずかったのだ。

ＣＩＡ独自の諜報員にはアフガン人も含まれた。一例を挙げれば、アブドゥルハクとハートとの関係はパイクニーに引き継がれていた。だが一九八〇年代中頃にＣＩＡのためにアフガンに入った新たな工作員の大半は冒険目当てのヨーロッパ人だった。ジャーナリストや写真家、元外人部隊兵士らだ。パイクニーの前任地がパリだったことは、彼らの採用に役立った。ＣＩＡの非公然担当官ウォーレン・マリクはカラチの米総領事館を拠点に活動し、イスラマバードのＩＳＩの目を盗んでこうしたヨーロッパ人を操った。彼らがフランスやベルギーからカラチに到着するとマリクは信頼のおけるアフガン人案内者と、ときには偽造パスポートや偽の氏名を与えた。アフガンの戦場から逐次報告できるように安全な通信手段を与えられた者もなかにはいたが、ほとんどはノートとカメラだけを持って国境を越えていった。彼らが戻ってくると、マリクはすぐにヨーロッパに連れ出して報告を聞いた。彼らが撮影した写真によってＣＩＡには戦場の詳しい損害状況情報とソ連軍の兵器システム、兵員配備の状況がもたらされた。アフガン人司令官についての生情報は、ＩＳＩが行っている武器分配の実態を把握するのに役立った。彼らは安上がりで、月に一〇〇〇ドル程度の支払いでよかった。彼らが求めたのは金ではなく冒険だった。(9)

政治的に抜け目ないアフガン人司令官たちは、武器と権力を手に入れＩＳＩの裏をかくには、ワシントンかリヤドと独自の関係を築く必要があると気づき始めていた。イスラム急進主義者たちはサウジアラビアで裕福なパトロンを見つけた。サヤフはサウジで頻繁に講演をし、一九八五年のファイサル国王知識人賞を受賞したほどだった。自称「穏健派」で旧王家や神秘主義のスーフィー同胞団とつながりのあるアフガン反乱軍指導者たちは、ヨーロッパやワシントン、とくに米議会からの支援を頼りにした。仕立てのいい服を着こなした「グッチ戦士」（CIA近東局の面々はこう嘲った）がパキスタンからワシントンを訪れオフィスからオフィスを練り歩いた。

パキスタン情報機関に無視されていると感じたアフガン人が、ワシントンで最も活動的だった。王党派のパシュトゥン人ドゥラニ系部族もその一部。彼らは政治的な系図のためにパキスタン軍から敬遠されていた。彼らはローマ郊外の邸宅で亡命生活を送るザヒル・シャー元国王に忠誠を誓い、パキスタン情報機関がヘクマティアルを支援していることを非難した。ヘクマティアルは敵対するギルザイ系部族出身で、危険な誇大妄想狂だと見なしていたのだ。

アハメド・シャー・マスードの兄弟とパンジシールの側近たちもまた、ワシントン詣でを始めた。過酷なパンジシールで積み上げた戦場の英雄としての実績によって、マスードはパシュトゥン人ドゥラニ系部族よりも大きな信頼と影響力を手に入れた。とくにCIAには、戦場での実績に乏しいドゥラニ系部族を退ける傾向があった。

CIA近東局は、NSDD166号によって拡大した資金と武器の流れをマスードに割り当てるよう求める圧力にさらされたが、マスードとのつながりは依然として薄かった。アフガン人によるワシントンでのロビー活動はパキスタン情報機関の政策に対する反発というよりも、派閥主義の現れだとCIAは受け止めた。「ひげ面でローブを身にまとったイスラム戦士の政治指導者たちが、事務所から事務所、ビルからビルへと渡り歩き、自分たちへの支持を訴えるのは大した見ものだった」。情報本部長だったロバート・ゲーツがのちにこう書いている。「彼らが政治的にまとまるなどという幻想を抱くのは禁物だ。

ソ連が敗北する前でも後でもだ」[10]

新たな兵器や技術を教えるアメリカ人訓練士が次々にパキスタンに到着しても、CIA指導部はパキスタン情報機関こそが聖戦遂行の主要機関だとの考えを維持した。ISIのムスリム同胞団系〝取引先〟――主にヘクマティアル派だが、サヤフやラバニ、さらにジャラディン・ハッカニらパキスタン国境沿いで活動する急進主義司令官ら――が最大の支援を受けたのは、このためだ。

アフガニスタン戦争はその初期から残酷で、無差別空爆と広範な民間人殺戮が特徴だった。六年が経過しCIAもISIもKGBも、ソ連特殊部隊も、それぞれが独自の戦術を洗練させた。アメリカの新たな政策文書が指摘したとおり、今やそれぞれがあらゆる手段を用いて、敵の戦意をくじき、妨害し、怯えさせ、混乱させようとしていた。

一九八三年から八七年までパキスタン情報機関の部長としてアフガン戦争を指揮したムハンマド・ユーセフ准将はアフタル・アブドゥルラフマンの「野蛮人使い」だった。CIAの担当官が古代の中国人が使った俗称をもじって名づけたのだ。ユーセフは秘密の訓練基地を運営して武器分配を記録し、新たな衛星地図を受け取り、ときにはイスラム戦士の奇襲作戦に同行した。彼の戦略は「何千もの傷で殺す」ことだった。彼はカブールのソ連司令部を標的とした攻撃を重視した。もし首都が安全な聖域となれば、ソ連の将軍たちはけっして立ち去らないだろう[11]。

ISIの支援を受けたアフガン・ゲリラが一九八三年、カブール大学で食卓下に仕掛けたブリーフケース爆弾を起爆し、女性教授を含む九人のソ連人を殺害した。ユーセフと彼が訓練したアフガン自動車爆弾分隊にとって、カブール大の教授は正当な獲物だった。彼らはマルクス主義と反イスラムの教義で若者を毒していたからだ。イスラム戦士の奇襲部隊はのちに同大学の総長を暗殺した。一年間に七人のソ連軍将校がカブールで暗殺者に銃殺された。ユーセフの推定では、パキスタンが訓練しCIA提供の爆弾を受け取った自動車爆弾分隊は、アフガン秘密警察の長官で悪名高い拷問者ナジブラを「何度も」殺害しようとしたが、失敗を繰り返した(12)。

毒殺や奇襲、暗殺の恐怖がカブールのソ連軍将兵の間に蔓延した。反乱軍はCIAがパキスタン情報機関に提供した爆発物を使って、偽装爆弾をこしらえた。何の変哲もない台所用品型の爆弾などだ。ロシア兵はペンや腕時計、ライターやテープレコーダで作った爆弾を見つけるようになった。ロシア人作家アルティオム・ボロビックは現地訪問中に「あまりに熟達した方法で偽装されているため、隠された死は訓練された者にしか見分けられない」と書き残している。暗殺者は泥と岩の街角に潜んでいた。ロシア兵が書いた詩がある

アフガニスタン
ああ不思議
店に立ち寄りゃ
この世におさらば(13)

ユーセフはゲリラ戦とテロリズムの間に引いた線を注意深く歩いていた。「よくも悪くも、われわれは西洋の人びとと同じ程度に文明化した国民だ」と彼はのちに述懐した。「こういう作戦はもろ刃の剣なのだ」。彼の分隊はカブールの映画館や文化ショーで爆弾を炸裂させたが、作戦を実行したアフガン・ゲリラは被害者のほとんどが「ソ連兵だ」とわかっていた。ユーセフが言うには、そうでなければ「水に毒を入れたり化学兵器や生物兵器を使ったりすることはあり得ない」。自動車爆弾は軍の指導者だけ

をねらうことになっていた。この時期に民間人をねらった自動車爆弾攻撃がほとんどなかったのは事実だ。だがCIAがエジプト製や中国製の遠隔操作式ロケット砲を送り込み、一九八五年にカブールで統制の効かない迫撃砲攻撃が始まると、無差別の民間人被害は着実に増え続けた。

ユーセフとともに働いたCIA担当官は一つの決まり事を念押しした。議会の訪問団と話す際には、「破壊活動」とか「暗殺」という言葉はけっして使わないこと。[14]

KGBにはそういう心配はなかった。一九八五年になるとソ連とアフガンの諜報員は反政府勢力対策で従来になく重要な役割を果たすようになった。秘密警察長官のナジブラは一九八五年十一月にアフガン政治局員に昇進した。翌年春までにモスクワはバブラク・カルマルを更迭しナジブラをアフガンの指導者〔革命評議会書記長〕に据えた。彼の統治評議会には無慈悲な情報機関の面々が並んでいた。KGBが訓練したアフガン情報機関は三万人のプロと一〇万人の情報源を擁するまでに膨れ上がった。その国内司令部には市民の協力者がいなかったため、日常的に民間人を拘束して拷問し、イスラム戦士の作戦情報をつかもうとした。アフガン情報機関はイランとパキスタンで国外活動も行った。クエッタやペシャワール、イスラマバード、ニューデリー、カラチなどに秘密拠点を維持し、ソ連大使館や領事館を通じてカブールと連絡をとった。難民キャンプに工作員を配置することで、彼らは次第にイスラム戦士にも浸透していった。[15]

アフガニスタンに流入する豊富な供給物資にいら立ったソ連第四〇軍は一九八五年、パキスタン国境を封じるために情報機関とヘリコプター空挺の特殊部隊スペツナズを投入。国境封鎖には失敗したものの大損害を与えた。スペツナズ部隊は「オムスクバン」と呼ばれるハイテク通信傍受車両を派遣し、ペシャワールやクエッタのイスラム戦士の動きを追った。車列を発見すると新型のMi24Dヘリがパキスタン領内に一〇キロメートル前後入り込み、峡谷や砂漠の溝を移動するイスラム戦士の背後を突いてスペツナズ隊員が着陸、待ち伏せ攻撃を仕掛けた。ＣＩＡが搬入した日本製ピックアップトラックなど、イスラム戦士の装備品をロシア特殊部隊が押収することが次第に増えた。ロシア特殊部隊はイスラム反乱兵の服で変装し活動するようになった。またＫＧＢはイスラム戦士の「偽部隊」をアフガン全土で操った。金を払って本物の反乱軍を攻撃させ、仲間割れを起こそうとしたのだ[16]。

パキスタン国境沿いで活動するイスラム戦士はスペツナズによるヘリ攻撃で大きな痛手を負ったが、数少ない戦果もあった。パキスタン情報機関がソ連の脱走兵からＭｉ24Ｄを押収してパイクニーに渡したのだ。ＣＩＡが無傷のＭｉ24Ｄを手にするのは初めてだった。ＣＩＡ本部はこれを分解してアメリカに輸送するよう命じた。国防総省はのちに、おかげで調査開発費を何百万ドルも節約できたと報告している[17]。

パキスタン情報機関はＣＩＡに促され、ソ連の供給線を遮断する破壊工作にも力を入れた。だが最も情熱的なアフガン人イスラム主義者たちでも自爆テロを行うことは拒んだので、これは非常に難しい任務だった。

カブール北方のサラン峠を爆破しようとして、ワイリー・コヨーテ〔米アニメのキャラクター〕のような努力を重ねたユーセフはトラック爆弾計画を仕組もうとした。ＩＳＩがタンクローリーに爆弾を満載して支援する段取りだ。戦略的に重要なこのトンネル内でトラックが止まれば、ソ連兵がすぐに近づいてくるので、運転手に自爆する意図がない限り成功の見通しはなかった。ユーセフが訓練したアフガン人は皆、自殺攻撃は宗教に反するとして拒否した。自爆を支持するようになったのはアラブ人志願兵だけだった。サウジアラビアやヨルダン、アルジェリアなどの出身者で、まったく異なる文化で育ち、自分たちの言語を話し、独自の解釈に基づくイスラムを信じ、母国や家族から遠く離れたアフガンで戦っている者たちだ。アフガン人の聖戦主義者たちは家族や一族、地域社会のネットワークに緊密に組み込まれているため、自爆戦術を支持する者は多数派とはならなかった。[18]

またアフガン人戦士らは、民間の貿易業者や農民にとって重要な橋や交易路への攻撃を拒むことも多かった。アメリカ人は、アフガン人が悲惨な戦争の最中でも民間人の商業活動に寛容なことにいら立った。現地を視察した米議員の一人は橋が無傷で残っているのを見て、ワシントンに戻るとあれは爆破せねばならぬと言い立てた。だが衛星地図に基づいた攻撃計画がISIを通じて特定のアフガン人部隊に伝えられても、彼らはそれを無視するか、与えられた武器を使って自分たちの選んだ標的を攻撃した。彼らは橋の通行料を徴収していた。彼らの一族の生活がその道路にかかっていることも多かった。

それでもCIAは破壊活動のために、パキスタン情報機関に何トンものC4プラスチック爆弾を送り続けた。英国のMI6は橋、とくにテルメズ付近のアムダリヤ川に架かる橋梁を攻撃するための水中爆雷を提供した。一九八五年以降、CIAは電子的時限起爆装置を供給し、遠隔地から爆弾を起爆することも容易になった。最も基本的な時限起爆装置は「時限鉛筆」と呼ばれる化学装置で、一定時間がたつと次第に摩滅して爆弾やロケット弾を発火させるものだった。CIAの技術部門が開発した。ゲリラはこれらの装置を使えば、夜間に爆弾を仕掛けて退却し、夜明けとともに爆発するのを確認することができた。一九八五年以降、CIAは「E細胞」という時限起爆装置も送り込んだ。洗練された電子機器を使い、同じような効果を生むものだ。前線には何千もの時限起爆装置が配られた。

著者は一九九二年七月、イスラム主義者が世界貿易センターをねらった一回目のテロの七カ月前に、CIAの供給計画に深く関与した米当局者をインタビューし、CIAとサウジの支援を受けてどれだけのプラスチック爆弾がパキスタン情報機関からイスラム戦士に渡ったのか質問した。当局者はこう言った。「パキスタンの連中が供給した爆発物を使えばニューヨークの半分を吹っ飛ばすこともできただろう」。

ＣＩＡの弁護士やラングレーの本部は、議会と報道機関の後知恵に過敏になっていた。アフガン秘密戦争が拡大しはじめるのに合わせ、ケーシーのニカラグアでの作戦はまずいことになっていた。ニカラグアの港に機雷を仕掛けたことで、ＣＩＡは厳しく非難された。一九八五年後半になると「ケーシーはやりすぎた、ＣＩＡはまたもや政治的危機に向かっている」との感覚が作戦本部に広がった。

アフガン計画でＣＩＡは、正当な軍事標的攻撃とテロや暗殺の「どちらにでも使える」兵器を多数供給していた。電子的起爆装置やプラスチック爆弾、狙撃手用のライフル銃などだ。当局者の一人によれば、ラングレーの本部での大まかな規則は「暗殺や犯罪行為に使用される確率が最も高い」兵器は供給しないというものだった。ＣＩＡは奇襲作戦を自前で運営せずパキスタン情報機関に依存していたのだから、「確率が最も高い」かどうかも推定でしかない。ラングレーでアフガン対策の責任者を務めた攻撃的な反共主義者ガスト・アブラカトスはＣＩＡの弁護士をはぐらかそうとした。「これらはテロ用の装備でも暗殺用の技術でもありません」。狙撃手用ライフルなどについて公電や覚書で記述する必要が生じると、アブラカトスは同僚にこう説明した。「今後、これらは個人用防衛装備です」。彼は担当官らに書き過ぎないよう指導した。イスラマバード支局がゲリラ戦術を説明する公電を送って来たときには、彼は内容に手を入れておいたことを返信に記し「この問題についてはこれ以上送ってくるな」と命じた。彼はカブールでソ連軍将校をねらうのに使える手押し車爆弾など、破壊活動用装備をエジプトで購入した。「将校本部の前に止める自転車爆弾を注文したいかって？」。彼はこう話した事を覚えている。「したいね。恐怖を広めるものだ」。アブラカトスは、ソ連兵のベルト用バックルを集めた数によってアフガン司令官を報奨するというパキスタン情報機関の制度を支持した。[19]

暗殺やテロに関するアメリカの法はまたもや流転の時期に入っていた。フォード大統領は暗殺を禁じる大統領令を発付した。一九六〇年代のＣＩＡの謀略が露見したことを受けた措置だった。この大統領令が一〇年ほど手つかずのまま残っていた。レーガン政権の強硬派もこれを取り除こうとはしなかったが、その曖昧さに疑問を呈しはじめた。戦争中やテロに対する応戦中に、将軍や国家元首を標的とした場合、どこで一線を越えて暗殺となるのか。その将軍や国家元首を標的とする決定が問題なのか、それとも殺害の方法が問題なのか。テロリストによる対米攻撃を食い止めるために先制攻撃で暗殺したらどうなるのか。これらの議論は戦略的であると同時に実践的だった。アメリカの国家安全保障上、道徳的に弁護可能で軍事的に効果的な政策は何か。技術的に言って、フォード時代の暗殺禁止令は何を対象としているのか。この点をはっきりさせなければ、ＣＩＡや文民の政策決定者が刑事訴追の対象となってしまう恐れがある――ＣＩＡ側はそう主張した。

ホワイトハウスの弁護士や司法省は、自衛目的での個人に対する先制攻撃（攻撃開始寸前のテロリストをねらったものなど）は明らかに合法的だと考えた。だがこれらの基準をどう定義づけ実行するかという多くの問題があった。

アフガン計画の中で最大の不安を巻き起こしたのは狙撃用ライフル銃の存在だった。「バッファロー銃」として知られ、一、二キロ先から大型で強力な銃弾を正確に撃つことができた。この銃の供給はワシントンの特殊部隊支援者ボーン・フォレストのアイディアだった。ソ連軍司令官を直接銃撃することでイスラム戦士がいかにソ連スペッツナズの戦術に対抗し得るか、ＣＩＡと国家安全保障会議に長文の報告書を提出した人物だ。「彼らを激しく、深く攻撃し、心臓と脳を撃たねばならぬことは誰にでもわかる」とフォレストは語った。彼は都市部での破壊活動作戦にも熱意を示したが、国家安全保障会議の省庁間委員会にはこれを明らかなテロと見なす人もいた。それでも、ソ連軍将校を狙撃用ライフル銃でねらう作戦は支持を得た。「樽の中のカモを撃つ〔「きわめて簡単な」という意味〕という言い回しが使われた」と出席者の一人が振り返る。狙撃計画の支持者らは「ロシア人将校をいっぺんにやっつけ」たがっていた。[20]

ＣＩＡイスラマバード支局を通じて、パキスタン情報機関はバッファロー銃の正式な要求書を提出した。闇に紛れて一・六キロ先から標的を撃つことを可能にする暗視ゴーグルや強力照準器などの付属装備品も付け加えられた。一連の公電はＣＩＡ内部に警戒感を高めた。暗視ゴーグルや照準器は、あからさまな暗殺ではないとしてもきわめてそれに近い任務を意図しているように感じられた。作戦が失敗すればイスラマバード支局長の両手に手錠がかかりかねなかった。

激しい論争の末に妥協が成立した。銃をパキスタンに送るのはいいが、暗視ゴーグルと照準器はだめ。暗殺を「最も確率の高い」任務にしてしまうからだ。またＣＩＡは、ソ連軍将校の住居やアパートへの接近法を衛星情報に基づいてＩＳＩに伝えてはならないことになった。ＣＩＡ担当官らはＩＳＩに、この銃の価値は「対物的」なところにあると強調した。つまり車列のトラックのタイヤを遠く離れた山頂から撃つとか、タンクローリーに穴を開けるという役割だ。アメリカ人の専門家がパキスタンを訪問し、アフガン反乱軍を訓練するＩＳＩ士官に銃の使い方を訓練した。結局何十もの狙撃ライフル銃がアフガニスタンに送られた。(21)

一九八五年、テロが次々に発生し、テレビの生中継を通じて何千万人ものアメリカ人に伝えられた。六月にはレバノン人テロリスト二人がＴＷＡ八四七便をハイジャックし、乗っていた海軍潜水士を殺害した。彼らはベイルートの滑走路でカメラに向かって交渉を行った。十月にはパレスチナ人テロリストのアブ・アッバスがイタリアのクルーズ船「アキレ・ラウロ号」を乗っ取り、六十九歳のユダヤ系アメリカ人観光客レオン・クリングホッファーを殺害、遺体を船外に遺棄した。アブ・アッバスはエジプトとイタリアの協力を得てバグダッドに逃亡した。クリスマス直後にはウィーンとローマで、パレスチナ・アブニダル派の男らがエルアル航空チケットカウンターで銃を乱射、五人のアメリカ人を含む一九人を殺害した。アメリカ人被害者の一人はナターシャ・シンプソンという十一歳の女の子だった。犯人は彼女を確実に殺すため、最後に頭に弾丸を撃ち込んだ。彼女は父親の腕の中で亡くなった。実行犯らはパレスチナ難民キャンプの出身で、犯行直前に手配師によって多量のアンフェタミンを投与されていた。

これに先立つ一九八三年には、在レバノン米大使館爆破事件でCIAの最も優秀な中東担当官らが犠牲となり、ベイルートの米海兵隊司令部爆破事件では二四一人の海兵隊員が死亡していた。またイスラム教シーア派テロ組織ヒズボラはレバノンでアメリカ人の人質を取った。ケーシーCIA長官とレーガン大統領は、レバノンで米当局者とジャーナリストがねらわれた事件に衝撃を受けた。そして今、彼らはアメリカの民間人と観光客を標的とした新たな、さらに幅広い攻撃に直面したのだ。

一九八五年に国外を旅行したアメリカ人は約六五〇〇万人で、うち約六〇〇〇人がさまざまな理由で死亡した。主に病死だ。テロリストに殺害されたのは一七人。だが同年末までに何百万人ものアメリカ人が旅行の予定をキャンセルし、政府に行動を求めていた。パレスチナとレバノン・シーア派のテロリストは、望みどおりにアメリカ人の関心を引きつけたのだ。

「飛行機をハイジャックすれば、戦闘でイスラエル人を一〇〇人殺すよりも効果がある」。パレスチナのマルクス主義指導者ジョージ・ハバシュはかつてこう語った。「少なくとも世界は今、われわれのことを話している」。一九八〇年代中頃には、アメリカのアナリストであるブライアン・ジェンキンスの見方が有名になった。「テロリストが望むのは多数の人間が注視し、聞いてくれることであり、多数の死者ではない」。何度も繰り返された言い回しがある。「テロリズムとは劇場だ[22]」

この現代版劇場は、主に国家を持たぬパレスチナ難民によって作り出された。彼らの左派指導者は自分たちの民族的主張に関心を高める劇的な手法を求めていた。テロリズム研究という新たな学問分野では、現代における最初のテロはハバシュが率いた一九六八年七月二十二日のローマ発テルアビブ行きエルアル航空のハイジャック事件とされている。このあと、パレスチナ人テロリストたちは航空業界の脆弱さを突き、見応えに重点を置いたテレビ向けのテロを次々につくり出した。彼らの目的は国家樹立のための交渉にあったため、彼らは暴力を抑制し、政治的盟友を敵に回すことなく最大のインパクトをもたらす方法を模索した。一九七二年のミュンヘン・オリンピックや、一九八五年にローマとウィーンの空港で起こした事件のように、宣伝を重視した取り組みには失敗もあった。ワシントンではテロ対策がどんどん怒りを帯びていた。

空港襲撃事件のあと、ケーシーはCIAヨーロッパ支部長のドゥエーン・R・〝デューイ〟・クラリッジをラングレーの本部七階にある長官室に呼びつけた。ニューハンプシャー出身、ブラウン大卒のクラリッジは葉巻を吹かすCIAキャリア担当官で、行動を愛し管理されることを嫌う男だった。冷戦初期にネパールとインドの辺境で反ソ連作戦を運営した。ケーシーは彼のリスクを恐れぬ元気さを買い、ニカラグア秘密戦争の全権を委任した。クラリッジは高速船で銃を密輸し港に機雷を仕掛け、ぎりぎりの作戦を展開した。港に機雷を敷設した一件が議会の怒りを買うと、ケーシーはクラリッジを作戦本部の欧州支部に異動させた。ケーシーにはクラリッジの助けがもう一度必要だった。

レーガン大統領はテロとの戦いでCIAに指導力を発揮しろと圧力を強めているのだ、とケーシーはクラリッジに告げた。地球規模の対テロ作戦でCIAが攻勢をかけるための行動隊を設立する必要がある。クラリッジの返事は、ケーシーがすでに承知していることだった。成功するには、CIAはテロ組織に先制攻撃を加えなければなりません。さもなければ「大胆で多数が死傷するテロがもっと増えます」[23]。

ケーシーはいきり立って「突然元気になり」、ワシントン中のテロ専門家の意見を集めてCIA対テロ戦略の新たな提案書を作成するようクラリッジに命じた。クラリッジは一九八六年の年明け直後から活動を始めた。一月末には八～九ページの概要文書を起草してケーシーに送った。

ＣＩＡが世界規模のテロの脅威に立ち向かうにはいくつかの問題がある、とクラリッジは書いた。最大の問題は「守備的な思考方法」だ。テロリストは「報復や法の裁きを受ける恐れはほとんどないとわかったうえで」世界中で活動している。クラリッジはＣＩＡに新たな法的運営制度を導入して、テロリストに対する積極的な攻撃を可能にする必要があると考えた。彼は世界中でテロリストを追跡、攻撃し捕捉する極秘の「行動隊」を二つ編成するよう提案した。行動隊には、テロを防ぐためテロリストに先制攻撃を加えて殺害する権限が与えられる。可能ならば逮捕して司法の裁きを受けさせる権限も。行動隊の一つは国外の土地に紛れやすいように外国人で編成し、もう一つはアメリカ人で編成する。

クラリッジはＣＩＡの地域別局編成が、テロ組織、とくに国家を持たないパレスチナ人の国際的可動性に見合っていないと主張した。テロリズムは「一つの土地にはけっして収まらない。地図上のどこにでも広がるから効果的なのだ」とクラリッジは考えた。ＣＩＡに限らず「政府というものは移り変わる問題に対処できるようにはできていない」。

彼は異分野間を統合して地球規模の行動範囲を持つセンターをＣＩＡに設立することを提案した。テロ対策センターと呼ばれることになる組織だ。異なる部局の力を結合し、融合し、ＣＩＡ内部の壁を崩す。この新センターは作戦本部内に設けられるが、情報本部の分析官も科学技術本部の技術屋もメンバーとする。これはＣＩＡの伝統的な組織像からの決別を意味していた。ＣＩＡでは実際に活動する作戦本部のスパイが、報告書を書き将来を見通す情報本部の分析官と隔てられてきた（ラングレーの本部では物理的に敷地の一部が隔てられている）。この分離が、スパイ活動の情報源保護に役立っていると秘密部門担当官たちは考えてきた。だが長年の間にこの分離は固定化し、必要性が吟味されなくなっていた。

クラリッジの文書は作戦本部からの鋭い反発を招いた。何よりも、担当官たちは新センターによって人的資源と才能が横取りされることを恐れた。スパイの中には、対テロ作戦は「警察の仕事」だと見下して、刑事やＦＢＩに任せるのがいちばんだと言う者もいた。だが当時情報本部長だったロバート・ゲーツはクラリッジの考えを支持した。ケーシーも同様だった。ＣＩＡのテロ対策センターは一九八六年二月一日に発足しクラリッジが初代所長となった。

クラリッジは世界中のテロリストに対するＣＩＡの秘密活動を認める大統領事実認定の起草に一役買った。この事実認定はテロ対策センターの発足時にレーガン大統領によって署名された。これと同時に、最高機密に分類された国家安全保障決定指令（ＮＳＤＤ）２０７号「国家テロ戦闘計画」も署名された(24)。

秘密活動に関する事実認定は、国家安全保障会議（ＮＳＣ）のテロに関する省庁間委員会で練り上げられた。この後何年間にもわたって、ＮＳＣ委員会は（さまざまな名称が与えられて）テロ対策に関する大統領の政策決定の中枢となる。テロ対策に関し、何度も何度も繰り返される問いがある。テロは法執行の対象なのか、国家安全保障上の問題なのか。ＣＩＡはテロリストを生きたまま捕らえ刑事裁判を受けさせるべきなのか、それとも遺体袋に詰めて持ち帰るべきなのか。ＮＳＤＤ２０７号に示された政策は、これらの問いに両方の答えを示している。そう、テロリズムはときには法執行の対象だ。だが軍事的問題として処理すべきときもある。可能であればテロリストは拘束して裁判にかけるべきだが、常にそれが求められるわけでもない。

事実認定の草稿はクラリッジとケーシーが求めた行動隊の設置を認め、ＣＩＡがテロリズムを打倒するために独自に、または外国政府と連携して秘密活動を行うことを許可した。秘密活動の目的はテロを探知し、妨害し、先制攻撃を加えることにあった。テロリストを捕らえて裁判にかけることもあり得たし、テロを行う瀬戸際にあれば軍事的な攻撃を加えることもあり得た。

クラリッジはこの事実認定を「テロリストに対してほとんど何でもできる」と解釈したと、ロバート・

ベアが回想する。ベアは作戦本部からテロ対策センターに採用された初期メンバーの一人だ。だが行動隊、とくに外国人で編成する行動隊に対して、議会から不安がる声が上がった。内輪で「ヒットマンチーム」だと指摘する者もいた(25)。

ＣＩＡと国家安全保障会議は上院情報特別委員会で、新たな大統領事実認定について説明をしなければならなかった。ロバート・ゲーツは秘密公聴会室に赴いたことを記憶している。「テロリストを殺害できるのはどういうときか、とほとんど神学論争のような議論をした。『もしも男が爆弾を満載したトラックで軍施設に向かってきたら、殺すことは可能か』『はい』『それでは彼がアパートで爆発物を組み立てていたら?』『さあ、わかりません(26)』」

この論争はほとんど未解決のまま一五年間続き、二〇〇一年九月十一日の朝を迎えることになる。

テロ対策センターはラングレーのＣＩＡ本部六階に「非常に活発なエネルギー」とともに生まれた。ベアが振り返る。「一つの大部屋でみんなが仕事をした。電話は鳴りやまず、プリンターはカタカタ鳴り続け、そこら中に資料が積み上げられていた。天井から吊るされたモニター画面にＣＮＮが写り、何百人もが動き回ったりコンピューターに向かったりしていた。まるで戦時の作戦室だった」。しかしケーシーがニカラグアとイランで行った冒険をめぐる政治的、法的スキャンダルが一九八六年にワシントン中に広がると、行動隊と攻撃的姿勢を支える本来の「作戦室」的な理想像は、より注意深く分析的で、報告書を中心とした文化に取って代わられた。

「ケーシーは実際に出来上がったのとは別のものをイメージしていた」。テロ対策センター発足直後に作戦担当官として着任したビンセント・カニストラロはこう話す。イラン・コントラ事件はオリバー・ノースとケーシー、ほかの政策立案者によるニカラグア反政府勢力への違法支援を明るみに出した。レバノンで人質となったアメリカ人解放のため、イランに違法にミサイルを送ったこともだ。この結果「ケーシーは山師、クラリッジはカウボーイの一種と見なされる」ようになった。テロ対策センターと議会では、リスクを負おうという意欲が急速に衰えた。[27]

クラリッジはそれでも責任者であり続け、同僚たちの背中を押すようになった。

一九八五年と八六年のほとんどのテロを実行したのは世俗的左派組織だった。民族独立主義の大義を訴えたのは、パレスチナ人テロリストやアイルランド共和国軍、バスク分離主義者たちの組織だ。その他の組織はドイツ赤軍派のバーダー・マインホフ・ギャングやイタリアの赤い旅団などのように、もっと抽象的なマルクス主義革命的な目標を掲げた。CIA担当官と分析官のほとんどはケーシーに比べ、これらの組織とソ連に直接の関係は薄いとみていた。ただこれらの組織は冷戦下の左右イデオロギー闘争の中で自分たちを先兵と位置づけていた。クラリッジは欧州全域の治安機関と、テロ対策に焦点を絞った連携を開始し、可能なところでは技術支援も提供した。スペインのバスク分離派細胞の所在を追跡するために、彼らに送り込んだ武器に信号装置を仕込んだ。[28] CIAも欧州側も、こうした組織に関しては長い経験があった。彼らの考え方はわかっており、場合によっては同じ大学で学んだ仲だった。彼らとどう話せばよいか、どうやって協力員を獲得するか、どうやって堕落させるかはわかっていた。

テロ対策センターはその発足時、左派テロリストに関心を集中していた。センターは特定の組織を担当する部署に分かれていた。最大の部署の一つは、一九八〇年代に何度も攻撃を行い民間人数百人の命を奪ったアブニダル機構を対象とした。クラリッジたちは同組織の財政活動を暴露することで仲間割れの種をまき、メンバーの疑心を育てようとした。アブニダル機構は自ら偏執狂的になり自壊していったのだが、CIAは組織に浸透し偽情報を流してこの解体を加速した。三年のうちに、アブニダル組織は機能的なテロ組織ではなくなった。このほかにもとくにドイツとイタリアで成功した例があった。両国ともテロリストは自壊していき、秘密工作員がそれを後押しした。

これに対してヒズボラは手強い相手だった。テロ対策センターにとって、アメリカ市民を標的とする強固なイスラム主義テロ組織への浸透を図るのはこれが初めてだった。そしてここでの経験は、未来への悪い前兆となった。レバノン内戦下の急進的イスラム主義シーア派組織で、イラン革命防衛隊の代理部隊であるヒズボラは、渦巻き続けるイラン革命のテロリスト分派となった。

ＣＩＡはヒズボラ指導部内に情報源がなかった。ヒズボラの敬虔なメンバーはホテルやサロンをぶらつかず、アブニダルのメンバーと違い取っかかりがつかめなかった。ＣＩＡ独自の中東担当人材は枯渇しており、テロ対策センター発足時、同センターでアラビア語を話せるのはベアを含め二人しかいなかった。ヒズボラが一九八四年にＣＩＡベイルート支局長のウィリアム・バックリーを拉致し拷問した際、ＣＩＡは丸一年間、彼やほかのアメリカ人を捕まえたのが誰なのか「完全に何もわからなかった」とベアが証言している。その一方でテロ対策センターは、人質の居場所について偽情報に次ぐ偽情報に対応しなくてはならなかった。一部はヒズボラによるデマだった[29]。

クラリッジは攻撃をしたかった。彼は米特殊部隊を動員しベイルートで人質救出作戦を行うことを模索した。ヨーロッパで特殊な保冷車を調達してレバノン企業の所有車のように偽装し、これを使って特殊部隊デルタフォースを西ベイルートに送り込めると考えた。だが国防総省上層部は人質の拘束場所についての情報が弱いと指摘した。作戦開始の二四時間前にアメリカ人が「標的を目視する」つまり人質の存在を現認しなければ、そんな作戦は実施できないと突っぱねた。国防総省はレバノン人やアラブ人による確認を信頼せず、アメリカ人が現場に入ることを求めた[30]。

クラリッジにはアメリカ人工作員を西ベイルートに送り込む具体的な手立てがなかった。テロ対策センターは変装させてベイルートに送り込むためフィリピン生まれのデルタフォース兵士を訓練した。標的を目視するアメリカ人の役割を果たせることを願ったのだ。だがこのリスクの高い作戦は取りやめとなった。カニストラロによると、テロ対策センターは「ヒズボラに関するリアルタイムの情報を集めることがまったくできなかった。なぜなら第一に、彼らのことを理解していなかったからだ。われわれは世俗的なテロリスト、急進的テロリストは理解していた。気楽な相手だった」。

テロ対策センターの科学技術が大好きだったクラリッジは、人による情報活動が解決できない問題をテクノロジーで何とかできないかと考えた。彼は科学技術担当に、通信傍受機器と赤外線カメラ、木製の低音プロペラを備えた無人機開発を委任した。無人機は約七六〇メートル上空を飛行し、人質となったアメリカ人の居場所を割り出すかもしれない。クラリッジはこれをイーグル計画と名づけ、試作品五機に七〇〇万ドルを投じた。

無人機のもう一つの使い道はリビアでの破壊活動作戦になる可能性があった。クラリッジは無人機一機に約九〇キロのC４プラスチック爆弾と四五キロのボールベアリングを積み込もうとした。無人機を夜間トリポリの空港に送り込んで爆破し、駐機している無人の民間旅客機を「山ほどたくさん」破壊するという計画だった。彼はまた、あらかじめ設定した標的に撃ち込める小型ロケット弾を無人機に装てんすることも試みた[31]。だがすべてのテクノロジーはまだ揺籃期にあったし、イラン・コントラの最中だったこともあり、クラリッジは同僚を不安にさせた。

クラリッジはテロリストを公然と殺害したかった。彼にとって、テロ支援指導者暗殺に対する米政府の姿勢は「偽善的」だった。大統領は軍に対し「真の標的を攻撃して殺害できるかどうかわからない空爆」は承認するのに、テロ対策センターが同じ相手を密かに暗殺することは認めない。彼は問うた。「同盟国や罪のない子供たちに大規模な巻き添え被害を出す高価な軍事作戦が、頭に銃弾を撃ち込むことよりも道徳的に容認されるのはなぜだ[32]?」

一九八六年初頭までに、ＩＳＩのユーセフ准将は大規模で洗練された秘密ゲリラ訓練施設をアフガン国境沿いに造り上げた。毎年一万六〇〇〇から一万八〇〇〇人の新兵が彼の訓練基地を通り抜けていった。彼はＩＳＩの管轄外でも、アフガン武装勢力独自のゲリラ・破壊活動訓練を支援しはじめた。ユーセフが後年推定したところでは、毎年アラブ人志願兵も含む六〇〇〇から七〇〇〇人の聖戦主義者たちがこの訓練を受けた(33)。

パキスタン情報機関が提供する講義科目は専門性を増していった。イスラム戦士の新兵は二〜三週間の基本訓練過程を受講し、突撃銃の扱い方、撃ち方を学ぶ。優秀な者が選抜されて、より複雑な兵器や戦術についての上級課程に進む。ユーセフは爆発物や都市での破壊活動、自動車爆弾、対空兵器、狙撃ライフル銃、地雷に関する専門的な訓練基地を設立した。一九八六年の春が来て山の雪が溶け、新たな戦闘が始まると、何千人もの卒業生がアフガン全土に散っていった。大部分はアフガン人だが、アルジェリア人、パレスチナ人、チュニジア人、サウジアラビア人、そしてエジプト人もいた。彼らはアフガン国境地帯全域に新たな基地を開設し、政府の駐屯地を奪った。彼ら独自の訓練を継続できるようになり、新たな戦士を採用し、パキスタン情報機関に教わった破壊活動やゲリラ戦技術を磨いていった。

「テロリズムはゲリラ戦と混同されたり同一視されたりすることが多い」とテロリズム理論家のブルース・ホフマンが書いている。「驚くことではない。ゲリラはテロリストと同じ戦術（暗殺、拉致、人が集まる場所の爆破、人質の確保など）を同じ目的（脅迫するか強要して恐怖を引き起こし、行動に影響を与える）のために使うのだから(34)」

ＮＳＤＤ１６６号の下に支出された巨額の予算でユーセフたちが造り上げた膨大な訓練基盤――専門化された訓練基地、破壊活動訓練マニュアル、電子的起爆装置など――は、一〇年後にアメリカ人から「テロリストのインフラ」と呼ばれるようになる。だが当時は、聖戦主義者の軍隊が戦場で公然と活動するのに役立った。彼らは領土と主権の確保をめざし、率直な民族の大義を追い求めていた。ところが一九八六年になると、アフガンの大義は国際的イスラム主義ネットワークと複雑にからみ合うようになった。彼らは野心的な目標を掲げていた。イスラム世界の各地で、腐敗した反イスラム的政府を倒すことだ。

ＣＩＡのテロ対策センターは発足当時、ムスリム同胞団に触発されたネットワークに事実上ほとんど関心を払っていなかった。アブニダルとヒズボラを除くと、同センターの他部署はすべて世俗的な左派テロ組織に関心を集中していた。複数のパレスチナ人組織と、欧州のマルクス・レーニン主義テロ組織、ペルーの輝ける道、そして日本赤軍だ。[35]

テヘランで続いた騒乱を受け、ＣＩＡにはほかの脆弱な中東諸国の政府がイスラム革命に屈するのではないかという恐怖が広がった。だがイラン革命から六年以上が経過しても、同様の反政府運動は沸き起こらなかった。アルジェリアなどでは宗教的な不満が高まり、フランスでもイスラム主義者による爆弾事件がいくつかあった。英国のＭＩ６はイスラム急進主義の台頭に懸念を深め、引退したアラブ専門スパイに任務を依頼した。モロッコからインドネシアまでイスラム圏を何カ月かかけて探査し、街角やモスクでの現代イスラム主義についての報告書をまとめるという内容だった。[36]ＣＩＡ周辺ではこうした取り組みへの関心はほとんど高まらなかった。

テロ対策センターのレーダースクリーンにもう一つ、小さく光る点があった。パキスタンから「イスラム救世基金」という新組織についての報告が届いていた。ペシャワールで結成され、アフガン聖戦のためにアラブ志願兵を採用し支援していた。ＩＳＩの支援を受ける反政府組織とは無関係で、アフガン国境地帯で事務所とゲストハウスをいくつか経営していた。ウサマ・ビンラディンという裕福な若いサウジアラビア人がペシャワール周辺で多額の金をばらまき、この新組織を拡大していた。彼は到着したばかりのアラブ人聖戦主義者のために、ＩＳＩのゲリラ訓練基地を活用した。この時期にＣＩＡテロ対策センターに届いた報告は、ビンラディンについて「まったく何の戦闘にも関与していない。彼は戦士ではない」と説明していた。同センター発足当時からの上席分析官スタンリー・ベディントンがそう振り返る。それでも「あんなふうに金をばらまき始めれば、目につくようになる」[37]。

ビンラディンがソ連と戦うアラブ志願兵を増やそうとしていると知ったとき、ラングレーにはこの運動を公的に承認して拡大させるべきだと考える冷戦の戦士もいた。彼らは反ソ連の決意が固い戦士ほどいいと主張した。一九八五年と八六年、さらに多数のアラブ人がパキスタンに到着するようになると、ＣＩＡは「『国際旅団』のようなかたちで自分たちの関与を強める方策を検討したが、何もしなかった」。ロバート・ゲーツの回想だ[38]。

ＣＩＡ本部にとってウサマ・ビンラディンは資料中にある一つの名前でしかなかった。だが彼は騒々しいペシャワールで、独自のアフガン戦争を拡大しはじめていた。

第8章 神がお望みなら、あなたにもわかる

ミルトン・ビアデンは一九八六年七月にウィリアム・パイクニーの後任としてCIAイスラマバード支局長に着任した。大柄で童顔、スラングを連発するテキサス人で、小説家に憧れ、人生がハリウッドのオーディションであるかのように振る舞っていた。数年前にスーダンのハルツーム支局長を務めていたときにケーシーCIA長官と親しくなった。ハルツームでは包囲されていたイスラエル情報機関員を外交郵便と記載した木箱に隠して国外脱出させた。ケーシー好みの鮮やかな作戦だった。ケーシーが黒塗りの長官専用機スターリフターでアフリカを歴訪した際には、人殺しの情報機関長官たちとの深夜の会合にビアデンが付き添った。彼らは二人とも夢見がちで、スパイ人生を大いに満喫していた。ケーシー長官には、自分たちが始めたアフガニスタンでの大規模な活動拡大を仕切れる人材が必要だった。彼はビアデンをラングレーのCIA本部七階に呼び、新たな方針を通告した。「君、あそこで勝ってきてくれ(1)」

ビアデンは、ケーシーが秘密活動を通じて地球規模でソ連と戦う「巨大な構想」を抱いており「アフガニスタンはその小さな一部」だということを理解した。ケーシーはパキスタン・アフガン国境地帯での最後の一押しは緊急の倫理的任務だと明言した。ビアデンが見抜いたとおり、共産主義に対する完全

な勝利を追い求めずにアフガン人の命を犠牲にすることは「けちな戦略」だとケーシーは信じていた。ケーシーはＣＩＡ史上「最高で最低の長官」だとビアデンは思った

作戦本部内でビアデンは人気者だった。「ミルティおじさん」は寛大なボスで、ユーモアと荒っぽさにあふれた作戦指揮官の指揮官。彼はケーシー長官の野心に押されて暑く混乱したイスラマバードに到着した。再建された大使館の三階にある支局は、取り扱う予算額や事務量に比べれば控えめな規模だった。彼は清潔なオフィスでロデオ選手のように暴れ回った。「ステッキを持っていつも元気だった」と同僚が振り返る。彼は誰にでも──「固まったクジャク」ことパキスタン情報機関のアフタル・アブドゥルラフマン長官にも──話しかけ、テキサスの野外パーティーに招いた自分の客かのように振る舞った。お上品なパーティーでソ連外交官を長く引き留め、シェイクスピアを引用して「自分の立ち去り方を論じるよりも、すぐに立ち去れ」とアフガン政策を論じた。ＣＩＡ支局長の地域会議では「君らはソ連人（情報源）を獲得しようとしている。私は殺すだけだ」と自慢した。武器輸送に関する問題でパキスタン情報機関に腹を立てれば、彼は一週間もアブドゥルラフマン長官からの電話に出なかった。ただ気をもませるためだ。それでも彼を気に入るパキスタン人将校もいた。彼の家族が休暇中に雪に降り込められると、パキスタン空軍はＣ１３０輸送機で助けに行った。ビアデンは陰謀史観に塗り固められたパキスタンのエリートに、ＣＩＡこそが米政府の真の権力だという、彼らの好きそうな考えを植えつけた。壁に囲まれた米大使館の敷地内で、同僚たちはちょっとしたことに気づいた。ビアデンの公用車には「０１」で終わるナンバープレートが付いていた。従来なら大使のためのナンバーだった。(2)

ビアデンはパキスタンに流れ込む膨大な物資と金の流れを管理しようと努めた。北部のパキスタン・中国国境沿いでは、中国の共産主義者がＣＩＡに売った何百頭ものラバをトラックで運び込む手配を手伝った。ソ連共産党員を撃つ銃を密輸するのに使うのだ。ラバが足りないので、ビアデンはテキサスや

ジブチからも動物を送らせた。ジブチ発の貨物船が公海上で行方不明になると、彼は何週間も「ラバ船」についての緊急機密公電を世界中に送り続けた。[3]

イスラマバード支局は七月の情勢分析公電で、ソ連特殊部隊によるヘリ攻撃のせいでイスラム戦士の攻撃ペースが落ちていると警告した。ヘリ攻撃はとくにパキスタン国境地帯で激しかった。[4] ラングレーの分析官もパキスタンの将軍たちもこの夏、ソ連軍の新戦術によって戦況は反乱軍に不利なほうに傾くかと危惧していた。だが一九八六年九月二十六日、ビアデンの着任から約二カ月後に流れは元に戻り始める。ペシャワールから車で二時間、アフガン東部ジャララバードの空港近く。岩だらけの荒れ地にしゃがんでいたガッファ（「許す者」）という名の司令官とひげ面の二人の仲間が、ＣＩＡが供給した新型対空兵器を肩に担ぎ上げた。電池式で最も高機能な移動式熱源追尾システムを装備したスティンガーは、アメリカ製の驚くべき現代的前線兵器だった。その赤外線追尾システムによって、ソ連のパイロットがとる通常の対策は効果を失った。

ガッファはソ連で訓練された軍事技術者で、パキスタン情報機関によって最初のスティンガー作戦の実行者に選ばれ、ラワルピンディのＩＳＩ施設で秘密訓練を受けた。ソ連軍のＭｉ24Ｄ武装ヘリコプターがジャララバードの滑走路に近づいた。ガッファはミサイルの照準を合わせると握りにある黒いゴムのボタンを押して安全装置を外し、引き金を引いた。一発目は不発で数百メートル先の岩にぶつかった。だが二発目は平野を切り裂いて飛びヘリに命中、火の玉にした。立て続けに何発ものミサイルが放たれ、さらにヘリ二機を撃墜、ロシア人乗組員を殺害した。

アブドゥルラフマンは無線連絡を受けるとすぐビアデンに電話を入れた。ビアデンはラングレーの本部に攻撃についての公電を送ったが、まだ未確認だと警告した。翌日、イスラマバードの米大使館通信室に驚くべき返信が届いた。まったくの偶然でアメリカのＫＨ11偵察衛星が上空を通過し、通常どおりアフガン戦場の写真を撮影していたのだ。衛星からはジャララバード空港の鮮明な写真が送られてきた。滑走路上には焼け焦げた三つの鉄塊が並んでいた。ヘリの変わり果てた姿だ。ラングレーからの公電は意気揚々としていた。

「報告どおり衛星写真でジャララバードの三機撃墜確認　任務成功に祝意伝達願う」

ＣＩＡは何年も前から、ロナルド・レーガン大統領があまり書類を読まないことを知っていた。国際情勢に関する分厚い詳細な報告書が執務机に載ることはほとんどなかった。だがレーガンは映画が大好きだった。ケーシーは、重要な情報は大統領がスクリーンで見られるようにまとめろと指示した。他国の元首らとの会談前、レーガンはＣＩＡがまとめた訪問客についての機密映画を見ることがあった。この最も大切なお客のことも考えて、ＣＩＡはガッファのチームにソニーのビデオカメラを持たせスティンガーのデビュー戦を記録させた。

「アラー・アクバル、アラー・アクバル！（神は偉大なり）」。アフガン戦争最初のスティンガーを撃つ男たちはこう叫んでいた。ガッファが三機目のヘリに命中させたときには、ビデオは「フットボールの試合を見に来た子供のような」映像だったとビアデンが語っている。「みんなが飛び跳ねていて、見えるのは飛び跳ねる人とか、地面が近づいたり離れたりする映像ばかり」。ビデオテープに残った最後の映像では、ガッファの仲間がジャララバードの滑走路に散らばるソ連兵の遺体に向けてカラシニコフを撃つ場面が収まっていた。数週間のうちにこの高機密映像がイスラマバードから発送され、レーガン大統領はホワイトハウスで上映した。このテープとＫＨ11衛星が撮影した写真がオールド・エグゼクティブ・ビルディングにも届けられ、何人かの議員にも送られると、ワシントンには勝利の興奮が広がった。

ＣＩＡは当初、スティンガーの供給には反対の立場だった。国家安全保障決定指令（ＮＳＤＤ）１６６号が発効して間もなく、アフガニスタンに関する省庁間会議のメンバーらは、ソ連のスペツナズによるヘリ攻撃戦術を撃退する切り札としてスティンガーを推奨しはじめた。ＣＩＡ近東局は、アメリカ製兵器をアフガンの戦場に導入してソ連に宣伝戦上の勝利を与えることを恐れた。だが国務省情報部長のモートン・アブラモウィッツはスティンガーを後押しした。長い感情的な論争の末にＣＩＡは屈服した。中国とパキスタンのジアウル・ハク大統領に、ソ連による報復攻撃の危険を冒す価値があると納得させるために、さらに何カ月にも及ぶ秘密交渉が必要だった。(5)

ガッファのビデオがホワイトハウスで上映されたあと間もなく、アフガン東部で何十人ものイスラム戦士司令官たちがソ連のヘリと鈍重な輸送機に対するスティンガー攻撃を開始し、壊滅的な被害を与えた。ロシア人とアフガン人の乗組員は可能な限り、スティンガーの実効射程である高度約三八〇〇メートルより上空を飛ぶようになり、低空攻撃を実施する能力は著しく低下した。ソ連軍は負傷者のヘリ搬送を停止し、前線にいる将校の士気を損なった。数カ月のうちにビアデンはラングレーに公電を送り、スティンガーの登場はこの戦争で「戦場での最も重要な出来事」になったと宣言した。(6)

ＣＩＡはスティンガーがアフガンから持ち出されれば、旅客機をねらうテロリストの武器にたやすく転用されると警告した。アフガンでのスティンガーの広がりによって、ＣＩＡは緊急に反乱軍司令官やパキスタン情報機関を監視する必要性が高まった。ヘクマティアルがスティンガーをテロ組織に売ったらどうなる？　もし盗まれたら？　それがＣＩＡにわかるだろうか？　ＣＩＡにはもっと情報源が必要だった。

もともと贅沢だった聖戦は、今では金の海を泳いでいるような状況になった。一九八六会計年度のアフガン秘密活動費として米議会は約四億七〇〇〇万ドルを配分し、八七年度には六億三〇〇〇万ドルに増額した。さらにサウジアラビアはこれと同額の基金を拠出していた。ビアデンは本部の支援を得て、パキスタン情報機関と無関係にＣＩＡ独自の工作員採用を拡大した。その給料支払いに必要な額など、新予算総額からみればささいなものだった。ＣＩＡは新たに雇った司令官たちに、武器分配の実態やパキスタン側の不正、戦場での出来事を克明に追うよう求めた。給料にはいくつかの段階があった。地域的な司令官なら月額現金で二万から二万五〇〇〇ドル。もっと影響力のある指導者なら五万ドル。州全体に影響力を有する司令官は月額一〇万ドル、ときにはもっと多額だった。司令官たちはこの金を自分のためだけではなく、配下にいる民兵の給料や移動費用、また不潔な難民キャンプに暮らす家族養育補助費として使った。

　アブドゥルハクはこの時点でもＣＩＡ独自の工作員だった。ＣＩＡはアハメド・シャー・マスードにも金や物資を直接提供し続けていた（マスードに対するＣＩＡ独自の支援は一九八四年に始まった）。またＣＩＡはのちに安全な通信装備をマスードに送り、ソ連の傍受を気にしないで各地の司令官やペシャワールの盟友と連絡できるようにした。

　ビアデン率いるイスラマバード支局はマスードに対して懐疑的だった。ＣＩＡと英国との競い合いが理由だと言う人もいる。マスードは英国のお気に入りだったからＣＩＡは彼のことがあまり好きではなかったというのだ。[7] また一九八三年にマスードがソ連と休戦協定を結んだことによる不信感も残っていた。ビアデンはマスードの戦歴に敬意を払ったが、彼が戦後のカブールをにらんで供給物資をため込み、作戦も限定しているとみていた。ビアデンが言いたいのは「アハメド、おまえが何をしているかはわかっているし、それを責めはしない。だが、おれの金を使ってそれをしちゃだめだ」ということだった。ラングレーのＣＩＡ担当官はフランス情報機関員に対し、ＣＩＡのヘクマティアル支援に触れながらこう語った。「グルブディン（・ヘクマティアル）は君らが恐れるほど悪者じゃないし、マスードは君らが望むほど善玉じゃない(8)」

CIAのアフガン独自情報ルートは、司令官と諜報員計約五〇人に膨らんだ。CIA担当官は定期的に彼らと会う必要があるのだから、パキスタン情報機関から隠し通すには多すぎる人数だった。いつもどおりの友好的な関係が続いているときでも、ISIはCIA担当官を監視していた。通常のスパイ技術として、イスラマバード支局はビアデン始め全担当官が諜報員の実名を知らずに済むシステムを構築した。諜報員には公電に使うコードネームが与えられた。マスードはコードネームで正体を隠すには有名すぎたが、それでも大使館内でこの関係を知る人間は厳しく限定された。

取り扱う金が巨額に膨らんだため、イスラマバード支局は資金分配の手順を合理化し、強盗に襲われそうな額の現金を抱えてパキスタンを陸路で移動する頻度を減らそうとした。パキスタン情報機関に対する補助金は、同国財務省を通じた電子送金に切り替えた。司令官らに渡す現金は「ハワラ」と呼ばれる中東や南アジア特有の非公式な送金システムを利用するようになった。たとえばカラチにある小さな貿易事務所を通じて、何万キロも離れた土地にいる受取人に、直ちに金を送れる仕組みだ。イラン・コントラ事件が一九八六年後半にワシントンを揺るがしただけに、イスラマバード支局はすべての送金を文書に記録しようと大変な努力をした。総額があまりに大きいため、三〇〇〇万~四〇〇〇万ドルの金の行方が、鍵を机に置き忘れてしまうように簡単にわからなくなってしまった(9)。

CIA独自の諜報員から入り始めた報告のほとんどはスティンガーと武器供給、宣伝戦の効果に集中していた。だがアフガン人兵士からは、ある新興勢力についての苦情も初めて寄せられた――アラブ人志願兵のことだ。彼らは数千人規模でアフガンに到着していた。

アフガン人司令官らは、アラブ人聖戦主義者を満載して領内を走るトラックの写真を付けた手紙をイスラマバード支局に送ってよこした。アフガン人は彼らを「ワッハービ」と呼んだ。装飾や聖廟崇拝を禁じたサウジアラビアの厳格な教義〔イスラム教ワッハーブ派〕を信奉しているからだ。当初、アフガン人兵士とアラブ人聖戦主義者たちは墓石の装飾をめぐって衝突した。アフガン人イスラム戦士のほとんどは死者を土中に葬り、墓石に緑色の旗と控えめな装飾を施した。スーフィーの伝統の影響だ。半世紀以上前にサウジのイフワン〔同胞、ワッハーブ主義を武力で伝道した運動〕がジッダ近郊で取り入れた方法論に従って、ワッハービはこれらの装飾をなぎ倒した。偶像崇拝につながるという論理だ。アフガン人がこうしたアラブ人墓荒らしを殺害する事件が少なくとも数件あった。ビアデンは戦場のアフガン人司令官から寄せられた初期の報告を覚えている。「やつらはおれたちがコーランもわからぬ愚か者だと言う。だがやつらは百害あって一利なしだ[10]」

ウサマ・ビンラディンが生活の拠点をサウジアラビアからペシャワールに移した（彼は結婚し子供が一人いた）のは、ミルトン・ビアデンがCIAイスラマバード支局長に着任したのとほぼ同じ時期だ。彼は松の木が並ぶ閑静な高級地区「大学町」に二階建ての屋敷を借りた。慈善団体や西側の援助団体、外交官にアラブ人説教師、裕福なアフガン難民らが塀付きの邸宅に住む地区だ[11]。

　定期的にペシャワールを訪問していたビンラディンは、アハメド・バディーブやサウジ情報機関との仕事やアラブ慈善団体への財政支援、またブルドーザーやほかの建設機器を輸入したことなどで、ムスリム同胞団に連なるアフガン反乱軍の間ではすでに著名人で、ヘクマティアルやサヤフとの関係が最も親密だった。ペシャワールでの彼は若く温厚で物腰が柔らかく、そして何よりもすばらしく裕福な聖戦後援者とみられていた。彼は売り出し中の若いシャイフだが雄弁家ではなく、笑みをたたえて病院や孤児院を訪れた。そしてペシャワールの急進的アラブ人社会の論壇で重要な存在になっていた。

　彼はアフガン東部の部族地域で好きな乗馬をときどき楽しむだけで、ほとんどは自宅でお茶を注ぎ、人に会って過ごしていた。クッションが並ぶリビングルームはクウェート人商人やシリア人のイスラム法学者らで混み合っていた。のんびりした議論やファトワ（イスラム法に基づく裁定）の起草、人道支援計画の立案をするうちに日々は流れた。技術工学と慈善活動、神学が混じり合っていた。

ペシャワールで頻繁にビンラディンと会ったアラブ人ジャーナリストは「彼は大学教授のような話し方をした」と語る。「『これをしましょう、あれをしましょう』とまるで政治委員会の議長のようだった」。彼の物静かなたたずまいは異質だったという。「アラブの典型的な演説家ではない」。

一九八六年後半のペシャワールは倉庫と慈善団体の街になり、アフガンに向けて半年前の二倍か三倍の金や食料とトラック、ラバ、医薬品を出荷していた。聖戦の人道支援面は軍事作戦と同じように急速に拡大していた。これは一つには米国家安全保障決定指令（ＮＳＤＤ）１６６号が生んだ結果でもある。さらに加えて国連機関とオックスファムなど欧州の慈善団体、キリスト教布教組織、米国際開発局（ＵＳＡＩＤ）のような政府機関が一九八五年以降ペシャワールに殺到し、病院や学校、食料配給所に診察所を建設し、国境を行き来する救急車も運営しはじめた。その多くを米政府が財政負担していた。これらのプロジェクトは前例のない規模で運営された。ネブラスカ大学がアフガン国内一三〇〇カ所で学校支援計画を運営したほどだ。大学町にある埃っぽい施設の一つでは、国連の食料専門家が青い旗を掲げたトラックに種子の袋を積み込み、近所では米バプテスト派の布教団がアフガン人の子供たちに英語で新約聖書を読み聞かせ、その隣の屋敷ではペルシャ湾岸から来たひげ面の若い志願兵がメッカのほうに向かって祈りを捧げていた。

サウジアラビアの主要な慈善団体と、サウジ赤新月社やイスラム世界連盟、クウェート赤新月社、国際イスラム救援機構などの組織も、それぞれ独自の事務所をペシャワールに開いた。増え続けるサウジ情報機関の資金と、モスクや裕福な個人からのザカート（喜捨）に支えられ、彼らも病院や診療所、学校、食料配給所に野戦病院を建設した。国境なき医師団のような欧州の慈善団体はブリュッセルやパリでボランティアの外科医を募り、ペシャワールでイスラム戦士負傷者の治療をした。イスラム系慈善団体はカイロやアンマン、チュニス、アルジェでボランティアに参加する医師を募った。アラブの専門家階級、とくにエジプトの医者と弁護士の間ではムスリム同胞団の存在感が強く、このため人道支援事業への参加者集めは、資金と銃をアフガン人イスラム主義指導者（ヘクマティアルやサヤフら）のために集める政治宗教的組織とからみ合った。

同胞団が採用したボランティアの典型例がアイマン・ザワヒリである。エジプトで長くイスラム主義運動にかかわった若い医師で、資産家の跡取り。アンワル・サダト大統領暗殺計画の一端に関連する活動で、一九八〇年代初頭をカイロの刑務所で過ごした。出所後、彼は同胞団のイスラム医療協会を通じてペシャワールに向かい、アフガン国境にあるクウェート資本のヒラル病院でボランティア医師として働いた。「聖戦の現場を知る好機だと思った。エジプトやアラブ地域での聖戦に生かすことができる」とザワヒリは語っている。上流気取りのアラブ人である彼は、エジプトこそが「イスラム世界の中心でありイスラムの根本的な戦いが行われている場所」だと考えた。だがエジプトで勝利するためには「聖戦主義運動には孵卵器の役割を果たす場所が必要だ。種を成長させ、戦闘や政治、組織運営の実践的経験を積む場所が」。彼にとってペシャワールはそういう土地で、一九八六年に移り住んだ。(12)

ビンラディンやザワヒリが移り住んだころ、ペシャワールで群を抜いて有名なアラブ人イスラム主義者はアブドラ・アッザムだった。彼はアラブ・イスラム慈善団体評議会の運営を手伝っていた。ヨルダン川西岸の都市ジェニン近郊の村で生まれたアッザムは、一九七〇年代にカイロのアズハル大学でイスラム法の博士号を取得した。彼はエジプト人亡命者ムハンマド・クトゥブと親しくなり、クトゥブの亡兄が遺した急進的聖戦主義の教義を広めるようになった。七〇年代後半にサウジアラビア西部ジッダで教鞭を執ったのち、イスラマバードの新しいイスラム大学に教授として赴任した。クアイディアザム大学のキャンパスから坂を下りたところにある大学だ。彼は一九八四年、グランド・トランクロードを通ってペシャワールに向かった。

アッザムがこの年に設立した人道支援組織の名称「奉仕事務所」は、アフガニスタン聖戦に関する彼の考え方を示している。彼はアフガン人の支援に重きを置きたかったのだ。ペルシャ湾岸を訪問してジッダやクウェート市の裕福なモスクでの金曜礼拝で説教し、慈善資金が集まると、軍事支援とともに医療救援活動を提供した。

彼のジッダでの教え子であるビンラディンは一九八四年以降、重要な資金源で活動のパートナーとなる。彼らはアラブ全土から志願兵を募った。アッザムは、アフガンで戦うことを望むアラブ人にはビンラディンが月額約三〇〇ドルの費用を提供すると発表した。一九八六年にはアリゾナ州トゥーソンの大規模なアラブ人地域に、アメリカで初めての事務所を開いた[13]。

全体として米政府はアラブ人の新兵採用活動を好ましく思っていた。国際志願兵旅団（一九三〇年代にフランコに対するスペイン内戦に加わった国際社会主義志願兵がモデルとなった）は、反ソ聖戦に加わる公式な国家連合を拡大する手段となると考えられたからだ。八五年から八六年にかけてアラブ人が続々とパキスタンに到着すると「ＣＩＡは彼らの参加を拡大する方法を検討した」と当時ＣＩＡ副長官だったロバート・ゲーツが述べている。国務省情報局のアフガン専門家は「彼らと調整を図るべきだ」と訴えた。「彼らを敵とは見なさない」という考え方だ。ただこの提案が具体化することはなかった。イスラマバード支局でミルトン・ビアデン支局長はビンラディンが「実は非常にいいことをしている」と感じていた。「彼は多額の金をアフガンの正しい場所に注ぎ込んでいた」とビアデンは言う。ビンラディンは「反米的な人間」とは見なされていなかった。ＣＩＡには、アフガン人課報員のネットワークや西側のキリスト教支援団体から、アラブ人志願兵に関する否定的な報告も届いていた。こうした苦情はCIAや国務省の公電に盛り込まれたが、ときどき報告や分析の対象になるだけで、これに基づいた政策や対応策がとられることはなかった[14]。

アブドラ・アッザムは激しく反米を説いた。彼はこのあと間もなく、ハマスの創設を支援する。トゥルキ・ファイサル王子とサウジ情報機関が重要な支援者となった。アッザムはパキスタンで米政府当局者がいないところを動き回った。ペシャワールに住む比較的中立な欧州の支援関係者もときおり彼と接触した。

一九八六年夏になると、アラブ人聖戦主義者の内輪にいる者には、ビンラディンとアッザムの間に小さな分裂の兆候が見えるようになった。アッザムはとても強力な人物でビンラディンは（いかに資産が巨大でも）どちらかといえば若い教え子だったから、子分格が公然と反旗を翻すようなことは考えられなかった。しかも長幼の序や学識が重んじられる文化があった。しかしビンラディンは新たな方角に向かっているようだった。この変化は、ビンラディンの自我が拡大したことが一因であり、また大学町のアラブ人サロンで交わされるようになった政治論争も原因だった。聖戦の真の敵は誰だ。共産主義者か？アメリカか？　イスラエルか？　不信心なエジプト政府か？　アフガン戦争とムスリム同胞団の世界的目標との関係はいかに？[15]

サウジ、パキスタン両国の情報機関は協力し、アフガン国境沿いで道路と武器庫の建設計画を始めた。ソ連軍スペッナズの攻撃に持ちこたえるインフラ整備をめざしていた。ISIはアフガン局内に人道支援と建設に専念する部署を新設した。ソ連軍がパキスタン国境沿いの供給線を初めて攻撃した一九八四年、アフガン反乱軍は逃亡し、ソ連のねらいどおり国内への供給は寸断された。国境沿いの新たなインフラ、つまり道路や洞穴、倉庫と軍事訓練基地は、ソ連の攻撃を免れるように設計されていた。これによってＩＳＩは前線に近い場所で供給物資の集積が可能になり、兵器をアフガンに送り込む機動的な輸送ができるようになった。

トゥルキ王子と彼の参謀アハメド・バディーブはこのプロジェクトが始まるとサウジ総合情報局のガルフストリーム機でパキスタン入りした。ＩＳＩの本部で彼らは心尽くしの料理でもてなされ、アメリカの衛星による地図やチャートを見ながら戦況について説明を受けた。夜にはいつもサウジ大使館がトゥルキ王子のためのパーティーを催し、アラブ外交官や地元のイスラム法学者、ときにはウサマ・ビンラディンが招かれた。トゥルキはアフガン国境を訪れ、新しい武器庫や道路を視察することもあった。バディーブは公式のサウジ支援団体を通じて準備した隠れ家を拠点に、ペシャワールに滞在した。

ビンラディンが輸入したブルドーザーは一九八四年から八六年にかけて、こうした民生用、軍事用プロジェクトに使用された。関心が集まった地区が二つある。国境沿いの「オウムのくちばし」という地区はペシャワールのすぐ西側にあり、円錐状のパキスタン領がアフガン領に突き出したところだ。もう一つはもっと南のミラム・シャー近郊で、アフガンのホストと国境を接する山岳地帯。ビンラディンは主にこっちで仕事をした。

「このシステムを支えたのは主にアラブの金だった」とパキスタン情報機関の准将ムハンマド・ユーセフが振り返る。国境のインフラに加えて輸送にも金が使われ、ムスリム同胞団に連なるアフガンの政党と司令官を支援した。アラブ志願兵を引き寄せ組織化したのはジャラランディン・ハッカニだった。彼は扱いにくく保守的なパシュトゥン人が住む国境地域で戦っていた。現地を訪れたアメリカ人が「強情さにまみれた」土地と評した場所だ。ひげを生やし突撃銃の弾薬帯を身にまとった痩身のハッカニは、一九八〇年代後半にホストでＩＳＩの反共戦士として台頭した。サウジ都市部の裕福なモスク説教師から高貴な野蛮人などともてはやされ、ハッカニはワッハーブ派の間で英雄的な戦士となった。彼はペルシャ湾岸で資金集め事務所を運営し、若いアラブ人聖戦主義者を部族地域に招いた。ハッカニの財政援助もあってパキスタンに近い国境地域は、パキスタン情報機関とアラブ志願兵、ワッハーブ派神学校のネットワークが重なり合う土地となった。

アブドラ・アッザムは、洞穴や道路の建設は金の無駄だと考えた。ビンラディンはアフガンの国境地域、パクティア州のジャジという村に多額の資金を投入して病院を造ろうとした。道路建設にかかわったのと同じ地区で、防衛しやすい洞穴内に病院を造ろうというのだ。アラブ志願兵の一人は「アフガンには二九か三〇の州があるのに、なぜパキスタン国境沿いの一カ所にそれほどの金を費やすのか、とアブドラは感じていた」と回想する。

ビンラディンの野心は膨らんでいた。彼がジャジの施設を求めたのは、アラブ志願兵のための独自の基地、自身が指導者になれる基地が欲しかったからだ。彼は最初の訓練基地を一九八六年に開いた。パキスタン情報機関が運営する基地をモデルとした。若いアラブの聖戦主義者たちはここで突撃銃や爆発物、起爆装置の使い方を学んだ。そして彼らがなぜ戦いに呼ばれたのか講義を受けた。とある説明によると、ビンラディンは自分が運営する最初の訓練基地を「ライオンの住処」と名づけた。別の説では「アンサール」（預言者ムハンマドに最初から付き従った者たちの呼称）と名づけたとも言う。アブドラ・アッザムの疑念にかかわらず、彼はジャジでのほかのプロジェクトを進めると宣言した。

「インシャラー（神がお望みなら）あなたにも私の計画がわかるでしょう」。ビンラディンは師にこう告げた。[16]

反ソ連のアフガニスタン聖戦は終わりに近づいていた。だがビンラディンとＣＩＡを含め、それに気づく者も理由を理解する者もほとんどいなかった。

一九八六年十一月十三日、クレムリンの城壁内でソ連政治局の中枢による秘密会議が開かれた。この二〇カ月前に権力の座に就いた不透明で大げさで野心的な改革者、ミハイル・ゴルバチョフが招集した会議だ。

ソ連軍のマーシャル・セルゲイ・アフロメーエフ参謀長は、第四〇軍に五万人のソ連兵を投入しアフガン・パキスタン国境の封鎖をめざしているが「武器密輸の経路を閉ざすことができない」と説明した。荷物を積んだラバは引き続き行き来し、舗装道路の建設も始まっている。現実的な軍事的解決策は見当たらなかった。

「国民は『あそこで何をしているんだ』と聞くだろう」とゴルバチョフが言った。「永久にあそこにいるのか？ それとも戦争を終えるべきか？」

もしソ連がアフガニスタンを出なければ「あらゆる方面で不名誉となる」とゴルバチョフは語った。ゴルバチョフは就任以来、ソ連政治局の中枢や親密な補佐官たちがいる場でも大っぴらにアフガン問題を検討してきた。一九八六年初頭にはこの戦争が「血の流れる傷」だと公言した。第四〇軍が結果を出せずにいる中、ゴルバチョフは大胆な対案を示すようになった。アフガン完全撤退だ。十一月になると焦点は、いつ撤退するかに絞られていた。ゴルバチョフはこの日同僚らに「一年か、遅くとも二年以内に戦争を終え、部隊を撤退するのが戦略目標だ」と告げた。「われわれは明確な目標を設定した。友好的な中立国にするプロセスを加速させて、あの国を出る」(17)

これは冷戦末期のソ連政治局で最も重要な議論の一つだったが、CIAは何も知らなかった。アメリカがゴルバチョフの決断を知るのは一年後のことだ。CIAなど米情報機関の分析官たちは、ゴルバチョフとソ連指導部にのしかかる圧力の一部は理解していた。ソ連経済は悪化し、コンピューター化が進んだ西側に比べ科学技術は大きく遅れを取っていた。国民はもっと普通の、開かれた政治を熱望していた。

こうした圧力を部分的に理解し機密報告書に盛り込む分析官もいたが、ＣＩＡは全体としてソ連内部の問題を過小評価していた。レーガン政権の政策立案者たちも、ゴルバチョフとソ連改革派の実質的な変革への決意をなかなかつかめなかった。アフガンは双方にとってのリトマス試験紙だった。

これに先立ちワシントンの米国家安全保障会議は、ソ連政治局内のアフガン議論に関し機微に触れる情報を入手した。「ＶＥＩＬ《ベール》」と呼ばれる最高機密の報告書には、ゴルバチョフが一九八五年春に権力を掌握した際、完全勝利のため将軍らに一～二年の時間を与えることを決断した――と記されていた。アメリカによる戦争拡大を正当化する情報と思われたが、ＶＥＩＬはむしろミスリーディングな断片情報だった。つかんだ時点では正確な情報だったかもしれない。だがソ連政治局では一九八六年秋、ゴルバチョフのアフガン撤退計画が支配的となっていた[18]。

ＣＩＡ分析官はソ連指導部の政策決定よりも、ソ連社会を揺さぶる圧力の方をよく理解していた。政治局内で何が起きていたかをＣＩＡが本当に理解するのは、ソ連崩壊後のことだ。「日々の報告は正確だったが、最高レベルでの政治に関する情報が欠けているため限界があった」。ＣＩＡの主要ソ連分析官だったロバート・ゲーツはのちにこう述懐している。「われわれは細かい出来事を注視したが、一歩下がって幅広い展望を得ることをしなかった[19]」

ソ連が崩壊に近いところまで蝕まれているとの洞察も、得ることができなかった。一部のＣＩＡ分析官はゴルバチョフの改革者としての誠意を疑い続けた。レーガン大統領を始めジョージ・ブッシュ副大統領やケーシーＣＩＡ長官、キャスパー・ワインバーガー国防長官も同じ考えで、主要な大統領補佐官たちも同様だった。ワシントンとラングレーでは、ソ連の国力弱体化を示すあらゆる証拠を割り引いて見るシステムが機能しているようだった。ＣＩＡのソ連分析官は、モスクワは一枚岩で強さを増しているとの報告を書き続けた。ケーシー長官の任期中には、右派のイデオロギーに近寄りすぎることへの罰則はほとんどなかった。ＣＩＡ担当官の目には、分析官たちが少なくとも部分的にはケーシーによって政治化されたと写った。それは別にしても、ＣＩＡ情報本部、とくにソ連・東欧局では、すべての分析官の職業生活と事業計画や予算、将来の計画が、モスクワに強力な共産主義者の敵が存在するという前提の上に成り立っていた。レーガン政権は、ソ連は強力だという確信と、ゴルバチョフの改革に対する疑念に縛られていた。

ゴルバチョフが秘密裏にソ連軍のアフガニスタン撤退を決定したころ、ＣＩＡ情報本部はアフガン戦争が「ソ連経済を大して消耗させていない」とする報告書を出した。モスクワは「あらゆる負担を背負う意思を示し続けている」という内容だった。ＣＩＡイスラマバード支局では「戦争が無限に続くか、ソ連が勝利の間際にいると考えられていた」[20]。

ゴルバチョフは一九八六年十二月初旬の金曜日にアフガンのナジブラ大統領をモスクワに呼び出した。カブール大学でヘクマティアルが工学を学んだのと同時期に医学生だったナジブラは、ＫＧＢがそれまでに選んだ候補者よりも信頼できそうなアフガン民族主義者だった。アフガン東部にルーツを持つパシュトゥン人ギルザイ系部族の一員で、夫人は王家とつながりのある一族出身。ナジブラは自信満々で話がうまかった。国家指導者として不都合なのは、国民の大多数に大量虐殺者と思われていることだった。

ゴルバチョフは、一年半から二年以内にソ連軍が完全撤退することに備え、アフガン国内で政治的足場を強化するようナジブラに内密に告げた[21]。

撤退に向けた地ならしのために穏やかな外交交渉を模索したゴルバチョフは、アメリカにアフガニスタンや中央アジアの将来について交渉する構えがまったくないことを知り愕然とした。アメリカ側は軍事的な聖戦にのめり込んだままで、ソ連撤退の可能性をまったく真剣に考慮していないようだった。ゴルバチョフは激怒し、「アメリカは、アフガン情勢が落ち着くのを何としても妨害しようとしている」と側近たちに語った。どういう選択肢があるだろうか？　ゴルバチョフはアフガンとのかかわり合いを終えたかった。アフガン人が自分たちで戦争を何とかできるとは思えなかったが、どう落ち着くにせよソ連の力と威信を保つ必要があった。「一〇〇万人のわが軍兵士がアフガンに行ったのだ」とゴルバチョフは言った。「完遂しない理由を国民に説明できない。これほどの敗北を喫したのは何のためだったのだ？」[22]

一九八六年十二月十五日、ゴルバチョフとナジブラの秘密会談から約一週間後の月曜日に、ウィリアム・ケーシーはイラン・コントラ事件に関する上院公聴会に備えるためCIA本部に到着した。一〇時すぎ、CIAの医師がケーシーの血圧を測っていると、彼の右手と右足が大きく痙攣しはじめ、医師が椅子に押さえつけた。

「何だこれは」とケーシーは頼りなさそうに聞いた。

「わかりません」と医師は答えた。救急車でジョージタウン病院に運ばれても発作は続いた。CTスキャンの結果、左脳に塊が見つかった。

ケーシーは結局回復しなかった。副長官のロバート・ゲーツが翌月病室を訪ねると「道を譲るときだな」とケーシー長官は言った。ゲーツは翌日、エドウィン・ミース司法長官、ドナルド・T．リーガン大統領首席補佐官とともに再び病室を訪れた。

ケーシーは目に涙を浮かべ、ほとんど話すことができなかった。リーガンはCIAの将来について尋ねようとしたが「『アアー、アアー、アアー』としか聞こえなかった」。ケーシーの妻ソフィアが「あなたが言いたいのは『最高の男を使え』ということよね？」と助け舟を出した。

リーガンが割り込んで「つまりあなたを交代させろということですね」と言った。ケーシーはまた音を出した。リーガンは「それはとても寛大なことで、みんなのためになります」と言った。ケーシーの目にまた涙が流れた。「私は彼の手を握り、話がついた」とリーガンが回想する。「だけどコミュニケーションはとれなかったんだ」(23)

ケーシーは六年間と一日、CIA長官を務めた。四カ月後彼はロングアイランドの自宅で亡くなった。七十四歳だった。

年が明けると、ISIのアフガニスタン作戦責任者でケーシーに心服していたムハンマド・ユーセフ准将は、ソ連領内への新たな越境作戦を計画した。ユーセフが言うにはケーシーの承認を得ていた作戦だ。

一九八七年四月に雪が溶けるとISIが装備を与えた三つのチームが密かにアムダリヤ川を越えてソ連領中央アジアに入った。最初のチームはウズベキスタン・テルメズの空港をロケット弾で攻撃した。次のチームはロケット弾と対戦車地雷を装備した約二〇人の反乱軍で、国境沿いの道路で待ち伏せ攻撃を仕掛けるようISIに指示され、ソ連の車両数台を破壊した。三番目のチームはソ連領内に一五キロ以上入ったところにある工場を約三〇発の高火力一〇七ミリロケット弾で攻撃した。この攻撃が行われたころ、CIAはソ連中央アジアの首都アルマ・アタ〔カザフスタンの都市アルマトイの旧称〕での街頭暴動をとらえた衛星写真をワシントンで配っていた。(24)

数日後、CIAイスラマバード支局でビアデンの電話が鳴った。CIA作戦本部のクレア・ジョージ本部長からで、改まった声だった。

「よく考えてから答えてください」と彼は言った。「ソ連領内に深く入ったところ、ウズベキスタンで先月起きた工業地への攻撃に、あなたは何らかのかたちでかかわりましたか」

「そういうことが起きていたとしても、われわれは関与していません」とビアデンは注意深く答えた。彼はこうした作戦への関与がアメリカの法によって禁じられていることを知っていた。CIAの権限を大きく逸脱するものだった。イラン・コントラ事件とその関連の調査はフル回転しており、CIAは一九七〇年代以来の政治圧力下にあった。作戦本部内を弁護士がうろついていた。以前にも同じような問題を抱えたことがあるビアデンとクレアは、いったんISIに提供した武器はもはやCIAの所有物ではなく、その使途に対する法的責任もないという立場を取った。「ブツがパキ側に渡ったあとは、われわれの統制は及ばないということです」とビアデンは言った。

ソ連側は自国領での攻撃にうんざりしていた。中央アジアでの死者数を数え終わると、彼らは鮮明な警告を携えた使者をイスラマバードとワシントンに送り「パキスタンの安全と統一」が危ういと脅した。侵攻の婉曲な表現だ。アメリカ側はモスクワに、ソ連領内での軍事攻撃をイスラム戦士に許可したことはないと断言した。パキスタンのジアウル・ハク大統領はチームを呼び戻すよう命じた。ユーセフは、チームを率いるアフガン人司令官たちは無線を持っていないので難しいと答えたが、ISI上層部は連日彼に電話し攻撃をやめるよう要求した。

ビアデンはユーセフに電話してうまいことを言った。「頼むから第三次世界大戦を起こさないでくれ[25]」攻撃が止まった。ケーシーが遺した最後の大騒ぎだった。

同じころ、雪から脱したソ連軍はアフガニスタン東部に進軍を再開し、ホスト近郊の峠を攻撃した。一九八七年四月十七日、ソ連軍ヘリコプターと爆撃機がジャジでウサマ・ビンラディンの新たな要塞を攻撃したのだ。国境の村を見下ろす岩だらけの丘に掘った裂け目と洞穴の集合体だ。

戦闘は約一週間続いた。ビンラディンと五〇人のアラブ志願兵は、スペッツナズを含む二〇〇人のロシア兵と対峙した。アラブ志願兵側の死傷者は多数に上ったが、激しい砲火の中で数日間持ちこたえた。十数人の仲間が死亡しビンラディン自身も足を負傷したらしい。彼はまたインシュリン注射を必要とし、戦闘の合間にときおり横にならねばならなかったとも伝えられる。ビンラディンたちは陣地を守り切れぬと結論づけ、撤退した。(26)

二、三キロ先から戦闘を見守った数人のアラブ人ジャーナリストがジャジの戦いを日々記録したことで、ビンラディンの戦士としての声望がアラブ人聖戦主義者の間に広がった。ウィンストン・チャーチルは一八九七年に英国軍と戦ったカイバル峠での戦闘を振り返って、銃撃されて被弾を免れること以上にぞくぞくする興奮はないと語っている。ビンラディンも同様の経験をしたようだ。ジャジの戦闘後、ビンラディンは超大国に立ち向かうアラブ志願兵の勇敢な戦いぶりを知らしめるメディアキャンペーンを始めた。ペシャワールと母国サウジアラビアでのインタビューや講演を通じて、ビンラディンは大義のための新兵を募り、また軍事的指導者としての自身の役割を記録に留めようとした。彼はまた聖戦の包括的な目標を詳述しはじめた。

アフガン戦争は「孵卵器」にすぎないと考え、何とか謙遜を装ってアフガン人について書き残したエジプト人医師アイマン・ザワヒリは、この一九八七年のメディアキャンペーン中に初めてビンラディンに会ったようだ。ビンラディンはザワヒリの病院を訪ね「自分がしている講演について話した」(ザワヒリの回想)という。ビンラディンはソ連だけではなく中東の腐敗した政権やアメリカ、イスラエルを対象とした世界的聖戦の必要性を公然と語った。ザワヒリは話を聞き、ビンラディンにこう告げたことを覚えている。「今すぐに護身の方法を変えるべきです。安全確保のシステムを変えねばなりません。ロシア人と共産主義者ばかりでなく、アメリカ人とユダヤ人もあなたの首をねらっているのです。あなたがヘビの頭をたたいているからです」[27]

ビンラディンは自分が乗馬している姿やアラブ志願兵と話している場面、ラジオで話しているところに銃を撃っている姿を写した五〇分間のビデオを作らせた。カメラが回っていないところで多くの司令官たちが日常的に行っていることだ。彼はアラブ人ジャーナリストを探しては長時間のインタビューを行った。「メディアを利用してより多くのアラブ人の注意を引き、アフガンにアラブ人を呼び寄せるためだった」とジャーナリストの一人が指摘する。主にアラビア語圏にねらいを絞ったビンラディンのメディア戦略が誕生した。一九七〇年代から八〇年代前半にかけて世俗的なパレスチナのテロリストや民族主義者が行ったメディア戦術に基づいていた。

アブドラ・アッザムは内々に、ビンラディンのメディアキャンペーンに対する憤慨を口にしていた。「ウサマがしていることを見てごらん。若者を集めて訓練している」。当時ペシャワールにいた同僚の一人によると、アッザムはこう語った。「私たちの方針や計画とは違う。私たちはこの人びとに奉仕するために来たんだ。だから奉仕事務所と呼ばれている。彼は、アフガン人とともに活動するのを好まない若者を集めて組織化している」。この元同僚はビンラディンが「ただペシャワールに座って、この指導者やあの政府を攻撃するファトワ（イスラム法に基づく裁定）を出し、政治をもてあそんでいた」と記憶している。[28]

ビンラディンは戦闘の手ほどきを受けた。その後は何カ月間も戦場に戻ることにはほとんど興味を示さず、一週間ほどだったジャジの戦闘よりもずっと大がかりなコミュニケーション戦略に足を踏み入れていた。

ケーシーの死は、ＣＩＡとパキスタンの関係が変化する予兆となった。アメリカの圧力を受けたジアウル・ハク大統領はパキスタン国内での戒厳令を緩和しはじめ、彼が取り立てた文民の首相は軍のアフガン政策に反対した。何年間も情報機関のトップを務めたアフタル・アブドゥルラフマンＩＳＩ長官は昇進を望み、ハクは儀礼的ながら格式の高いポストを与えた。ハクはＩＳＩの新長官に英語を流暢に話すカメレオン、ハミド・グル中将を指名した。少将への昇任を認められなかったムハンマド・ユーセフはこの春、ＩＳＩの秘密アフガン作戦責任者の座を退いた。後任のジャンジュア准将が引き継いだ作戦は、過去最大規模の資金はあるものの方向性が漂流しはじめていた。

聖戦の初期にＣＩＡとＩＳＩを結んだ人的つながりは壊れた。ワシントンでＣＩＡは政治的に守りに入っていた。ケーシーの死後の評価はイラン・コントラ事件に対する非難の中で急降下しており、彼が携わったすべてのことが汚れていると見なされた。アフガン戦争にかかわる国防総省職員や議員、シンクタンクの学者、ジャーナリスト、外交官の人数はどんどん増えていた。四、五人の男たちが発明し何年間か運営してきた聖戦への供給ラインは、一九八七年には何百人もが参加する作戦になっていた。

ワシントンでは、パキスタン情報機関とＣＩＡがアフガニスタンの急進的イスラム主義指導者を重視してきたことに対する厳しい質問が出始めた。初めのうちは学者やジャーナリスト、懐疑的な議員がそういう質問をしたが、アラブ人の聖戦主義志願兵についての質問は出なかった。ＣＩＡと国務省以外に、彼らの存在に気づいている者はほとんどいなかったからだ。その代わりヘクマティアルの信頼性に疑念が示された。彼はアメリカの国費から数億ドルもの支援を受け取って来たのに、ニューヨークに来て異教徒ロナルド・レーガンと握手をすることを拒んだ。ＣＩＡはなぜ彼を支援しているのだ？　こうした質問をする人たちは、アフガン王党派やマスード支持者らヘクマティアルの政敵にけしかけられていた。

議会での非公開公聴会や省庁間の会議などで、ＣＩＡ近東局は防御姿勢をとった。ヘクマティアルに対するＩＳＩの支援を頑強に擁護し、反ソ連の最も有能な戦士を戦場に送っているのはヘクマティアルだと主張した。また親米的なアフガン王党派やその同類については、銃も持てないと嘲り、ISIがヘクマティアルに対して「不相応な」支援をしているとの非難を退けた。議会の圧力を受けた秘密監査が行われ、イスラマバードに飛んだ議会スタッフがCIAやISIの書類を調べてどのアフガン人司令官がどの武器を受け取ったのか突き止めようとした。

ビアデンとCIAアフガン・タスクフォースの責任者フランク・アンダーソンは、こういう批判に憤慨した。ヘクマティアルにはISIを通じた支援の五分の一か四分の一だけしか渡らないように、時間をかけて手を尽くしたと自負していたからだ。ペシャワールを拠点とするマスードの指導者ブルハヌディン・ラバニ元教授は、公式ルートを通じてヘクマティアルとまったく同じだけ受け取ったが、パンジシール渓谷には少ししか渡さなかった。アフガン王党派の取り分が少なかったのは、パキスタンがイスラム主義者を支援してアフガンの政治を操ろうとしたからではなく、王党派が不正に走りがちで弱い戦士だったからだ。CIA担当官はそう主張した。

CIAが反論に使った統計は正確だったが、サウジアラビアやアラブ人からイスラム主義者に渡った資金については説明しなかった。ビアデンの推定だけでも月額二五〇〇万ドルに上る資金だ。またパキスタン情報機関とアフガン人イスラム主義者との密接な戦術的・戦略的提携関係（とくにパキスタン・アフガン国境地帯での）についても説明はなかった。[29] ISIは一九八〇年代後半までに、アフガン難民が創立した世俗派、左派、王党派の政党を排除した。ビアデンは、大使館での説明会や観光を兼ねたペシャワール近郊での昼食会で、あらゆる議会代表団を前にISIの戦略を頑強に擁護した。任務はソ連兵を殺すことです。ビアデンはそう繰り返した。グルブディン・ヘクマティアルはソ連人を殺した。ローマ郊外でパスタをクルクル巻いているアフガン国王は、一人も殺していない。CIAは「教養あるトンマ」に聖戦を運営させはしない。[30]

パキスタンの態度も移り変わっていた。ＩＳＩのアフガン局はパキスタン軍全体の中で最も裕福で力のある組織になり、その特権を守ろうとした。作戦の新責任者ジャンジュアは熱烈なイスラム主義者で、ＣＩＡ側は典型的なパキスタン軍兵士よりもかなり宗教的だと見ていた。ペシャワールではイマム大佐というゲリラ名を持つ恐るべきパシュトゥン人担当官がアフガン局の現地事務所を運営した。ヘクマティアルとの個人的結びつきが強い彼は、次第にＣＩＡ側との私的な会話でムスリム同胞団的な考え方を明かすようになった。前線のＩＳＩ担当官たちにとって、アフガンの大義は個人的信念とも重なり、政治的手腕だけでなく宗教的熱情も込めて果たすべき使命となった(31)。

パキスタン情報機関はジアウル・ハクの構想に沿ってカブールに友好的な政権を打ち立てる決意を固めていた。歴史的に不安定な西の国境地帯に、ひと息つけるスペースを設けるためだ。彼らのイデオロギーはイスラム主義であり（少なくとも一部の者にとっては個人的な信条でもあった）主な取引相手はヘクマティアルだった。ＩＳＩの大佐や准将たちはパキスタンの影響力を、アフガンを越えてソ連中央アジアに向け北上西進させることを心に描いていた。イマムら主要なパシュトゥン人担当官たちはアフガンと離れた任地に異動することがなかった。ＩＳＩとＣＩＡの統制が非常に厳しかったので、何百万ドルもの現金を摑んで逃げ出し、スイス銀行の口座に入金するというわけにはいかなかったが、その気になればＣＩＡが輸入した新車のトヨタトラックを売り払ったり、地元の密輸業者やヘロイン製造業者らから目こぼし料を取ったりすることは可能だった。ＩＳＩの同じ大佐や少佐たちが、カラチや、インドに直面するラジャスタンの砂漠地帯に赴任しようものなら、こんな多額の収入はあり得なかった。

アフガン人司令官のアブドゥルハクも、パキスタン情報機関に対する疑念を声高に主張する一人だった。彼はペシャワールを拠点とするアメリカ人ジャーナリストの間で人気者になっていた。カブール近郊での作戦中に地雷で片脚を失ったため、アフガン国内の移動は以前より制限されるようになったものの、彼はカブール周辺でのロケット攻撃を撮影するためCBSのカメラマンと協力し、ジャーナリストたちを国境地帯に案内し、ワシントンに飛んでロビー活動を展開した。アフガン政治を操ろうとするISIを糾弾する司令官の中で最も信頼でき、接触しやすい存在だった。彼の問いかけは的を射ていた。

アフガン聖戦の最終段階を、パキスタンの国益に沿って進めねばならぬ理由は何だ? 一〇〇万人ものアフガン人が命を失い、何十万人もの知識人や実業家、部族指導者たちが国外脱出を強いられた。アフガン人のためのアフガン戦後政治システムを国家指導者たちが建設するのを、ISIはなぜ妨害するのか? CIAのイスラマバード支局長ビアデンは、アブドゥルハクがPR活動に専念していることに激怒し、彼を非難してCIA独自の情報網から外した。CIA本部のフランク・アンダーソンは、アブドゥルハクが「PR活動がとくにうまい有能な司令官」である一方、あまり知られていないCIAのお気に入りに比べると「戦場での功績」が少ないと思っていた。ここで言うお気に入りとは、ビンラディンに近い熱烈なイスラム主義者ジャララディン・ハッカニらのことだ。ビアデンはアブドゥルハクについてこう語った。「アフガニスタン国内よりもかなり多くの時間をペシャワールで過ごし、メディアの相手をしている。私が彼のことを『ハリウッド・ハク』と呼ぶようになったことを耳にしたらしく、私に腹を立てていた」

ビアデンはペシャワールでヘクマティアルに三度会った。彼の英語はすばらしく、私的な会合ではよく機嫌を取るような態度を示した。自分の反米的な論旨が露見するにつれ、彼はCIAに殺されることを恐れるようになった。

「どうして私があなたを殺すのです」とビアデンが聞いた。

ヘクマティアルの答えはこうだった。「アメリカはもはや、私が生きていると安心できない」。

ビアデンは「あの男は自分を過大評価している」と言った。(32)

ソ連のエドアルド・シェワルナゼ外相は五月、ＣＩＡの支援を受けた反乱軍の裏をかくためにナジブラが推し進める「国民的和解」という新政策について、政治局中枢に説明した。この計画は「確実だがあまり大きくはない結果」を生んでいた。

彼らはみんなアフガニスタンにいら立っていた。国さえないのに国民的和解などという政策がなぜ出てくるんだ？　アフガンには国土という感覚もなく、ロシア人がロシアに抱く感情とは似ても似つかないと彼らは指摘した。

「イスラム教のないアフガニスタンはあり得ない。このことを覚えておかねばならない」とゴルバチョフは言った。「今その代わりになるものはない。もしも政党の名前が維持されるなら『イスラム』という言葉を付け加える必要がある。そういう状態にアフガンは戻らねばならない。イスラム戦士たちが草の根レベルの権力の座に就くよう、もっと積極的な働きかけが必要だ」。

大きな障害はアメリカだという点で政治局中枢の面々は一致した。アフガンから撤退するというソ連の判断に、アメリカはもちろん協力するだろう。われわれが真剣だとわかってさえくれれば。超大国間には共通の目的がある。中央アジアの安定とイスラム原理主義の封じ込めだ。

「われわれは本当の意味でアメリカ合衆国に働きかけたことがない」とゴルバチョフは言った。「彼らにこの政治的解決策を示し、招き入れねばならない。これは正しい政策であり、好機だ」(33)

シェワルナゼは九月にワシントンで、米国務長官ジョージ・シュルツとの間に築いた個人的信頼関係を生かして、前年秋にソ連政治局が下した決断を初めて明かした。双方の部下たちが地域紛争に関する協議を行っているときに、シェワルナゼはシュルツを秘密会談に誘い出した。シュルツの記憶によると、シェワルナゼは穏やかな単刀直入さで切り出し「われわれはアフガニスタンを去ります」と言った。「五カ月から一年の間に。遠い将来の話ではありません」。その重みをシュルツが理解できるように彼は言葉を選んだ。「全責任を賭けて言います。撤退の政治的決断はすでに下されました」[34]

シュルツはこの情報の重大性に衝撃を受け、半ばパニック状態となった。シェワルナゼが言ったことをレーガン政権の右派に伝えて真面目な話だと請け合えば、モスクワに対し甘いと非難される。彼はこの話を何週間も自分の胸にしまっていた。

シェワルナゼは「イスラム原理主義」が広がるのを抑えるためにアメリカの協力を求めていた。シュルツは共感を示したものの、ほかのレーガン政権高官は一人としてこの問題を真剣に考えなかった。パキスタン情報機関に圧力をかけてムスリム同胞団に連なる組織への支援を止めさせ、友好的なアフガン指導部を支援させるなど、彼らは考えもしなかった。ワシントンは、イスラム急進主義についてのソ連指導部からの警告を割り引いて聞いていた。こうした警告はソ連崩壊に対する関心をそらすためのものにすぎない。アメリカの強硬派はそう判断していた[35]。

ソ連はイスラム急進主義が国土の南端に浸食していることを懸念していた。アフガンから撤退すれば、野心的なイスラム戦士にとって次の前線はソ連国境になることがわかっていた。それなのに、ソ連のへクマティアル非難、イスラム主義者批判はどこかぎこちなく見過ごされがちだった。

一九八七年十二月四日、メゾン・ブランシェというワシントンDCの高級レストランで、CIA長官代行のロバート・ゲーツはソ連スパイ機関の長であるウラジミール・クリュチコフKGB議長と夕食をともにした。前例のないことだった。二人は米ソ関係全般について話し合った。クリュチコフは当時CIA内部にオルドリッチ・エームズというスパイを送り込み成果を上げていた。うぬぼれの強い印象をゲーツに与えたのは、そのためだったかもしれない。

クリュチコフはソ連がアフガニスタン撤退を望んでおり、政治的解決策を見出すためにアメリカの協力を必要としているとゲーツに語った。クリュチコフとソ連指導部は、シーア派イラン政権のスンニ派版のようなイスラム原理主義政権がアフガンで実権を握ることを恐れていた。「あなた方はイスラム原理主義国家一つを相手にするだけでも手いっぱいのようです」とクリュチコフはゲーツに言った。(36)

ゴルバチョフはソ連の撤退と引き換えに、CIAにアフガン反乱軍支援を止めるよう説得できるのではないかと期待していた。レーガンは五日後の首脳会談で、それは不可能だとゴルバチョフに告げた。その翌日、ゴルバチョフはジョージ・ブッシュ副大統領とかけ合ってみた。「アメリカの支援が続いたままソ連が撤退を始めれば、アフガンには血まみれの戦争が起きる」と。

ブッシュは「アフガンに完全な親米政権を導入することは、われわれが望むところではありません。それはアメリカの政策ではないのです」と言ってゴルバチョフを慰めた。(37)

この当時アメリカにはアフガン政治に関する政策がなく、パキスタンが情報機関を通じて目標を実現するのを事実上後押ししていた。CIAはこの時期、戦後のアフガンはひどい混乱に陥ると繰り返し予測していた。誰にも止めることはできない。地域の政治を片づけるのはパキスタンに任せよう。ここは彼らの地域なのだ。

ゲーツはシュルツ国務長官、マイケル・アマコスト国務次官、モートン・アブラモウィッツ国務次官補にジョン・ホワイトヘッド国務副長官と大晦日の陽気な昼食を囲んだ。彼らは冗談を交えながら、シェワルナゼが九月にシュルツに伝えた撤退案は本気なのかどうかを論じた。CIAの見方を反映したゲーツだけが、ソ連軍の撤退はあり得ずモスクワは政治的な策略を講じていると主張した。

ゲーツはアマコストとの間で、レーガン政権任期中にソ連のアフガン撤退はないことに二五ドル賭けた。ゲーツが賭け金を払ったのは数カ月後のことだ。(38)

第9章 勝った

エドモンド・マクウィリアムズは筋金入りの米国務省外務局員だった。熱心で真面目、几帳面で真剣。強硬な反共産主義者で勤勉、外国語に精通しているとの評判だった。一九六〇年代にロードアイランドで成人した。父親は工場労働者で、母親はカフェの手伝いで安月給を稼いでいた。ベトナムをめぐる大変動の最中にロードアイランド大に入学して東南アジア研究に没頭し、次第に保守派の大義を支持するようになった。戦争末期になってもアメリカのベトナム関与は正しいと強く信じていた彼は、陸軍志願兵となってベトナム語を四七週間学び、一九七二年に米陸軍情報士官としてサイゴンに着任した。ベトコンや北ベトナム捕虜の取り調べが専門で、収容所間を行き来しては共産主義勢力の戦闘作戦に物資供給、戦略計画の詳細を聞き出し分析した。その後は外交官に転じる。ロシア語を学んで一九八三年モスクワの米大使館に赴任。政治担当官としてソ連の人権侵害に取り組んだ。中央アジアを広範に回り、ソ連による民族主義とイスラムへの弾圧を報告した。ＫＧＢに監視される生活にも慣れた。彼はさらにダリー語を学び、アフガニスタン戦争最中の一九八六年にカブールに赴任。少人数でプレッシャーにさらされる米大使館のナンバー2となった。数人のＣＩＡ担当官とともにカブール市内を車で回り、シートに取り付けた隠しカメラでソ連軍の装備や配置、部隊の移動などワシントンで役に立つことは何でも撮影した。彼はソ連による暴虐ぶりの詳細や戦場での失敗、政治力の乱用ぶりなどを公電で報告した。マクウィリアムズと大使館の同僚たちはKGBとアフガン情報機関の監視下にあり、カブールの外に出ることを禁じられ、交際相手も他国の外交官かスパイにほぼ限られた。彼らは「冷戦の戦士」となり、「われわれは給料をもらって反ソ連の政治宣伝を書いている、と非常に自虐的に感じていた」(1)。

一九八八年初頭の在カブール米大使館には二つの大きな疑問があった。ソ連は本当に撤退するのか。もしそうなら、元秘密警察長官のナジブラが率いるアフガン共産政権に何が起きるのか。

この時期にCIAがワシントンの政策立案者に送った機密分析は二つの点を強調していた。ゲーツと情報本部ソ連局は、ゴルバチョフが部隊撤退を完遂することに疑念を抱いている。もしソ連第四〇軍が本当に撤退すれば、ナジブラの共産政権はすぐに崩壊する――。CIAの分析官はこの一月と二月に複数の報告書で、ソ連軍が去ればアフガン共産政権は権力を維持できないと自信たっぷりに指摘した。生き残りを求めるナジブラの将軍たちは装備を抱え、次々にイスラム戦士の元へと走るだろう。

マクウィリアムズは欧州外交官らとのパーティーや夕食会の席上でこうした推測を繰り広げた。マクウィリアムズもCIAと同様に、ナジブラはソ連軍事力の傀儡でありアフガン国内で自立はできないと信じていた。だが英国やフランスの外交官たちはCIAの見方に疑問を示した。アフガンの軍人と民間人には、パキスタンの支持を受けたイスラム急進主義政府が権力を握ることに対する強い不安感が広がっている。とくにヘクマティアルに対する不安だ。どれだけ貧しくひどい扱いに苦しんでいるといっても、カブール市民には手放したくない特権があった。安月給ではあるが政府の職はたくさんあり、何万人もの女性があまりおしゃれではない東欧的なスカートとハイヒール姿で通勤していた。イスラム主義者が権力を握ったら生活はどうなってしまうのか。アフガン人はナジブラを憎んでいたが、ヘクマティアルのことは恐れていた。ナジブラが野心的な反乱軍司令官と停戦を結び始めたらどうなるか。もしかしてマスードとも？　アフガン民族主義を唱えれば持ちこたえるのではないか。部隊の撤退後もソ連が何十億ドルもの経済支援をカブールに送り続け、ナジブラがイスラム戦士側の軍閥を買収できるようにしたらどうだろうか。

マクウィリアムズは一月にワシントンとラングレーのCIA本部に送った秘密公電に、この「悪夢のシナリオ」を書いた。大使館の見方ではないと強調した上で「現政権がほぼ無傷で生き残ることを可能にするシナリオとしてカブールの専門家たちが心配しはじめている」と指摘した。ナジブラがいかにして生き残りを図るか詳細を説明し、マクウィリアムズは大使館を代表して「このシナリオは困ったことに妥当である。（アフガンの）自決権を犠牲としてソ連軍撤退を平和裏に達成できる」と結論づけた。[2]

二月十九日、ゲーツは国務省でシュルツ国務長官や高官らの会議に出席した。CIAの分析は、ソ連撤退後のアフガンが「イスラム戦士組織間の権力闘争で混乱し、結果として脆弱な中央政府と地方の強力な部族指導者が出現する」との考えで一致。ナジブラについては、ソ連軍の活発な軍事支援がなければ政権存続は不可能だと分析していた。

ジョン・ホワイトヘッド国務副長官とモートン・アブラモウィッツ国務次官補は、CIAは間違っていると思うと述べた。彼らは、ナジブラが反乱軍司令官らと取引を始め、CIAが考えるよりも長い間権力の座に居残ると予測した。

レーガン大統領の国家安全保障問題担当補佐官に任命されて間もないコリン・パウエルが、ゲーツに直接尋ねた。ナジブラは生き延びるのか。どれぐらいの期間か。アフガン軍の能力は。パウエルはCIAが「二つの前提」について「非常に強く決めつけている」ことに懸念を表明し、考え直すよう求めた。[3]

ゲーツの監督下で米情報機関全体がこの問題を再検討し、特別の国家情報評価をまとめた。この機密文書は「USSR　アフガニスタン撤退」と題され「ソ連からの継続支援があったとしても、ナジブラ政権はソ連撤退完了後、長期間は存続しない」と断定し「政権は撤退完了前に崩壊する可能性がある」と宣言した。

CIAは後継政権について「イスラム主義になるだろう。原理主義的になる可能性があるが、イランほど過激ではないだろう。西側に対する新政府の姿勢については確信を持てない。最善でどっちつかず、最悪の場合には、とくにアメリカに対して非常に敵対的になる可能性がある」と予測した。[4]

カブールの次期政権がアメリカに対し「非常に敵対的」になると思うなら、もっと友好的で安定したアフガン政府を生み出すための早急な政治交渉をアメリカはなぜ行わなかったのか。アフガンの知識人や王党派はそれを呼びかけていた。CIAが考えたようにナジブラ政権の早期崩壊が不可避だったのなら、ヘクマティアルと国際的イスラム主義を封じ込めるためにも、そうした政治調停はなおさら緊急に必要だったのではないか。

だが米政府内には根本的な問いをめぐる深い分断があった。ゴルバチョフのアフガン構想は予想外で、注意深く見直されることもなかった。各個人や部局が別々の方向に向かって同時に進み出そうとしていた。CIAと国務省はアフガンよりもゴルバチョフとソ連に重点を置いた。一九八八年が深まるにつれて突然、冷戦期における全体的な核の均衡、政治力の均衡が問題となっていた。中央アジアの将来は彼らの重要項目リストの上位にはなかった。

ゲーツはゴルバチョフの真意を疑い続けた。政権内で孤立し残り時間が少なくなっていたシュルツは、ソ連のアフガン撤退を可能な限り短期間で、かつ込み入った問題なく完了させる方法を求めていた。ソ連撤退後にイスラム戦士がカブールに進軍するのを食い止めようとはしなかった。アフガン移行政権発足を交渉するなど問題外だった。そんなことをすればアフガンの政治でアメリカがうまくやれるかどうかが、ソ連軍の撤退ペースを左右することになってしまう。きわめて不利な賭けだった。

アフガン・タスクフォースの責任者フランク・アンダーソン率いるＣＩＡ近東局は、アフガンでのＣＩＡの仕事は終わったと主張しはじめた。ＣＩＡはソ連と同時にアフガンを出るべきだ。秘密作戦はソ連の力と攻撃性を弱めるためのものだった。それを復興計画のようなものに転じるのは間違いだ。そんな計画が成功するわけがない、と近東局は訴えた。

ビアデンは後年、こう語った。「われわれはナンガルハル〔アフガン東部の州〕の長期的将来像など、本当に気にしていたか。結局のところ、そんなもの気にしなかったのだ[5]」

ＣＩＡ近東局にとって、勝利の瞬間になって自分たちの芝生に入り込んできた国務省の外交官たちは目障りな存在だった。ＣＩＡの仮説に疑問を投げかけ、ヘクマティアルやイスラム主義者に対するパキスタンの支援について苦情を言い募り、平和的解決に気をもんでみせる。ピンストライプのスーツを着たこの馬鹿者どもは、ＣＩＡが「本当に成功するのか」という懐疑論の中で苦労していたころ、どこにいたんだ？ ラングレーのＣＩＡ本部ではそういう不平が高まった。国務省の外交官連中と議会のお仲間は、アフガン戦争を元の状態に戻せると考えている。欧州で何度か会議を開催し、国外亡命中の国王をブラスバンドの演奏付きでカブールの宮殿に迎え入れる。いったいどんな世間知らずのいい子たちなんだ？ アフガン人は自分たちで解決しなければならない。アメリカは助けることができないし、助けようとすることはアメリカの国益にならない。ＣＩＡ近東局内に広がったこういう考え方のうち、どれだけが注意深い思慮を経たもので、どれだけが国務省や議会の後知恵に対する感情的反発だったかはわからない。ＣＩＡ史上最大の成功を収めた秘密作戦について、たわ言はもう十分すぎるほど聞いた。彼らはそう感じていた。ソ連が撤退する。それで十分だ。

ＣＩＡは、アフガニスタンの政治はパキスタン情報機関が主導すればいいと考えていた。たとえヘクマティアルがカブールに入ることになっても、だから何だと言うのだ。パキスタンがイデオロギーや政治的イスラムを用いてアフガンで覇権を握っても、アメリカの国益への大きな脅威になるとは思えない。CIA近東局の担当官たちはそうみていた。仮にヘクマティアルに懸念を抱いたとしても（多くの担当官は懸念を抱いていた）、この時点でISIの計画を食い止める術は見当たらなかった。だから彼らはISIを支持した。トゥルキ王子と協議したのち、CIAはサウジアラビア情報機関とともにパキスタンへの武器輸送を加速した。外交的な制約によって、いつ供給が制限されるかわからなかったからだ。

パキスタン情報機関の新長官ハミド・グルは、反乱軍にもっと公式な軍事作戦を行わせ、アフガン主要都市に圧力をかける新計画を抱いていた。グルは、自分の仕事は「ロシア人を追い出すことで、それ以外のことは考えない」という立場だった。ISIアフガン局に定着した大佐や准将たちに比べ、グルはヘクマティアルとの個人的結びつきが薄かった。アフガン局での経験もほとんどなかった。米国防情報局（DIA）はイスラマバードでのグルとの接触を通じて、彼の親欧米的姿勢を強調する経歴書をまとめた。だがこの人物像はほぼ完全に誤りだった。丸顔で早口、アメリカ流の言い回しを使いこなすグルは変わり身も速かった。一九八七年以降彼はトゥルキ王子と参謀長のアハメド・バディーブ、ほかのサウジ情報機関担当官と緊密に協力した。サウジにとってグルは敬虔で献身的なイスラム教徒だった。サウジ側はメッカにあるカアバ神殿の記念品などの贈り物を何度か送った。それでも八八年の段階でアメリカは、グルを自分たち側の人間だと思っていた。ビアデンに対しグルは「穏健なイスラム主義者」を自称した。(6)

グルはヘクマティアルやほかのイスラム主義者たちに金と武器を与え、彼らは戦うからだ、と理由を説明した。軍事のプロとして行動し、亡命アフガン知識人やテクノクラート、王党派や政治家たちは支援しなかった。グルはこうした「外国の首都でいい暮らしをしている」アフガン人は切り捨てる決意だった。この点で彼はＣＩＡイスラマバード支局長、ビアデンの全面的支援を受けた。ビアデンはシブガトラ・ムジャディディのような西洋化されたアフガン反乱軍指導者は腐敗しており機能しないと見なした。ムジャデディ一派の「唯一の強み」は「広報の才能」だとビアデンは言う。サイド・アハメド・ガイラニはビアデンとの会合に「絹とカシミアのスーツ」で現れ「アフガンにはほとんど滞在しない」ことでビアデンの不興を買った。ビアデンはＩＳＩに対し、スティンガーやミラン対戦車砲のような強力なハイテク兵器を、パキスタン・アフガン国境地帯、とくにパクティア州とナンガルハル州で戦っているイスラム主義者のパシュトゥン人司令官に供給するよう働きかけた。ビアデンによると、これらの地域では「ソ連が依然として大規模な攻撃を仕掛けていた」[7]。

ジアウル・ハク大統領は、ソ連の撤退前にアフガン暫定政府樹立に関する何らかの合意をまとめるよう求めた。隣国を安定させるためだ。アメリカが関心を示さないことが明らかになると、ハクはパキスタン軍と情報機関がカブールに友好的な政権を発足させるため動くと公言した。インドと敵対するパキスタンの国益を擁護し、パシュトゥン民族主義がパキスタン国内で高まることも防ぐ政権だ。ハクは、これがパキスタンにとって正当な取り分だと考えた。「われわれは（カブールに）非常に友好的な政権を実現する権利を勝ち得た。パキスタンは前線国家としてリスクを負った。インドとソ連が影響力を振るい、アフガンがわが国の領土に領有権を主張するような戦争前の状態に戻ることは許さない。新たな政権は真にイスラム的で、いつかソ連のイスラム教徒にも届くイスラム的ルネッサンスの一部となる」[8]

ワシントンでこの冬ＣＩＡとＩＳＩに対抗したのは、レーガン政権と議会に根づく依然として強力な保守・反共産主義のネットワークだった。この若い政策立案者たちは多くがカイバル峠を訪れた経験を持ち、ＣＩＡがアフガンから撤収すればアフガン反乱軍の大義が失われると懸念した。アメリカは諦めてはならない。「アフガンの自決権」と、「自由の戦士たち」が政府を選ぶことが目標であるべきだ。ナジブラの凶悪な新共産政権が生き延びては、イスラム戦士の勇敢な戦いに対する裏切りだ。この保守的アメリカ人の間で、ヘクマティアルとイスラム主義者に対する意見は割れていた。勇敢な反共主義者だと敬う者もいれば、反米主義を懸念する者もいた。いずれにせよ、CIAの分析や政策判断に対抗する勢力が政府内に必要だとの考え方が広がった。ゴードン・ハンフリー上院議員は一九八八年、アフガンに政府特使を派遣するよう要求した。ISIに聞こえないところで反乱軍指導者と協調し、ニーズを調査し、米政府の政策に提言を行うことを任務とする特使だ。現地の言語が話せて地域を知る専門家で、折り紙付きの強硬な反共主義者が求められた。

国務省はエドモンド・マクウィリアムズを推薦し、彼がアフガン反乱軍に対する米特使に任命され、一九八八年晩春にイスラマバードの米大使館に派遣された。この人事にマクウィリアムズは奮い立った。アフガン聖戦の終盤情勢について独自の報告をまとめ、CIAや国務省、議会に彼の公電が配布される。重大な局面で、米政策上の主要論点に新鮮で独立した声を届けられるのだ。

マクウィリアムズがイスラマバードの大使館に到着後ほんの数週間で、CIA支局長のビアデンは彼に「あの邪悪な小さい人」というあだ名をつけたという(9)。

一九八八年四月十四日に署名されたジュネーブ和平合意により、ソ連の撤退日程が公式に承認された。これはアフガニスタン共産政権とパキスタン、アメリカ、ソ連の政府間合意であり、アフガン反乱軍は交渉に加わらなかった。合意は大義に対する陰謀だとして非難する者もいた。

ゴルバチョフはアフガン撤退の意欲を示せば、CIAのイスラム戦士支援を停止するようアメリカを説得できると期待した。だがロナルド・レーガンは八八年初頭のテレビ局とのインタビューで、ソ連がナジブラに軍事・経済支援提供を継続するなら、米政府がアフガン反乱軍への支援停止を強いられるのは公正ではないと述べた。これは予定になかった発言だった。米外交当局はＣＩＡの支援停止を受け入れる準備をしていたのだ。彼らは大急ぎで路線変更を迫られ、モスクワがカブールの政府に支援を続ける限り、イスラム戦士に対する銃と金の提供をＣＩＡに認める内容の基本原則を取り決めた。

最初のソ連軍部隊が一カ月後にジャララバードを後にした。装備を携えた約一万二〇〇〇人の部隊だ。ＩＳＩ側とともにビアデンとＣＩＡ担当官は、退却時にソ連兵を殺さないよう、長い時間を費やして反乱軍司令官たちを説得した。アフガン民兵は一世紀前に撤退する英帝国軍兵士を殺害していた。ほとんどの地域で反乱軍司令官はソ連軍の通過を認めた。

部隊の撤退に合わせ、物理学者で人権活動家のアンドレイ・サハロフが人民代議員大会で演説した。彼に発言の自由が与えられたことはモスクワに新時代の訪れを告げていた。「アフガンでの戦争それ自体が犯罪、犯罪的冒険だ」と彼は述べた。「この犯罪によって約一〇〇万のアフガン人が命を奪われ、破壊的な戦争が人民全体に仕掛けられた。これは非道な罪であり、非道な不名誉だ。われわれは指導部の恥辱を洗浄しなくてはならない」(10)

八月上旬にビアデンはイスラマバード支局で、興奮したＩＳＩ担当官から電話を受けた。ソ連の最新鋭戦闘機ＳＵ25がパキスタン国境の「オウムのくちばし」地区近郊で撃たれた。ソ連人パイロットは脱出し機体は軟着陸し、損傷はほとんどなかった。

いくら払う？　ＩＳＩ担当官は聞いた。

ビアデンは機体の計測制御装置を収めたノーズ・コーン〔機体先端の円錐形の部分〕の状態と、兵器の損傷具合を尋ねた。両方とも無事だという。交渉が始まり、最終的にＩＳＩは、トヨタのピックアップトラック五～六台とＢＭ12ロケット砲数基という値段でこの機体をＣＩＡに売った。ビアデンはこの戦利品を輸送機に載せるためにCIAと空軍の混合チームをワシントンから呼んだ。

翌朝ISIからまた電話があった。パイロットが生存したままアフガン反乱軍にとらえられた。「何てことだ。パイロットをコックピットに入れるなと伝えてくれ」とビアデンは言った。部隊撤退の最中にソ連兵が拷問されたり、殺害されたりすることだけは避けたいと考えたビアデンは、パイロット用にさらにピックアップトラック数台の追加提供を申し出て、ISIは了承した。パキスタン情報機関はこの捕虜を四～五日尋問した。ビアデンは捕虜となったパイロットに対するいつもの提案をした。「胸の大きいブロンド娘、釣り用のモーターボート、アリゾナ州ナンバーのピックアップトラック」。だがISIは、ソ連軍士官は亡命を拒んでいると伝えてきた。ビアデンはソ連側と接触し引き渡しを調整した。パイロットの名はアレクサンドル・ルツコイ。何年か後にロシア大統領ボリス・エリツィンに対する政変を率いる男だ[11]。


SU25を買った何日か後、ビアデンの自宅の電話が鳴った。一九八八年八月十七日のことだ。ジアウル・ハク大統領の飛行機がバハワルプル近郊で落ちたという知らせを大使館員が伝えてきた。バハワルプルではハク大統領とアフタル・アブドゥルラフマン、アメリカのパキスタン大使アーノルド・ラフェル、両国の軍士官らが、アメリカが売り込む新型戦車のデモンストレーションを視察していた。

ビアデンは最も緊急時に使う公電をラングレーの本部に送った。ハクが死亡したのなら危機を分析するために米政府全体が早急に動く必要があった。翌朝、墜落が確認された。戦車お披露目のあと、ハク大統領はアブドゥルラフマンとラフェル大使、米軍准将、自分の側近たちをアメリカ製C130輸送機に招き入れ、イスラマバードに向けて飛び立った。離陸数分後にプロペラエンジンをフル回転させたまま同機は墜落。すべての遺体と機体の大部分は黒焦げに焼けた。

ラングレーのCIA本部は、SU25移送のためパキスタンに滞在していた米空軍チームを現地に派遣し、墜落事故を調査させるよう命じる公電を送ってきた。チームには残骸を調査する権限が与えられた。ビアデンは「訪問中の技術者を使うのは誤りです。彼らがどんなにいいことをしようとも、ハク大統領の飛行機が墜落した翌日にCIAの人間が残骸をつつき回したという事実のほうが重みを持ちます。われわれが事故現場で何をしていたのか、墜落にCIAが関与した痕跡を隠すため現場に何を付け加え何を取り除いたのか、という質問が延々と続くでしょう」という返事を送ったことを覚えている。CIAを捜査に関与させてハクの死に関する疑惑や疑念を悪化させるのはナンセンスだった。ビアデンにはすでに、陰謀論に取りつかれたISI連中の考えていることがわかっていた。なぜビアデンは乗っていなかったのだ。どうして離れていたほうがいいとわかっていたのだ[12]。

ワシントンのパウエル大統領補佐官はホワイトハウスの作戦司令室で会議を開き、CIAからは作戦本部の近東局を率いるトーマス・トゥエッテンが出席した。この地域を担当する国家安全保障会議の部長ロバート・オークリー、国防総省からはリチャード・アーミテージ、国務省からはマイケル・アマコストが出席した。パキスタン側はこれが故意の攻撃、しかも国家の存続そのものを対象とした連続攻撃の皮切りではないかと恐れていた。会議では政府高官の派遣団をイスラマバードに送り「どのような脅威があってもアメリカは強力に支援することをパキスタン側に知らしめ、この飛行機に何が起きたのか、ほかに何が起きようとしているのか、最大限の情報収集をする」ことが決まった。オークリーがのちにそう説明している[13]。

アメリカ側にはどう考えればいいかわからなかった。ロシアがやったのか。アフガンをめぐるKGBの最後の報復か。イランか、インドか。米政府は警告の公電を世界各地に送り始めた。オークリーの表現を借りれば「パキスタン人に悪さをすれば、アメリカがおまえをやっつける」という内容だった。またあらゆる情報機関に対し、通信の傍受や衛星写真などハク大統領殺害の陰謀の証拠をつかむことに専念するよう命じた。何も見つからなかったが、それでも確信は持てなかった。

その夜、作戦司令室にいた面々のほとんどは一九番通りのパーム・レストランで行われたラフェル大使の通夜に向かった。ラフェルは有名でみんなに好かれた外交官だった。共和党大会のためニューオーリンズにいたシュルツ国務長官は、レストランにいたオークリーに電話し、ワシントン郊外のアンドルーズ空軍基地に向かうよう告げた。シュルツに合流し、ハク大統領の葬儀に出席するためパキスタンに向かう。ラフェルの後を継ぐ米大使としてイスラマバードに残ることになるから、荷物は十分持つように。

チャーリー・ウィルソン下院議員が同じ飛行機でシュルツに同行した。アーミテージとアマコストもそうだった。彼らは機内で集まって緊急事態の対応策を協議し、パキスタンに対するアメリカの新政策を書き直した。アメリカはパキスタンの軍、情報機関との関係を深める。ハク後の移行期を乗り切るために緊密な連携が以前にも増して必要だった。また新たな文民政権を選出する民主的選挙も支援する。ハクはその方向に向かっており選挙の日程も決まっていた。さらにアメリカは、外部の脅威に対するパキスタン防衛を支援する。(14)

神経が落ち着くまでに数週間かかった。米パキスタン空軍の合同捜査で、事故に機器の不具合が関連したことを示す状況証拠は集まったものの、正確な原因は推定するしかなかった。情報当局が総力を挙げたが、陰謀による殺害だったことを示す会話やほかの証拠は見つからなかった。ハクの後継となる陸軍参謀長、温和な読書家の将軍ミルザ・アスラム・ベグは、軍が予定どおりに選挙を実施し、政治から撤退すると発表した。またソ連にもアフガン撤退計画を変更する兆候はなかった。十月になると、長期間に及んだハクの独裁体制からの移行は、死亡時に予測されたよりも円滑に進むと考えられるようになった。

アフガニスタンの聖戦はその創始者を失った。現代パキスタン情報機関の設計者であるアフタル・アブドゥルラフマン将軍も死んだ。だがジアウル・ハクとアブドゥルラフマンは、大きな不朽の遺産を置いていった。一九七一年には、パキスタン国内のマドラサ（イスラム神学校）は九〇〇しかなかった。八八年になると公的なものだけで八〇〇〇、未登録のものは推定二万五〇〇〇に及んだ。その多くはアフガン国境沿いに集中し、サウジアラビアなどペルシャ湾岸諸国の富裕なパトロンから資金提供を受けていた。[15] 一〇年近く前にアブドゥルラフマンが引き継いだとき、ISIはパキスタン軍の士気の低い一部署で、政権の安全確保とインドとの果てしないスパイゲームに専念していた。今やISIは軍の中の軍となり、気前のいいパトロンを何人も確保。極めつきが、サウジアラビアのトゥルキ王子率いる統合情報局だった。ISIはCIAとも作戦上の提携関係にあり、ときには世界最先端のテクノロジーや情報収集システムの力を借りることができた。またISIはイスラム世界全域からパキスタンに志願兵を受け入れた。戦士たちはパキスタンの外交指針をアフガンばかりでなく、東側の国境カシミールでも追求してくれた。アフガンで訓練を受けた聖戦主義者たちがインド兵の血を流すようになったのだ。ISIはパキスタン軍の主要な内政担当組織として電話を盗聴し、議員を買収し、必要と判断すれば全国で投票結果をコントロールした。ソ連のアフガン侵攻から一〇年もたたないうちにISIは軍の枠を離れ、CIAとサウジの補助金によってパキスタン最強の組織に変身した。何をするにもISIの同意が必要だった。

エドモンド・マクウィリアムズはイスラマバードに到着して間もないこの夏、アフガン国境をジープで勢いよく動き回った。ジアウル・ハク大統領とラフェル大使の死後、米大使館は混乱の最中にあった。ロバート・オークリー率いる新態勢はようやく動き始めたばかりだった。マクウィリアムズが特使という立場と語学力を生かし、現場に潜り込んでできるだけ多数のアフガン人司令官や知識人、難民と話をする好機だった。彼は護衛を避け、大使館での公務のない週末に出張した。ソ連撤退でイスラム戦士が直面する問題は何か、ソ連撤退後のアフガンで何がアメリカの利益になるのか、そして現場では実際に何が起きているのかを知りたかった。

彼は約二カ月かけてパキスタンの部族地域を回った。ペシャワールではアブドゥルハクや、イスラム戦士の指導者であるサイド・アハメド・ガイラニ、ユニス・ハリスらと長時間過ごした。アハメド・シャー・マスードの兄弟ヤヒヤもペシャワールに移り住み、パンジシール出身の兵士のための事務所を開設していた。マクウィリアムズは丘の上を車で走り回り、商人や道行く旅行者、訓練基地の反乱軍新兵らと話した。またクエッタに飛び、カルザイ一族を含む王党派の難民とも会った。彼はアフガン西部や中部ハザラ人地域、アフガン王家の歴史的首都である南部カンダハルでそれぞれ活動する司令官たちにも会い、アフガン国境のチャマンまで出かけて国境を行き来する絨毯商人とも話した。米政府の政策立案に携わる人間が、これほど頻繁にアフガン絨毯にあぐらをかいて砂糖入り緑茶を飲みながら、アフガン人に聖戦についての果てしない質問をするのは随分久し振りのことだった。マクウィリアムズは話を聞いて思い悩み、怒りを覚え始めた。

彼が会ったアフガン人ほぼ全員が、同じメッセージを彼に伝えた。ソ連撤退に合わせて、グルブディン・ヘクマティアルはアフガン反乱軍内の政敵を組織的に排除している。ヘクマティアルはISIアフガン局とムスリム同胞団系のイスラム協会、サウジアラビア情報機関の担当官、十数カ国から来たアラブ志願兵に支えられていた。マクウィリアムズが情報源から聞いた話では、ヘクマティアルは敵の縄張りを乗っ取るマフィアのドンのようだった。ヘクマティアルと手下たちはイスラム戦士の王党派、知識人、敵対する司令官など、自分以外に強い指導力を持ちそうな相手を次々に誘拐し殺害した。同時にパキスタン情報機関は、国境沿いに最近建設された検問所や訓練基地、新しい道路や洞穴、「オウムのくちばし」やパクティア州の物資集積所などのインフラを利用して、ヘクマティアルに歯向かうイスラム戦士司令官の進軍を食い止め、無所属の司令官にはヘクマティアル派に加わるよう強制した。積み重なった状況証拠は恐ろしいものだった。ソ連軍撤退の一方でヘクマティアルとISIは、政敵を排除し、ムスリム同胞団が支配するイスラム主義政党をアフガン国内で最も強力な勢力にするための秘密計画に着手していたのだ(16)。

ペシャワールの大学町で、アフガンの詩人で思想家のサイド・バフディン・マジュローがバイクに乗った男たちに銃殺された。マジュローは伝統的なアフガン王党派と部族の指導力を鼓舞する、最も影響力のある雑誌を編集していた。マジュローが率いる独立系のアフガン情報センターは、アフガン難民の七〇パーセントが亡命中の国王ザヒル・シャーを支持しており、ヘクマティアルらペシャワールを拠点とするイスラム戦士指導者は支持されていないとの調査結果を発表していた(17)。マジュローの殺人に関して逮捕された者はいなかった。アフガン人社会やCIAイスラマバード支局はこの銃撃事件を、ソ連撤退後のアフガンにザヒル・シャーが登場することを嫌うヘクマティアルの脅迫だと解釈した(18)。

アハメド・シャー・マスード待望論も同様の扱いを受けた。マジュローの殺害とほぼ同時期に、マスードの兄ディーン・ムハンマドが何者かに拉致され殺された。ペシャワールの米領事館で査証の申請手続きをした数時間後のことだった。確証はなかったが、マスードの兄弟たちはISIアフガン局の犯行だと疑い続けた(19)。

クエッタでマクウィリアムズは、パキスタンの情報機関がどのようにヘクマティアルと連携し、カンダハル周辺の敵対する司令官たちを孤立に追い込み打ち破っているのか、その詳しい手口を聞いた。地元のISI事務所は食料と現金の分配を握り、ヘクマティアル派に加わる司令官には、兵士や支配地域住民のための補給を十分に与えた。だが逆らう者は飢えさせ、兵士に給料を払うことも村に穀物を届けることもできなくした。またＩＳＩは道路通行許可制度を利用し、アフガン国境を越えて人道支援物資を受け取ることを自分たちが認めた司令官にしか許さなかった。さらにパクティア周辺で活動するＩＳＩとアラブ志願兵は、新たに建設された道路や診療施設、訓練基地を使って地元司令官らを説得した。仲間に加わらなければ、負傷者を迅速に搬送してきちんとした医者に診てもらうことはできないというわけだ。ＩＳＩ担当官とヘクマティアル派の司令官が一緒になって、カンダハル周辺の敵対勢力と戦う部隊を送り込んでいるのを目撃したというアフガン人らの証言もあった。彼らは、ヘクマティアル派が訓練基地や武器庫の優先使用権を与えられているとマクウィリアムズに訴えた。国外に逃れた部族指導者や数少ない企業家ら世俗的なアフガン王党派は、ずっと前から「あなた方は、自分たちをねらう刺客に金を渡している」とアメリカとサウジに警告してきたではないかと言い募った。なのにパキスタン情報機関に丸め込まれたアメリカは、徹底的に戦えるのは最も急進的なイスラム主義者だけだと信じ込んでいた、というのだ。

生涯を通じて情熱的な冷戦の戦士だったエドモンド・マクウィリアムズは、アフガンの「自決権」のためにＣＩＡが続けた長い闘争は道徳的に正しく、高潔でさえあるという信念をワシントンの保守派知識人と共有していた。アメリカの権威と何十億ドルもの血税が戦争末期になって、冷酷な反米一派に乗っ取られてしまったことを知り、彼は愕然とした。イスラム主義者とパキスタン情報機関はアフガンを思いのままにする決意だった。

一九八八年十月中旬、マクウィリアムズはイスラマバード米大使館の外交部から、機密が確保されたテレックス・システムを通じて二八段落からなる機密公電を送った。題は「ＩＳＩ、グルブディンとアフガン自決権[20]」。パキスタンとサウジアラビアの情報機関、アフガンのイスラム主義反乱軍に対する米政府の支援について、この時点で最も詳細な内部批判が政府の公式ルートで表明された。公電は国務省とCIA、国家安全保障会議、数人の議員に配布された。

敵意にも似た不満が、思想信条を越えて幅広いアフガン人の間に広がっている。パキスタン政府と米政府に対してである。……この感情は空前の強さであり、さらに募っているようだ。……事態を注視している人びとのほとんどは、急進的なパキスタン政党イスラム協会と急進的アラブ人がこの（ヘクマティアルとISIによる）取り組みを支援していると訴える。……こうした主張は誇張かもしれないが、深く幅広く、不吉な認識につながっている……。

この報告をまとめる過程で、マクウィリアムズは何人もの米外交官や分析官と話をした。彼らは「声を上げる立場になかった。まさに威嚇するような雰囲気があったからだ」。マクウィリアムズは、ISI—CIA—ヘクマティアル—アラブ人の問題について、自分自身の見方ばかりではなく彼らの考えをも説明しているのだと感じた[21]。

この公電は在イスラマバード米大使館に大変な騒ぎを起こした。通常、外交官は公電の内容について大使の決済を仰ぐが、マクウィリアムズには半ば独立した権限があった。CIAイスラマバード支局長のビアデンは「あの小さなクソ野郎」に激怒した。CIA担当官たちはマクウィリアムズが誤った情報を与えられたのだと感じた。マクウィリアムズは機密情報に接しておらず、CIA独自のアフガン人諜報員網や、マスードやアブドゥルハクに対する支援、またヘクマティアルに武器供給を独占させないようISIにどういう手を使っているかを知らなかった。ビアデンはヘクマティアルに対する批判にはKGBの政治宣伝が含まれているとして割り引いて考えた。彼はヘクマティアルを「敵」と見なしたが、マスードがＣＩＡの戦争遂行上、十分な道具になるとは思わず、マスードが北部でソ連と「暗黙の停戦を結んだようだ」との見方をＩＳＩと共有していた。マスードは「政治的立場を確立しようとしており」、ＩＳＩの主要取引先であるイスラム主義者ほど激しく戦っていない。ビアデンはそう信じていた。

ＣＩＡ担当官たちは個人的な本音レベルで、頑固でユーモアに欠けるマクウィリアムズはチームプレーに向かないと思っていた。カブールの大使館で彼は、ＣＩＡ担当官がアフガニスタン人と不適切な接触をしたとされる問題にかかわったのだが、イスラマバード支局に伝わってきた情報によるとＣＩＡ担当官を密告したのはマクウィリアムズらしかった。担当官の身を危険にさらす行為だとビアデンは思った。聖戦についてのＣＩＡの見方を否定するマクウィリアムズの公電に、ビアデンとオークリー大使は激怒した[22]。

オークリーと次席のベス・ジョーンズ、ＣＩＡ支局長のビアデンは、パキスタン情報機関に関するアメリカの政策を何の疑問も抱かずに支持している。マクウィリアムズはそう知った。彼の見たところ、オークリーは勤勉で頭のいい外交官だが威嚇的で無礼だった。オークリーとビアデンは二人ともテキサス州出身。騒々しく傲慢なまでに自信家だ。ビアデンは大使館員らの前で「君はみんなに頭の悪いくそったれだと言われているぞ」とオークリーをからかったことがある。「だから頭は悪くない、と言っておいた」。

マクウィリアムズにしてみれば、アメリカがＩＳＩと同盟を結ぶ前提となっている事実認識について、健全な論争を起こしているだけだった。なぜ彼らはそんなに怒るのだろう。パキスタンの米大使館や領事館にいるマクウィリアムズの密かな仲間たちは、彼がオークリーとビアデンをどれほど敵に回したかをこっそり教えてくれた。ヘクマティアルとＩＳＩについての公電を送ったあと、大使館ではマクウィリアムズの身辺調査が内々に始まったというのだ。ＣＩＡは彼の機密情報の取り扱い方を真剣に問題視した。大使館は彼の素行を注視し、彼を知る人に聞いて回った。マクウィリアムズはホモか？ 酒飲みらしいが、アルコールにからむ問題はないか？

　ロシアの作家アルチョム・ボロビクは一九八九年一～二月、ソ連第四〇軍の最後の旅団がカブールを出発し、雪のサラン街道を上るのに同行した。ソ連のジャーナリズムと軍にとって驚くべきことに、不満の声が検閲なしで認められた。「奇妙な戦争だった」とウシャコフという名の中佐がボロビクに語った。「停滞が極まったときに進軍し、真実が広まった今出て行くんだから」

　カブールの動物園近く、鉄門で守られたコンクリート造りのソ連大使館では、水のないプールにユーカリの落ち葉が渦巻いていた。大使館のＫＧＢ支局長は毎週金曜日恒例のテニスを強行した。約四〇分間の試合は「私にはすばらしいものに思えた」とボロビクが書いている。「空挺部隊に援護射撃をする迷彩色のヘリコプターが、白髪頭の上を飛んでいるのだから」。冷戦終結は今やアフガンから遥か遠くにまで鳴り響いていた。「このごろじゃどこが安全かなんて誰にもわかりゃしない。ここか、ポーランドか？」とポーランドの大使が言った。ソ連保守派は最後の戦車車列が撤退するのを苦々しく見守った。将軍の一人はボロビクに、一九〇四年の日露戦争の敗因に関する本を読んで聞かせた。「最後には政府自体が反戦運動を率いていた」。

　ボリス・グロモフは第四〇軍最後の司令官だ。背の低いがっしりした男で、パンジシール渓谷を恐れていた。「あそこにはマスードと四〇〇〇人の部隊がいる。心配することが山ほどある」と彼はボロビクに語った。ロシア最後の死者はラシネンコフという兵士で、サラン街道で反乱軍の狙撃手に首を撃たれた。装甲車の上に載せたストレッチャーに横たわってアフガンを出た彼の遺体には雪が積もった。[23]

　ジュネーブ和平合意に定められたソ連軍の撤退期限、二月十五日に、グロモフはテルメズの橋上で国際メディア向けのセレモニーをした。ＩＳＩがアフガン人司令官らに破壊するよう何度も説得を試みたのに、結局残った橋だ。グロモフは橋の途中で戦車を止め、ハッチから出るとウズベキスタン側に向けて歩いた。息子の一人がカーネーションの花束を持って彼に近づいてきた(24)。ラングレーではＣＩＡ新長官に任命されたウィリアム・ウェブスターが、シャンパンパーティーを開いた。

イスラマバードの米大使館でも祝賀パーティーが開かれ、ビアデンはラングレーに「勝った」と公電を送った。彼は最後の独り舞台を演じることにした。三階にあるＣＩＡ支局長室は、荒れ地を隔てたところにあるソ連大使館内のＫＧＢ支局から直接見える位置にあった。彼は自室の明かりをいつもつけっぱなしにして、パーティーの席上でＫＧＢの相手を見つけると、君たちを倒すためいかに懸命に働いているかというジョークのネタにしていた。この夜、彼は執務室の灯を消した(25)。

その同じ夜に、シェワルナゼ外相とクリュチコフＫＧＢ議長が雪のカブールに到着し、ナジブラ大統領夫妻が夕食会を催した。ナジブラは前年秋から、イスラム戦士側を何とか切り崩して自分の味方につけ、彼らの猛攻撃と自政権崩壊（ＣＩＡはこの時点でも自信たっぷりにそれを予測していた）を防ごうと懸命の努力を続けていた。彼はマスードに国防相のポストを提示し、断られると国防相を空席のままにすることとした。マスードがその気になれば、いつでも迎え入れるというジェスチャーだった。ナジブラはカブール防衛を任務とする特別防衛隊の昇給を強行し、政府にとって唯一の安定した収入源である北部のガス田を警護する民兵組織を整えた。打てる手はすべて打った、と彼はソ連側に報告した。

この時点ではＫＧＢもＣＩＡ同様に、ソ連軍の保護がなければナジブラはもたないと考えるようになっていた。夕食会の席上シェワルナゼは、ナジブラ夫妻にカブールを離れる気があるならモスクワに新しい家を用意すると告げた。シェワルナゼは二人の身の安全を憂慮していた。ナジブラ夫人はこう答えた。「私たちは母国の辛い運命から逃れたと国民に思われて死ぬよりも、この家の玄関先で殺される方を望みます。結末が幸福なものであれ苦いものであれ、私たちは最後まで国民とともにここに残ります[26]」

結末は苦いものになる。

第2部◆隻眼の王

1989年3月〜1997年12月

第10章 深刻なリスク

一九八九年冬の後期、最後のソ連兵がアムダリヤ川を渡ってアフガニスタンから撤退したころ、イスラマバードのアメリカ大使館には二つのＣＩＡ支局が詰め込まれていた。

新たにＣＩＡカブール支局長に任命されたゲーリー・シュローンは、臨時亡命者のようなかたちでパキスタンに入国した。一〇年前に暴徒化した学生たちがこの大使館を襲撃した事件のあと、シュローンはずっとイスラマバードから離れていた。彼はこの間、ペルシャ湾岸でＣＩＡのイラン作戦に従事していたのだ。彼は一九八八年の晩夏にカブール支局長に任命されたのだが、ホワイトハウスがアフガニスタン首都の米大使館を閉鎖すべきかどうかを論議している間、ラングレー（ＣＩＡ本部）で待機せざるを得なかった。主として治安上の理由からカブール大使館の閉鎖命令が下った時点で、シュローンはイスラマバードに飛び、さらに待機を続けることになった。シュローンとカブール勤務を命じられたＣＩＡ担当官たちは、ミルトン・ビアデンＣＩＡイスラマバード支局長のオフィスの隣室に閉じこもったという次第である。

この冬の間にナジブラがムジャヒディン（イスラム戦士）の軍門に降《くだ》れば――ＣＩＡ本部の分析では数週間単位で確実に起こるはずだった――シュローンと部下たちはパキスタンからカブールに入り、大使館再開を助け、解放された国におけるＣＩＡの業務を始めるはずだった。

数週間が過ぎ、さらに多くの週が経過したが、ナジブラも彼の内閣も彼の軍隊もそのままだった。アフガン軍、つまりナジブラの軍隊は、大雪の中で首都カブール周辺に新しい防衛ラインを広げ、イスラム戦士を遠のかせた。ナジブラは反政府側の宗教的メッセージに対抗するため二万人のムラー〔イスラム諸学を修めた人への尊称、師〕を雇っていた。三月が近づいてもナジブラ体制にほころびは見えなかった。

イスラマバードのシュローンは同僚たちに、ＣＩＡの予測が間違うことはこれが初めてではないし、最後でもないと語っていた。シュローンは防壁のある大使館の窮屈な部屋から出て、名もないゲストハウスに一室を確保し、部下たちのために四輪駆動車を何台か調達した。そして部下たちに長期間の滞在を覚悟するように伝えた。イスラマバードで仕事をしたほうが彼らも役に立つだろうということだった。

ビアデンもシュローン指揮下のＣＩＡカブール支局員たちが、ＣＩＡが雇っているアフガン反政府派司令官たちを動かす業務に就くことに同意した。一九八九年の初期、ＣＩＡ手当支給対象のアフガン反政府派司令官の数は四〇人ほどだった。月の手当が五〇〇〇ドルというマイナーな者もいれば、五万ドルという司令官もいた。その何人かはヘクマティアルの部下だった。ＣＩＡはヘクマティアルのライバルであるマスードへの支払いを増やしていた。この時期までにマスードが秘密裏にＣＩＡから受け取る現金は月額二〇万ドルになっていた。ＣＩＡがマスードへの手当を急増させたのは、一つにはパキスタンの情報機関ＩＳＩがずっとマスードを過小評価していたことをＣＩＡが知っていたからである。ＣＩＡはアフガン議会内のマスード支持派からの働きかけを受け、またマスードがアフガン政府の北方補給ラインに圧力をかけることを期待して、マスードへの手当を大幅に増額したのだった。ＣＩＡはこうした一連の手当支払いをＩＳＩには知られないように努めていた。[1]

ＣＩＡのネットワークに組み込まれたマスードやその他のアフガン人司令官たちは、このころまでに無線通信機のセットを与えられていた。無線通信機には、暗号化した報告をイスラマバードの米大使館に直接送信できるソフトウェアが組み込まれていた。無線によるメッセージのやりとりには時間がかかるし、米大使館内のＣＩＡ担当官の注意深さが必要だった。そのためペシャワールやクエッタで、司令官とＣＩＡ担当官が直接対面する仕組みができていった。どの対面機会も、ＩＳＩやライバルのイスラム戦士に気づかれないように、注意深くセットされなければならなかった。このプランによれば、シュローン指揮下の担当官たちは、多数のアフガン人工作員のネットワークを携えて新しいＣＩＡカブール支局に乗り込むはずであった。

しかしこうしたプランのすべては、アフガンの首都をナジブラの手から奪取することにかかっていた。ＣＩＡはカブール奪取についても計画を立てていた。ＣＩＡは独自のアフガン工作員ネットワークについてはパキスタン側に隠そうとしていたものの、ビアデン指揮下のＣＩＡはこの冬、ＩＳＩとの緊密な共同作戦を進めていた。

ＩＳＩのボスであるハミド・グルは、ペシャワールからカイバル峠を自動車で越えて数時間の距離にあるアフガニスタン東部のジャララバードを攻撃することで、ナジブラを慌てさせようとの計画をＣＩＡに提案してきた。ジャララバードをイスラム戦士が占領すればアフガニスタン領内に新政府を樹立することができ、カブールに向けて進撃を始めることができるとグルは主張した。ジャララバードとペシャワール間は距離が近く道路事情もいいので、ＩＳＩとＣＩＡがトラックで補給輸送をするのも容易なはずだ(2)。

ＩＳＩは、ジャララバードが陥落し次第乗り込める、イスラム主義支配のアフガン新政府をすでに用意していた。一九八九年二月、ラワルピンディのあるホテルにアフガン・イスラム戦士各派の代表が招集され、新しい政治指導者を選出するためのシューラ（評議会）が開かれた。サウジアラビアの情報機関、総合情報局長官のトゥルキ・ファイサル王子から提供された約二五〇〇万ドルの現金を手にしたハミド・グルとISIアフガン局に属するグルの部下たちは、アフガン人代表たちがアフガン暫定政府と名乗る閣僚名簿に同意するまで、代表たちと腕を組んだり、現金をばら撒いたりし続けた。代表たちはヘクマティアルやマスードが権力を握るのを防ごうとして、実力者でない名目的な指導者を選び、閣僚ポストを順繰りに交代させることにした。口論に口論が続いた。おまけにヘクマティアルは怒って退場した。しかし、少なくともナジブラに敵対する政府が紙の上では出来上がったのだと、グルはCIA側に主張した。グルは、反政府側への「権力移譲を可能にするには」アフガン都市部に軍事的圧力を早急にかけなければならないと感じていた。さもないと「真空状態ではアフガニスタンには大変な混沌が生じるだろう(3)」。

秘密作戦を実行するうえでパキスタンは、CIAにとって、ソ連に対するジハード(聖戦)の時代とはまったく違う場所になりつつあった。CIAはISIの見解をくむだけでは足りなくなったのだ。パキスタンでは文民と軍人が権力を分かち合い、日和見主義の政治家たちがあらゆる問題に口を挟み、自由な報道が不和をわめき立てていた。新たにパキスタン首相に選出されたのは、三十六歳の、美人でカリスマのある、自己陶酔型の、ただし政府経験のない政治家ベナジル・ブットだった。彼女は過去一〇年以上を通じて、選挙で選ばれた最初の首相だった。彼女はアメリカの支援を得て首相の職務に就き、アメリカ人とのコネを培った。封建貴族の特権のもと、裕福な家庭環境に育ったブットは、ハーバード大学の教養課程をラドクリフ・カレッジで学んだ。彼女はワシントンに多くの友人を持っていた。彼女はアメリカ人の友人たちを、彼女の敵であるパキスタン国軍司令部と対抗する力と考えていた。国軍司令部は一〇年前、彼女の父親を絞首台に送ったのだった。

ブットはとりわけISIに不信感を抱いていた。彼女はハミド・グルのISIが自分の電話を盗聴していることや、新たに選出されたばかりの議会で、首相に反対する野党勢力を培養していることを知っていた。ハクの死で動転したパキスタン国軍指導部は一九八八年秋に民主制度の回復を認めた。しかし将軍たちは、国の安全保障政策を引き続き握れるだろうと考えていた。国軍参謀長のミルザ・アスラム・ベグはブットの役割を認めていた。しかし国軍将校団のなかには――とりわけハクに近かった一部のイスラム主義者たちの間には――ブットを世俗主義者、社会主義者で、イスラムの敵と考える者たちがいた。

ＩＳＩのアフガン局はとりわけそうだった。ブットは一九八九年、中国訪問に向かう飛行機の中で外交政策顧問のイクバル・アクンドに話しかけた。「われわれが（選挙で）勝利することがわかっていたら、あいつらは選挙をやらせただろうか。私は疑問に思っているわ」と。ＩＳＩの能力評価には渋いアクンドだが、彼は「あなたが首相でいられるのは情報機関のおかげですよ。彼らはいつだって、選挙の結果がどう出るか――あるいはどう出すか――政府にとって都合のいい評価を出してくれるのですよ」と答えた。

アメリカの駐パキスタン大使ロバート・オークリーは大使館の同僚たちに、慎重に振る舞うよう告げていた。ＣＩＡはアフガニスタンでナジブラを敗北させるためにＩＳＩと緊密に協力しなければならない。と同時にオークリーは、ブットを引きずり下ろそうとしているＩＳＩの秘密工作にできるだけ逆らって、ブットを支えるつもりだった。[4]

ベナジル・ブットが、就任後最初の外交政策課題、国家の重大な安全保障問題でＩＳＩに対する首相の権威を確立しようと試みた時点でも、終わりのないアフガン聖戦が影を落としていた。三月六日、ブットはジャララバード攻撃に関するグル提案を討議するために、部局間「アフガン細胞」会議をイスラマバードで開いた。そこにはアフガン人は一人もいなかった。ブットはＩＳＩのことがとても心配だったので、オークリーを会議に招待した。ワシントンからはオークリーに、パキスタンの国家安全保障閣議にどう対処すべきかの訓令はなかったが、ともかく彼は会場に向かった。

参加者たちはいくつかの問題を討議した。パキスタンそしておそらくアメリカも、ISIが用意したアフガン暫定政府を今すぐ承認したほうがいいか、それとも暫定政府がアフガニスタン領内に達するまで待つべきか。ブット内閣の外相であるヤクブ・カーンは、反ナジブラ勢力が「ペシャワールでメルセデス・ベンツを乗り回している連中ではない」ことを見せつける必要があると考えた。彼らは重防備のジャララバードを直撃して（国内の）イスラム戦士を激励すべきか、それともゆっくり前進すべきなのか。ISIとCIAはすでに、ジャララバード攻撃の綿密な作戦計画を立てていた。それは速攻を必要としていた。

ISIは五〇〇〇人から七〇〇〇人の反政府部隊をジャララバード付近に集めていた。これら部隊は駐屯地で前線攻撃用の通常兵器を装備されつつあった。それは対ソ戦時代のヒットエンドラン戦法のゲリラ戦とはかなり異なるものだった。しかもハミド・グルはブットに、「ある程度の流血を許容する用意があれば」一週間でジャララバードは陥落すると約束した。このときのグルの眼は「熱情で輝いていた」とブットがのちに語っている。そしてグルが非常に力を込めて語るので、ブットはジャララバードが「二四時間、遅くとも一週間で陥落する」と考えた。グルは叫んだ。「マルクス主義の不信心者に対するジハードに停戦はあり得ない。われわれはダルル・ハルブ（戦争の家）が清められてダルル・アムン（平和の家）になるまで戦い続けるのだ」。オークリーも楽観的だった。(5)

CIAは支援に飛び込んだ。ビアデンの部下たち、シュローンの部下たち、それに明白なイスラム主義者のジャンジュア准将やイマム大佐に率いられたISIアフガン局の士官たちは、ラワルピンディやイスラマバードで頻繁に会合した。CIA側は、カブールとジャララバード間の重要な補給路を切断するという秘密計画を明らかにした。両都市間を結ぶ唯一の自動車道路であるサロビ・ロードは、狭い谷間と谷を横切るいくつもの脆弱な橋を通って何十キロメートルも続く道である。ＣＩＡは特別にデザインした円錐形の植木鉢のかたちをした爆発装置を輸入していた。これが爆発すると道路に巨大なクレーターができる。

ＩＳＩは、一二人ほどの司令官クラスのアフガン人をペシャワールのアジトで開いた会合に招集した。ＣＩＡの担当官がサロビ・ロードの衛星写真を床に広げた。ひだの寄ったターバンに顎ひげのアフガン人、ブルージーンズのＣＩＡ担当官たち、民間人用のシャルワール〔パキスタンの民族服〕姿のＩＳＩ士官たち、その全員が衛星写真のまわりにひざまずいた。彼らはそこでナジブラ軍のコンボイに待ち伏せ攻撃を仕掛けるための計画、どこに爆発装置を置くか、どこに機関銃隊を配置するかの計画を練った。

アフガン側はＣＩＡ銀行の窓口が開いていることに気づいた。すると突然、ジャララバード周辺一六〇キロメートル以内にいる全アフガン人司令官が、攻撃成功のためには運転席の広いトヨタのピックアップ・トラックの新車が必要だと言いはじめた。ＣＩＡはこの冬、ジャララバード攻撃を支援するため日本で数百台のピックアップ・トラックを購入してカラチ向けに船積みし、さらにペシャワールまで走らせた[6]。

イスラム戦士がジャララバード周辺の陣地に近づくには、ソ連が敷いた地雷原を通過しなければならなかった。彼らの対地雷訓練では、その場の安全を確かめるために兵士たちの進む前にラバを歩かせることになっていた。複数のラバにロープで結わえた細長い丸太を曳かせて、地雷原を歩かせる。地中に埋められた地雷を爆発させるためだ。

ジャララバードの戦いが始まったとき、一人のアフガン人司令官が「こういうのはあなた方のお好みでないことはわかっていますよ。でも人間を使うよりはいいんです」とゲーリー・シュローンに告げた。

「そのとおり。でも写真は撮らないで」とシュローンは答えた。ワシントンでは「誰もかわいらしいラバが吹き飛ばされる写真なんか見たくない」のだから。(7)

ワシントンの連中が見たのはもっとひどい映像だった。春の陽光が東部の山々の雪を溶かすなかで、光栄あるジャララバード作戦のためにと難民キャンプから呼び集められた何百人ものアフガン人青少年が、われ先に岩山の尾根に取りついた。だが彼らはすぐ、恐怖に駆られたナジブラ政府軍兵士たちの機関銃の一斉射撃の前にばたばたと倒れた。ナジブラ政府空軍がカブールから飛ばしてきたソ連製の爆撃機が、遮るもののない地上の攻撃側戦士たちに高高度からの爆撃を加えた。ソ連軍の公式な撤退後もこっそり残留していたソ連人顧問たちが、イスラム戦士側に数十発のスカッド・ミサイルの雨を降らせた。イスラム戦士はジャララバードの郊外に進んだが、そこで立ち止った。反政府側司令官たちの口論が起きたのだ。誰の部隊がＩＳＩの士官たちが攻撃に参加する予定の地点に先着するかでもめたのだった。しかし彼らは意見をまとめることができず、ジャララバード攻撃部隊を編成することができなかった。一週間が経過した。ジャララバードは落ちなかった。そして二週間、さらに三週間が過ぎた。「陥落させるさ」。ハミド・グルは文民のブット首相補佐官に保証した。イスラム戦士側に死傷者の山ができた。アラブ世界や国際的支援組織から贈られた救急車の列が、ペシャワールと戦場を飛び交った。五月までに、手書きの死傷者リストの人数は何千という単位になった。それでもジャララバードと飛行場はナジブラの手中にあった。ＣＩＡが用意した爆発物とトラックはすべて輸入されたが、サロビ・ロードを切断するというＣＩＡの計画は頓挫したままだった。

カブールでは、挑戦的で意気上がった風情のナジブラが国際報道陣の前に姿を現した。部下の将軍たちとスポンサーのソ連は、最終的にイスラム戦士のカブール進軍を避けられるのではないかと、元気を取り戻しかけていた。この春ゴルバチョフは、ナジブラに大量の援助を与えることを認可した。ソ連政府は死にかけていたが、ソ連はウズベキスタンの空軍基地から巨大な輸送機に乗せて、月々三億ドルに相当する食料や弾薬をカブールに運び込んだ。この額は、ＣＩＡとサウジアラビア情報機関がイスラム戦士に支給する援助額の少なくとも二倍に上った[8]。白い巨大なソ連のイリューシン76輸送ジェット機が一機また一機と、熱線追尾のスティンガー・ミサイルを避けるための火花を撒き散らしながら、騒々しいプテロダクティルス〔ジュラ紀から白亜紀にかけて生存した翼龍目飛行爬虫類〕のようにカブール渓谷の上空を旋回し、次いで北方のバグラム空軍基地・国際空港に降りていった。巨大輸送機が毎日吐き出す小麦粉と迫撃砲とスカッド・ミサイルの砲弾が、政府軍兵士の士気を高め、ナジブラが新たに徴募した部族・民族単位の民兵隊の持続力を補強した。

がっかりしたペシャワールのＣＩＡ陣営は、カブールの撹乱作戦を強化しようと、都市ゲリラの爆破戦術では凄腕と評判のシーア派の司令官を、カブール西部で新たに雇った。同司令官が率いるコマンド部隊に渡されるスティンガー・ミサイルが、イリューシン輸送機を一機でも撃墜できれば、ナジブラ政権に与えている法外な援助がどれほど高い代償になるか、ソ連に気づかせるメッセージになるだろうと考えたのだ。コマンド部隊はスティンガー・ミサイルをこっそりカブール空港の近くまで運び込むことに成功、飛び立ったイリューシン一機にミサイルを発射した。しかしミサイルは同機から放出された発火弾幕にとらえられ、輸送機撃墜の企ては失敗した。コマンド部隊は失敗したスティンガー攻撃を映したビデオを送ってきた。ＣＩＡはまた、ナジブラ軍のトラックを使えなくするためにガソリン・タンクや給油管にホウ素炭化物を混入させようと、その手の工作員を雇ったりもした[9]。しかしこうした工作はどれも、ナジブラ軍の補給ラインに大きな損害を与えることはなかった。しかも、ジャララバードの政府軍要塞はそのままだった。

ＩＳＩのペシャワール支局とクエッタ支局は、反ナジブラのプロパガンダ作戦を拡大した。ＩＳＩは

ＣＩＡの助けを借りて、当時アフガニスタンで非常に人気のあった映画『ランボー』の海賊版ビデオに、反ナジブラのコマーシャルを挿入したものをアフガニスタンに密輸出した。[10] ナジブラも自らのプロパガンダ作戦を拡大した。ナジブラ側のラジオ、テレビは、ヘクマティアルと部下のイスラム主義者たちが悪魔のような野蛮人でパキスタンの手先であり、アフガニスタンの文化を破壊し国を分裂させようとしていると非難する番組の洪水だった。

普通のアフガン人を恐怖に駆り立てるのは何か。答えるのは難しい。ジャララバードのひどい戦闘を逃れて、難民たちがナンガルハル州からあふれ出てきた。しかしこの春、戦線膠着状態が続いているなかで、ほとんどのアフガン民間人と難民はじっと動かなかった。彼らは長引く苦難にじっと耐えていた。どちらかが勝利すれば家に帰れると、その日を待っていたのである。

ジャララバードにおける流血の惨事は、ＣＩＡとＩＳＩが針路を誤ったとするエド・マクウィリアムズの確信を深めただけだった。マクウィリアムズは、なぜオークリーがビアデンにＩＳＩと手を組むこと、とりわけヘクマティアルやサヤフといった反米的なＩＳＩの手下どもと手を組むことを許しているのか、理解することができなかった。アメリカの政策がこの年の春、マクウィリアムズの見るところではナンセンス・フィクションとしか言えないアフガン暫定政権なるものに縛られ、動きがとれなくなっていたことに、彼は愕然とした。パキスタンとサウジの情報機関が金の力でまとめた暫定政権にである。

発足早々のブッシュ政権は二月に、ＣＩＡのアフガニスタンにおける秘密作戦に対する法的承認を更新した（新任の大統領は継続中の秘密作戦計画を、新たな大統領署名によって確認することになっている）。ブッシュ大統領は、アメリカの公式な政策目標を調整した。ソ連軍の撤退というレーガン時代の目標はすでに達成されていた。そこで見直しの結果、今後も継続するＣＩＡの秘密作戦の目的は、アフガン人民による「自決」を推進することとなった。アメリカ革命の残影も感じられる「自決」という言葉は、イスラム戦士の大義を持ち上げる米議会保守派がすでに宣伝していたものだった。[11]

マクウィリアムズは、真のアフガン「自決」を達成するには、CIAがISIと絶縁する必要があるとの結論を下していた。彼によれば、アフガニスタン独立の障害になっているのは共産主義ではなく、ISIとイスラム主義者の計画であった。

イスラマバードの米大使館内部では緊張が高まった。マクウィリアムズの飲酒と性的習慣に関する調査が進められたが、問題がないことが判明して調査は中止された。しかし、彼が秘密のデータに触れているかどうかを調べる新たな調査が始まった。ビアデンはオークリーの支持を取りつけて、マクウィリアムズのペシャワールやクエッタへの出張には、CIAの担当官を同行させるべきだと言い続けた。マクウィリアムズは癇癪を起こした。彼は侮辱されて怒り、以前にもまして自分の意見に固執した。

大使館の電信室では、ワシントン宛て電報の一通一通が計略と陰謀のタネとなっていた。オークリーはマクウィリアムズの書いた電報の原文について、自分と意見の違う箇所を訂正したし、マクウィリアムズはマクウィリアムズでその訂正を削除または無視して自分の権限で電報を送った。マクウィリアムズによると、オークリーはスティンガー・ミサイルがイランに捕獲された一件についてマクウィリアムズが書いた報告を抑えてしまったこともあった。またあるとき、マクウィリアムズはたまたま発信機のあたりで、オークリーがワシントンに送ったハイレベルの通信文を見つけた。そこには、パキスタンによるアフガニスタンへの影響力行使を認めることは、アメリカの国益にかなうと書かれていた。驚いたマクウィリアムズはこの電文をこっそりコピーして、自分の個人用のファイルに滑り込ませた。新たな攻撃材料として。[12]

マクウィリアムズは、ISIとヘクマティアルはアメリカにとって危険な盟友だという従来の見解をさらに進めて、突っ込んだＣＩＡ批判を展開していた。ＩＳＩの傀儡であるアフガン暫定政権を支持したことで、アメリカは初めてアフガン政治に巻き込まれたのだが、その過程でアメリカの信条と国益を裏切ったとマクウィリアムズは論じたのである。

これより先ソ連軍がアフガニスタンからの撤退を準備している段階で、アメリカは平和的な政権移行のためのアフガン各派の政治交渉は一切支援しないと決めていた。ナジブラ政権は早急に崩壊するとＣＩＡが信じていたからであり、また政治交渉を始めるとソ連軍の撤退を遅らすことになると恐れたからだ。マクウィリアムズは、現実の出来事がこうした議論を追い越してしまったと考えた。パキスタンが反米的な政権をカブールに据えるのを阻止し、アフガン国民の苦難を食い止め、アフガニスタンに安定した中央指向政治を再建するために、アメリカはこれまでの秘密軍事戦略を捨てて、広範な政治解決のスポンサーにならなければならない。これがマクウィリアムズの主張だった。

ＩＳＩの抱えるイスラム主義者たちが、アフガニスタンのいくつかの都市を占領するためにこしらえた、紙の上だけの内閣であるアフガン暫定政府は「アフガン国民の自決を通じて真に国民を代表する政府を樹立するという、きわめて真正なアメリカの政策目標を乗せるには正しくない乗り物である」。これはマクウィリアムズがこの年の春、国務省の反対意見チャンネルを通じて送った秘密電文である（反対意見チャンネルとは、認可を受けた外交官が大使の認可を受けずに、自分の個人的見解を発信することのできる特別チャンネルのことである）。マクウィリアムズはこの電文でさらに書いている。多くのアフガン国民は今や「戦争の早期政治解決を求めている。戦後のアフガニスタンで復興や難民の帰還などの大事業に取り組むことができるのは、相対的に安定した政府だけだろう」。外国に住んでいる多数のアフガン知識人は「中立的な政府を樹立するために、彼らの才能と威信を捧げようとしている。その政府こそ、現在の行き詰まった軍事情勢と不毛なプロパガンダ合戦を乗り越えるブリッジの役割を果たすことができる」。しかしアメリカはこのころ、この種の政治的協議を検討するのは後回しにして、まず夏の「戦闘シーズン」を待ってみようという決定を下していたようだった。この決定は「必ず深刻なリスクをはらみ……政治的観点からも人道的観点からも正当化できない。今われわれは政治解決をめざして進まなければならない」[13]。

マクウィリアムズの電報がワシントンで回覧され、彼がビアデン、オークリーと厳しく対立しているとのゴシップが広がるなかで、マクウィリアムズの政治的処方箋は新たな転向者を引きつけた。国務省情報局は非公式にマクウィリアムズの意見を認め、彼の電報に書き込まれてあった詳しい事実を引用した。イスラマバードとロンドンの英国諜報部の士官たちもマクウィリアムズの意見を支持した。英国諜報部は当初、ソ連に対する聖戦を支持したが、今ではヘクマティアルやＩＳＩが主導する軍事解決からＣＩＡが手を引くよう望んでいた。イスラム戦士に対する軍事補給は続けるべきだし、ナジブラ軍に対する軍事圧力はかけ続けるべきだが、国連とともにアフガニスタンの政治的妥協策を探るべきときが来ている――というのが英国側の言い分だった。これには、欧米在住のアフガン知識人やカブールのテクノクラート、カンダハルの王党派、それに政治的に目先の利くマスードのような反政府側司令官らを含めた中立的な移行政府の構想も含まれていた[14]。

しかし、ＣＩＡはＩＳＩを支援する姿勢を貫いた。ビアデンにとってマクウィリアムズは厄介者にすぎなかった。マクウィリアムズは自分の仕事を重大に考え過ぎていると、ビアデンは感じていた。アフガニスタンに関する国務省の本当の政策は、最上位の高官が働く国務省の七階でマイケル・アマコストら首脳部によって決められるのだ。ともかく、マクウィリアムズと国務省中級レベルの応援団、それに英国（アフガニスタンで戦争に二度敗れた国だとビアデンは特記した）は間違っているというのが、ビアデンの立場だった。一世紀前に英領インド北西部で「数人の白人が砂の上に線を引いた〔当時の英領インドとアフガニスタンの国境線「デュアランド・ライン」を引いたことを指す〕からといって」、政治的単体としてのアフガニスタンをパキスタンから分離できると信じるのは間違いだとビアデンは主張した。国務省当局者がマクウィリアムズの意見を口にすればするほど、ＣＩＡ本部は反対のことを主張した。ナジブラに対するイスラム戦士の電撃的勝利が近いとのＣＩＡの予測が外れ、押し潰されそうな膠着状態に陥った段階で、この省庁間論争は苛烈さを増していった(15)。

ＣＩＡの工作員たちは、ソ連軍撤兵開始以降はＣＩＡもアフガニスタンでのアプローチを変え、多くの点で状況に合わせてきたと感じていた。ＣＩＡは外部からの批判に応え、マスードのような重要な司令官とＩＳＩを介さずに秘密の直接連絡ルートを開いた。工作員たちは軍事的圧力と並行して、ＣＩＡの資金や大規模な人道援助を国境からアフガニスタン側に届けることも実行した。工作員たちに言わせると、マクウィリアムズとの問題が発生したのは、彼がＣＩＡの秘密工作の全貌を示すような極秘情報のチャンネルから外されていたからだ。たとえば一九八九年五月といえば、マクウィリアムズが最も熱のこもった異論を書いていたころだが、ゲーリー・シュローンはこの月にマスードの弟であるアハメド・ジア・マスードに九〇万ドルという大金を自ら手渡した。それはマスードに渡す月手当二〇万ドルに上乗せしたもので、北部アフガニスタンの人道的再開発計画のための資金援助だった。マスードはＣＩＡに、工事中の道路修理と灌漑プロジェクトの写真を送ってきた。ＣＩＡ側は今回の資金が直接、写真の工事を活気づかせたかどうかは疑わしいと思ったが、いずれにせよ現金支給は、新たな政治的動きをスタートさせたとＣＩＡは主張した。マスードはこの年の夏、彼の民兵隊や土地のシューラ（評議会）に対する住民の支持を獲得するための資金、パンジシールを再建するための元手を手に入れることができたはずである。マクウィリアムズはこの秘密資金のことをまったく知らなかった。また一部のＣＩＡ当局者には、マクウィリアムズの分析は反米的であるように見えた。彼らは、マクウィリアムズや英国、それに国務省の推す政治解決なるものはナイーブ過ぎると非難した。CIA側からすると、パキスタンの支援なしにカブールに安定的な政府をつくることなど、考えられないことだった。どうやっても、どんな政府もできそうになかった。イスラム主義者、王党派、過激派あるいは穏健派、あらゆる党派の反政府勢力は、軍事的聖戦を最後まで続ける覚悟だった。彼らにとって、それが「自決」の意味するところだった。ヘクマティアルとムスリム同胞団はコントロールできるし、抑制できると考えられていた。[16]

オークリーは次第に、自分は両者の中間にいると感じるようになった。彼は慎重に自分を中間に置いた。オークリーの見るところ、マクウィリアムズは官僚機構の中級レベルからホワイトハウスの政策を変えようとしていて、そこに問題がある。そんな政策変更はできっこない。国務省とCIAはアフガニスタンに関してはっきり食い違っている。しかしこの不一致はワシントンで、大統領とその内閣の間で解決されるべきであって、イスラマバード大使館の中でではない。

レーガン政権の大統領首席補佐官と財務長官を務めたテキサスの弁護士、ジェームズ・ベーカーが新国務長官だった。彼はアフガニスタン、パキスタンに個人的な関心をほとんど示さなかった。オークリーは、ベーカーがアフガニスタン政策でCIAに挑戦するとは思わなかった。ベーカーがそう望まない限り、イスラマバード大使館でできることは、現在の指導方針、すなわちCIAの指揮下にISIとアメリカが抱き合った関係を続けることであった。[17]

一方でオークリーは、マクウィリアムズをここから去らせなければならないと感じていた。マクウィリアムズは大使館の最有力メンバー三人、オークリーと次席のベス・ジョーンズとビアデンを怒らせ続けていた。この春、一つのチャンスが訪れた。米議会が、アフガン反政府側への大使級の特使をようやく正式に任命するという機会だ。ゴードン・ハンフリーが温めていた計画だった。外交官の席次では、マクウィリアムズはこの高級ポストには若過ぎた。そこで彼を新しい特使の次席にすることはできないかという事案が発生した。オークリーはそこに介入し、マクウィリアムズを急遽イスラマバード大使館から外してワシントンに戻す人事をアレンジした。マクウィリアムズが最初にこの人事を知ったのは、イスラマバード勤務の期間「短縮願い」は認められたとする本省からの電報だった。短縮願いは彼の与り知らぬものだった。オークリーとビアデンは、（証拠の）指紋をほとんど残さずにマクウィリアムズの馘首に成功したわけである。

マクウィリアムズはオークリーに宛てた挨拶状に「正式にご挨拶にうかがわないで離任するのは私の意思です」と書いた。「しかし、あなたに対する侮辱だと誤解しないでください。ただ私とあなたの関係を最後の口論で終わらせたくないと思っただけです」。二人の関係は個人的な問題ではなく、仕事上の問題であった。マクウィリアムズ書簡は言う。「私は同盟の中で、ある一部の人びととだけと近すぎる関係を持つことは正しくないと信じていますし、これからも信じます。ISIにこれほどの権力を与えることと、政治解決を積極的に追求しないのは正しくないと思います」。マクウィリアムズは、オークリーがISI製のアフガン暫定政権を立ち上がらせるのに懸命になっていることを知っていた。しかし、「ただ私は、あの連中があなたの努力に値するとは思えません。アフガニスタンは確かに存在します。しかしアフガン暫定政府は、国をまとめることも指導することもできません」。「私はあなたがこの恐ろしく困難な任務に成功されるよう祈ります」として、最後に「私はあなたのために、解決というより問題を引き起こしていたことをすまなく思っています。私が間違っていたのかもしれません。しかし私にはそうは思えないのです」と結んだ(18)。

アフガン国境を越えて「オウムのくちばし」から一三～一六キロメートルほどのリバー・バレーの一角、聖戦志願のアラブ義勇兵たちの広いキャンプ地からあまり離れていない地点に、CIAはイスラム戦士用の秘密通信施設を設けた。さらにイスラム戦士用の塹壕や弾薬貯蔵用の初歩的な地下壕も造ってやった。アフガニスタン領に鳥のくちばしのように突き出ているこの土地は、アフガニスタンのパクティア州の一部に接していて、真っすぐカブール方向に向いている。この戦争を通じイスラム戦士とISIにとって、「オウムのくちばし」の狭い峡谷に縁取られた高い山々は、彼らの潜入と待ち伏せ攻撃ルートとして最適だった。トラボラと呼ばれる一連の山塊が連なる高地は、ジャララバードを見下ろす要地であった。その近くの峡谷からは、歩いてもカブール近郊まで比較的近い。この地域には、ヘクマティアルとサヤフに忠実な司令官たちが支配するイスラム戦士の基地が広がっていた。アラブ義勇兵のためにビンラディンが用意した訓練基地は、ここから南方五〇キロメートル足らずの場所にあった。[19]

CIA要員はアフガニスタン領内に足を踏み入れることを規則で厳禁されていたが、それでもちょくちょく、パキスタン情報機関員やアフガン人イスラム戦士のエスコート付きでアフガニスタン領を歩き回った。ゲーリー・シュローンと彼のチームは「オウムのくちばし」で国境を越えたし、ビアデンもそうした。CIAの担当官がアフガン領に足を踏み入れる必要はまったくなかったが、それは彼らがやってみたいことだった。ISIの上級士官やイスラム戦士が同行するなら、リスクはほとんどなかった。

CIA本部でアフガン・タスクフォースの責任者を務めるフランク・アンダーソンがパキスタンにやってきた。ビアデンに会うためと、国境周辺での補給問題を調査するためだった。アンダーソンはこれより先、ソ連軍の撤退が近づくなかでCIAのアフガニスタン関与もきっぱりやめるべきだという主張をしたが、受け入れられなかった。アンダーソンは最近のワシントンでのいくつかの会合で、国務省のマクウィリアムズ支持者からの攻撃や、大方はマスードを支持する議員からの批判に対して、CIAがISIと連携する必要性を弁護して回っていた。アフガン政策をめぐるCIAと国務省の戦争の中で、アンダーソンとビアデンは緊密な同盟者だった。

二人は些末で官僚的なごたごたから解放されて、現場に出よう、CIAが建設したばかりのアリ・ヘル無線通信センターへISI士官のエスコートで楽しいドライブに出かけようと決めた。一行はアフガン国境で、チャーリー・ウィルソン下院議員の訪問が問題なく行われたことを確認した。皆が凱旋気分であった。一行は、傷を負った機嫌の悪いソ連のクマが、スティンガー・ミサイル群に刺されているイラストを印刷したISIの宣伝ポスターに手を伸ばした。アンダーソンとビアデンは、このポスターをソ連軍が放棄したアリ・ヘル兵営の営門に貼っておくことにした。勝利を示す象徴としてである。

一行は国境を何事もなく、素早く通過し、旧アリ・ヘル兵営への道をたどり、自分たちだけのセレモニーとして営門にポスターを貼りつけた。帰途は、アラブ義勇兵がうようよいるサヤフの領地を通らなければならなかった。一行はイスラム主義急進派アラブ人たちのバリケードに突き当たった。

アンダーソンとビアデンはジープの後部座席から、アフガン人の護衛たちが戦闘用ライフルを振りかざしたサウジ人義勇兵と怒鳴り合っているのを聞いた。彼らはアラビア語とパシュトゥー語の方言で怒鳴り合っていた。アンダーソンは車を降りてそのあたりを歩いてみた。そこで、怒鳴っていたアラブ人が自分たちを殺そうとしていることに気づいた。彼はアラビア語でアラブ人の一人に話しかけた。言葉の訛りからその男はペルシャ湾岸の出身者と思われた。怒鳴っていたアラブ人は二人のCIA高官に銃を突きつけ、「こいつらは不信心者で、アフガニスタンに用はないはずだ」と叫んだ。二人は素早くあたりをうかがい、ジープがこのアラブ人の銃弾を遮蔽する位置まで身体をずらせた。アンダーソンはその位置から、アフガン人護衛を介してこのアラブ人と話し合いをした。結局この男は、不承不承ながらアメリカ人を殺さないことを決断した。二人のアメリカ人はジープに飛び乗り、パキスタンに向けて走った。[20]

それはCIA担当官と、聖戦のためにこの国境にやってきたアラブ義勇兵との、めったにない出会いだった。秘密戦争の運命的な転機の始まりを示す兆候だったが、ＣＩＡ内部で気づいた者はほとんどいなかった。ＣＩＡはアラブ義勇兵とその活動について、今まで以上に大量の情報を集めてラングレーのＣＩＡ本部に送った。一九八九年の夏までにＣＩＡのアフガン人工作員のネットワークは、パクティアとその南方でアラブ義勇兵の活動が活発になり、一方でそれが問題を引き起こしていると報告していた。それによると、アルジェリアの義勇兵はアフガン人イスラム戦士の補給輸送コンボイを略奪した。ワッハーブ派の過激なグループは、相変わらずアフガン人の墓を荒らして、激しい報復を招いていた。国境を越えて働くキリスト教系慈善団体の職員は、アラブ義勇兵だけでなく、ヘクマティアルやサヤフのもとにいるアフガン人イスラム主義者による脅しや嫌がらせを報告していた。欧米のジャーナリストもこの地域で、ワッハーブ派戦闘員との危険な出会いをたびたび体験していた。ＣＩＡイスラマバード支局が一九八九年にラングレーの本部に送った電報は、おそらくざっと四〇〇〇人のアラブ義勇兵がいて、サヤフの指揮下に組織されていると報告していた。[21] サヤフはその代わり、サウジアラビア情報機関と湾岸からの慈善金をたっぷり受け取っていた。

ＣＩＡのイスラマバード支局では、アラブ人に対する不快感が募っていた。ビアデンとアンダーソンが彼らに出くわしたことが不快感を増幅していた。しかし、アメリカのアフガン政策にもたらす変化については何の議論も行われていなかった。そしてサウジアラビアが進めているアラブ義勇兵ネットワークに対する資金援助について、アメリカがサウジアラビア側と直接話し合おうとする努力もまったくなされなかった。ＣＩＡイスラマバード支局は、トゥルキ王子のサウジ総合情報局からＩＳＩに多額の資金が流入していること、その一部がムスリム同胞団系の聖戦義勇兵に流れていることを知っていた。しかし国際的なイスラム主義ネットワークが、より大きくかつ重要な大義に奉仕していることを、ビアデンと部下たちは信じていた。アラブ・ゲリラは感心できないかもしれないが、そのアフガン同盟者たち、とりわけヘクマティアルは、とくにカブールおよびホスト周辺の枢要地域で反ナジブラ政府側の最も効果的な戦闘員集団を動かしていた。CIAは一九八九年を通じて、今まで以上の武器とカネと食料と人道物資をパクティアの国境地域に流し込んだ。そこはアラブ人たちが力をつけつつあった場所である。アラブ人たちはトゥルキ王子にCIAと同じような援助をするよう促した。

この国境をつなぐ地域の中心部にジャララディン・ハッカニがいた。長い顎ひげの、恐れを知らぬアフガン人イスラム戦士司令官である。強いイスラム主義的信条の持ち主で、反ソ戦争の後年、パキスタンとサウジアラビアの情報機関と緊密な関係を持ちながら成長した男である。ハッカニは「オウムのくちばし」の南、ビンラディンの領地の近くで活動していた。イスラマバードやその他で勤務するCIA担当官たちは、ハッカニのことを、この戦争を通じて最も印象的なパシュトゥン人前線司令官だと思っていた。彼はあるとき、数週間にわたる猛烈な攻撃を地下壕でしのいだ戦闘で傷を負った。その後、サウジアラビアの最高級病院に入院して回復した。この間彼は、一年に一度のハッジ巡礼を通じ、またトゥルキ王子の総合情報局の紹介によって、サウジアラビアの裕福な長老たちの間に豊富なコネクションをつくった。

彼はビンラディンやISIの幹部士官たちと頻繁に接触していた。ISIとCIAも、新しい兵器や戦術のテストや実験をするのにハッカニを頼るようになった。ハッカニは武器や物資の補給に恵まれていたので、彼の領域に集まるアラブ義勇兵に武器や物資を回してやれる立場にいた。イスラマバードを拠点に活動するCIA担当官たちも、ハッカニを短時間で多数の武装兵を集めることのできる人物、実証済みの司令官と見なしていた。ハッカニはCIAの全面的支援を得た。(22)

しかしこの夏、パクティアにあるハッカニの粗削りの訓練基地や、ペシャワールにあるアラブ義勇兵のたまり場では不満が高まっていた。一九八九年中頃、アラブ義勇兵の間では口論が続いた。ソ連軍は撤退した。ジハードをまとめるのは何か？　ビンラディンと、彼の師匠であるパレスチナ・ムスリム同胞団のカリスマ的指導者、アブドラ・アッザムの間で緊張が高まった。

ヘクマティアルとマスードによる内戦はアラブ義勇兵に波及し、彼らを分裂させた。ヘクマティアルは、大半のアラブ義勇兵が滞在しているペシャワールを拠点にしていることや、ムスリム同胞団と幅広い接触を保っていることから、アラブ人を引きつけるという点でマスードより優位に立っていた。しかしマスードも、アブドラ・アッザムを含むアラブ義勇兵からの支援を集めていた。アッザムの義理の息子はマスード支持のアラブ義勇兵を組織する責任者だった。

アブドラ・アッザムとその信奉者たちは、二〇〇人ほどのアラブ宗教家グループを組織しようとした。その目的はアフガニスタン各地を回り、イスラムの諸原則に従ってヘクマティアルとマスード間の和平を調停しようというものだった。しかしヘクマティアル、マスードのどちらも妥協するムードではなかった。ヘクマティアルは、ペシャワールにいる穏健派や王党派らを暗殺ないし脅迫する作戦を続けていた。アフガニスタン内部ではマスード軍を攻撃していた。一九八九年七月九日、ヘクマティアルはアフガニスタン北部でマスード軍上級司令官の一隊を待ち伏せ攻撃し、三〇人を殺した。なかにはマスード軍のエリート部隊を指揮する八人の重要な指導者が含まれていた。マスードは殺人者狩りを開始した。北部全域でヘクマティアル軍との公然たる戦闘となり、数百人の死傷者を出した。(23)

アブドラ・アッザムはこの夏、ペシャワールを発ってタクハールに向かった。アッザムはマスードのことを、お世辞まじりにナポレオンに喩えた。アッザムは新たな停戦調停を試みた。一方、ヘクマティアルはペシャワールでアラブ義勇兵を前にマスード非難の演説をした。マスードはフランス人看護婦と戯れている（これは正しい）とか、パンジールの贅沢な屋敷のプールでフランス諜報部から援助を受けている（これは嘘）とか。ウサマ・ビンラディンは次第にヘクマティアルに肩入れするようになり、師のアッザムと疎遠になっていた(24)。

大学町のサロンでは、アラブ人たちが神学論を戦わせていた。ヘクマティアルとマスードは、共産主義と資本主義の制度はともに腐敗している、なぜならばいずれも、イスラムがその真理で世界を照らすより以前にはびこっていた原始的野蛮社会「ジャヒリーヤ」に根差しているからだ、という点では同意見だった。この点ではソ連もアメリカも同等に悪である。ヘクマティアルとマスードはまた、イスラムは一人ひとりの信条だけでなく、法と制度の基盤、つまり政治と政府の正しい基礎である、という考えを受け入れていた。聖戦の目的は、イスラムの法と理想を実現するためのイスラム政府をアフガニスタンに樹立することである。ヘクマティアルとマスードはまた「タクフィール」の概念を認めていた。タクフィールにおいては、信仰者は真のイスラムからはぐれた者を偽イスラム教徒と認定し、こうした偽イスラム教徒を、イスラム共同体の外にいる者という意味の「カフィール」と規定することだ。こうした偽物は、どれほどイスラム的な外装を装おうとして努力しようとも、打倒されなければならない。ナジブラはこの種の偽統治者であるという点で、二人は一致していた。

しかしこの年ペシャワールのサロンでは、ヘクマティアルの信奉者たちが、ソ連軍がアフガニスタンから撤退したあと、誰がカフィールとしてジハードの対象になるのかという問題で、極端な意見を言い出していた。エジプト人亡命者のザワヒリなどの急進派は、エジプト大統領のホスニ・ムバラクはそうした敵であると宣言した。ベナジル・ブットも別の過激派にカフィールとされた。さらにヨルダンの国王もシリアやイラクを統治している世俗的な殺し屋たちも非難された。依然としてペシャワールで最も有力な神学者であったアブドラ・アッザムは、ファクスでファトワ（イスラム法に基づく裁定）を送りつけるようなやり方に反対した。彼は旧来のエジプトのムスリム同胞団方式の、伝統的で穏健で漸進的なやり方を主張した。同胞団の主流指導者は、理想的なイスラム政府樹立を段階的にめざせばいいし、一度に一人の回心者をつくればいいという態度だった。アッザムも、中東からあまり遠くないアフガニスタンに義勇兵の関心を集中させるべきだと考えていた。彼らをペシャワールに呼び寄せた大義が実現していないのに、なぜエジプトやパキスタンに対する戦争を呼びかけようというのか？[25]

ビンラディンは、不信心な支配者たちに対する広範な戦争を叫ぶ連中の一人だった。アッザムは義理の息子に「ウサマにはまいったよ」と告げた。ウサマ・ビンラディンは寛大で、気質の優しいジハード篤志家だった。しかし、アフガニスタンの大義にあまり関心のないアラブ急進派の影響を受けつつあった。アッザムはビンラディンについてこう述べていた。「彼は天国が送ってくれた、天使のような男だよ。あの連中と一緒にいては彼の将来が心配だ」。[26]

しかし、将来を心配するべきだったのはアッザムのほうだった。一九八九年十一月二十四日の昼ごろ、彼はいつものように金曜礼拝を司るため、ペシャワールのサバエレイル・モスクに到着した。そのとき入り口付近で自動車爆弾が爆発し、彼と息子二人が殺された。この事件は今も未解決である。事件関連の事実より、それなりの動機のある容疑者のほうが多かった。アッザムはハマスの創立者として、次第にイスラエルの注目を集めていた。ナジブラ政府の諜報機関もまだ生きていて、彼を主要な敵と見なしていた。ヘクマティアルは、権力をめぐる自分のライバルが手の届くところにいる限り、一人残らず殺人スプレーを吹きかけようとしていた。アッザムはこの年の夏、パンジシールへ旅行しており、彼のマスード・コネクションはヘクマティアルのヒットマンたちを動かすのに十分な理由となっただろう。

ビンラディンでさえ、何がしかの容疑がかけられた。しかし、彼を知るアラブ人たちが容疑を打ち消した。ビンラディンはまだ工作員にはなり切れていなかった。彼はサロンのクッションに座ってしゃべったり、アラビア語メディアの取材に応じてインタビューに応じたり、写真やムービーに撮られたり、荒野での乗馬に興じたりすることを快く感じていた。彼には信奉者グループがあったが、一九八九年の段階で彼のグループはヘクマティアルの信奉者グループに比べると、強硬性も激烈性も薄かった。

しかし、ビンラディンはアッザムの死で生まれたチャンスを生かした。彼はマスードの味方であるアッザムの義理の息子に勝って、ジハードのために義勇兵を集め、義勇兵を支援する機関としてアッザムが作った「奉仕事務所」の支配権を握った。ビンラディンとヘクマティアルに近い彼の急進派の仲間たちは、この奉仕事務所をビンラディンがその前年に正式に立ち上げたばかりのアルカイダの一部門に組み入れたのだ。[27]

ビンラディンは引き続き、アフガニスタンより遠くを眺めていた。彼はソ連以外の腐敗した統治者に対するジハードを仕掛けるときが来たと決意した。彼はジッダに帰り、家族をサウジアラビアに住まわせた。彼は引き続きパキスタンとサウジアラビアを行き来していたが、アフガン国境の問題に費やす時間は少なくなった。彼は新しい敵を頭に描いていたのである。

第11章　暴れ象

ピーター・トムセンは一九八九年後半、アメリカのアフガニスタン政策でエド・マクウィリアムズが果たしてきた役回りを引き継いだ。ただ、ワシントンの官僚機構内での官位はマクウィリアムズよりも上がった。アフガン抵抗運動に対するアメリカの新特使として、トムセンには議会の付託と大使の特権を与えられたのだ。彼は明るい瞳、穏やかな物腰、銀髪の職業外交官であり、特使に指名されたときは在北京米大使館の次席だった。アフガニスタンとは直接のかかわりはなかったが、南アジアに在勤した経験があり、複数の言語を操る外交官で、ワシントンにおける省庁間の政策戦争もよく心得ていた。彼は同僚と折り合いがよく、歯切れよく話し、すぐ笑顔を見せるタイプだが、気性は鋭く野心的で、新しい職務の権限を守る決意を固めていた。

トムセンは、ジェームズ・ベーカー国務長官からアフガン政策を任されていたロバート・キミット国務次官に働きかけ、広範な権限を得た。キミットはトムセンのために正式な秘密「権限」文書にサインした。それはトムセンの権限の範囲を記すとともに、ワシントンにおける権力行使の鍵となる政策会合への出席権を保証していた(1)。

トムセンは、イスラム戦士が最終的にカブールを陥落させるまではワシントンに住み、頻繁にパキスタンに出張する計画だった。カブール陥落後は、アメリカのアフガニスタン大使に任命されるだろうと言われていた。彼が最初のイスラマバード出張に出かけたのは、マクウィリアムズが異動を告げられようとしていたころだった。

トムセンは、一年前のマクウィリアムズと同じようにペシャワールとクエッタに行き、数十人の独立系アフガン人司令官や政治活動家と会った。その多くは、パキスタンの情報機関ＩＳＩとＣＩＡに公然たる敵意を示していた。彼はアハメド・シャー・マスードの兄弟ヤヒヤ・マスードとアハメド・ジア・マスードと会い、ヘクマティアルが北部で展開しているマスード陣営の司令官殺害作戦に関する、怒りの報告を聞いた。

またトムセンはアブドゥルハクとも会った。今やアブドゥルハクは元パートナーであるＣＩＡを公然と批判しており、ＩＳＩがいかにヘクマティアルやその他の急進的イスラム主義者を優遇したかについて、苦情を述べたてた。亡命知識人や穏健派部族指導者は、アメリカはローマのザヒル・シャー国王と関係を築くべきだとトムセンに訴えた。国王は多くのパシュトゥン難民にとって今も伝統的なアフガン統一の象徴であり、反政府側の若きまとめ役であるハミド・カルザイもそう訴えた。トムセンはこうした最初の印象記をワシントンに電報で送った。彼の会ったアフガン人たちは、カブールで権力にしがみつくナジブラら元共産党員への憎悪に凝り固まっており、ヘクマティアルらイスラム主義過激派に対しても憤慨し、パキスタン情報機関による戦争への干渉に怒っている、という内容だった(2)。

トムセンがワシントンに戻ると、彼が打電した現地報告でＣＩＡの秘密戦争に対する米政府内部の疑念が高まっていた。ジャララバードの破局によって、ＩＳＩとそれを支えるＣＩＡの信用が低下し、国務省や議会でマクウィリアムズの分析を支持した人びとの立場が強まった。ＣＩＡは一方で、議会のイスラム戦士支持者たちからの圧力を受けていた。兵站に問題が発生してパキスタンへの武器補給が停止していたからだ。その上に、公然化したヘクマティアルとマスードの間の内戦は、ナジブラ打倒の反政府勢力が統一できるのかという疑問を投げかけた。ソ連軍が撤退してから以降、イスラム戦士側は一つの州都も占領していなかった。

一九八九年十一月のベルリンの壁の崩壊は、アフガン戦争の地政学的文脈を変えた。カブールにナジブラが存在することの危険はあるにせよ、彼はもう地球規模の覇権をねらう共産主義の前衛ではなくなったのである。そしてワシントンでは、イスラム主義の危険に関するマクウィリアムズの主張に共鳴が広がった。国務省内では、マクウィリアムズがどうやら意見の不一致が原因で、イスラマバード大使館から不本意な異動をさせられたらしいとの噂がささやかれた。アフガン政策は忠誠度を試すのに使われるほど神聖なものだろうか？　ナジブラに対する軍事的勝利のためにはすべてを動員するという方式を再検討する時期に来ているのだろうか？

トムセンはこの時期に国務省で開いた会議で、アフガン政策に関する新たな省庁間作業グループを率いてアメリカの対アフガン政策を秘密裏に見直した。ＣＩＡからは作戦本部近東局長トーマス・トウェッテンがこの会議に出席。国家安全保障会議からはリチャード・ハースが、また国防総省の代表や国務省の各セクションから数人が参加した。(3)

政策討議の材料として、あらゆる情報源に基づく極秘扱いの分析資料が提示された。一九八八年夏から八九年夏までの、政府のアフガン政策に関するすべての内部報告を分析した資料だった。これは、ＩＳＩに対する米分析官の見方が二つに割れていることを示していた。すなわち、ムスリム同胞団とつながるイスラム主義者と強く結びついたＩＳＩは、アメリカの国益に合っていると見るか、それとも反していると見るかの違いであった。(4)

作業グループはマクウィリアムズの影響下で新しい政策指針を模索した。しかし、ＣＩＡによる軍事路線を完全に放棄するつもりはなかった。アフガン国民の大多数は、必要なら武力によってでも、ナジブラの打倒を望んでいたし、アメリカの政策はなおアフガン国民の「自決」を支援するというものだった。作業グループの見るところでは、ソ連の軍部やKGBの強硬派はモスクワのゴルバチョフ改革派政権に圧力を加え続けるだろうし、これら強硬派はゴルバチョフとアメリカに対する脅威であり続けていた。作業グループは何日間も討議を重ねた末、外交交渉を導入するときが来たという点で意見が一致した。トムセンが最終的にまとめたのは、秘密の、二本建ての新政策だった。それはソ連軍撤退後、アフガン戦争に対してアメリカが行った最初の大きな政策変更であった。新政策は依然ナジブラの追放を掲げたが、同時に穏健で幅の広い後継政府の樹立を掲げていた。

新政策がとる道筋の一つとして、国務省は政治交渉を始める。ナジブラだけでなく、反米的なイスラム主義者のヘクマティアルやサヤフなどの「過激派排除」が目的だ。アメリカは国連の場でソ連、ベナジル・ブット率いるパキスタン政府、亡命中のザヒル・シャー国王と、アフガニスタンの政治解決の可能性について交渉を始めようというのだ。国務省は、アメリカの政策がもうヘクマティアルやISIの虜ではないと宣言することができることになる。

新政策のもう一つの柱は、CIAが秘密戦争を推し進め、ナジブラに対する反政府勢力の軍事的圧力を強めることであった。武力行使はナジブラを退陣に追い込んで政治改革の一環となるかもしれないし、ナジブラ打倒を直接実現するかもしれない。CIAはパキスタン情報機関との協調を続ける一方で、ISIを介さずに、前線で戦うアフガン人司令官に現金と武器を直接届ける。トムセンは、信用を失って消滅寸前のアフガン暫定政権に代わる存在として、マスードやアブドゥルハク、イスマイル・ハーンらの反政府司令官がアメリカの支援を受けてシューラ（評議会）を設置することを望んだ。作業グループは、アメリカがこれらの野戦司令官の立場を強化することによって、ペシャワールのイスラム主義神学者連中とその同盟者ＩＳＩを出し抜くことができると考えた。トムセンらの新政策は、パキスタンとサウジアラビアの情報機関の抱くイスラム主義優先議題からアメリカを切り離す――少なくとも紙の上では――ことをねらっていた(5)。

トムセンは一九九〇年の初頭、イスラマバードに飛んだ。パキスタン政府にアメリカの新アフガン政策を伝えるためだった。オークリーがパキスタン外務省での会議をアレンジした。ミルトン・ビアデンは前年の夏、ラングレーのＣＩＡ本部に転勤していた。同僚たちにハリーという名前で知られる後任のＣＩＡイスラマバード支局長がこの会議に出席した。ハリーは古いタイプのＣＩＡオフィサーで、愛想はいいが表情に乏しく、顔色を読むのがきわめて難しい人物だった。国務省出身の同僚たちは、彼を閉鎖的、異常なほどの秘密主義者、ＣＩＡの縄張りを固守する人物と見なしていた。

ＩＳＩは准将一人、大佐一人を記録をとるため会議に派遣してきた。トムセンは新しい考え方を受け入れ、実行してくれることを希望してＩＳＩを招待した。トムセンは一時間以上にわたる公式プレゼンテーションで、秘密の新政策を説明した。パキスタン側は熱狂的支持を表明した。とりわけ、前々からザヒル・シャー国王を含めた円卓方式による政治解決を主張してきたヤクブ・カーン外相に率いられた、パキスタン外務省の外交官たちは熱狂的だった。ＩＳＩの情報士官たちでさえ賛成だった。

トムセンはサウジアラビア情報機関の本部でトゥルキ王子に同様の説明をするために、リヤドに飛ぶことを計画した。そしてリヤドからローマに飛び、高齢の亡命アフガン国王と協議を始めようと考えた。しかしわずか数時間後には、パキスタン外務省でのプレゼンテーションが皆に支持されたと考えたのは誤りだったことが判明した。大使館に戻ったオークリーとトムセンが三階の大使のスイートルームで話し合っていたとき、ＣＩＡ支局長のハリーが入ってきた。

「トムセンはローマに行っちゃだめだ。われわれがISIと組んで計画してきた軍事作戦をだめにしてしまう」とハリーは宣言した。彼の説明によると、アフガニスタンに新たな戦闘シーズンが近づくなかで、CIAイスラマバード支局は冬の間ISIとナジブラ打倒のための新しい軍事計画を練ってきたのだった。アフガニスタン中のイスラム戦士司令官が、主要都市と軍事補給路に同時多発攻撃をかける計画だった。新作戦の態勢も準備も整えられ、補給も始まっていた。CIA支局長は説明した。もしアメリカがザヒル・シャー国王との話し合いを始めることが漏れたら、国王を脅威と考えるペシャワールのイスラム戦士指導者の多くを怒らせることになる。イスラム主義の戦士たちは、国王が「カムバック」するとなると戦闘を拒否するだろう。ヘクマティアルやその他イスラム主義の指導者たちはきっと、入念に準備されたこの作戦を妨害するだろう。

トムセンは蒼くなった。新政治交渉は、ペシャワールのイスラム主義指導者たちを孤立させることこそがねらいなのだ。ハリーはすでにCIA作戦本部の近東局長トーマス・トウェッテンと連絡をとっていたことが判明した。トウェッテンもすでに国務省のキミット次官に苦情を申し立て、ザヒル・シャーに話を持っていくのは待ってくれと談じ込んでいた。官僚流にいえば、トムセンは出し抜かれていたのだ。トウェッテンは後日、トムセンに「君はなぜそんなにザヒル・シャーびいきなんだ」と尋ねた。

トムセンはリヤドに飛び、トゥルキ王子にアメリカの、というより少なくとも国務省の新しい政策について説明した。しかしローマ行きは当面見合わせた。国務省とCIAの激しい闘いの新しい章の幕開けであったし、マクウィリアムズによって始められた闘いの続きであった(6)。

何が問題だったのか？ 問題は戦後、つまり共産政権後のアフガニスタンのありようだった。トムセンがアフガニスタンの将来を考えるとき、彼はアフガニスタンの歴史の中で唯一近代的で平和的だった時代を想起した。一九一九年から七三年までの数十年間、ザヒル・シャー国王のもとで、強力ではないが慈悲深い王室がカブールから国を統治、地方には非中央集権政治が行き渡り、社会には部族ないし氏族のヒエラルキーの支配とイスラム信仰が染み込んでいた。トムセンによると、国王の統治は近代化と民主政治へとゆっくり進む動きを生み出していた。国王は一九六三年に憲法を制定、六五年と六九年には議会選挙を行った。

象徴的統治者としてのザヒル・シャーをアピールすることで、国務省はアフガニスタンに連邦型の伝統的政治が復活する余地をつくろうとしたのだ。これほど長い戦争が続いたあとだから、かつての王国の仕組みに戻ることは不可能だろう。しかし、伝統的な政治的社会基盤に家系的ルーツを持つマスードやアブドゥルハクらの司令官たちなら、比較的平和的な移行政権をつくれるのではないか。そうでなければ、パキスタンの軍事力に後押しされるムスリム同胞団の国際的イスラム主義政権が登場するが、それは戦争と不安定の継続を約束するだけだ。トムセンと国務省の仲間たちはそう考えた。一方、CIAの分析官たちはアフガニスタンを悲観的に観る傾向が強かった。彼らには早急な平和は考えられなかった。CIAの一部の人びとはアフガニスタンに対するパキスタンの影響力は不可避だと考えた。イスラマバードは相対的に強力で、カブールは非力だった。ISIにつながるイスラム主義者たちが反米的であるにしても、アメリカとしてはパキスタンの影響力がアフガニスタンに拡大することに反対する理由はない、というのがCIA側の判断だった。

トムセンは、アフガン聖戦への新たな取り組みをCIAに確約させた政策文書は持っていたが、まだCIAの担当官たちに新政策を受け入れるよう説得できていなかった。一部の担当官はトムセンがいら立っているのを感じていた。トムセンには、アフガン人司令官やパキスタンの将軍を相手に厳粛かつ緊張した関係のもとで真面目な話をしている最中にも、おそらく無意識のうちに軽く笑い声を立てる習慣があった。CIA担当官たちの観察では、アフガン人司令官のうちにはこれにひるむ者もいた。トムセンはオークリーとの盟友関係を構築することで、大使館の中での地位を確立しようとした。しかしオークリーはとらえどころのない味方で、あるときはトムセンとその意見を支持する一方、別の場ではトムセンをくそみそにけなしたりした。CIAはパキスタンで大筋秘密裏に、そして独自に活動していた。CIAイスラマバード支局はラングレーの本部と、一般外交官は使えない独自の通信システムでつながっていた。イスラマバード支局でもCIA本部でも、ほとんどのCIA担当官はトムセンの新政策を成功の見通しのない無邪気な企てと見なしていた。秘密戦争を全うさせるという本来の仕事からの、歓迎すべからざる逸脱と見なしたわけだ。

戦後のアフガン政治についてトウェッテンは、「アフガン人が自分たちで何とかするしかない。とんでもない混乱に陥るかもしれない」と感じていた。アメリカはアフガニスタンにおける政治的勝者を選ぶことや、新しい政府をつくるための交渉に参画すべきでないというのだ。トウェッテンによれば、アフガニスタンを元どおりにまとめられる人物は、マスードを含めて一人もいないという状況だった。[7] しかしCIAには大統領事実認定に基づく使命があった。それは、CIAの秘密作戦とパキスタンおよびサウジアラビアの情報機関との緊密な協力を通じて、アフガニスタンの「自決」——自決が混乱を伴うにしても——を助けることであった。CIA作戦本部近東局の担当官たちは、ヘクマティアルやサヤフに特別な好意を持っているわけではないと言っていた。しかし、彼らは引き続きアフガニスタンの軍事解決に深くかかわり合っていた。彼らはその仕事を終わらせようとしていたのだ。

パキスタン国軍の一チームが、一九九〇年春季攻勢の「行動計画」を仕上げるために秘密裏にワシントンに向かった。行動計画には、ヘクマティアルのラシュカリ・イサール（犠牲の軍隊）を中心に編成される新しい反政府軍への支援が含まれるはずだった。ISIは独自の計画に沿って、この民兵組織に砲弾や運輸面の装備を施し、北部におけるマスードの非正規軍と対抗できる勢力に育て上げた。[8] このへクマティアルの軍隊は、パキスタンを拠点とし、ＩＳＩの支援を受けるムスリム同胞団ネットワークの中で最も強力な軍事部門となりつつあった。この軍はアフガニスタンで戦うだけでなく、今まで以上にカシミールでも戦うようになっていった。

ＣＩＡイスラマバード支局はこの冬、アフガニスタンの主要都市と道路を攻撃する広範な連携作戦を支援した。攻撃計画の一部にはＩＳＩがからんでいたが、ＣＩＡも独自の秘密ネットワークでマスードら主要司令官に働きかけた。ヘクマティアル派対マスード派のような内紛はあったとしても、各地に散らばる司令官がナジブラの補給線と都市部を一斉に攻撃すれば、カブール陥落の最後の一押しになる可能性があった。ＣＩＡとＩＳＩはカブール陥落に焦点を当てていた。ナジブラ政権のあとに誰が権力を握るかではなかった。

ハリーとゲーリー・シュローンとＣＩＡ担当官たちは、一九八九年から九〇年にかけての冬の間、新たな春季攻勢の計画を練るためにＩＳＩアフガン局の士官たちと頻繁に会合を開いた。ハリーはヘクマティアルと一対一で対面した。春季攻勢開始とともに、ヘクマティアル軍はＣＩＡが供給するロケット砲でカブール北方のバグラム空港を攻撃する手はずだった。[9]

この冬立案したＣＩＡ計画では、マスードが中心的存在だった。シュローンは一月にペシャワールに出張し、マスードの兄弟ヤヒヤ・マスードの管理する無線通信でマスードと交信、北からカブールに通じるサラン街道の遮断を依頼した。マスード軍がサラン街道を封鎖し、ＩＳＩの支援を受ける別の反政府勢力がホストとカブールを東から攻撃すれば、ナジブラはそう長くは抵抗できないはずだ、とＣＩＡ側は信じた。マスードはこの交渉で五〇万ドルの現金を要求し、シュローンは一九九〇年一月三十一日マスードの兄弟の一人に現金を手渡した。

しかしＣＩＡの言を信ずる限り、マスード軍は動かなかった。がっくりきたハリーは「この野郎め」

と怒り、マスードへの毎月の給付金二〇万ドルを五万ドルに引き下げた。イスラマバード支局は、CIAの怒りと落胆を強調するメッセージをパンジシールに発したわけだ。

アフガニスタン全土を通じて、CIAの攻勢は行き詰まった。イスラム戦士各派は連携もなければ、戦闘意欲も薄く、同士討ちに気をとられていた。大都市は一つも陥落していなかった。ナジブラはカブールにいて、彼の権力は脅かされていなかった。

春が近づくころ、ヘクマティアルをアフガンの新統治者に就任させる独自計画をISIが秘密裏に進めていると、CIAのアフガン人工作員網が報告してきた。報告によると、サウジアラビアの裕福な原理主義者ウサマ・ビンラディンが、ヘクマティアルを抱えたISIの新計画に数百万ドルを提供しているというのである。イスラマバード支局は、ビンラディンに関するこの報告をラングレーのCIA本部に上げた。[10]

一九九〇年三月七日、カブールの中心街でその陰謀が誰の目にも明らかになった。ナジブラ政権の国防相でごりごりの共産党員、シャハナワズ・タナイに忠実なアフガン空軍士官たちが、空軍ジェット機で大統領官邸を襲って、屋上と中庭に爆弾を投下したのだ。執務中のナジブラを殺す（失敗したが）計画だった。タナイ派に寝返った装甲車部隊がカブールから南方に向かい、パキスタン国境からカブールに急ぐヘクマティアルの「犠牲の軍隊」のために道を開けようとした。

タナイとヘクマティアルは、何カ月も前からISIの助けを借りてクーデター計画について秘密交渉を重ねてきた。秘密交渉は急進的共産主義者と急進的イスラム主義・反共主義者を結びつけた。二人はパシュトゥン人のギルザイ系部族の流れをくみ、呵責なき流血の歴史を背負っていた。タナイはアフガニスタン共産党内部で、ナジブラ派とライバル関係にあるハルキ派のリーダーであった。[11]

その当時のＣＩＡ報告によると、タナイに同調するアフガン政府軍部隊を買収する金とイスラム戦士司令官たちの支援を得るための費用の一部は、ビンラディンからもたらされた。これらの報告は断片的ではあったが、ＣＩＡが想定していたビンラディンの人物像に合致するものだった。その人物像とは、現地のイスラム主義に資金提供する大金持ち、実行者というより献金者、サウジアラビア政府筋と緩い関係を持つ長老格の人物、ペシャワールで彼の気前のいい献金をもらう側の人びと、とくにヘクマティアルとサヤフの周辺にいる急進派の連中にちやほやされ、親交を求められているという存在だった。[12]

ベナジル・ブットのもとに後日届いた報告によると、タナイのクーデター計画が練られていたころ、つまり一九八九年十二月ころ、ＩＳＩはビンラディンに接触してブットを首相の座から追い出すため国会議員たちに渡す賄賂用の金を出してくれと要請した。ブットが漏らしたこの報告によると、ＩＳＩ側は当時サウジアラビアにいたビンラディンに電話し、彼にパキスタンに飛んできてほしい、ブット内閣に対する国会の不信任動議を通す計画を助けてほしいと依頼したというのだ。これはブットを強制的に辞めさせようとする、パキスタン軍部の初めての試みだったという。[13]

とすればこの時期ビンラディンは、カブールとイスラマバードの権力を握るナジブラとブット、イスラム主義者に言わせると「双子のイスラムの敵」を倒そうとするＩＳＩと共謀していたことになる。もしブットがイスラマバードで倒され、タナイの支援でヘクマティアルがカブールの権力を握れば、イスラム主義者は二重クーデターに成功していたことになる。

ビンラディンは、タナイのクーデター計画に自分だけで参画したのだろうか？　それともサウジアラビア情報機関との半ば公的な連携のもとで参画したのだろうか？　それを証明する材料はほとんどない。タナイのクーデター計画のころ、ビンラディンはまだサウジ政府と良好な関係にあった。彼がはっきりとトゥルキ王子や王室と分裂するのは、まだ何カ月も先のことである。ＣＩＡは、ビンラディンがタナイ＝ヘクマティアル・クーデター計画のスポンサーと名指ししているが、ほかの報告では資金の出元はサウジ情報機関だとしている。資金源は別個なのか、元は同じなのか？　このころの情報でも後日の情報でも、この問題を確定することはできなかった。[14]

アメリカの諜報分析官はこのあと、同じパターンを経験することになる。ビンラディンとサウジ政府とのやりとりは常に覆いに包まれているようなのだ。

ヘクマティアルは、彼とタナイが新たな革命評議会を結成したと発表した。しかしカブール中心部に最初の爆弾が投下されて数時間もたたないうちに、動揺していたアフガン政府軍司令官の間でもクーデターの失敗が明らかになった。ナジブラに忠誠な政府軍部隊が、カブール市内でタナイ派部隊を総崩れにした。タナイ自身とその取り巻きはパキスタンに逃れてISIにかくまわれた。ヘクマティアルの「犠牲の軍隊」はカブールの郊外までたどり着けなかった。

CIAイスラマバード支局がヘクマティアル＝タナイ・クーデターをいつ知ったか、また支局の担当官たちがISIに対して好意的な、あるいは否定的なコメントをしたのかどうかは、いまだにはっきりしていない。CIA作戦本部のナンバー2だったトーマス・トウェッテンが述懐しているように、CIAはパキスタンの情報機関、すなわちISI側が「ヘクマティアルについて正直に話してくれたことは一度もない」と感じていた。[15]クーデターを計画した時点で、ISIの将校たちは少なくとも、ナジブラの補給線をねらったCIAの攻撃計画が追い風になることは知っていた。しかしCIAはISIに対して、マスードらアフガン人司令官たちと独自の接触を保っていることやその詳細は一切明かしていなかった。たとえばCIAはこのクーデターからちょうど五週間前の一月三十一日に、五〇万ドルをマスード側に渡したことを知らせていなかった。クーデターのタイミングも謎に包まれていた。タナイは予定日より早く、慌てて動いてしまったらしい。そのわけは、この冬カブールで続けられていた反逆罪に対する軍事裁判が、タナイの計画を暴きそうだったからだ。

事件が一段落したあと、マスードは北部での自分の立場をしっかり強めていた。CIAはマスードがサラン街道を攻撃しなかったことに腹を立てたかもしれないが、カブール奪取の先手を取ろうとしたヘクマティアルの企てに、どう対応する術があっただろうか。CIAの密接なパートナーであるISIが、ヘクマティアルの共謀を明白に支援しているというのに。CIAはマスードに五〇万ドルを払って、ヘクマティアルの権力奪取にマスードの軍事力を利用しようとしたのか。マスードがそう疑っても仕方ない状況だった。

マスードはアラブの調停者に対して、ヘクマティアルとの全面戦争は回避したいと告げていたし、ISIとの直接対決も望んではいなかった。彼は、将来カブールに樹立される政府で主要な役割を果たしたいと明言し、自分が握る北部での自治権を望んでいた。ただアフガニスタンのパシュトゥン地域を直接統治することを望んでいなかった。そんなことは、タジク人指導者にとって実行不可能であることはわかっていた。マスードがパシュトゥン側指導者とどの程度話し合う用意があるかは、はっきりしていなかった。ピーター・トムセンは、彼の構想する全国司令官評議会が、ISIの統制を乗り越えて妥協を形成する場になることを願っていた。はっきりしていたのは、ヘクマティアルがカブールの権力を握れば、マスードが何もせず傍観することはないということであった。マスードはこの春、補給物資を節約し、北部における同盟関係を強固にして、時期を待った。長い反共ジハードの最後の幕が開くのはまだ先のことだった。


強硬派の共産主義将軍と手を組んで陰謀を企てたヘクマティアルの熱意とこれを支援したISIの積極性は多くのアフガン人を仰天させる一方、ワシントンではピーター・トムセンの新しい政策アプローチに対する支持を強めた。このクーデター計画は、冷戦によるアフガニスタンの分断が急速に氷解しつつあることを明白にした。ソ連のアフガン侵攻以後、一見正反対の位置にいた過激派同士が手を結んだのである。このクーデター計画は、それだけ決定的に重大な出来事であった。トムセンと彼の仲間は、アメリカとしてもアフガン反政府運動の中に穏健中道派を育成し、安定した戦後政治体制を探求すべきであると主張し続けた。

国務省内ではこのころまでに、サウジアラビアの情報機関がアフガン戦争における最も重要な「隠された手」であること、またトゥルキ・ファイサル王子の個人的サポートなしに、アメリカの新しいアプローチは実行できないことが常識になっていた。ピーター・トムセンと彼のチームは頻繁にリヤドを訪問した。[16]

トゥルキ王子は相変わらず、とらえどころのない曖昧な人物であった。トゥルキ王子が一九八〇年にパキスタンのアフタル・アブドゥルラフマンISI長官と子分のアフガン人たちと対面して以来の一〇年間に、王子はサウジアラビアの最も重要な指導者の一人になり、米当局者とサウジアラビア王室をつなぐ存在になっていた。王子はまた中東各国の首都を頻繁に旅する謎の旅行者でもあった。王子はリヤドとジッダに宮殿のような住宅を持っていた。夏はヨーロッパの高級リゾートで過ごした。この年四十五歳になった王子は、この仕事に入ったころの初々しい外交専門家風ではなく、エレガントなプロフェッショナル、注意深い衛星テレビ・ニュースの視聴者、真面目な政治評論誌の読者になり切っていた。

トゥルキ王子は、欧州とアラブ世界のすべての国の情報機関の指導層と個人的関係を持つようになっていた。彼はパキスタン以外にも、モロッコやヨルダンのようなサウジアラビアの穏健な同盟国の情報機関に補助金を注ぎ込み、情報と人へのアクセス権を購入していた。[17] 王子が最もくつろいでいるように見えるのは、スイスのダボスとコロラド州のアスペン研究所を巡回する外交政策・国際安全保障問題に関する豪華な会議に出席しているときだった。この会議では、外交官や将軍たちがキューバ産の葉巻をくゆらせながら冷戦後の諸問題を討議するのだった。

サウジアラビア王室内でのトゥルキ王子の影響力は、年齢が比較的若いことで限定されていた。血筋と年齢に基づくこの国の政治体制のもと、トゥルキ王子の属したのは二番目の序列だった。彼は血筋と年齢に基づくこの国の政治的見解から、王室内で最もリベラルかつ近代的な系統に結びついていたが、その指導者になるには年齢と血筋の条件が不足していた。それでもCIAやその他部門の米当局者が、トゥルキ王子をサウジアラビア政府内でおそらく最も信頼のおける人物だと指定したため、彼の真面目な仕事ぶりに対する評価が上がるにつれて、王子は政府部内で年齢的には異例なほど高い権威を確立した。アフガニスタンに関しては、トゥルキ王子は言うまでもなく注意を払うべき人物だった。

一九九〇年の春、トムセンと彼のチームは、長い車体のリムジンでリヤドの角張った総合情報局の構内に何度も入った。通常はCIAリヤド支局長も一緒だった。アフガニスタン秘密戦争へのアメリカの新しいアプローチについて、トゥルキと長時間話し合うためだった。それはお茶とお菓子が用意された冷房付きオフィスで、厚く詰め物をしたルイ十四世風の椅子に座っての、けだるい感じの会談だった。トゥルキはこの種の話し合いを楽しむ風情だった。会談は午後一〇時か一一時ごろに始まり、よくそのまま夜明けまで続いた。トゥルキは常に礼儀正しかった。しかしアフガン戦争については、瑣末なことを含めて細かいことに興味を示した。彼はアフガニスタンの個々の司令官、知識人、さらに部族政治の最も複雑なニュアンスについて知りたがった。彼はアメリカの政策、国内政治についても質問を繰り返した。彼もイエズス会の厳しい流れをくむジョージタウン大学の多くの同窓生と同様、抽象的概念的な政治問題を楽しむ人物のように見えた。

サウジアラビアとアメリカにとって、パキスタンの情報機関が支援するイスラム主義者から手を引くことこそが国益となる。トムセンと国務省はトゥルキ王子にそう説得しようとした。トムセンが構想する独立系の反政府司令官による評議会設立に、サウジアラビアが資金を供給してくれるように仕向けたかった。ISIの統制外でマスードに大きな権限を与える組織だ。トムセンはワシントンで、マスードの代理人の一人と、有力なサウジアラビア駐米大使バンダル王子との会談をアレンジした。バンダル大使がトムセンの独立系司令官シューラを支持する電報を、トゥルキ王子やその他の人びとに打ってくれることを期待してのことだった。結局トゥルキ王子はこの春、サウジ情報当局が面倒な問題を処理するときの、恒例のやり方でトムセンの訴えを処理した。王子は小切手帳を開き、双方に小切手を差し出したのだ。王子はトムセンの新たな司令官シューラを支援するとして数百万ドルを提供した[18]。同時にトゥルキは、トムセンの敵であるISIへの資金援助を増額した。この結果、サウジアラビアの対ISI援助額は初めてCIAの援助額を上回った。

一九八九年十月から九〇年十月までの間に、アメリカ議会はCIAの秘密計画への秘密予算を約六〇パーセント削減、二億八〇〇〇万ドルとした。この間サウジ情報当局は国庫から四億三五〇〇万ドルをアフガニスタン向けに援助し、さらにサウジアラビアとクウェートの王族たちから一億ドルの私的援助を集めた。この両国からの対アフガニスタン寄付金は九〇年一月から七月の間も増え続け、CIAの援助額を超えた。サウジ情報機関は「アフガニスタン再建ファハド国王計画」と呼ばれる、アフガニスタン復興と再建のための二億五〇〇〇万ドル規模の民間プロジェクトを立ち上げた。ペルシャ湾岸から津波のように流れ込むマネーは有力だった。仮にCIAがヘクマティアルのような過激派の孤立を図ろうとする国務省の新政策に協力してフル活動したとしても、そうした努力はサウジアラビアと湾岸諸国から流れ込む野放図なほどのマネーの前に無力であったろう[19]。

何がトゥルキ王子をこのダブルゲームに駆り立てたのだろうか？　王子と交流があり彼を高く評価す

るアメリカ人には、推測することしかできなかった。トゥルキ王子、駐米大使のバンダル王子、外相のサウド・ファイサル王子らはいずれも親欧米で、サウジ王室内近代化派に属していた。トゥルキは年長王子たちに比べて米欧文化に親しみ、国の経済的発展に西側のモデルを活用することを考えていた。彼が想像するサウジアラビアの将来は、王国経済がアメリカやヨーロッパと緊密に交流し、そこから生まれる経済的繁栄が、イスラムの価値観が支配するサウジアラビアにも、よりオープンで寛容で国際的な文化を徐々にもたらすというものであった。

それにもかかわらず、トゥルキ王子がパキスタン、アフガニスタンその他地域の急進的イスラム主義者たち、つまり王子が賛美する西側システムそのものに激しく反対する指導者や運動にも資金を与えていることが、彼らイスラム主義者の運動を力づけていた。資金援助はなぜか？ CIAと同様、サウジ政府は国際的イスラム主義の脅威と野望の大きさ、激しさに気がつくのが遅かったのだ。またトゥルキは、サウジアラビアがイスラム教シーア派の強力な隣人であるイランと、古くから競合していることを知っていた。トゥルキに必要だったのは、とりわけ一定数のシーア派人口を持つパキスタンやアフガニスタンのような国において、イランの手下と対抗できるような信頼のおけるスンニ派の親サウジ・イスラム主義者であった。サウジ人は、マスードや彼の北部同盟の人びとを言語のプリズムを通じてしか見られなかった。マスードに従う人びとは、圧倒的にイランと同じペルシャ語系の言語を話した。マスードと彼のパンジシール集団はスンニ派だが、北部の領域にはシーア派も存在した。

サウジアラビア国内では、トゥルキ王子らの王室近代化派は王国の保守的ウラマー（イスラム法学者）たちから継続的に攻撃を浴びていた。ときにはウラマーたちから公然と、イスラム世界の聖地守護者というサウジアラビアの役割を裏切り、キリスト教の西側世界に身を売り渡す王室メンバーとまで非難されていたのである。王国内では、厳格派のイフワン民兵団と、成立して一世紀にも満たないサウド王家の内部闘争が到底終わりそうもなかった。トゥルキ王子やリベラル派の王子たちにとって、国内の対立に立ち向かって解決を図ることより、王子たちのライバルである国内のイスラム主義者の布教活動を認めて――それが外国に迷惑を及ぼすとしても――彼らをなだめることのほうが容易だったのである。

この時期に何がアメリカを動かしたかは、はるかに説明しやすい。無関心が最大の要因だったのだ。ブッシュ大統領は、アフガニスタンにほとんど関心を払わなかった。大統領に会ったＣＩＡの高官たちは、大統領はアフガン戦争が続いていることすら意識していないようだと言っていた。ブッシュ大統領の国家安全保障会議で、アフガン戦争が高官レベル協議の対象になることはほとんどなかった。ソ連は解体しつつあり、ドイツは再統一に向かっていた。これらが当面の議題だった。ソ連軍が撤退したことで、アフガニスタンは突如として外交問題の序列で三番目に後退し、ワシントン官僚の意識の端っこに追いやられてしまっていた。

アフガン秘密作戦は正式に大統領の承認を得られたが、その大枠は一九九〇年までに自動操縦装置に任されたような動きになった。それでもアメリカの交渉当事者たちは、ホワイトハウスの権力中枢から遠く離れた所での努力であったにせよ、表向き新しい米国の政策の方向性を打ち出すのだと主張していた。ロバート・キミット国務次官は、アフガン戦争を解決するための選挙にナジブラが参加するなら、アメリカは反対しないと発表した。ＣＩＡが邪魔したために当初の計画より遅れたが、トムセンは亡命中のザヒル・シャー国王との直接会談を始めた。

この年の八月、ゴルバチョフは「アメリカ人はイスラム原理主義の拡散を危険視して、心配しているという印象だ」と、ナジブラとの私的会話で漏らしていた。「今日アフガニスタンやパキスタンそしてイランで興っている原理主義は、明日には全イスラム世界を包含するようになるとアメリカ人は考え、率直にそう言っている。たとえばアルジェリアなどに、そうした兆候はすでに現れている。しかしアメリカ人はアメリカ人であり続けるだろう。彼らの政策のこの側面だけを見て、ほかの側面に気づかない者はナイーブすぎる」[20]

イスラマバードではCIAとISIの提携関係にプレッシャーがかかっていた。両情報機関のトップが次々と異動していた。ベナジル・ブットはISI長官のハミド・グルを更迭した。グルがブット内閣を打倒しようとする陰謀をめぐらしていると知らされたからだ。彼女はブット家に忠実な退役将軍をISIのトップに据えたが、彼はISIのアフガン局をコントロールすることができず、辞任した。その次にISI長官になったアサド・ドゥラニは日ならずして、CIAイスラマバード支局がカネを払ってアフガン反政府側司令官のネットワークを運営していることを発見した。彼はCIAが独自に展開してきたマスードとの接触の全容もつかんだ。[21]この発見により、ISIの情報士官の間ではCIAがブットとつるんで、ダブルゲームをやっているのではないかとの疑惑がいっそう高まった。

ピーター・トムセンは彼が構想する「草の根」の全国司令官評議会への支持をCIAとISIから取りつけようと、各地を飛び回って会議に次ぐ会議を開き、このことがパキスタン情報士官の疑惑をさらに深めた。この評議会はパシュトゥン人の司令官ばかり約三〇〇人を集め、初会合をパクティアで開いた。米国際開発局はこうした試みを助け、マスードを支え、マスードの補給線を改善するために、パキスタンからアフガニスタン北部に通ずる全天候型道路の建設を始めた。当初CIAはマスードへの特別待遇に反対した。CIAイスラマバード支局は、マスードがサラン街道への攻撃をしなかったことで、マスードへの手当を減額したばかりだった（CIAの秘密順守規則によりCIA側は国務省側にこうした事情を説明することができなかった。そのために両者間の緊張は高まった）。それでもCIAは、CIAに対するプレッシャーが続くなかでマスードにもう一回チャンスを与えることでは合意していた。

ISIは、ヘクマティアルの「犠牲の軍隊」がタナイや元政府軍将校たちを抱え込んで増強するのを、引き続き支援した。一九九〇年十月、CIA独自のアフガン人司令官ネットワークが新たな警報を伝えた。四万門の長距離ロケット砲を積んだパキスタン軍のトラック七〇〇台が、ペシャワールを出発して国境を越え、カブール郊外をめざしているというのだ。ヘクマティアルはカブール政府の降伏を誘うために、対ナジブラ戦争が始まって以来最大規模の砲撃を首都に浴びせることを計画したのだった。この砲撃で何百人もの民間人犠牲者が出るのは必至とみられた。

トムセンは十月六日ペシャワールで、アブドゥルハクやマスードの代理人ら独立系の主な司令官一〇人と会った。司令官の一人アミン・ワルダクは、カブールに死の雨を降らすヘクマティアルの企ては「ジャララバードよりひどいものになる」と警告した。トムセンはこの会合についてワシントンに秘密公電を打った。その電文には「民間人に多数の死傷者を出すような軍事攻撃が失敗すれば、それはイスラム戦士側への反発として跳ね返るだろう」とあった。世界の目には、イスラム戦士が大量殺戮の共犯者として映りかねないことになる。また、次の政府が見えない段階でカブールが陥落すれば、「政治的混沌」が生まれるとアブドゥルハクは警告した。ヘクマティアルをボスとして受け入れられない人びと、つまりマスードやその他の司令官たちは、ヘクマティアルに戦争を仕掛けるだろう。そうなると、ワルダクの推定によると「おそらく二〇万から三〇万人の死傷者が出る、さらなる破壊」を見ることになると、十月十日付の公電は伝えていた。振り返ってみれば、これは残酷なまでに正確なカブールの将来予測であった[22]。

この計画を取りやめない限り、アメリカとパキスタンの関係は最悪の事態を迎えるとの重大警告をオークリー大使が発したのを受けて、ISIのドゥラニ長官は攻撃の取りやめとトラック隊の撤収に同意した。イスラマバードの米大使館では、このロケット砲撃計画を「タナイ2」と呼ぶようになったが、計画が中断されたのはぎりぎりの段階だった。この出来事によって、パキスタン軍部とアメリカの優先順位の食い違いが深まった。オークリーはマクウィリアムズの在勤当時よりISIへの反感をいっそう強めていた。彼はパキスタン大統領との会談の席で、ISIを「暴れ象」と呼んで非難したほどだ。

CIAは、このヘクマティアルのロケット砲撃計画の一部始終を知っていただろうか？　ハリーは、カブールで何千人もの死者が出そうなこの計画を、承認もしくは黙認していたのだろうか？　国務省のトムセンたちは、ハリーが承認または黙認していたと考えた。外交官は国務省の政策を追求していくが、CIAイスラマバード支局は秘密裏に独自のCIA戦争を指揮しており、カブール砲撃計画はその一例だと国務省側は見なしていた。トムセンとハリーはイスラマバードにあるCIA支局長公邸で会談した。ツナサンドイッチとスープを食べながら、支局長は十月のロケット砲撃計画について知っているとおりのことを話した。彼はISIとヘクマティアルの会合に同席したときのことを説明した。支局長によると、ヘクマティアルはカブールを簡単に占領できると主張し「おれはやって見せる」と叫び、支局長はほかの司令官たちと協力してやるべきだと強く説得したという。トムセンはここで、CIAイスラマバード支局がたぶんこの作戦を承認し、おそらく武器とその他の補給についても認めてやったのだろうと結論づけた。トムセンはこの決定が「きわめて間違っているだけでなく」、もっと大きな危険の前兆だと見なした。「それはCIA特有の閉じこもり型セクショナリズムの悪弊の反映であると同時に、アフガン政治の文脈を理解できないことの反映でもある」と、トムセンは当時書いている。[23]

ヘクマティアルの攻撃計画中断のほとぼりが冷めたころ、トムセンは第二回全国司令官評議会開催の準備のために、パキスタン北部のチトラに車を走らせた。この会合にはアフガニスタン全土の有力な司令官が集まり、マスードも出席した。アブドゥルハクら主催者側はヘクマティアル派の司令官たちを排除した。サヤフは部下の司令官たちに会合ボイコットを命じた。しかし何百人ものアフガン人司令官が集まって、政治的軍事的論議の日々を過ごしたのである。それは過去数年間で最大規模の戦時アフガン野戦司令官会合となった。ＩＳＩのドゥラニは会合に出席させせろと言い続けた。彼は会場近くのテントで粘っていたが、出席は認められなかった。それでもＩＳＩ長官は何とかしてマスードにメッセージを届けさせ、会談のためにイスラマバードに招待した。[24]

マスードの代理人がリヤドでトゥルキ王子に初めて会うと、トゥルキはマスードとＩＳＩが新たな関係構築を進めることに同意した。ＣＩＡの補助金カットで苦しんでいたマスードは、過去一〇年間で初めてのパキスタン訪問を受け入れた。戦争の終結ゲームが近づいているなかで、マスードはＩＳＩの支援を得るために、ヘクマティアルと競争する覚悟を決めていた。マスードはイスラマバードでＩＳＩ長官ドゥラニならびにＣＩＡ支局長のハリーと会談した。[25]

ドゥラニはマスードとの信頼関係を固め、マスードを対ナジブラ統一戦線に組み入れようと考え、マスードへの軍事補給を再開することを約束した。ハリーはＣＩＡが減額したマスードへの給付金の回復に応じ、マスードへの手当を月額五万ドルから一〇万ドルに増額した。ＣＩＡはまたＩＳＩに、半分完成した北部向け全天候型道路を通るマスードへの武器輸送コンボイを増やすよう指示した。ＩＳＩからマスードへの武器輸送の一部、二五〇台のトラック・コンボイが確かにこの道路を通過した。ところが別のケースでは、ＩＳＩが派遣した大型コンボイが謎の失踪で消え、パンジシールに到着しなかった。アメリカ側は、マスードを援助せよとの圧力に、ＩＳＩが最大限抵抗しようとした動きではないかと疑った。[26]

ＣＩＡとＩＳＩの関係の中で、新しい一つのパターンが浮かんできた。今やＩＳＩアフガン局の士官たちは、アメリカ側の熱心な要望に快くうなずくようになった。そのうえで彼らは独自の政策を、あるときはＣＩＡとの協力を通じ、またあるときは自分たちだけで、できる限り追求するのだった。

イスラム主義者か世俗派かを問わず、パキスタン軍の将軍たちの間で支配的な見解は、カブールに親パキスタン政権を樹立するため最高の期待を抱かせる人物はヘクマティアルだというものだった。パキスタン軍の最もリベラルなパンジャブ出身の将軍たち——彼らの息子たちはロンドンではしゃいでいたし、彼ら自身はラワルピンディの国軍専用ゴルフコースで午後を過ごしていた——の間にある強い感情は、「背中に傷は残るとしても、この仕事は片づけねばならない」というものだった。[27]

CIAイスラマバード支局は、パキスタンの核兵器計画に関する疑惑に多くの時間を割くようになっていた。ちょうどCIAとISIの提携関係がアフガン国境をめぐってもめていた一九九〇年、CIAの情報筋はパキスタン軍の将軍たちが核兵器開発計画を、新たな危険なレベルまで推進したと報告しはじめていた。ワシントン出張からイスラマバードに戻ったロバート・オークリーは、パキスタン国軍に対する非公式メッセージを持ち帰った。比喩的にいえば、パキスタンはネジをあと一回か二回だけ回せば核兵器を持てる段階にきていて、CIAはそれを承知していたのだ。プレスラー修正条項として知られる米国法のもとでは、パキスタンの核兵器開発でCIAの結論が下れば、パキスタン政府に対するアメリカの軍事・経済援助——この年は五億六四〇〇万ドルだった——は、自動的に停止されることになっていた。[28] 一〇年間にわたるアメリカとパキスタンの緊密な協力関係だったが、アメリカはここで実質的離婚を決意したのだった。

パキスタンからの核拡散に関するアメリカの恐怖は十分に根拠があった。パキスタン国軍参謀長のミスラ・アスラム・ベグはすでにテヘランで、パキスタンとイランの核協力の可能性についてイラン革命防衛隊との討議を始めていた。ベグは、パキスタンの核兵器製造技術とイランの石油とをバーターする取引について話し合った。オークリーはベグ参謀長と会い、「この取引が、とくにアメリカとパキスタンの関係にどれほどの災いをもたらすか」について説明した。ベグは、イランとの交渉を放棄することに同意した。[29] しかし今日になってパキスタン国軍とアメリカの関係を見ると、アメリカ側は一つの火事から次の火事へと奔走させられていたようだ。

一九八九年には、パキスタンが領有権紛争を抱えるカシミールの境界線で民衆蜂起が起きた。カシミールはイスラム教徒人口が多く、山岳湖の多い渓谷地帯で、過去四〇年に三回の印パ戦争が起きた場所であった。アフガニスタンでソ連軍を追い出すという成功体験で気をよくしたパキスタンの情報士官たちは、カシミールからインドを追い出すために同じ方法を使う、つまり秘密聖戦を実行する用意があるとブット首相に説明した。彼らは宗教学校や職業組織を利用して、カシミール渓谷にムスリム同胞団の戦闘的ネットワークの構築をすでに始めていたのだった。ISIはアフガニスタンのパクティア州にカシミール・ゲリラの訓練キャンプをいくつも設けた。かつてアラブ人義勇兵が訓練キャンプを設けていた場所であった。その年のCIA報告によると、カシミール義勇兵はアラブ人聖戦主義者と隣同士で訓練を受けていた。中国製のカラシニコフ銃やアフガニスタン経由の武器を持ったカシミール義勇兵が、インド統治領に姿を現しはじめた。CIAは、本来ソ連軍将校を殺すためにアメリカがパキスタンに渡したバッファロー狙撃ライフルなどのハイテク兵器を、ISIがカシミールに転用するのではないかと心配した。アメリカはインドに、カシミールを旅行する政治家や政府高官の護衛では遠距離狙撃に注意するようにとの非公式警告を通達した[30]。

アフガニスタン聖戦はもう一つの国境を越えた。紛争は再び拡大しようとしていた。


一九九〇年、ウサマ・ビンラディンはサウジアラビアのジッダに本拠を置く家業に戻った。彼は依然として、サウジ情報機関の参謀長アハメド・バディーブとの親密な関係を保っていた。バディーブは「求められたときにはビジネス上のアドバイス」をビンラディンに提供した[31]。

ビンラディンは、アフガンで知り合ったサウジとイエメンの義勇兵を組織化して、南イエメンで新たな聖戦を起こそうとしていた。南イエメンはソ連の支援を受けたマルクス主義者が統治していた。ビンラディンはジッダの自宅から義勇兵にカネと武器を送り、南イエメン政府とのゲリラ戦争を促した。ビンラディンのイスラム戦士が国境を越えると、イエメン政府はそのうちの何人かを捕まえ、ビンラディンを名指しで非難する抗議文をサウジ政府に送りつけてきた。(32)

一九九〇年の秋になるとビンラディンは、八月にクウェートに侵攻し占領したイラク軍がサウジアラビアに突きつける脅威にも心を揺さぶられていた。ビンラディンはイラクに対する新たな聖戦を指導しようと思った。彼はジッダの学校や集会で演説し、正義のイスラム義勇兵たちを無数の義勇兵大隊に組織して戦えば、サダム・フセインを破ることができると説いた。サウジアラビア王国を防衛するために米兵を招くとしたサウジ王家の決定に、ビンラディンは強く反対した。彼は新たな聖戦に関する計画を説明するために、サウジ王家の指導的な王子らとの面会、さらにファハド国王との接見を要求した。

こうしたビンラディンの叫びにどう対処するか未決定のまま、またイエメンで彼が騒動を起こそうとしていることを憂慮しながら、高位の王子一人と親政府のイスラム神学者ハリル・A・ハリルがジッダに向かった。ビンラディンの言うことを最後までよく聴き、また彼の精神状態を見極めるためだ。ビンラディンはこの非公式会談にボディガードを連れてきた。彼はアラビア語で約六〇ページの文書を持参した。彼の聖戦構想を説明したものだった。

ハリルはビンラディンが「非常に礼儀正しく、非常に緊張している」と判断した。ビンラディンはファハド国王による接見を要求した。彼は、「私は不信心者のサダムと戦いたいのです。私はイラクに対するゲリラ戦を展開したいのです」と宣言した。ハリルはビンラディンがどのくらいの兵力を持っているかを尋ねた。「六万人です」とビンラディンは得意そうに答え「それにサウジ兵二万人も」と付け加えた。ハリルと王子は馬鹿げた話だと思った。それでもビンラディンは「武器は要りません。たっぷり持っていますから」と自慢した。

最後に王子が、国王はビンラディンとは接見しないだろうと告げた。国王はウラマー、つまりイスラム教の学者としか会わないのだと。しかしビンラディンは軍事計画を提案したのだし、サウジアラビアの重要な一族の尊敬されるべき子弟だという理由から、王子はビンラディンとサウジ国防相のスルタン王子との会談をアレンジすることを約束した。

ハリルの記憶では、この会談の終わりにビンラディンは「私はイスラム軍の司令官です。私は投獄されることも拘留されることも恐れません。アラーを恐れるのみです」と宣言した。

王子は答えた。ビンラディンが今言ったことは「法に反するし、道義にも反する。しかし、信義に基づいて会うことにした人物を逮捕することは、われわれの習慣にはない。自分のことを注意深く吟味したまえ。われわれは君を恐れていないし、君の軍隊を恐れてはいない。われわれは何をなすべきか心得ている」と。

「あなた方は、ご主人様のアメリカの言うことを聞いているのですね」とビンラディンは言い返した。(33)

ビンラディンは、軍用地図と何枚かの図表を持ってリヤドの国防省に到着した。スルタン国防相との会談には、サウジアラビアによる世界最大のイスラム布教組織「イスラム世界連盟」事務局長のアブドラ・トゥルキが同席した。それはビンラディンに、サウジアラビア王国に招かれた米軍が宗教上の認可を持っていることを説明するためだった。トゥルキによると、予言者ムハンマドはイスラム以外の宗教がアラビア半島を支配することを望まなかった。しかし予言者は、ユダヤ教徒やキリスト教徒がこの地域を旅行したり、その宗教を守ろうとしたりすることに、けっして反対しなかったという説明だった。

ビンラディンは、サウジ王国がアフガン戦争の試練を経たベテラン兵たちによる彼の軍隊を支援してくれるなら、王国が不信心者の米軍をこの戦争に利用するのを回避できると反論した。

スルタン王子はビンラディンに温かく接し敬意も示したが、ビンラディンの戦争計画には懐疑的だった。イラク軍は四〇〇〇台の戦車を持っていた。「クウェートには洞穴はないんだよ」とスルタン王子。「君たちは山岳や洞穴を利用してイラク軍と戦うことはできないんだ。敵が化学兵器や生物兵器を付けたミサイルを君たちに撃ち込んだらどうするのかね」と質問するスルタン王子に、ビンラディンは「われわれは信仰心によって敵と戦います」と答えた(34)。

会談は結論が出ないまま、お互いに敬意を示す挨拶を交わして終わった。ビンラディンの思考がクレージーに見えたとしても、彼は王国で最も重要な家族の一つに属しており、サウジ政府と緊密に働いた人物だった。このような場合、サウジアラビアでは直接対決を避けるのが普通だった。

トゥルキ王子は、国防省におけるビンラディンとの会談を分水嶺と見なした。サウジ情報機関長官の見るところ、このときからビンラディンの人格に「急進的変化」が起きた。トゥルキによれば「彼はイスラム教徒を助けることに関心を持つ、静かで平和的な優しい男だったが、クウェート解放のために軍隊を集めて指揮することができると考える人物に変身してしまった。そこから彼の傲慢で尊大な姿が暴露された」というわけだ(35)。

この年の秋、イラクに対するサウジアラビアとアメリカの同盟を拒絶してトゥルキ王子にショックを与えたのは、ビンラディンだけではなかった。ヘクマティアルとサヤフもだった。彼らはサウジ情報機関から何百万ドルもの援助を受け取っていたにもかかわらず、米・サウジ同盟を拒絶した。サヤフはアフガン暫定政府首相としてペシャワールで演説した際、サウジ王室を反イスラム的だと非難した。ブッシュ政権はパキスタンとサウジ王室に外交官を派遣して、アフガンの子分たちを抑えつけるように要求した。「かつては彼らの反米主義など何のインパクトもなかったが、今日ではパキスタンでもアフガニスタンでも、それ以外の土地でも反米、反サウジ感情が吹き荒れている」と、国務省の覚書は記していた。怒り狂ったトゥルキはアハメド・バディーブをパキスタンに派遣した。

バディーブはペシャワールに到着したとき、腹の虫を抑えることができないままだった。バディーブはのちに「私は動転すると正気を失うのですよ」と説明した。バディーブは、サヤフがアメリカの悪魔と取引したサウジアラビアを弾劾する演説をしている会場に飛び込んだ。

バディーブは叫んだ。「君はわれわれに宗教上の指図をしようというのか？　君の名前だって、私が変えたんだ。イスラム教徒らしい名にしてやったんだ！」。アフガン暫定政府がイラクと戦うサウジアラビアの防衛支援のために、イスラム戦士代表団を派遣するなら「この世にアフガニスタン・イスラム共和国なる国があると知ってもらう」のに役立つかもしれない。だがサヤフが拒否するなら「君が言ったことをひどく後悔させてやるぞ」と、バディーブは続けた。

サウジ情報機関参謀長のバディーブは、自分の言いたいことを確実に伝えるために、サヤフに面と向かって「おまえもおまえの家族もアフガン人も糞ったれだ」と罵倒し、出て行った。(36)

冷戦時代の聖戦同盟を結んだ糸は断ち切れたのである。

第12章 われわれは危険の中にいる

一九九一年の初期まで、アメリカのアフガン政策は国務省とCIAの間の公然とした競争を通じて進められた。両者ともカブール政権の交代をめざしていたが、それぞれがアフガニスタンに異なる配下を抱えていた。ピーター・トムセンと国務省情報調査局のトムセン支援者たちは、彼らの言う「ボトムアップ」あるいは「草の根」戦略を追求していた。アフガニスタン中の反政府司令官に呼びかけて新しい司令官シューラ（評議会）を結成し、シューラを通じて銃と金を流すという戦略だった。彼らはここで、マスードの重要性を強調していた。また彼らは、亡命中の国王など人気のある全国に知られた顔ぶれを含めた、広範な政治解決をめざす交渉を続けていた。

CIAは国務省側のこうした努力に、不承不承ながら協力することもあった。しかしCIAは引き続きISIと組んで、別の軍事コースを追求した。それは主に、パキスタン国境付近で活動中のヘクマティアルやその他のイスラム主義司令官たちを激励するものだった。この冬、ISIとCIAは過去二年間にわたって試みたが不成功に終わった戦略に戻った。つまりこっそりとパキスタン軍の応援を受けて、アフガニスタン東部の市に大規模攻撃をかけるという作戦であった。

CIAはこの前に、マスードに金を払ってサラン街道を封鎖させることによって、こうした大規模攻撃を援護しようと試みたが、結果はＣＩＡを痛く失望させた。今回ＣＩＡの作戦本部近東局は、新しいアイディアを持ち込んだ。一九九一年三月初め、サダム・フセインのイラク軍が多国籍軍に圧倒されて退却する際、何十台ものソ連製戦車や大砲類をクウェートやイラク南部に置き去りにした。このようにして捨てられた兵器が、古典的秘密作戦に潜在的可能性を提供した。つまりＣＩＡはアメリカの敵から鹵獲した戦利品を、もう一つの敵を攻撃するのに使おうと考えたのだ。

ＣＩＡリヤド支局は、サウジ情報機関と協力して、放棄されたイラクのＴ55やＴ72戦車、装甲兵員輸送車や大砲類を回収するために、兵站将校の秘密チームを任命した。このチームはイラク南部で米軍と協力して、イラク軍が放棄した装甲車両や弾薬類を略奪して回った。チームは鹵獲した装甲車両を磨き上げ、カラチへ向けて船積みするためにクウェートの港まで運転した。カラチからはＩＳＩがこれらの装甲車両や大砲類をアフガン国境まで運んだ。ＩＳＩアフガン局の士官たちは、これらの兵器をアフガン領パクティア州東部の都市ガルデスの要塞に対する大規模攻撃や、ＩＳＩがかねがね補給しているジャラランディン・ハッカニやヘクマティアル、それにアラブ義勇兵への支援に充てた。[1]

ＣＩＡ作戦本部近東局の担当官たちは、アフガン人イスラム戦士がナジブラ軍の火力に対抗するために、もっと多くの通常型攻撃兵器を必要としていると考えるようになった。当初はアメリカ製の一五五ミリ榴弾砲を送るという話もあったが、今やイラク戦利品のほうがいいように思えた。そのほうが安上がりだし、兵器の出所を直接ワシントンまでトレースすることができないだろうからだ。イラク軍のソ連製装甲車両は、イスラム戦士がときおりアフガン政府軍から捕獲する物と同一タイプだった。だから反政府軍が突如として、これまでなかった戦車隊とともにホストやガルデスの郊外に現れても、戦車の出元はわからないはずだった。

国務省のピーター・トムセンとその仲間たちは、イラク兵器の秘密輸送を支援することに同意した。

彼らは、何カ月にも及ぶ軍事的膠着状態がイスラム戦士の士気を粗相することを心配し、新兵器の導入は待望されていた勝機を生むかもしれないと考えた。一方で彼らは、イラクの戦車や大砲が信用を失ったヘクマティアル周辺の反米的イスラム主義者たちを活気づけることは望んでいなかった。

ヘクマティアルとサヤフは、イラクと対決するサウジアラビアに支援を表明しなかった。このためアメリカとサウジアラビアの情報機関は一時彼らとの断絶を発表し、パキスタン駐在のサウジ大使はアメリカ外交官やISI長官の前で、ヘクマティアルとサヤフへの資金供与は停止すると宣言したほどだ。だが数カ月もしないうちに、サウジアラビアがヘクマティアルとサヤフへの資金・武器提供を密かに許していることが判明した[2]。

CIAのアフガン予算は縮減し続けていた。議会がイスラム戦士に割り当てた予算は一九九一年にさらに低下した。国務省の外交官たちは、少なくなった援助資金はヘクマティアルに反対するイスラム戦士指導者のために使うべきだと論じた。しかしCIAは、ISIによる兵器分配を制御することはできないと主張した。協定では、兵器がパキスタンの領土に到着した段階で権利はISIに移行することになっているというのだ。CIAは兵器の行き先を決められるはずだとトムセンらは主張したが、CIA側はできないと譲らなかった。さらにCIA側はヘクマティアルとタナイのクーデター計画で、戦いの終わりを座して待つだけの司令官らと異なりヘクマティアルの戦術的豪胆さが示されたと主張した[3]。CIAの報告によると、サウジ情報機関はイラク戦車の一件を承認し、秘密輸送計画を全面的に支援した。サウジ側はイラク戦車群をヘクマティアルには渡さず、反政府司令官のジャラランディン・ハッカニに渡すようISIに働きかけた。CIAの担当官たちは、前二回の戦闘シーズンでは失敗したが、今度こそナジブラとの軍事バランスを変える機会が訪れたと思った。

春の訪れとともにイスラム戦士連合軍は、近くの山頂に位置するISI士官たちの指揮に助けられてホストを包囲した。ホストの要塞は一九九一年三月に陥落した。それはソ連軍撤退以来、イスラム戦士にとって最も重要な勝利であった。だがこの勝利が司令官評議会の力を高めることを願ったピーター・トムセンの期待は裏切られた。ISIは、ヘクマティアルを最初の征服者たちと一緒にホスト入りさせたのだ。ヘクマティアルは民衆を前に演説して、彼自身の勝利だと主張した。ISI長官のドゥラニはアフガン国境を越えて、ホストを凱旋気分で一巡した。ジャマアテ・イスラミ（イスラム協会）のパキスタン人指導者カジ・フサイン・アハメドも同じことをした。彼らの登場は、パキスタン軍部とムスリム同胞団ネットワークがホスト攻撃に直接的な役割を果たしたことを見せつけた。(4)

アラブ人、インドネシア人、マレーシア人、ウズベク人やその他の国からの急進的な志願兵たちがパクティアに増えたことは、CIAも前線から報告していた。この時期にアフガン人工作員からの情報を伝えたパキスタン発のCIA公電は、パクティアにおける聖戦参加者の訓練基地の有様を詳しく報告していた。サウジアラビアからの急進的義勇兵がカシミール急進派と肩を並べて訓練していたことや、ISIがカシミール義勇兵をインド側に潜入させる準備をしていたことなどが一例だ。また別のCIA報告は、かなりの数のアルジェリア人や北アフリカ出身者がパクティアで訓練を受け、その一部はヘクマティアルの部隊あるいはサヤフの部隊に合流して戦っていると伝えていた。(5)

こうした国際イスラム急進主義やアフガニスタンにおける彼らの聖域などについての詳しい情勢報告は、ワシントンの官僚制度の中級レベルのあたりで埃をかぶっていた。湾岸戦争、ドイツ再統一、ソ連断末魔の苦悶など、巨大ですべてを呑み尽くすような世界的危機がブッシュ政権の関心を支配し続けていた。一九九一年になると、アフガニスタンが重要議題となることはほとんどなかった。

CIAイスラマバード支局長だったミルトン・ビアデンは、機会を見てアフガン戦争についてブッシュ大統領に報告することを自分に課していた。ビアデンが後日振り返っての話では、大統領はCIA

がパキスタンを通じて秘密の連絡網を維持していることをいぶかしく思っていたようだった。ブッシュはアフガン戦争がまだ続いていることに驚いた風で「まだあれが続いているのかね?」と聞き返したという。[6]

サウジアラビアの王室は、一九七九年の聖モスク占拠事件以後何年もの間、サウジ王国内のイスラム急進派をなだめるために気前よく金を払い続けた。何十億ドルの金が王国の公式ウラマー（イスラム法学者）たちの金庫に注ぎ込まれた。ウラマーたちは、冷房の効いたオーク材の家具を備えたオフィスからファトワ（イスラム法に基づく裁定）を出し続けた。さらに何十億ドルもの金が地方の町やオアシスの村にモスクを建設するキャンペーンに投じられた。何千人もの無為の若者が地域の宗教警察に雇われ、光り輝く新築のコンクリートとガラスのショッピングモールに派遣された。宗教警察は黒いローブの下にハイヒールの靴をのぞかせた女性たちを困らせたり、男たちに木製の棍棒を振るって、毎日の祈りの場に追い立てたりしていた。リヤドとジッダには新しいイスラム大学が建設され、何千人もの学生がコーランを勉強するために入学した。

サウジ王室は並行して大規模な近代化計画を進め、都市間ハイウェーや壮大な新規住宅団地の建設、さらには工業プラントや病院の建設にも取り組んだ。職場で働くサウジアラビアの女性たちも記録的な人数に達した。女性たちは職場で男性とは厳格に区分けされていた。世俗的な王子、王女たちはロンドン、カンヌ、コスタデルソル、スイスに避暑に出かけた。一九九〇年にサウジ王室の一員と称する人数は、最低でも六〇〇〇人と言われていたが、その数は年々増え続けた。王族の多くは、公式なサウジ文化を支配するイスラム法学者集団に注意を払わなかった。

ウサマ・ビンラディンがパキスタンからサウジアラビアに帰国したのは、厳格な宗教的支配者集団と節操のない多様な一部王族との間に、新たな亀裂が生まれたばかりのころだった。多くのサウジ国民にとって、イラクの侵略と王国防衛のために到着した数十万のアメリカ軍の存在は、サウジアラビア独立の神話を打ち砕き、国家としてのアイデンティティについてオープンな議論を巻き起こすきっかけとなった。イスラム主義者にとっても近代化論者にとっても、湾岸戦争は転換点のようだった。サウジアラビアの女性たちは王国が女性の自動車運転を禁止していることに抗議し、リヤドやダーランの道路に車を乗り出していた。リベラルな政治活動家たちは、王室に助言を与える機関として議会の設立を陳情した。

キリスト教徒軍の到着はイスラム法に反する、とイスラム主義者は非難した。「覚醒したシャイフ」という名称で知られた若い熱血説教師の二人組が反米演説をカセットテープに録音し、一九九〇年末から一九九一年初めにかけて、このテープ数百万本を王国中にばら撒いた。ビンラディンの盟友シャイフ・サファル・ハワリは、「この戦争は世界対イラクではなく、西洋対イスラムだ」と宣言した。「イラクがクウェートを占領したというなら、アメリカはサウジアラビアを占領した。真の敵はイラクではなく西洋なのだ」。ハワリのよく知られた著書『キッシンジャーの約束（Kissinger's Promise）』は、アメリカ率いる「十字軍」が石油埋蔵地を占拠するためにアラビア半島を占領しようとしていると論じた。彼はサウジ市民に警告した。「罰を受けないために血を流すか、それとも神に対する信仰放棄を自ら宣言するか、それを決める日は近い」と。

ビンラディンも、ジッダのモスクでの非公式な講話で同じテーマを話した。ビンラディンはハワリの政治性や言葉遣いを真似た。ビンラディンはサウジ王国内に広がる運動の一部となった。サウジアラビアのジャーナリストで作家のサウディ・アブリッシュの述懐によると、当時の反王制活動家たちにとってビンラディンの活動参加は、反政府活動がいかに本格化したかを示すものだった。「体制側の一員」だったビンラディンが、突如として自ら「反体制急進的イスラム主義者」になったことを告白したからだ。[7]

一九九一年五月、イスラム主義の説教家と活動家の地下ネットワークが「要求書簡」と称する陳情書に多数の署名を集め、ファハド国王に提出した。陳情書はある種の民主的政治改革への要請と急進的イスラム主義の混合物だった。陳情書は、イスラム法の絶対的優先、公共資産の平等な分配、イスラム諸機関への資金増額、メディアの宗教的コントロールのほかに、王室から独立した諮問議会の開設を要求していた。公開された要求書簡はサウジ王室にショックを与えた。一つには王国内にこうした反体制的な目標のために、広範な人びとが秘密裏に集まった組織が存在することが明らかになったからである。この年の夏、地下のイスラム主義説教師たちがばら撒いたカセットテープの数は激増し、内容はますます辛辣になった。人気の高い「私が見たアメリカ」というテープでは、アメリカは「不倫を犯し、腐った食物を食べる獣の国」であり、そこでは男と男が結婚し、年老いた両親は捨てられると述べていた。[8]

限界まで押されたサウジ王室は反撃に転じ、多数を逮捕した。しかし政府は弾圧を厳しくはしなかった。高位の王子たちは、暴力的あるいは専制的な弾圧が、新しい反体制派の波を生み出し、社会不安をかき立てることを望まなかった。「覚醒したシャイフ」たちは軟禁された。しかし政府は間もなく、シャイフたちの要求の一部に対処するため、交渉を始めた。王子たちは公式ウラマー（イスラム法学者）に、王国内における米軍の存在は望ましいことではないことを認めたメッセージを送り、できるだけ早期に米軍の人数を減らし、目立たないようにすると伝えた。王子たちは国民の目に見えるかたちで、とくにサウジアラビア以外のアフガニスタンやボスニアで、イスラムの大義に献身する姿勢を示した。巡礼・宗教省は、サウジ政府が近年約八億五〇〇〇万ドルをモスク建設費に投入したこと、五万三〇〇〇人の宗教指導者をモスクに雇ったこと、さらに七三〇〇人の礼拝指導者を雇う計画であることを発表した。ファハド国王は、イスラム教徒が多数を占める中央アジアの新独立諸国向けに数百万部の無料コーランを贈ることを発表した。適切で合法的なイスラム主義活動を実践すべき場所はサウジアラビア国内ではなく国外にあり、世界規模の「ウンマ」つまりイスラム教徒の共同体を支援することにある――サウジ王室はそれをはっきり示したのだ。(9)

「覚醒したシャイフ」や「要求書簡」の登場は、CIAや国務省がサウジ王室と急進的イスラム主義の危険について話し合いを始めるきっかけとなった。アメリカのアナリストたちは、サウジ王室に早い段階から介入し、王室が国内反体制派の動きを警戒し素早く反応するよう促すことが必要だと結論づけていた。

CIAは、アフガニスタンで訓練を受けたアラブの聖戦主義者たちが、サウジアラビアの脅威となっていることをつかみ始めた。このころCIAリヤド支局にいたゲーリー・シュローンは、サウジアラビアの急進派がアフガニスタンに出入りしている問題をトゥルキ王子と話した。シュローンは王子にこう告げたことを記憶している。「多数のサウジ国民があちらで戦い、訓練を受けています。彼らは若く、実に献身的で宗教的ですよ。彼らの多くは帰国しています。ここにいるのです」と。

「わかっています」と、トゥルキはシュローンを安心させようとした。「事態を注視しており、問題ありません。われわれが対処します」。サウジ王家はすでに懸念していたのだ。サウジアラビアの駐パキスタン大使はイスラマバードで米当局者と会談し、イスラム主義慈善団体はアメリカ国内で募金した金を、パキスタンやアフガンなどで急進的かつ暴力的な大義のために使っていると警告した。サウジ大使は「あなた方はこのことを知るべきです」と言った。駐ペシャワールの米国領事は、サウジ大使の情報を基にワシントン宛てに秘密公電を起草した。カリフォルニアとテキサスの慈善団体が、ヘクマティアルとサヤフの周辺に金と戦闘員を送り込んでいるという内容だった。電報はCIAとFBIに届けられたが、捜査がその後どうなったのか、国務省担当者にはまったく伝えられていない。(10)

ピーター・トムセンらは一九九一年夏、増大するイスラム主義者の脅威についてトゥルキ王子と話し合った。トゥルキはアメリカ側の懸念に耳を傾けたが、明確な対応策には踏み込まず、事態は自分が掌握していると繰り返すのだった。アメリカのスパイや外交官にとって、トゥルキは政治的イスラムの問題で最も接触しやすい相手だった。彼はいつもどおり自信を持っているように見えた。トゥルキは、イスラム主義の地下活動家からの攻撃対象になっているリベラルの一人だった。トゥルキの妹は、女性の権利拡大とベールを外すことを掲げるリヤドの女性運動に加わっていた。彼女は以前からやり玉に挙げられていたが、リヤドのさるモスクの金曜礼拝の場で説教師に売春婦とののしられた。次の金曜日、トゥルキはこのモスクの礼拝に参加し、立ち上がって発言を求めた。彼は身内の女性に対する誹謗を非難し、リベラルに対する攻撃は度を越しているとの批判を明確にした。[11] トゥルキに会ったアメリカ人は、公開の場で意見を明らかにしようとする姿勢に打たれて、彼はアメリカ側の人間でイスラム主義者の脅威をコントロールしていると信じた。

トゥルキとCIAの会合では、ウサマ・ビンラディンのことが話題になることがあった。CIAは、ビンラディンがアフガニスタンでヘクマティアルら急進派にカネを渡しているとの情報をトゥルキに伝えた。ヘクマティアルやサヤフ、ハッカニは皆、サウジに部下を駐在させてモスクや裕福な長老たちから募金を集めさせていたし、ビンラディンはこうした広範な募金システムの一部となっていた。トゥルキは「ビンラディン家は彼を追放しましたよ」と述べ、心配するなと言った。王室への抗議をやめさせようと試みたビンラディン説得工作は失敗したが、サウジ政府はより厳しい措置を取る準備に入っていた。[12]

ビンラディンがそのことを知ったのは、綿のはみ出たソファーを備えた質素なジッダの彼の屋敷に、警官が到着したときだった。警官は彼に、出国しなければならないと告げた。サウジ情報機関の筋から後日CIAに提供された報告によると、彼の国外追放任務を命じられた担当官はビンラディンに、追放はあなたの身のために行われるのだと安心させた。担当官はそれをアメリカのせいだと言ったという。アメリカ政府があなたの殺害を計画しているので、サウジ王室は好意からあなたを助けようと、国外追放という措置を取るのだと告げたという。後年ビンラディンの友人二人が、尋問に答えて別の解釈を提供した。それによると、王室内のある反主流派王族が一九九一年春にパキスタンで開かれるイスラム関係の会議に、ビンラディンを出席させるよう取り計らったというのだ。知られているように、ビンラディンはその後一度も帰国していない(13)。

一九九一年八月十九日、KGBの指導部を含むウォッカ漬けのソビエト強硬派がミハイル・ゴルバチョフを打倒しようとしたが、失敗した。ほぼ半世紀にわたって合衆国の強敵だったソ連、効果的な政治組織としてのソ連は、数週間後に崩壊した。ロシアのリベラル、ロシアのナショナリスト、バルト諸国のナショナリスト、ウクライナ人、カザフ人、ウズベク人などがソ連の残骸を統治した。スターリンの恐怖政治から生まれた国家は一目散に最終的崩壊に向かった。

弱体化の進むゴルバチョフ政権は大急ぎでワシントンとの妥協を探るなかで、アフガニスタンのナジブラへの援助断念を決定した。その代わりブッシュ政権も、イスラム戦士への一切の支援をやめることが、ようやくできると考えるようになった。九月十三日、米国務長官ジェームズ・ベーカーとソ連外相ボリス・パンキンは、一九九二年一月一日を期してナジブラおよびアフガン反政府派への武器引き渡しを相互に停止することで合意した(14)。

ソ連政治局が、アフガニスタンにおける共産体制を防衛するために軍事力の使用を決定してから一二年後、ズビグニュー・ブレジンスキーが、アフガニスタンの反共各派を支援するCIAの秘密活動に関する大統領事実認定の草案をジミー・カーター大統領に提出してから一二年と二カ月後、両超大国はアフガン戦争を燃やす燃料の供給停止に合意した。それでも戦争は続いた。

パキスタン情報機関の准将、大佐連中は、CIAがアフガン聖戦を最後まで面倒見るとは信じていなかった。彼らの一部は、けっしてアメリカ人を信用しようとしなかった。この点でパキスタンの軍人たちは、自分たちの判断が正しかったことを祝福し合ったほどであった。

カブールではまだナジブラが権力の座に残っていた。アフガニスタンの元国王ザヒル・シャーは、相変わらずローマの別荘に滞在していた。国連外交官たちは青いUNのマーク入りの飛行機で、毎週カブールとイスラマバードの間を往復していたが、平和的な政治解決の見通しははっきりしていなかった。ISIに支援されたヘクマティアルやその他イスラム主義者たちは、イラクで鹵獲されたソ連製戦車でカブールに向かおうとしていた。ライバルのアハメド・シャー・マスードは、鹵獲したソ連製戦車を含む彼の戦力を動員してカブールの北方にあり、首都突入作戦発動の構えを見せていた。

ピーター・トムセンは一九九一年九月、ワシントンに秘密公電を送り、警告を発した。「過激派によるカブール制圧はアフガニスタンを新たな戦争のラウンドに投げ込み、それはアフガニスタン周辺地域に波及しかねない」「ヘクマティアルかサヤフがカブールに達するとすれば、アラブ世界の過激派は彼らを支援し、それがソ連の中央アジア諸共和国を含むこの地域、さらにはサウジアラビアその他アラブ世界のあちこちにイスラム急進主義の火を起こし続けるだろう」と。トムセンは十二月、秘密指定付きでワシントンの国家安全保障関係の全官僚機構に配布されたもう一通の公電で警告を繰り返した。彼は「権力の争奪戦」を恐れた。争奪戦になれば「中央の権威がさらに弱体化して地方軍閥が有利になる……アフガニスタンにおける不安定構造と内戦のシナリオを防止するために、できるだけ速やかな政治解決を実現しなければならない」。

しかしフォギーボトム（国務省の所在地名）でもラングレーでも、イスラム政治の将来や中央アジアの安定に関心を払う者はほとんどいなかった。アフガニスタンに用意されていたステージは、冷戦の最も破壊的な戦場の一つで執り行われる祝賀の和解劇ではなく、地域戦争と内戦の醜い新局面であった。CIAの分析員、工作員が以前から議論していたことは、ソ連軍撤退後はアフガン国民が、自ら問題を解決しなければならないということだった。アフガン国民には選択肢が少なかったが、やってみる以外になかった。[15]

アフガニスタンで秘密作戦を行うCIAの法的権限は、一九九二年一月一日を以って実質的に終了した。ソ連はそれ以前に正式に解体していた。ピーター・トムセンはCIA独自のアフガン人配下を、アフガニスタンに穏健な連立政府をつくろうとして交渉中の国連支援の任務に就かせるという、新たな大統領事実認定をつくれないかと提案した。しかしCIAも国務省の外交官もこのアイディアに反対した。CIAイスラマバード支局は、九二年になっても数カ月間は若干のアフガン人工作員を雇っていた。しかし彼らは今や情報伝達だけの、つまり伝統的なスパイの要員であった。CIAが雇っていたイスラム戦士司令官たちは、スティンガー・ミサイル買い戻し秘密計画に転用された。その計画はソ連軍撤退後に開始され、アフガニスタンでCIAに認められた唯一の秘密作戦だった。その他は、麻薬密輸取り締まりなど新たなポスト冷戦時代の優先任務に回された。

アフガニスタンは、南部の肥沃なヘルマンドから渓谷の多い北東部にかけて毎春ケシの花を咲かせ、世界最大級のアヘン用のケシの実をもたらしていた。アフガニスタンのケシ栽培農家は、パキスタンに根を張る犯罪組織や麻薬密輸業者から金を受け取って、市部やアフガン・パキスタン国境の治外法権地帯にあるヘロイン密造所にケシの実を引き渡した。ケシ農家は政府から文句を言われることもなかった。

一九九二年までにこれら密造所から純度の高いヘロイン数百トンが運び出され、一方では東に向かってカラチ港経由で、他方では西に向かってロシア・マフィアによる地上ルート経由で、ヨーロッパ各都市に向けられた。一九九〇年代初頭までに、アフガニスタンはヘロインの供給地としてコロンビア、ビルマのライバルになっていた。CIAはテロ対策センターをモデルにして、麻薬対策センターをオープンした。ブッシュ大統領はヘロイン密輸と闘うことを目的に、アフガニスタンにスパイ用の秘密資金を割り当てた。だとしても、正式な期限切れの一月一日から六カ月後までに、CIAのアフガン工作はそれ以前の強盛ぶりからは見る影もないほどに委縮してしまった。

CIAイスラマバード支局とISIの関係は毎週悪化した。CIAには、ISIに提供するものはもうほとんどなかった。CIAはあるとき、厄介でひねくれた立場に立たされた。アフガン反乱軍に届けるためイラク軍から奪った戦車と大砲を秘密裏にパキスタンに運んだことに対し、プレスラー修正条項を適用することになったのだ。プレスラー修正条項は、アメリカからパキスタンに対するすべての軍事物資支援と売却を停止するよう定めていた。CIAの法律顧問らは、同条項がイラク軍戦車輸送のような秘密作戦にも適用されると判断し、とくにまだアフガン国境を越えない戦車は間違いなく適用対象だと結論づけた。該当する戦車は数十台あった。CIAイスラマバード支局はISIに、戦車と大砲のストックを破壊しなければならないと伝えた。CIA側は、戦車と大砲を陸軍の試爆場に運んで爆破させること、確認のためにCIA担当官を試爆場で立ち会わせることを要求した。パキスタン諜報将校は、冗談でしょうと言って取り合わなかった。インドとの国家存亡を懸けた紛争にがんじがらめになっているパキスタンは、ラングレーの法律顧問が議会に召喚される恐れがあるからといって、完全な状態にある戦車と大砲を爆破する気にはならなかった。最終的にはCIAが諦めた。あるCIA担当官の推定では、プレスラー条項の規定に反して、パキスタンは四〇台から五〇台のイラク戦車を手に入れた。(16)

エドモンド・マクウィリアムズは、タジキスタンの首都ドゥシャンベに米大使館を新設する仕事を任じられていた。タジキスタンはアフガニスタンに隣接する旧ソ連を構成した一共和国であり、イスラム教徒が支配的な国だ。一九九二年二月にドゥシャンベに到着した旅行者がマクウィリアムズにニュースを知らせてくれた。アフガニスタン北部におけるナジブラの最も重要な盟友の一人、ウズベク人民兵の司令官アブラシド・ドスタムがマスードの北部最高評議会に寝返ったというのである。旅行者によると、アフガニスタン北部全域がこのニュースで持ち切りだった。ナジブラ政権はとうとう最期のときを迎えつつあった。兵力四万人、戦車、大砲、航空機まで持つマスードのタジク人部隊とドスタムのウズベク人部隊の突然の合体は、軍事バランスを大きくナジブラ不利に変えた。ナジブラはモスクワからの補給を断たれたばかりだった。マクウィリアムズはワシントンに打電した。長らく予告されながら、長らく延期されていたカブール陥落がようやく手の届く範囲に近づいたと。[17]

イスラム戦士がカブールをロケットの射程内に収めるまで接近したころ、ナジブラは大統領宮殿に集めた記者団を前に演説していた。「われわれアフガニスタンとアメリカと文明世界には共通任務があります。原理主義に対する共同闘争を進めるのです。もし原理主義がアフガニスタンにやってくるなら、戦争は長期化します。アフガニスタンは世界的な麻薬密輸センターになるでしょう。アフガニスタンはテロのセンターになってしまうでしょう[18]」

ナジブラは国の将来を予言していたのかもしれない。しかし、彼の言うことを聴く者は誰一人いなかった。彼はソ連のパトロンを失い、信用をなくし、絶望していた。その二月、国連調停官のベノン・セバンはナジブラと長時間話し合い、大統領辞任を説得した。大統領を辞任して、ヘクマティアルら暴力的なイスラム急進派を孤立させるような平和的暫定政府の設立を支持するべきだと説いたのだ。ナジブラは同意し、セバンが書いたスピーチ原稿を国営テレビを通じて読み上げた。その内容は、国連の支援下で後継政府が樹立され次第大統領を辞任するというものだった。

アメリカは傍観していた。すでにオークリーはイスラマバードを離れており、大使館の臨時代理大使ベス・ジョーンズは、パキスタンの意見に従おうという姿勢だった。トムセンはアメリカの姿勢に影響を与えることはほとんどできなかった。ワシントンは「手を出すな」という新政策を示したばかりだったのだ。

カブールのすぐ南、そそり立つ峰々の下部に広がる渓谷のチャラシアブという村に、グルブディン・ヘクマティアルは自分の部隊を潜り込ませ、軍事作戦を計画していた。そこには兵舎があり、無線室があり、訓練場があり、松の木立に囲まれたモスクがあった。打ち合わせにやってくるISI士官を乗せたパキスタンのヘリコプターが出たり入ったりしていた。戦車、装甲兵員輸送車、多重式ロケット発射装置、大砲などが轟々と音を立てながら基地の中に入り、カブール突撃に備えて並んでいた。ヘクマティアルは司令官席から無線で、先のクーデター計画で同盟関係にあったアフガン共産主義者の一派との対話を再開した。数十人のアラブ聖戦志願兵やペシャワール革命時代からのヘクマティアルの盟友たちが、チャラシアブに入ってきた。彼らとともに、アフガニスタンにおけるイスラム革命の最終章を記録しようとするアラブ人ジャーナリストの一団も入った[19]。

ヘクマティアルは首都制圧の決意を固めていた。カブールではアフガン共産政権が急速に分解しつつあった。旧共産党の一派は、ヘクマティアルに降伏しようと考えていた。別の一派はマスードへの降伏を計画していた。

ペシャワールではISIのドゥラニとトゥルキ王子の間で、秘密裏にアフガン移行政権づくりの話し合いが進められていた。サウジアラビアから学者たちが急ぎ飛来して話し合いに加わり、宗教的承認を与えた。ピーター・トムセンとベノン・セバンはトゥルキに広範な政治解決を支持するよう説得したが、トゥルキは冷淡でよそよそしかった。二人の見るところ、トゥルキは自身の影響力を駆使して妥協案をまとめようとしていた。すべてのイスラム主義指導者を政府に取り込むという内容で、これを実現するには、マスードとヘクマティアルの戦争を防がねばならなかった。

ウサマ・ビンラディンまでもがペシャワールに飛んできた。そしてヘクマティアルとマスードの協調をまとめようとする動きに加わった。ビンラディンはペシャワールから無線でヘクマティアルと連絡をとり、マスードとの妥協を検討するよう促した[20]。

ビンラディンとほかのイスラム主義者たちは、無線を使ってヘクマティアルとマスードが半時間、直接話し合う機会を設けた。ポイントは、この両者がカブールを平和的にコントロールする同盟者になれるかそれとも死闘に突入するのか、である。そして首都の空に緑の旗を立てねばならぬ。ヘクマティアルはカブールに入らねばならぬ。ヘクマティアルはマスードに長々と演説を聞かせ、「私はわれわれの勝利を共産主義者に穢させる」ことは許さないと言い募った。これは最近マスードのパートナーになったばかりのドスタムへのあてこすりだった。もとより、ヘクマティアルも元共産主義者の仲間を抱えていたのだが。

チャラシアブでヘクマティアルと一緒だったあるアラブ人ジャーナリストの記憶では、マスードはこの無線会談で融和的かつ丁重だった。「マスードはヘクマティアルにこんなふうに答えた。『あらゆる点から見て、カブールはすでに陥落しました。再び征服されることがあってはなりません。カブールはあなたの掌中にあります。どうかペシャワールに来て、ほかの指導者とともにカブールに入ってください。他の指導者が全員到着するまで、私はカブールに入りません』」。しかしヘクマティアルは密かに別のクーデター計画を進めていた。ヘクマティアルがマスードと無線で話している時点で、彼の部隊はもうカブールの入り口をめざして進軍していたのだ。緑の旗が戦車やジープに掲げられていた。戦車もジープもその他車両も洗ってあった。ヘクマティアルが翌日カブールに入城するとき、車両はどれもピカピカに輝いているはずだった。ペシャワールでヘクマティアルのスポークスマンは、「ヘクマティアルは、アハメド・シャー・マスードを含めた合意には一切乗れない」ことを認めていた(21)。

ビンラディンはもう一度無線を通じてヘクマティアルに呼びかけた。「あなた方の兄弟のところへ戻ってください」とビンラディンは言った。彼はヘクマティアルにもう一度、マスードを含めた大型妥協案を検討するよう要求したのだ。その場にいた例のアラブ人ジャーナリストによると、ヘクマティアルはビンラディンを無視した。ヘクマティアルは、カブールの大統領宮殿から数ブロック先のアフガン内務省を降伏させる条件について交渉済みだった。ヘクマティアルはその晩代理人をカブールに派遣していた。翌朝は首都に凱旋行進するのだと信じて、彼は床についた。彼はチャラシアブに来ていたアラブ人たちと祈りを捧げた。ムハンマドがメッカを征服したあとに唱えたというコーランの章句を、ヘクマティアルは朗誦した。

例のアラブ人ジャーナリストがその晩のことを、こう振り返っている。「その晩われわれは勝利の気分で眠りについた。すばらしかった。ヘクマティアルは幸福だった。基地にいた誰もが幸福だった。翌朝、朝の祈りを終えれば、私は勝利の部隊と一緒にカブールを行進するんだ。カメラの準備もＯＫだ」

「アフガン人は奇妙だ。彼らは眠るとき、戦争が停止するかのように、無線機のスイッチを切ってしまう。彼らは無線機のスイッチを切ってみんな眠りにつき、翌朝早く起きた。夜明けの祈りを捧げた。精神は高揚していた。ヘクマティアルはとても長い祈りを捧げた。太陽が昇り、彼らは無線機のスイッチを入れた……悪いニュースが飛び込んできた」

ヘクマティアルに妥協の意図がないことを確信したマスードが先制したのだった。マスードに降伏すると約束していたアフガン共産党の一派が、カブール空港を占拠した。空港は首都の政府庁舎から歩いて行ける距離にあった。ドスタムの、勇猛なウズベク人民兵数百人を乗せた輸送機が、相次いでカブールに降り立った。ドスタム軍は、カブール渓谷中に立つ戦略的な建物をすべて占拠した。ヘクマティアル軍も大急ぎでいくつかの建物を押さえた。しかし首都侵入初日の終わるころ、マスード側はカブール市内ではるかに優位に立っていた。マスードはヘクマティアルの主要陣地に向けて、カブール南部に環状陣地を築いた。ちょうどマスードが子供のころ、アリ・アバド山でやった戦争ごっこと同じだった。マスードは、自軍を二つに分けて市内のヘクマティアル軍を包囲し、突っ込んだ。[22]

ヘクマティアルが勝利するはずだった日の朝、カブールの広い大通りでは戦車戦と市街戦が展開された。大統領宮殿の近くでも火の手が上がった。ナジブラは、外壁の付いた小さな国連ハウスに身を隠した。彼は公式に大統領職を離れ、軟禁された。ヘクマティアルは最後までチャラシアブから出ることができなかった。

マスードが北から、花で飾られた戦車に乗って凱旋パレードでカブールに入った。その夜、何百人もの部下のイスラム戦士が、祝賀のためにライフルを発射しまくった。曳航弾が夜空に光の雨を降らせた。夜明け近くなって、曳航弾の光線は垂直方向から水平方向に変わった。第一次アフガン戦争は終わった。第二次戦争がもう始まっていた。

マスードのパンジシール軍とドスタムの若く勇敢な民兵が、カブールに残ったヘクマティアル軍の残存兵目がけて、街路から街路へと砲撃を重ねた。約一週間後に残存兵は南方に退散した。ヘクマティアルは怒りと絶望のうちに、カブール方面に向けてロケットを無茶苦茶に撃ち始めた。ヘクマティアルとパキスタン情報機関はアフガニスタンという獲物を是が非でも手に入れようとして、また失敗した。ジャララバード、タナイのクーデター計画、第二のタナイ・クーデター計画、そして今回のケース。ヘクマティアルとISIは非情な野心を抱いているという評判だったが、実力を証明することができないままだった。

ペシャワールではヤヒヤ・マスードが英国課報部の担当官と会っていた。英国人担当官は取り澄ましたように言った。「われわれが正しかった。ヘクマティアルは失敗し、マスードが成功したのだ」と。[23]

CIAがこの日を予期して使った金と時間の総量を考えると、カブール陥落にCIAが果たした役割は小さかった。これに先立つ二年間、CIAは大量の武器をヘクマティアルに送り、マスードには一部しか送らなかった。ヘクマティアルが最終段階で非常に多くの現金と武器を受け取ることができたのも、CIAがISIの意向をすべて受け入れたからだ。ただその一方、ピーター・トムセンら（とCIAの何人か）の働きかけで、マスードにもかなりの量の補給品が渡っていた。カブール制圧の準備段階でマスードは、米国際開発局が建設した道路を通ってきた重火器をパンジシールで受け取ることができた。また、一九九〇年代を通して額の増減はあったものの、CIAはマスードに多額の固定給を支払った。ヘクマティアルがサウジアラビアの裕福な長老やムスリム同胞団から多額の寄付金をかき集めているときに、マスードが相当額の現金を手にできたのはCIA固定給のおかげだった。そういう意味で、トムセンや米連邦議会の圧力を受けたCIAは、最終的にカブールでのマスード勝利を支えたのである。

大変な犠牲が払われた。一九九二年にアフガニスタン国内に存在した個人用兵器の数は、インドとパキスタンの合計よりも多かった。過去十年間にアフガニスタンに運び込まれた兵器数は、世界中のどの国より多かったという推定もある。ソ連はアフガン共産革命の当時から、三六〇億ドルから四八〇億ドル相当の軍事物資を送り込んだ。同時期にアメリカ、サウジアラビア、中国が送った支援の総額は六〇億ドルから一二〇億ドル相当だった。カブールでは九二年、食料配給に依存する人口が約五〇万人に及んだ。地方ではさらに何百万もの人びとが、信頼できる食料供給もないまま栄養失調下で生活していた。挫折感を抱いたヘクマティアルは長い補給線を維持しており、戦争がまだまだ続くのは間違いなかった。(24)

ナジブラの失脚とカブールに新しい反乱軍政府が登場したこと（すぐに内戦に陥るのだが）で、アメリカがアフガン抵抗運動に大使級特使を送る必要性はなくなった。アメリカの駐アフガニスタン大使を派遣するには、カブールはまだ危険過ぎ、大使館の建物は閉鎖されたままだった。ピーター・トムセンは新しいポスト、東アジアに関するアメリカの政策を司る職務に任命された。

トムセンは異動を前に『機密』指定の覚書を二通作成した。彼は将来を案じる元アフガン反政府勢力の影響を受けていた。アブドゥルハクはこの時期、次のような手紙をトムセンに送った。「アフガニスタンは五〇もの王国に分裂する恐れがある。外国の過激派がアフガニスタンに入国したがり、家と武器を買おうとするだろう。アフガニスタンは、外国人テロリスト用の訓練地と弾薬庫であると同時に世界最大のケシ生産国という奇妙な国になりかねない」。トムセンも、過激派の政府がカブールを支配することになりかねないこと、アメリカがここから退場することで、穏健な影響力を行使する機会を失ってしまうことを憂慮した。

「アフガニスタンをテロ活動の訓練基地、発進基地として利用しようとするイスラム過激派の取り組み」を封じることはアメリカの国益にかなうと、トムセンは一九九二年十二月十八日に書いている。アメリカはなぜこんなに急いで、後々のことにほとんど配慮もせずアフガニスタンから退場するのか？ 数週間後の覚書で、彼はこう書いた。「アメリカがアフガニスタンに築いてきた立場を引き続き維持すれば（ほとんど代償なしに維持できるのだが）、穏当で好ましい結末に大きく貢献できる。過激派を排し、戦略的な位置にある友好国と友好関係を維持し、アフガニスタンおよび広範な中央アジア地域におけるアメリカの目標――麻薬問題、スティンガー回収、テロ対策――を達成することができる。……われわれは、過去十年にわたり大きな犠牲を払ってアフガニスタンで築き上げてきた資産を捨て去ってしまう危険に直面している。影響に限りがあるとしても、今日の地政学的文脈の中では非常に重要な問題がかっている。われわれが直面する危険とは、アフガニスタンにおける国益を失い、そこに投資した資産を放棄しようとしていることである。アフガニスタンは、アメリカにとって重要な梃子がほとんどない地域に広がる国なのに(25)」

トムセンの覚書は、アメリカによるアフガニスタンへの真剣な関与を続けるべきだと訴えた一握りの外交官とスパイたちによる、最後のあがきのようなものであった。

このあとアフガニスタン駐在のアメリカ大使あるいはＣＩＡ支局長は、二〇〇一年の後半まで、ざっと一〇年の間にわたって任命されなかった。

第13章 敵の友

一九九二年のアメリカ大統領選挙戦を通じて、共和党、民主党の指導者とも外交政策を語るときアフガニスタンには一言も触れなかった。再選をめざすジョージ・H・W・ブッシュ大統領は、ときおり漠然とへクマティアルとマスードの内戦について触れ「双方にとって悲嘆、双方にとって悲劇」などと述べた。選挙戦の焦点を弱いアメリカ経済に絞っていたアーカンソー州のビル・クリントン知事は、アフガニスタンに触れることはまったくなかった。クリントンは民主党大会での大統領候補受諾演説で、四二〇〇語の中で外交問題に割いたのは一四一語だけだった。クリントン陣営で外交問題を担当したアンソニー・レークとそのチームは、レークが述べたように「中心からひどくかけ離れた」と感じていた。中心は内政だった。レークはこれより先、冷戦後の戦場について一冊の本を書いていた。そしてアフガニスタンにも断片的に触れていた。しかし大統領選挙戦のあとにレークが述べたように、それはレーダーに映る「一瞬の輝点」でしかなかった。(1)

クリントンは時として、ソ連崩壊後のアメリカが直面する世界的な難題について歯切れよく語った。クリントンとブッシュは、テロと麻薬密輸が新しい不安定時代を象徴する脅威だという点で一致していた。クリントンは大統領選挙戦の初期「一九九〇年代の最大の核脅威は、ソ連からではなく悪漢やテロリストからやってくるだろう」と語っていた。彼は「テロリストの脅威に対処するには、強力な特殊作戦部隊」が必要だと考えていた。しかしこうした考え方は短く語られるだけだった。(2)

クリントンは中央アジアやインド亜大陸を旅行したことがなかった。この地域に対する彼の知識は印象に根差したものだった。彼は、解任されたパキスタン首相のベナジル・ブットに興味をそそられていた。クリントンがかつてローズ奨学金で英オックスフォード大学に留学していたころ、ブットもオックスフォードに在学していたのだった。クリントンは通りすがりにブットを見かけて、彼女の美貌、落ち着き、優れた討論者としての評判に釘づけになったと、友人たちに打ち明けていた。友人たちによると、彼はインドに心を奪われていた。アフガニスタンにはそのような関心は持たなかった。クリントンは大統領に就任した以後の数カ月間、アフガニスタンが国際テロリズムの主要根拠地だとは知らなかったことを、後年友人に漏らしている。彼はイラクやイランなどテロ支援国家や、一九八〇年代に数十人のアメリカ人を殺害したヒズボラやイスラム聖戦などのシーア派組織のことを心配していた。彼は大統領に就任後二、三年の間、ビンラディンのことは何も知らなかった。アフガニスタンの戦争は活力を失った。レークがのちに語ったように、アフガニスタンはブッシュ政権後期でも重要課題ではなかったのだ。(3)

大統領選挙で勝利したクリントンは、アーカンソー州リトルロックに政権引き継ぎ事務所を設けた。CIA長官になっていたロバート・ゲーツは、リトルロック空港の近くのコンフォート・インにCIA支局を設けた。狭い支局は護衛官や通信担当者であふれていた。この時点でゲーツはCIA長官を辞めることを決断していた。しかし、クリントンに諜報活動についてよく理解させる必要があることと、次期政権に後任のCIA長官を選ぶ時間的余裕を与えるために、ゲーツはしばらく残留することに同意していた。

ゲーツはリトルロックに飛び、アーカンソー州知事公舎に入った。クリントンは疲れ果て、意識を覚ますために何杯ものコーヒーを飲み、しかし仕事に没頭していた。ゲーツとクリントンは二人とも生来の分析家で、複雑なデータを即時につなぎ合わせ結論を出すことができた。ゲーツはクリントンが、ジミー・カーターや一九八八年の民主党大統領候補だったマイケル・デュカキスとは異なり、諜報活動やCIAに偏見を持っていないことに気づいた。クリントンは政権移行期間中、CIAの分析を貪欲に呑み込んだ。ゲーツはCIAの情報担当副長官をコンフォート・インのCIA支局に派遣した。CIA側はすぐに大統領への毎日の報告を開始した。そしてクリントン本人の要請に応えて諜報に関する一連の特別講義も請け負った。こうしてCIAは、連邦政府の中で高官が毎日次期大統領と面接できるただ一つの役所となった。ゲーツはクリントン大統領とCIAの関係がとてもうまくいくと楽観するようになった(4)。

それは間違いだった。新しいCIA長官を選ぶ過程で問題が発生した。長官の選択は政権移行期の後半に持ち越された。議会の民主党保守派は、リベラル派の閣僚とバランスをとるために、保守的と見られている人物を長官に指名するように大統領に迫った。クリントン・チームは五十一歳のオクラホマ人、ジェームズ・ウルジーに電話し、すぐリトルロックに来てほしいと伝えた。ウルジーはやせて頭の禿げた男で、柔らかな灰色の目と鋭くてよく通る声の持ち主だった。彼はクリントンにたった一回、ワシントン社交界の有名人、パメラ・ハリマンの屋敷で催された選挙資金集めのパーティーで会っただけだった。ウルジーは次期大統領と同様、南西部の地方出身者でローズ奨学金を獲得し、名門エール大学の法科大学院を卒業した人物である。若き陸軍予備役中尉のころ、ウルジーはベトナム反戦運動に身を投じた。その後は政治的右派に漂流、ヘンリー・〝スクープ〟・ジャクソン上院議員ら民主党の強硬な反共グループに近かった(5)。

ウルジーは州知事公舎でクリントンと数時間を過ごした。二人はアーカンソー大学とオクラホマ大学のフットボールの試合について、またオザーク〔ミズーリ州南部、アーカンソー州北部、オクラホマ州北東部にまたがる台地状リゾート地〕の釣り場はどこがよいかについて、長々と語り合った。そしてＣＩＡの将来像について、しばらくの間語った。その中でクリントンは、ＣＩＡ長官は大統領に対する政策顧問になるべきではないと思うと述べた。ウルジーは同意し、ＣＩＡ長官は「ストレートに情報を集めるべきだ」と語った(6)。

会談は、長官就任要請の話は出ないまま終わった。しかしその翌日ウォーレン・クリストファーがウルジーのホテルに電話し、記者会見に出てほしいと促した。

「大統領はこの私にＣＩＡ長官になってほしいのですか？」とウルジーが聞き返すと、クリストファーは「もちろんです。記者会見に顔を出して下さい。あとは私たちがうまく計らいますから」と答えた。

ウルジーがさらに念押しを求めると、クリストファーはクリントンの部屋に顔だけ突っ込んで話をし、電話に戻ってきて言った。「そうです。大統領がお望みです」

州知事公舎の居間にはクリントン夫妻、ゴア夫妻、国防長官に指名されたレス・アスピン、国務長官に指名されたウォーレン・クリストファー、それにトニー・レーク、サミュエル・〝サンディ〟・バーガーらが集まっていた。そのほかに何人かの補佐官たちが、新国家安全保障チームの発表時に記者団から出そうな質問を予想していた。次期大統領の報道担当者たちは、カーター政権のお古ばかりを指名したと報道陣に批判されるのを心配していた。ウルジーはそのわけを理解できた。なぜなら「われわれは実際に、カーター政権のお古なのだから」。何かの助けになればと、ウルジーはブッシュ政権でヨーロッパの通常戦力削減交渉チームを率いた経歴に言及した。クリントンの報道担当官の一人がウルジーに注目して言った。「提督、あなたがブッシュ政権で働いたとは存じませんでした」。びっくりしたウルジーは、提督なんかになったことはなく、陸軍大尉だっただけだと述べた(7)。

まさに第一期クリントン政権時の大統領とＣＩＡの関係を象徴する場面だった。つまり両者間に距離があり、お互いに情報不足、不思議なほど無関心という関係だ。ラングレーのＣＩＡ本部では、交代が不意打ちにやってきた。退任するブッシュ大統領はフォード政権で短期間ながらＣＩＡ長官を勤めたことがあり、過去数十年を通じてホワイトハウスにおける最も積極的なＣＩＡのパトロンだった。ブッシュは秘密活動に携わる上級担当官たちを、クリスマス・パーティーや、大統領別邸キャンプ・デービッドでの週末に招いたりした。彼は重要な政策決定会合に、ＣＩＡの分析官や工作員を出席させたこともあった。クリントン大統領の就任式が迫る中、ＣＩＡの上級担当官たちは政権の内側から完全に外側に出されつつあると感じていた。

彼らは当惑し、やがて怒った。クリントンのＣＩＡに対する無関心さにはいろいろな解釈があった。ＣＩＡ作戦本部の責任者になっていたトーマス・トウェッテンは、クリントンが「ＣＩＡとかかわりを持つことを個人的に恐れている」と解釈した。その理由はまずＣＩＡに対する長年の疑惑であり、さらに外交問題に巻き込まれたくないという心情だろうと、トウェッテンは解釈した。[8] 一九八〇年代を通じてＣＩＡ担当官の多くは共和党支持に移り、彼らはクリントンを党派性のレンズを通して見るようになった。ＣＩＡには多数の民主党員もいたが、政治的傾向を一般化して語ることは困難になっていた。しかし相当数のＣＩＡ担当官たちは、クリントンを軟弱で諜報活動に敵対的な人物と見なしはじめた。ＣＩＡ内部の保守的な担当官たちにはベトナム戦争経験者が多くいた。彼らはクリントンが徴兵忌避をしたこと、新任のウルジー長官と国家安全保障担当大統領補佐官のレークがベトナム反戦運動の闘士だったことに、強く反発した。

クリントン、レーク、その他新しい国家安全保障チームの面々は、国防総省とＣＩＡに対して神経質な視線を送っていた。ホワイトハウスは国防総省やＣＩＡとの直接のかかわりを避けようとしているようだった。ホワイトハウスがＣＩＡ側を招待することはほとんどなかったし、クリントンといえば、任務中に死亡したCIA担当官の追悼式などにさえ出向かず、ラングレー訪問は絶えてしなかった。ソ連崩壊後、アメリカの国防諜報関係支出はブッシュ政権時代に削減が始まり、クリントン政権下でも予算削減が継続された。CIAの財政事情はホワイトハウスとの関係が弱いために、いっそう悪化した。

ウルジー自身もCIA長官として出だしからつまずいた。CIAのような大規模で秘密主義の組織、キャリアを積んだ職員を多数抱える組織では、新しい長官の影響力はおのずから限られてしまう。それでもCIA長官は、ほかの誰にもできない三つの任務を遂行しなければならなかった。まず大統領と個人的関係を培わなければならなかった。大統領だけがCIAの秘密作戦を認可できる人だ。CIA長官はまた、議会に設けられた二つの情報特別委員会とうまく付き合わねばならなかった。議会の情報特別委員会はCIAの予算を握り、CIAの活動を継続的に審査する機関だ。CIA長官はさらに、CIA一般職員の士気を高めなければならなかった。

ところがウルジーはCIA長官着任から数カ月のうちに、トリプル・プレー（三重殺）を犯してしまった。ウルジーは自分の専門分野である技術部門や衛星情報収集部門の専門家らとは強い関係を築いたが、そのほかの部門、とくに作戦本部の担当官を遠ざけた。CIA長官人事が上院で承認されるのを待つ間、ウルジーはCIAテロ対策センターの創設者で旧知のドゥエーン・クラリッジに相談を持ちかけた。ウルジーと話したクラリッジは、ウルジーがCIAのインサイダーたち、とくに作戦本部のベテランスパイたちに「取り込まれる」ことを「偏執症的に恐れている」との結論を下した。部下の間ではウルジーが打ち解けず、人を信用しない人物だとの見方が広がった。もっと悪いことに、ウルジーは非公開で行われた議会公聴会で、CIA予算を支配している主要な上院議員たちと早々と喧嘩を始めてしまった。さらにウルジーは、CIAの最重要顧客であるクリントン大統領と疎遠であった。[9]

クリントン大統領就任後一年の間、ウルジーは大統領と一度も私的な会談を持たなかった。通常CI

A長官には、毎朝大統領に世界中の危機について最新情報を説明するという特権が与えられる。しかし情報を貪欲に吸収したがるクリントンは、眼の前に座った説明者に報告を読み上げさせるより自分が好きなときにじっくり読むことを好んだ。この大統領は夜行性のフクロウで、未明までホワイトハウスの住居部を徘徊し、説明資料を読んだり、電話をかけたりするのだった。大統領が午前二時に、連邦議員やジャーナリストを電話でたたき起こすことも間々あった。朝はときおりぼうっとして、元気になるのに時間がかかった。ホワイトハウス高官の多くは、クリントンが完全に目を覚ますまで接触を避けた。トニー・レーク以下の国家安全保障チームは、ウルジーを横柄な人物、傲慢で聞く耳を持たぬ、扱いにくい人物と思っていた。彼らは寒い早朝にウルジーとに座って話し合うことなど、クリントン同様に避けたかった。ホワイトハウス側はウルジーはレークと副官サンディ・バーガー、さらにウォーレン・クリストファー国務長官と毎週会った。ウルジーはレークと副官サンディ・バーガー、さらにウォーレン・クリストファー国務長官と毎週会った。ウルジーは一つの問題についてすぐに自分の意見を主張し、入手したすべての情報を静かに分析することはできない人物だというのが、彼らの見解だった。ウルジーは自分の所見に関してはブルドッグみたいだった。とりわけ技術的手段による諜報活動がからむ問題では、格別にうるさかった。[10]

ウルジーは彼なりに努力したが、大統領との会談のアポを取ることができなかった。一九九四年九月、自殺志願らしいパイロットがセスナの単発機をホワイトハウスの南庭に墜落させたことがあった。その直後、これはクリントンとのアポを取ろうとして行ったウルジーの仕業だとするジョークが駆け巡った。ウルジーは怒ったが、やがて除けもの扱いされている自分の状況に慣れて、このジョークを自分から語り始めた。

ウルジーが見たところ、ホワイトハウスは外交問題にまったく無関心だった。彼が下した結論によると、ホワイトハウスは戦略的問題に関心がなく、大局的問題を考えるためのきちんとした仕組みもなかった。アメリカは冷戦に勝利した。ロシアのボリス・エリツィンはアメリカの友人だった。そしてクリントン・チームは、中国に対して強硬になり過ぎないようにする方針だった。ウルジーの所見では、ホワイトハウスの独創的な外交政策として挙げられるのは全世界的自由貿易の推進で、これは北米自由貿易協定の成立に向けたクリントンの個人的な努力からも明らかだった。またウルジーは、自分が大統領に会えない理由は個人的なつながりがないだけではないと考えた。ウルジーには、クリントンもレークもCIAを国内政治のための一つの道具としてしか見ていないように思えた。クリントンやレークにとって、CIAの仕事はボスニア、ハイチ、ソマリアなどの危機をうまく処理して、危機の影響がアメリカの国内政治に及ぶのを最小限にすることだった。CIA長官として月日を重ねるなかで、ウルジーは自分がクリントンのホワイトハウスから疎遠にされているだけでなく、選挙のための政治に堕したホワイトハウスに憎まれていることに気がついた。(11)

ウルジーは大統領の命令に振り回されなかったために、あるいは見逃されていたために、CIAの針路を決める自由があった。彼は長官執務室に落ち着いたころから、アメリカのスパイ衛星刷新計画に専念した。ウルジーは一九八〇年代を通じて軍備管理の交渉者として、敵側の状況を監視するのに秘密の衛星写真に依存してきた経験から、アメリカのスパイ衛星能力が危険なほど劣化していると考えるようになった。彼は問題をよく理解しており、機密写真を集めたスライドを作り、問題の緊急性と、是正に必要な投資を提示して見せた。ウルジーはスパイ衛星に関する説明会をホワイトハウスと連邦議会、国防総省で繰り返し開き、新規予算を強く要請した。(12)彼はまた自分なりの選択で、CIAが当面抱えている問題は人間によるスパイ活動ではなくて、技術的なスパイ手段であることを強調した。ホワイトハウスはCIAをほったらかしにしてきたために、人間によるスパイ活動より技術的スパイ活動を重視するウルジーの主張が正しいのかどうかを判断する材料に乏しかった。

ウルジーがＣＩＡ勤務になじんだころ、アメリカ国内で別々に暮らすパキスタン出身の若者二人が、それぞれのテロ計画で準備の最終局面に入っていた。一人はバージニア郊外のガーデンアパート〔低層の庭付き集合住宅〕にルームメートと一緒に住んでおり、もう一人はニュージャージー郊外の知人の部屋に転がり込んでいた。二人は一度も会ったことはなかったが、共通する点が多かった。二人ともパキスタンのアフガニスタン国境に面した貧しいバルチスタン州の出身で、比較的恵まれた家庭で生まれ育っていた。二人の父親はともに、息子を外国に留学させることができたほど野心的な働き者だった。とはいえ二人は混乱や不安に向き合ってきた。性と家族の名誉に厳しい掟を持つ伝統的なバルチ人の生き方から、ヨーロッパやアメリカの世俗的で勝手気ままな生き方に突然移動したのだ。二人とも海外留学中、アメリカをイスラム教徒の抑圧者として非難する急進的聖職者の熱情的な説教に接した。二人はそれぞれの家族から漂流し、衛星テレビで見たイスラエルとパレスチナの戦いに怒り狂った。一九九二年に二人はそれぞれ、もう一方のことは知らないまま、米国内の標的に強烈な攻撃を仕掛けようと決意した。攻撃準備にかかっている間、二人は長い時間をかけて攻撃の政治的、神学的意味を考え抜いた。民間人を攻撃することの正当性について二人の結論はわずかに食い違ったが、二人の信条は驚くほど同じだった。

ミール・アマル・カシは当時二十八歳。アメリカには一九九一年に到着していた。彼の父親は、アフガニスタン国境から車で数時間の距離にあるバルチスタン州の州都クエッタに、ホテルと大きな果樹園を所有していた。カシは父親の二番目の妻の一人息子だった。その母親は彼が十九歳のとき亡くなった。カシは一九八九年、バルチスタン大学から英文学修士の学位を得た。多くのパキスタン辺境人がするように、彼も武器を携行していた。その年、父親が心臓発作で死亡したあと、カシは外国旅行に出た。まずドイツへ、次いでアメリカへ渡り、郊外の貨物配送会社に職を得た。カシは孤独だった。両親を失い、故郷から地球半分もの遠距離に暮らしながら、彼はバージニアでＣＮＮテレビの中東関連ニュースを何時間も見て過ごした。湾岸戦争と、その後のイラクの混乱、イスラエルとパレスチナの紛争。彼はルームメートに「何かでかいこと」をやるつもりだと話した。標的はたぶんホワイトハウス、あるいはワシントンのイスラエル大使館。結局カシは最良の標的はＣＩＡだとの結論に達した。ＣＩＡの外部から遮断された入り口はバージニアの一二三号線沿いにあり、カシはよくその前を通っていた。ＣＩＡには、多数のイスラム教徒を死に追いやった責任があるとカシは考えた。彼はバージニアの銃器店でＡＫ47突撃銃を入手した。ＣＩＡ攻撃の際、警官隊と撃ち合いになることを予想していたが、万一逃走できた場合を想定してパキスタンに帰国するための航空券も購入していた。帰国予定便の前日、彼はガーデンアパートで目覚めると褐色のコートを着込み、ライフルと五〇〇発の弾薬を褐色のステーションワゴンに積み込んでＣＩＡ本部正面に向かった。[13]

それは一九九三年一月二十五日、晴れて寒い早朝のことだった。ＣＩＡ本部のゲート前には車列がつながっていた。カシは車を左折レーンに突っ込んで停車し、ドアを開けて道路に降りた。フォルクスワーゲン・ゴルフを運転している一人の男が見えた。カシは後部ウィンドー越しに男に発砲し、フォルクスワーゲンまで歩み寄ってさらに三発撃った。秘密部門の担当官フランク・ダーリング（二十八歳）が車の床で死亡し、彼の妻がその横に座っていた。カシは車列に沿って歩き、さらに四人に発砲し、うち一人を殺害した。殺されたのは、ＣＩＡ情報本部で世界の指導者の健康状態を分析していた医師ランシング・ベネット（六十六歳）だった。カシはあたりを見回した。近くの車には男性はいなかった。彼は襲撃を始める前、女性は撃つまいと決めていた。彼は自分のステーションワゴンにとって返し、数キロ離れたマクリーン・パークまで車を走らせそこで九〇分ほど隠れていた。誰も彼を追ってこなかった。カシはアパートに帰りＡＫ47をリビングルームのソファーの下に押し込んだ。それからデイズ・イン・ホテルまで車で行きチェックインした。[14] 翌日彼はパキスタンに飛び、姿を消した。

ラムジ・ユセフとして知られることになる男はもっと若く、当時まだ二十四歳だった。彼の家庭もパキスタンのバルチスタン州にルーツがあった。技術者だったユセフの父親は、石油ブームの到来でチャンスをつかもうとした何十万人ものパキスタン人と同じく、ペルシャ湾岸に移住していた。石油ブームで成り金になったサウジアラビアとクウェートのアラブ遊牧民は、人口も少ないうえに近代経済を運営する技能にも習熟していなかった。そこで湾岸アラブ人は、パキスタンのような貧しい隣国から運転手やコック、溶接工にれんが職人、技術者や医師にパイロットなどイスラム教徒の技能者を雇い入れた。ユセフの父親のようなバルチ人にとって、湾岸での給与水準は都市中産階級の暮らしが手に入ることを意味した。彼は子弟を私立校に通わせ、ヨーロッパの大学に留学させることもできた。

バルチ人は何世紀にもわたって旅と移民を続けた民族であり、独立心がきわめて強固だ。歴史をさかのぼれば、バルチ人はパシュトゥン人と縁戚関係にあった。バルチ人はパシュトゥン人と自由に婚姻関係を結び、民族的、部族的境界を超越した。バルチ人の集団は、帝国時代の地図作成者の引いた国境線を無視して膨張した。一九九〇年代初頭には多数のバルチ人が近隣の三カ国、すなわちパキスタン南西部、アフガニスタン南東部、イラン南東部に住んでいた。パキスタンのバルチスタン州ではバルチ人の部族指導者たちが政治を支配し、州政府を牛耳っていた。砂漠と山岳に覆われたバルチスタン州は広大だが、人口密度は低く、アフガニスタンとイランに国境を接し、南方はインド洋に面している。パシュトゥン人と同様、バルチ人は非常に保守的な名誉の掟を固く守っていた。その掟は女性を財産と規定し、復讐を正義と定義していた。

ラムジ・ユセフは一九六八年四月二十七日にクウェートで生まれた。本名はアブドゥルバシット・マハムード・アブドゥルカリムである。彼はオイルダラーが急成長を遂げた時代に、石油成り金のちっぽけな首長国（クウェート）で育った。人生の最初の二〇年間にユセフは、クウェート・シティーがごみの舞う小さな港町から、ネオンの瞬く大理石のショッピングモールや高級車の販売店が無秩序に拡大する街に変容するのを見て育ったのだった。ユセフはカシと同様世界のあちこちを旅したが、どこにも帰属する所はなかった。彼は、パキスタン、パレスチナ、エジプト、バングラデシュなどからの出稼ぎ労働者の住むおんぼろハウス、あれこれの問題で議論が沸騰する大釜のような宿泊施設に泊まったこともあった。彼はアラビア語、バルチ語、ウルドゥー語、英語が話せた。

アブドラ・アッザムがクウェートの裕福な地区のモスクで義捐金を集める説教をしたのを聞いたとき、ユセフは十代の少年だった。アッザムはアフガニスタンのジハード（聖戦）について火のような説教をした。アッザムのメッセージは、地下を流通するカセットテープに、新聞に、パンフレットに、つまりいたるところにあった。そのうえ、ユセフ自身の家族がアッザムの説教を配っていたのだった。ユセフの大伯父はパキスタン人労働者が通う郊外モスクの指導者だった。

ユセフはクウェートで小学校と中学校に通ったのち、一九八六年から一九八九年まで英国ウェールズのスウォンジーに留学した。電気工学とコンピューター・エレクトロニクスの学位を取るためだった。これは湾岸で上昇志向のパキスタン人家庭が息子たちに望んだタイプの英国的実務教育で、次世代の収入を増やす道だった。ユセフがウェールズにおける男女共学のキャンパス・ライフを、どのように送ったかは不明である。ユセフのおじハリド・シェイク・モハメドはムスリム同胞団の活動家であり、サウジアラビアが支援するアフガンのイスラム戦士指導者サヤフにパキスタンから協力していた。英国留学から戻ったユセフは、クウェート企画省の国家コンピューター・センターに職を得た。政府直轄の閑職であり、優雅な生活ができるポストだった。(15)

一年後、ユセフ一家の上昇は突然止まった。サダム・フセインの軍隊が一九九〇年八月二日クウェートに侵攻してクウェート・シティーを略奪、何千人もの出稼ぎ外国人に大慌ての出国を迫ったからだ。ユセフの一家はクエッタに逃れた。彼らは難民だったが、比較的裕福な難民だった。ユセフの両親はクエッタに戻ったあと、しばらくしてイラン国境を越え、イラン領バルチスタン州に住宅を確保した。(16)

ユセフは〝職人〟だった。英国の高学位を持つ独立した若者であるユセフは親族から見合い結婚の話が持ち込まれる適齢期だった。しかしユセフは結婚して落ち着く気分ではなく、もう一つの尊敬すべき使命に引き寄せられた。彼は反共のイスラム戦士に憧れており、聖戦に志願した。彼のおじ二人はソ連軍との戦いで殉教していた。ユセフはこういう家系を引きずっていたのだ。ユセフはアラビア語を話すペルシャ湾岸出身者で、アラブ人イスラム主義者志願兵の多国籍ネットワークとも接点があった。

おじの一人が、ユセフをペシャワールのイスラム主義者の世界に案内した。このおじはクウェートを拠点にした、イスラム・アピール委員会という慈善団体の地域代表だった。ユセフは一九九〇年の後半にアフガニスタンに入り、ハルデンという初歩的な聖戦志願兵訓練基地で訓練を受けた。ハルデン基地はアフガン人のためでなくアラブ人のためにアラブ人が運営する基地だった。ユセフはここで約六カ月間の訓練を受け、武器の操作と爆発物の基礎、軍事作戦の基本を学んだ。この基地には五、六〇人のアラブ人イスラム主義者がいた。彼らは訓練後に中東の母国に帰る人びとだった。ユセフはその後、爆弾製造に関する上級過程の基地に移った。そこではエレクトロニクスに関する彼の技能が遠隔操作の爆弾作りに役立った。彼はそこで、当初ＣＩＡがＩＳＩに提供した時限爆弾やプラスチック爆弾について学んだ。これらの爆弾技法はＩＳＩの越境ゲリラ破壊訓練基地で開発されたものだった。ユセフはアフガニスタンで爆弾攻撃を数回実行した。それはアフガニスタンの内戦にかかわろうとしたのではなく、主として実験のためだったと、のちに語っている。

一九九一年の早い時期、ユセフはパキスタンに戻り、結婚した。その後一八カ月間の家庭生活優先の間でも、ユセフはアフガン国境周辺の急進的イスラム主義者との定期的接触を絶やさなかった。ビンラディンがトゥルキ王子とともにアフガン内戦を調停しようとして、サウジアラビアからパキスタンに短期間戻った一九九二年春にも、ユセフはペシャワールにいたはずだ。しかしユセフとビンラディンが接近することはあり得なかった。ユセフには金がなかったし、彼がアフガン国境で暮らした二年間に裕福なパトロンを得たということはなさそうだった[17]。

ユセフはペシャワールで一〇〇ドル出して買ったイラクの偽パスポートを持って、一九九二年十月ニューヨークに飛んだ。仲間のアハメド・アジャジが、チェック済みの荷物に爆弾製造マニュアルと材料を詰め込んでくれた。のちにユセフが述べたところでは、彼は当初この旅行でアメリカがどんなところかを見て、アメリカのパスポートを入手、爆撃する対象を選んだらパキスタンに戻って、作戦のための資金を集めるつもりだった。しようと決意した。しかしニューヨークに着いたユセフは、軍資金は乏しいが攻撃はすぐ実行しようと決意した。彼の念頭にはずっと世界貿易センターのことがあったようだが、ニューヨークに行到着してからはっきりした攻撃対象に決めたようだ。一一〇階建てのツインタワーの、どちらかのタワーを支える中央根太を粉砕できる爆弾を作らなければならない、と思った。片方のタワーが崩壊すればもう一方のタワーをも倒すだろうと考えた。ユセフは二つのタワー崩壊で二五万人の死者を出すだろうと計算した。第二次世界大戦中、広島と長崎の原爆で殺された死者数にほぼ匹敵する数字だと考えた。

彼の父親はバルチ人だったが、母方からはパレスチナの血筋を受け継いでいた。ユセフはイスラエルの対象を攻撃したいと考えたが、イスラエルの高度な安全対策のためこれは非常に難しいと判断した。もし敵を直接攻撃できないなら、次善の策は「敵の友を攻撃することだ」と、彼はのちに指摘している[18]。

ユセフはニューヨーク地域のイスラム主義者グループと連絡をとった。それは盲目のエジプト人説教師オマル・アブドゥルラフマンに従う急進派の緩いネットワークだった。アブドゥルラフマンは一九八〇年代、ペシャワールでアブドラ・アッザムやムスリム同胞団系のイスラム主義者たちと知り合っていた。このアブドゥルラフマン・グループのメンバーは、ペシャワールにあるアルカイダ関連の隠れ家と電話連絡をとっていた。しかしユセフにとって残念なことに、誰も世界貿易センターの二つのタワーを崩落させるほど強力な爆弾の材料を提供することはできなかった。

一九九三年二月二十三日、世間を騒がせたカシのCIA攻撃からちょうど一カ月後、ユセフは二台の車に共犯者たちを乗せて、ブルックリンから世界貿易センターの地下二階のガレージに向かった。ユセフは電子的タイマーを爆弾にセットして赤いシボレー・コルシカに跳び乗った。ユセフの爆弾を作るのに必要な材料はざっと四〇〇ドルだった。午後零時一八分に爆発した爆弾は地下一階のカフェテリアで昼食を取っていた六人を殺し、それより数階上で働いていた一〇〇〇人以上の人びとを負傷させた。そして推定五億ドル以上の損害を与えた。その晩、ユセフはパキスタン国際航空（PIA）のカラチ行きの便に搭乗して姿をくらました。

ユセフはニューヨークの複数の新聞に犯行声明を郵送した。犯行声明の送り元を「解放軍第五大隊」として三つの政治的要求を掲げた。①アメリカがイスラエルに対する一切の援助を止めること、②アメリカはイスラエルとの国交を断絶すること、③アメリカは「中東のいかなる国の内政」への干渉も止めることを誓約すること——であった。もしこうした要求が満たされなければ「われわれは米国内外の軍事・民間の標的に対する任務遂行を継続する。核関連の標的も含まれるだろう」。

犯行声明にはさらに「われわれの解放軍は一五〇人の自爆攻撃志願者を抱えている」と述べていた。「イスラエルが（アメリカの支援を得て）実行しているテロリズムは、同程度のテロリズムに直面しなければならない」。声明はさらに、米市民は「殺された米市民と、アメリカの武器と支援によって殺された人びとの間には優劣がないことを知るべきだ」と主張していた[19]。

アフガニスタンのアラブ人聖戦訓練基地の卒業生が書いた犯行声明と比較すると、ユセフの犯行声明は著しく世俗的で政治的な主張だけであった。ユセフの声明はイスラムに一言も触れていなかった。ユセフ声明の要求はまるで、パレスチナのマルクス主義者が書いたのかと思われるほどだった。反撃と目には目の報復を告げる言葉は、バルチとパシュトゥンの民族の掟に響き合っているようだった。アメリカは敵だと決めつけた理由は、アメリカがイスラエルを支援しているからという一点に絞られていた。ユセフは一度も真面目な神学生であったことはなかった。犯行声明とのちの発言からにじみ出る彼の特質は、技術者としての傲慢さと殺人者としての冷静さであった。世界貿易センター攻撃計画に参加したニューヨーク在住のユセフの仲間たちは、ユダヤ防衛連盟の創始者ユダヤ教聖職者メイア・カハネ師殺害を企んでいた。ユセフのニューヨークの仲間たちは、反イスラエルという大義に焦点を絞っていた。彼らの見解がユセフの犯行声明のテーマに反映していたかもしれない。同時に彼らはオマル・アブドゥルラフマンやビンラディンなど、ムスリム同胞団の影響を受けたイスラム主義者とも同調していた。だが何より彼の内部に潜む爆弾狂は派手な見ものを欲していた。彼の掲げた政治的要求のリストは、本質的放火狂の反映だったかもしれない。彼はビッグバンを見たかった。超高層ビルがもう一つの超高層ビルを倒す光景を見たかったのだ。

米捜査官がのちに共犯者のコンピューター内から見つけた廃棄済み文書には、十分に強力な爆弾が作れなかったことへのユセフの不満が記されていた。「残念ながら、今回われわれの計算はあまり正確とは言えなかった。だが次の機会には高度の正確さを期すことを約束する。そして要求が受け入れられない限り、世界貿易センターは標的であり続ける[20]」

CIAのテロ対策センターは直ちに、世界貿易センター爆破事件に関する情報収集のため、完全に無休で機能するプロジェクトチームを編成した。センターはさらにミール・アマル・カシを探し出すためのプロジェクトチームもつくった。ラングレーのCIA本部六階に並ぶオフィスで高官らは緊急用務や作業に忙殺されていた。ウルジーは世界貿易センター爆破事件に関して、ありとあらゆる筋からの情報を集めよと世界中に指令を発した。国家安全保障局(NSA)は直ちに電話盗聴ネットワークを立ち上げ、データベースを点検した。NSAの盗聴者たちは怪しい電波を一つひとつ追跡した。外国情報機関の一工作員がこの爆破事件を祝賀ムードで語ったとか、某外国の政府首班が非公式会合の場でこの事件を称賛したとか。世界中のCIA支局は、誰が世界貿易センターを攻撃したのか、お抱え情報員の情報から街の噂に至るまで八方手を尽くして探し求めた。数週間が過ぎたが有意義な情報は何も集まらなかった。NSAは犯人追跡のために必要な、信頼できる情報を発見できなかったのだ。(21)

CIA内部には、世界貿易センター爆破事件とCIA攻撃の背後に、ある外国政府がいるはずだという強い思い込みがあった。国家安全保障担当の大統領補佐官トニー・レークが述懐しているように、ユセフやカシの履歴は知られていなかったので、彼らの経歴に注目が集まるまでには長い時間がかかった。一九八〇年代は国家がスポンサーとなるテロの時代だった。表向きの大義はともかく、成功したテロリストはイランやリビアのような急進的政府に、資金とパスポート、亡命や技術的支援を頼むのが普通だった。

今回はイラクが疑われた。湾岸戦争の最中、サダム・フセインのバース党政府はアメリカの標的をねらって二人のテロリストをこっそり送り出した。そのテロ作戦の手口はスマートでなかった。イラクの工作員たちに発給された旅券は番号がつながっていた。CIAはすぐに動いて、イラク工作員が活動を開始する前にほとんどの顔ぶれを探知し、現地国政府との協力で彼らを逮捕するか強制送還した。しかしこの作戦によって、サダムがアメリカの標的をねらったテロに関心を持っていることが明白になった。サダムの諜報部門は一九九三年、クウェート訪問中のブッシュ前大統領の暗殺を試みた。そして世界貿易センター爆破事件のあと、ユセフの共犯者の一人がバグダッドに飛んだことは証拠に裏づけられている。

イランとリビアも世界貿易センター爆破事件を起こす可能性があった。CIAのテロ対策センターにはヒズボラを追いかける定勤スタッフがおり、そこではイランがシーア派組織ヒズボラ幹部のテロ活動を財政支援していることを証明する証拠が集まっていた。ヒズボラは自分たちを対イスラエル戦争の戦士と見なしていた。CIAの分析官は、イランを世界で最も活発なテロのスポンサーだと見ていた。レークがのちに述べたように「それ（イラン）が最優先課題だった」。そのころクーデターでイスラム主義組織が権力を握ったばかりのスーダンも、スポンサーになる可能性があった。通報者からの情報や爆破現場の証拠物件など初期の細かい材料を集めて捜査していたFBI（連邦捜査局）は当初、捜査の略称を「スーダフェッド」つまり「スーダン連邦」と呼んでいた[22]。

容疑者リストがこのように拡散していることは、全世界のテロリズムが個々ばらばらであることを反映していた。一九九〇年から一九九二年までにアメリカ本土で公式に記録されたテロ事件は一五件だった。その多くはプエルトリコ民族主義者の犯行だった。一件はイラン人マルクス主義グループ、その他はアメリカ人の過激派によるものだった。世界的に見ると、最も活発なテロ組織はペルーの毛沢東主義派とスリランカのタミル分離主義者だった。世界のテロを類型化しようとしてもパターンは見つからなかった。

CIAのテロ対策センターは、ドゥエーン・クラリッジとウィリアム・ケーシーが一九八六年の人質危機の中で構想したものとは異なった組織になった。イラン・コントラ事件というスキャンダルのあとの数年間というもの、CIA職員の何人もが偽証罪やその他の罪で裁判にかけられているワシントンで、テロリストに対する秘密攻撃ないしは予防攻撃に支援を得るのはいっそう難しくなっていた。テロ対策センターはCIAの秘密部門と密接な関係を維持し、情報収集のために危険なスパイ作戦を続けた。だがブッシュ政権下でも初期のクリントン政権下でも、CIAとホワイトハウスは秘密の準軍事作戦を必要としていなかった。テロ対策センターはますます、作戦から分析に比重を移すようになった。予算面でも重圧がかかってきていた。世界貿易センター爆破事件とカシの起こした殺人事件を捜査する一方で、テロ対策センターの管理職は予算削減のための会議に頻繁に駆り出されていた。レイオフはなかったが、センターの人的資源は着実に圧縮させられていた。分析官なり工作員なりが退職すると予算上の理由で後任が補充されないこともあった。[23] このころテロ対策センターの職員数は一〇〇人を切っていた。センターは一二くらいの班に分かれており、依然としてアブ・ニダルのような世俗的テロ組織に関心を注いでいた。一つの班はスンニ派イスラム世界の主流であるイスラム過激主義を追っていたが、一九九三年までにはアルジェリアの社会主義政権に挑戦する暴力的イスラム過激派の追及に専念するようになった。[24]

一九九三年になると、ワシントンにおける幅広いテロ対策の官僚機構は解体してしまった。役所間の争いで傷つき、予算面の圧力で衰亡したのである。国務省のテロ対策室は名目上テロ対策の政策面を担当したが、内紛と指導者の異動と予算カットで混乱状態に陥った。国家安全保障会議（NSC）は、世界貿易センター爆破事件のようなケースではどの政府機関が主導するか、あるいはさまざまな機関がどのように協力し合うべきかについて、公式な指令をまったく出していなかった。こうした指令に関する草案は二年近くホワイトハウスに眠っていた。[25] 一方でルイス・フリー率いるFBIは、テロ事件も含めて国際的なかかわりを持つ刑事事件にも手を突っ込もうとしていた。フリーは世界中の大使館にFBI

の係官を配置しようと望んだ。ＣＩＡの一部担当官は、ＦＢＩの世界進出はＣＩＡの領分への侵入だとしてこれに抵抗した。ＣＩＡ本部にはＦＢＩと提携することがＣＩＡの利益につながると考える人もいたが、提携を具体的にどう進めるかははっきりしないままだった。

基本的な問題は、テロに対処するのは国家安全保障の問題だとして戦争の一種と考えるか、警察や検察が主導すべき法執行の問題と考えるかである。ある場合にはテロリストは敵の兵士に見えるし、別の場合には容易に対処できる一般犯罪者に見える。ときにはメディアを意識した派手な攻撃が広範に恐怖をまき散らし、綿密な検証を必要とするテロ事件も起きる。しかしテロが実際にアメリカ社会に与える衝撃は最小限だった。一九九〇年代の初期、ハチに刺されて死ぬアメリカ人のほうがテロ攻撃で死ぬ人よりずっと多かった。この点からも、テロリズムを法執行の問題として扱うことは正常な感覚だった。テロリストを通常の殺人者として裁き投獄することで、政治的正当性の主張を効果的に退けることもできた。アメリカの国家安全保障を考える多くの人びとにとってみれば、準軍事的な戦争を仕掛けたり、生半可なマルクス主義野郎に敵国兵士並みの尊厳を認めたりするよりも、よほど理にかなった対応だったのだ。

クリントン政権が定着するにつれて、法に基づくテロ対策がワシントン官僚の間に定着していった。クリントンが一九九五年にようやくテロ対策方針を決定したとき、彼はアメリカ人が犠牲になったテロ事件を主導する部局はＦＢＩだと決めた。クリントンとＦＢＩの関係は、ＣＩＡとの関係よりも悪かった。クリントンはＦＢＩのルイス・フリー長官を、自分がいつも正しいと信じるボーイスカウトのような退屈な男と見なしていたようだ。またホワイトハウスはＦＢＩを、政治的な動機によるつまらない捜査をする機関と見下していた。それでもクリントンはエール大学法科大学院の卒業生で、元法学部教授でもあり、アメリカの法制度の原則を深く信じる人物であった。だからクリントンは外交政策面では、できる限り国際的に正当なかたちで米国のパワーを発揮しようとした。テロリストに対する警察と裁判所の任務を強調することは、実務的であると同時に信念に沿った方法だった。

ＣＩＡはアメリカの法制度に模範的に従う機関ではなかった。ＣＩＡはアメリカの法律、つまり一九四七年の国家安全保障法で認可された組織であり、その被雇用者は雇用者の命令に違反したり、許可されない作戦を実行したり、嘘をつかないと誓約しながら嘘をついた場合は訴追の対象になる。しかし海外でのＣＩＡのスパイ作戦や準軍事作戦は秘密裏に執行され、アメリカの国内法廷の検討対象にはならない。ＣＩＡ工作員は、情報収集のために常習的に外国大使館に忍び込んだ。ＣＩＡはアメリカの敵の内部情報を得るために、軍閥や人殺しに金を払った。ＣＩＡがこうして集めた情報は、アメリカの法廷では証拠に使えないことが多かった。また米連邦議会は、ＣＩＡが国内の犯罪者の訴追に参加することを望まなかった。ＣＩＡは第二の真珠湾攻撃を防ぐために創設された。しかしナチズムとの悲劇的な戦争のあと、議会はアメリカ人をヒトラーのゲシュタポのような組織から保護すべきだと考えるようになった。ゲシュタポはスパイ活動と警察の方法論を組み合わせた秘密部隊だった。こうして、ＣＩＡはアメリカ人をスパイすることと、外国で集めた情報を国内の法廷制度における犯罪訴追に直接利用することを禁じられたのであった[26]。

検察官とＦＢＩを含む警察は、国内の犯罪捜査で集めた手がかりや証拠をＣＩＡに提供することは奨励されなかった。もしＦＢＩの捜査官や連邦検察官が、テロ事件捜査で大陪審のために集めた捜査記録や証人の供述書をＣＩＡに提供すれば、それがアメリカの国家安全保障にとってどれほど重要な証拠であろうとも、その人物は刑務所行きになりかねないのだ。

九〇年代初頭、ＦＢＩの内向きの文化はすでに悪評高かった。ＦＢＩ捜査官は地元警察に何の捜査をしているかを知らせなかったし、他部局とチームを組むことを嫌がった。重要な証拠はＦＢＩの同僚にさえ伏せようとした。ＣＩＡのテロ対策センターには情報交換を円滑にするため、ＦＢＩの捜査官が常駐していた。ＦＢＩとＣＩＡの関係は、他部局との関係よりはよかった。それでも世界貿易センター爆破事件のあと、イスラム主義者のテロについてＣＩＡと連絡をとろうとしたときでさえ、ＦＢＩ側は証拠をＣＩＡに明かすことを禁じた法に慎重に従った。(27)

こうした制約のすべてが、世界貿易センター爆破事件に対するＣＩＡの対応を縛った。一九八九年以来、ＦＢＩはニューヨークとニュージャージーに住むイスラム急進派内部にスパイを送り込んでいた。一九九〇年にはＦＢＩ捜査員が、ユダヤ教指導者メイア・カハネ師暗殺犯のアル・サイイド・ノサイルの自宅から、訓練マニュアルや記録などを詰め込んだ箱四七個を持ち去った。翻訳したあとも、テロリストの国際的ネットワークに関するアラビア語の文書を英語に翻訳しなかった。ＦＢＩは二年もの間、アラビア語の文書を英語に翻訳しなかった。この決定的証拠をＣＩＡに提供しなかった。この文書はアフガンの訓練基地や、アフガン国境地帯と中東全域で膨張するアルカイダの姿を詳しく示していた。ウサマ・ビンラディンの名前もこの資料に浮上していた。ノサイルの親戚がサウジアラビアに渡航してビンラディンに会い、ノサイルの弁護士費用をもらってきたのだ。ＣＩＡはこのことを知らされなかった。(28) ＣＩＡの分析官は、世界貿易センター爆破事件から数年後に初めてＦＢＩの捜査資料の豊富な内容を知ることができた。国家安全保障会議の一九九三年の記録は、ウルジーとレークの会談で少なくとも一回は、テロリストへの資金提供者として注意を払うべき存在としてビンラディンが話題に上ったことを記している。しかしビンラディンは世界貿易センター爆破事件捜査の焦点ではなかった。一九九三年四月二日付で回覧されたＣＩＡの資料は、ビンラディンのことを「戦闘的なイスラムの大義」を活性化するために「個人または政府とも協力することのある独立した厄介者」と記述していた。ＣＩＡはビンラディンがときどき現れるアフガン訓練基地に関する報告を続けていた。四月二十日付の国家情報日報（ＮＩＤ）は、何百人ものイスラム主義者が過去一二カ月間にこの訓練キャンプを通過したと報告した。この年九月、ＣＩＡ本部は世界中の支局にビンラディンのネットワークの弱点をチェックするよう指令した。さらに十一月、ＣＩＡはいっそうの情報収集のためにビンラディン関連の標的を確認する作業も実施した。しかし一九九三年を通じて、ビンラディンが暴力的な作戦に関係しているかどうかも含め、彼がどんな役割を果たしているかはっきりしたことはわかっていなかった。[29]

ＣＩＡの分析官と同様にＦＢＩの捜査官も、聖戦主義者が独立し国境を越える軍事力として台頭していることに気づくのが遅かった。ＦＢＩはスンニ派イスラム急進主義を研究し、これと戦うことに力を注ぐのが遅かった。ＦＢＩは、シーア派のイランが宗教を動機とするテロの主な源流と考えていた。クリントンの国家安全保障補佐官だったトニー・レークは後年、この大問題について自問した。「今になって思うとわれわれは、ヘマをやっていたのだろうか？」。「そのとおり」。十分に理解されることなく、軽くあしらわれたが、アフガニスタンに産みつけられたイスラム主義の細胞は拡散しはじめたのである。[30]

第14章 慎重に距離を置け

世界貿易センター爆破事件から六週間後、ＣＩＡテロ対策センターに分析部門の責任者としてポール・ピラーが着任した。彼はやせて背が高く、神経質に眼をぱちぱちさせながら、はっきりした声で大学教授のように話す男だった。ベトナム戦争時の陸軍将校であり、ダートマス大学とオックスフォード大学の学位とプリンストン大学の博士号も持っていた。ＣＩＡに加わってから管理部門と情報分析分野で出世街道を走り、ウィリアム・ウェブスターＣＩＡ長官の上級補佐官を勤めた。これはＣＩＡの未来のスターを約束するポストと見られていた。ピラーはＣＩＡの分析部門である情報本部の気高い伝統に思いを巡らせた。彼はアラブ専門家ではなかったが、政治的イスラムと中東事情は研究していた。彼は管理職であり、知識人であり、本の著者であり、学術誌に記事も書いていた。彼は以後六年間のうちに、ＣＩＡテロ対策センターで最も影響力のあるテロリズム分析家になる人物だった。(1)

そのピラーも当初は、ＦＢＩが世界貿易センター爆破事件でまごついたのと同じほど途方に暮れた。ニューヨーク地域で最初に逮捕された容疑者は、雑多で間の抜けた連中だった。独立したテロリストの細胞員というより、外国政府の陰謀らしきものの先棒担ぎを思わせた。ＦＢＩの証拠集めが進むにつれて、事件の新しい筋が見えてきた。ＦＢＩの情報源は間もなく、盲目のエジプト人説教師シャイフ・アブドゥルラフマンが、世界貿易センターやその他（実現しなかったが）ニューヨークの代表的な施設を爆破する、というアイディアの源であることを突き止めた。ＣＩＡの分析官たちは、エジプトやその周辺から発生するイスラム過激主義のことを、より綿密に研究するようになった。

この事件に先立つ四年の間、政治的イスラム主義の復興が北アフリカのイスラム諸国を襲った。エジプトの「ムスリム同胞団」の暴力的分派である「イスラム団」は、世俗的なホスニ・ムバラク政権に暗殺・爆弾攻撃を仕掛けた。イスラム団の幹部たちは、貧しくて古くから過激な上ナイル地方で歓迎された。彼らの作戦行動は、エジプトにおける数十年来のイスラム主義的暴力の伝統を復活させた。しかしイスラム団の活動は同時に、アフガン聖戦から帰国した旧戦士たちからも新たな刺激を受けたようだ。

アルジェエリアでも事情は同じで、ムスリム同胞団とリンクした「イスラム救国戦線」が貧困層だけではなく、怒りに満ちた中産階級をも政治的に引きつけた。アルジェリアの中産階級は、世俗的な社会主義政権が腐敗し、使い物にならないと批判していた。一九九一年にアルジェリア政府は、イスラム主義者が勝ちそうだという理由で、選挙を中断した。このあと、アフガン聖戦から帰国した旧戦士を含む若いイスラム主義者たちは地下に潜り、「武装イスラム集団」という新たな暴力的抵抗運動を立ち上げて政府に対するテロを開始した。毎月何百人ものアルジェリア市民が、政府と同グループ双方による爆弾攻撃や虐殺、暗殺の犠牲になって死亡した。(2)

ピラーやＣＩＡ分析官たち、さらにＣＩＡのカイロ、アルジェ、チュニスの支局長たちは、世界貿易センター爆破事件後の数カ月、これらの反乱活動を集中的に研究し、討議した。彼らは問うた。これら暴力的な民族的イスラム主義グループと、アメリカや同盟国を脅かすテロリストの間にはどういう関係があるのか？　アメリカはエジプト人またはアルジェリア人のイスラム主義者にどんな政策を採るべきか？　すべてのイスラム原理主義者を危険視するべきか？　アメリカはムスリム同胞団の暴力的分派の孤立化と制圧を図りながら、同胞団の穏健派には手を差し伸べるべきか? エジプトやアルジェリアのように、イスラム主義者が勝つかもしれない国の選挙でも、アメリカは民主的選挙を支持すべきか? イスラム主義者が勝利した場合、彼らが権力獲得後も民主制度を継続するようアメリカはどうやって保証するか?

ピラーと同僚たちは、一九九一年のソ連崩壊と一九七九年のイラン王制崩壊を、政治的破綻のモデルとして学ぶべきだと考えた。この二つの歴史的事例では、いずれも信頼度の低く腐敗し破綻した政府が民衆の反乱に直面し、自己改革を試みるが結局は自滅した。ピラーが学んだ教訓とは、中途半端を避けなければならないということだった。つまり、暴力的反乱に包囲された政府は反撃を徹底するか、政治制度を完全に開放するかである。ピラーの考えでは、アルジェリア政府は選挙を取り消してイスラム主義者を地下に追い込むという、とんでもないミスを犯した。過激派を強化し、ムスリム同胞団の穏健派を孤立化させたのだ。

国務省と国家安全保障会議の上級分析官や政策立案者たちも、同様に悩んでいた。アルジェリアとチュニジアはアメリカと近しい同盟国ではないが、安全保障問題では親西側色を強めてきた世俗的な防壁国家であった。アラブ世界で歴史的に影響力があり、最も人口が多いエジプトは、アメリカの最も密接な同盟国の一つであり、イスラエルの次に多額の米対外援助を受けている国であり、イスラエルとパレスチナの和平交渉におけるアメリカの不可欠のパートナーであった。ピラーとCIAアナリストたちは、ムバラクの失政は明白だが、アメリカはイスラム主義者に対するムバラク政府の闘いをできる限り支援すべきだと考えていた。

CIAの分析部門は一方で、イラン革命の経験を反省していた。イランではCIAとホワイトハウスが、失政を続ける専制的な同盟者〔パーレビ国王のこと〕との関係をあまりにも長続きさせ、その結果として、イランの新しいイスラム革命政府と建設的に協力する機会を失ってしまった。ピラーは、ヨルダンのムスリム同胞団を平和的なイスラム運動と見なしており、急進的な哲学を公言しているにせよ、本流の政治に参加する用意があると見ていた。その他の国々のムスリム同胞団もおそらく、穏健な民主主義に同調させられるだろうと、ピラーは見ていた。

第一期クリントン政権で情報・政策論議に参加した人びとは、その論議がばらばらで、統制が執れておらず、生煮えだったと記憶している。トニー・レークは、一九九〇年代のアメリカの第一目標は世界中に民主主義を広めることだと発言していた。しかしアルジェリアとエジプトでイスラム主義者の暴力が横行しているなかで、レークもクリントンもアラブ世界での民主的選挙実施を優先課題にすることはできなかった。カイロの米大使館は、ムスリム同胞団の穏健な指導者たちに接近した。しかし彼らとの対話は深まらなかった(3)。

中東における過激なイスラム運動について収集したCIA情報の中で最も詳細な情報は、この時期にエジプト、アルジェリア、チュニジア、イスラエルの各CIA支局から寄せられたものだった。カイロのCIA支局はエジプトの情報機関および国内治安部隊と毎日接触していた。チュニス支局もチュニジアの治安部隊と毎日接触する関係をつくっていたが、そのころ治安部隊はムスリム同胞団に触発されて生まれたイスラム主義運動を鎮圧した。CIAは早くも一九八五年、公然の初代アルジェ支局長を派遣していた。そしてアルジェリア治安部隊が血みどろの内戦に突入したなかでも、治安部隊と実用的な協力関係を維持していた。これら三カ国駐在のCIA支局長は皆、アラブ情報機関や警察トップから集めたイスラム急進主義の危険性を警告する詳細な説明を記録し、これをラングレーのCIA本部に報告していた。北アフリカ駐在のCIA担当官たちが繰り返し訴えたのは、アフガン聖戦から帰国した旧戦士の役割、サウジアラビア資金の流れ、パキスタン・アフガニスタン国境に暴力的急進派の聖域が存在することであった。彼らはまた、英国、フランス、ドイツ、スウェーデン、デンマークがイスラム主義指導者の亡命申請を認めていることに、不満を述べた[4]。

北アフリカ各国でＣＩＡの支局が追跡するイスラム主義急進派組織は、明らかに国際的に協力し合っていた。チュニジアの治安部隊は、スーダンからサハラ砂漠を通ってアルジェリアに向かうラクダの隊商がこっそり運んだ武器を捕獲した。当時ＣＩＡチュニス支局長だったホイットリー・ブルナーの記憶では、世界貿易センター爆破事件後の数カ月間、チュニジア側とＣＩＡとの間では、国境を飛び回るイスラム急進主義の脅威以外の話題は「存在しなかった」という[5]。

ヤセル・アラファトとパレスチナ解放機構（ＰＬＯ）指導部も、ムスリム同胞団に鼓舞されたネットワークが勢いを増すことに警戒心を募らせていた。ＰＬＯはイスラエルとの和平交渉を受け入れていたから、ムスリム同胞団のパレスチナ支部であるハマス〔イスラエルとの和平交渉に反対している〕が力をつけていることを恐れていた。ＰＬＯはハマスに関して、サウジアラビアでの募金活動やイエメンにある宗教学校、スーダンにおける武器密輸のネットワークなどの情報を集めた。ＰＬＯは、「パレスチナのイスラム聖戦」と呼ばれるハマスから派生したテロ集団が、亡命サウジ人の資金提供者ウサマ・ビンラディンのまわりに集まっていると、テルアビブのＣＩＡ支局に通報した。ＰＬＯは、ＣＩＡが自分たちと一緒にイスラム主義者をやっつけ、ハマスを解体してくれることを望んでいた[6]。

これら初期のＣＩＡ情報は、情報源の評判が悪いために過小評価されていた。エジプトのムバラク、虐殺のスポンサーになっているアルジェリアの秘密警察、チュニジア警察国家のテクノクラート、腐敗したＰＬＯ指導部などは皆、イスラム急進派の危険性を誇張すれば自分が得をする連中だった。

北アフリカの世俗的アラブ政府は非民主的であり、不人気であった。一部に穏健派を抱えるイスラム主義者は、政府には正当性がないと攻撃していた。これらの国を受け持つＣＩＡ支局長や担当官たちは、イスラム主義者に関する報告をワシントンが軽視することに不満を募らせていた。

対ソ秘密戦争当時のアフガン・タスクフォース責任者だったフランク・アンダーソンが、CIA作戦本部の近東局長に昇進した。CIAの南アジアと中東におけるすべてのスパイ活動と秘密作戦の責任者になったのである。アンダーソンは反ソ聖戦の時代、CIAがヘクマティアルを支援すべきであるという立場を強力に主張した人物である。彼は今回、アフガニスタンから帰国したイスラム戦士たちの役割は、エジプト、アルジェリア、チュニジア政府が考えるほど重要ではないと主張した。アンダーソンは、アフガニスタンで戦ってきたと主張するイスラム主義急進派は、聖戦士としての実績を誇張していると考えていた。エジプト、アルジェリアの歴史を注意深く読めば、イスラム急進派が暴力的な反政府活動をするのにアフガニスタンから何かを輸入する必要はないはずだ、とアンダーソンは主張した(7)。

元アフガン戦士に関する断片的な情報や仮説がすべて、CIA本部と現場の間でやりとりされる電文にぶちまけられ、再送信された。それが何を意味するか、それにどう対応するについてコンセンサスはなかった。それでもCIAのテロ対策センターと国務省の情報調査局では、イスラム主義テロリズムについての新たな分析的理論が徐々に固まりつつあった。

ポール・ピラーが、ラムジ・ユセフと世界貿易センター爆破を企てた連中を表現するのに「その場限りのテロリスト」という言葉を考えた。どこかの政府がこの爆破事件に関与した可能性は残っていたが、数カ月のうちにその可能性は薄れた。ユセフとその一味は「解放軍第五大隊」と名乗ったものの、具体的なグループに属しているとは思われなかった。ユセフ一味が、ペシャワールと中東に存在する国際的な聖戦支援ネットワークとつながっていることは明白だったが、そのつながりがどの程度重要性を持つものかはっきりしなかった。ピラーはその後、「その場限り」という用語を取り消した。なぜならこの言葉だと、ユセフ一味がある日の午後コーヒーを飲みながらふと思いついて爆弾を仕掛けに行くことを決めた、というふうな即席の意味合いが強すぎると思ったからだ。しかしピラーとテロ対策センターの上席分析官たちの考えは固まった。世界貿易センター爆破事件は国際的テロリズムの分岐点であった。どこにも帰属せず、あちこち移動する宗教的暴力活動の新種が登場したのである。

ＣＩＡはこの新しい敵の本性を把握したものの、対決には手間取った。ＣＩＡ分析部門は、元アフガン戦士よりもイランの情報機関とその代行者のほうが、アメリカにとって深刻なテロの脅威だと認識していた。イランで訓練を受けたヒズボラの工作員はアルゼンチンのイスラエル文化センターを爆破した。一九八四年のヒズボラによる拷問とＣＩＡベイルート支局長ウィリアム・バックリー殺害に関する苦い記憶がＣＩＡに残っていた。

新たなイスラム主義者たちは、一定の政府支援を受けていた。彼らはテヘランではなくサウジアラビアで資金と銃を手に入れていた。しかしＣＩＡとホワイトハウスは、サウジアラビアのイスラム布教者、資金提供者、政府機関に正面から対決するのは気が進まなかった。リヤドのＣＩＡ支局は、スパイを雇ったりこの種の脅威に関する情報を集めたりする努力をあまりやっていなかった。サウジアラビアが安全保障上アメリカにとって不可欠のパートナーであるだけでなく石油供給国であることから、国務省の外交官たちは、この王国でのスパイ活動が暴露された場合の代償が大きすぎることに恐れをなしていた。それでもＣＩＡはきわめて慎重に、サウジアラビアにおける情報収集工作を続けていた。スパイを潜り込ませるのでなく、技術的な盗聴・傍受に頼ったのである。ＣＩＡは王位継承やサウジ王室内のライバル関係など、伝統的な事柄に関する情報収集に専念した。(8)

サウジ情報機関の長官、トゥルキ・ファイサルはＣＩＡリヤド支局の大事な連絡先であり続けていた。彼にはジョージタウン大学時代に始まる、クリントン大統領との奇妙なつながりがあった。リトルロックからアメリカ大統領出馬を計画したとき、クリントンは昔のクラスメートの住所を調べた。彼は皆に手紙を書き、支援を頼んだ。トゥルキ王子はリヤドの総合情報局のオフィスでこの依頼書簡を受け取って驚き、面白がった。彼は最初、これを無視した。彼は大学時代のクリントンを思い出せなかった。そしてこのちっぽけな州の知事に大きな政治的将来があるとも思えなかった。クリントンの選挙キャンペーンが勢いをつけたのを見て、トゥルキは思い直した。サウジアラビアの情報長官にとって、将来のアメリカ大統領と個人的コネを持つことは有益だろう。彼はクリントンに手紙を書き、交信を始めた。

一九九三年の春遅くに、ジョージタウン大学が開いたクラス会にトゥルキ王子は出席した。そのあと、彼はCIAのフランク・アンダーソンとワシントン駐在のサウジ大使、バンダル王子を伴ってホワイトハウスを訪れた。彼らはクリントンと一緒に座り、クリントンがとりとめもなく一般論としてのグローバリゼーションについてしゃべるのを聞いた。大統領の演説が中東や中央アジアに展開したと思うと、トゥルキ王子に質問が飛んだ。アメリカはウズベキスタンやカザフスタンにいかなる政策を執るべきか?

これは典型的なクリントン流の会合だった。公式な会談というよりセミナー風だ。クリントンは頭の切れる面白そうな客人を迎え、アメリカの外交政策はどこに向かうべきかを彼らに聞きたかったわけだ。しかしバンダルとトゥルキは落ち着かない気分でホワイトハウスを離れた。二人は異口同音に言い合った。われわれに意見を聞いたんだね?(9)

それでも二人はこのホワイトハウス会合のあと、二〇〇〇万ドルの小切手をアーカンソー大学の中東研究プログラムに送った。クリントンがアーカンソー州知事時代に資金集めをしていたプログラムだった。(10)それはサウジ流の握手、つまり新しい友人に対する新居移転祝いのしるしだった。

一九九三年を通じてカブールは暴力と崩壊の渦中に投げ込まれた。ヘクマティアルは在庫豊富だったロケット弾をカブールに何百発も撃ち込んで、何千人もの民間人を死傷させた。古手のイスラム戦士指導者たちは連携関係を組み直していた。彼らは大通りに沿って砲撃戦を展開し、民族別、あるいはイデオロギー別の派閥ごと区画にこもり、カブールを厚いバリケード付きの将棋盤のように分割した。シーア派の民兵組織はカブール動物園近くにこもってヘクマティアル軍と戦っていたが、やがて同盟相手を替えてマスード軍と戦った。サヤフの部隊は昔のイスラム法学生仲間のラバニと同盟してシーア派を情け容赦なく攻撃し、シーア派と見れば老人女子供から犬の首まで刎ねた。ドスタムのウズベク人民兵隊は、カブール郊外でレイプや処刑のキャンペーンを行った。マスードは昔の王宮だった国防省がぼろぼろに破壊された跡にこもり、兵力を北に南に移動して遊撃戦を展開した。カブールの電力は止まった。わずかにカブールに残った外交官たちは石油を節約して発電機を動かし、ろうそくの明かりで会議を開いた。道路は封鎖され、食料供給は細り、病気が蔓延した。この年末までにざっと一万人のアフガン民間人が死亡した[11]。

トゥルキ王子はイスラマバードに飛んだ。元ISI長官ハミド・グルを調停役に雇い、アフガンのイスラム戦士各派の指導者と会談して、話し合い解決を試みた。現在のISI長官、ジャベド・ナシル中将も会合に加わった。長い顎ひげを生やした中将は、モスクや公開の会合でイスラム主義の理論を公然と開陳していた。彼はこの世代で最も公然と宗教色を打ち出したパキスタン情報長官だった。ISIの一部は、彼のあまりにも公然とした布教活動を警戒し、軍の職業的伝統に違反していると考えた[12]。

国務省の外交官エドモンド・マクウィリアムズといえば、一九八〇年代後半にイスラマバード大使館で、パキスタンとサウジの情報機関によるイスラム主義組織支援に反対した人物である。その彼が最近中央アジアに転勤した。彼はますます募る不愉快な思いでアフガン内戦を観察していた。彼は一九九三年の早い段階で「アフガニスタンで続く膠着状態がもたらすもの」と題する秘密公電をワシントンに送った。マクウィリアムズの主張はこうだ。「アフガン人に『自分たちの問題』の解決を任せるというアメリカの原則は、現実に適合しなかった。友好的な国や非友好的な国の政府が、あるいは莫大な資金を持つ原理主義組織が、アフガンの内政問題に強力かつ継続的に介入し、アフガン人が『自分たちの問題』を解決するのを妨げている。アメリカが手を出さないという政策は、アフガンのためにもアメリカのためにもならなかった……。カブールに有力な政府が存在しないために、アフガンは反政府組織を育てる温床になっている。アフガンで訓練を受けたイスラム原理主義ゲリラがタジキスタンを直接脅かしているし、これらのゲリラが中東、南西アジア、アフリカ諸国に派遣され、トラブルを引き起こそうとしている(13)」

マクウィリアムズの電報は無為に終わった。第一期クリントン政権のホワイトハウスにはアフガニスタン政策が存在せず、国連が断続的に交渉解決の非現実的な努力をするのを何となく承認しているだけだったのだ。このためアメリカのアフガニスタン政策は国務省が一手に握ることになった。たとえ政策が存在しない場合でも、国務省は世界各地でアメリカの代表を務めるからだ。国務長官のウォーレン・クリストファーも彼の直属の部下たちも、アフガニスタンには何の関心もなかった。クリストファーは、仕事を「アメリカ・デスク」の背後でやるつもりだと言っていた。クリントン政権の外交は、内政をサポートするかたちで進められるという意味だ。クリントンはオックスフォード時代の知り合いをインドとパキスタン、アフガニスタンを担当する南アジア担当の国務次官補に任命した。ロビン・ラフェルという女性で、キャリア外交官としてニューデリー大使館の政務参事官を勤めるところまでランクを上げていたが、国務次官補としては比較的低い地位からの抜擢だった。青い目の金髪で彫像のようなラフェルは、エレガントで聡明な上流階級風な女性で、本格的なアマチュア乗馬騎手だった。大統領の昔の知己という以外にホワイトハウスにはコネもなく、国務省で仕事をする新チームにも知り合いはなかった(14)。

ラフェルはアフガニスタンへの人道的援助の継続をめざして議論を起こそうとした。しかしクリントンはそれまで何年も続いた財政赤字を均衡化させようとしていたので、クリントン政権はアメリカの主要対外援助機関である米国際開発局（ＵＳＡＩＤ）予算を徹底的にカットした。クリントンはアフガニスタンのような国々への援助を、最も援助を必要としているアフリカに回すよう命じた。レークやＵＳＡＩＤの新長官ブライアン・アトウッドに言わせると、あまりにも長い間歴代の共和党政権に無視されてきたアフリカは、死にかけた大陸だった。クリントン政権下の対外援助機関にいた人物が回顧したことだが、政権内にはアフガニスタンのような「レーガン・ブッシュ時代の危機地域に戻りたいと思う者は誰もおらず、それを遠ざけたかった」。南アジアは「まるでブラックホール」だった。議会共和党は、アメリカの開発援助が貧しく混乱した国々で浪費されていると主張してアトウッドと対決した。ＵＳＡＩＤ内の激論の結果、ラフェルの抵抗にもかかわらず、アフガニスタンに対する一切の二国間開発援助はクリントン政権発足から二年もたたぬうちに停止された[15]。

ＣＩＡのジェームズ・ウルジー長官は、この間のアフガニスタンを「多数の軍閥が跋扈する地」としか見ておらず、アフガン内戦や聖戦訓練基地が、北アフリカでイスラム主義が台頭する要因だとは考えていなかった。彼の分析は作戦本部近東局長のフランク・アンダーソンの影響を受けていた。ウルジーはアンダーソンを高く評価し、アフガニスタンやアラブ世界に関する分析ではアンダーソンに頼りきっていた[16]。

ＣＩＡは中央アジアで活発に活動していた。ソ連が崩壊すると、ＣＩＡ作戦本部は独立したばかりの中央アジア諸共和国に入り込んだ。数ある目的のなかでも、ＣＩＡのねらいは中央アジアに対するイランの野心をくじくことにあった。ＣＩＡ担当官はイランの工作員を追跡し、中央アジアにおける管理の緩い核兵器と核物質の安全確保に努めた。またカスピ海に面した石油の豊富な諸共和国は膨大な資源の門戸を外国石油会社に開き、アメリカ企業も分け前を要求した。こうしたさまざまな理由から、CIAの担当官は「ウクライナから中央アジアの全域でできるだけ急いで、新たな機会を追求しようとしていた」。この時期には作戦本部長としてフランク・アンダーソンを監督する立場になったトーマス・トウェッテンが述懐している[17]。

だがCIAは、アフガニスタンとその内戦は無視した。アメリカにはアフガン内戦の調停や、国の再統合のためにできることは何もない。トウェッテンはそう感じていた。共産主義の崩壊であまりにも突然に膨大な変化が起きた世界には、ほかに直面すべき課題が多すぎたのだ。アフガン内戦は新しい中央アジア諸国の安定を揺るがす脅威であったが、その危険は遠いものに見えたのである。わずか二年前まで、アフガニスタンはCIA作戦本部の中で最も重要で豊富な資金が注がれる秘密活動の場だったが、今や「まったくの遠景」に退いていた[18]。

パキスタン情報機関によってつくり上げられたCIAとイスラム主義反政府勢力の関係は、単なる「一時的なパートナー」だった。前近東局長で、対ソ聖戦をかたち作った一人チャールズ・コーガンは、この時期の講演でこう表現した。両者間には永続的な利害関係はなかった。アメリカには「もはやゴーストタウンになったカブールに統治組織をつくり上げることなどできない。ドゥシャンベやモガディシオと同じように不可能だし、そもそも試みるべきではない」。冷戦時代に支援した国で今も続く内戦にアメリカが介入すれば「アメリカの軍事力と資源が危うく伸びきってしまい、憎悪と妬みを招く。ダグラス・マッカーサーの『内部的純化の諸問題』にある〈慎重に距離を置け〉という助言に従うべきだろう[19]」。

アフガニスタンはまさに国自体を純化しようとしており、急進的イスラム戦闘員集団を解き放とうとしていた。この集団は、七〇年前にサウド国王の反近代的武装集団イフワンがアラビア半島を席巻したとき以来、イスラム世界に登場したどの集団にも負けない純粋性と強情さを備えていた。

第15章 新世代

　コファー・ブラックは一九九三年、ロンドンからスーダンに転勤してCIAハルツーム支局長になった。アメリカはすでにスーダンをテロ支援国家と認定し、経済制裁を課していた。スーダンはCIA支局長が自分の正体を明かせるほど信用できる国ではなかった。ブラックと部下の担当官たちは米大使館の外交官になり済ました。ハルツーム支局は粗削りな支局だったが、若く元気なCIA担当官なら活動してみたいと思う場所でもあった。ハルツームの街には生命と暴力と職業上のチャンスがあふれていた。ハルツーム支局の行動指針はただ一つ、テロリズム対策であった。ヨーロッパでは、CIA担当官が気まぐれな官僚を情報源に仕立てるために、バーやカフェで時間を費やすことが必要だったかもしれない。彼らはハルツームでは街頭で活動し、CIAのスパイ活動に必要な技術のすべて――監視、対抗監視、エレクトロニクス、武器利用等々――を駆使した。

　彼らにとって、コファー・ブラックは野心的なボスだった。背が高く、頭が禿げかかって眼鏡をかけていた。全責任を引き受けるタイプで強制力もあり、ときには芝居がかったそぶりや話ぶりを見せることもあった。アフリカの旧英領植民地で長くスパイ活動をしてきたという経歴から、彼の言葉にはそこはかとないイギリス風のアクセントが残っていた。彼はコネティカット州の何不自由ない環境で育ち、カンタベリー校という私立の男子校で学んだ。父親はパンアメリカン航空の国際線パイロットだった。コファーの少年時代、父親は期末休みによく旅行に連れ出した。父子はガーナのアクラやナイジェリアのラゴスに飛び、父が航空会社の路線を飛んでいる間、コファーは友人の家庭で一、二週間を過ごしてアフリカの田園生活を体験した。ブラックは大学時代を南カリフォルニア大学で過ごし、国際関係論を学んだ。修士号を取得後、一九七四年にCIAに就職し同時に博士課程の履修を始めた。

彼は秘密工作の訓練を受けたあと、アフリカ勤務を志願した。ローデシア戦争が続いている時期に、隣国のザンビアの首都ルサカにCIA担当官として派遣された。その後、冷戦がらみで始まったエチオピア・ソマリア紛争がオガデン砂漠を舞台に展開されていた二年間、ブラックはソマリアで勤務した。さらに人種差別のアパルトヘイト政権が、黒人多数派を代表するゲリラ勢力と醜い戦争を続けている南アフリカで働いた。ザイールのキンシャサで勤務中には、隣のアンゴラの反共ゲリラに武器を供与するというレーガン政権の秘密作戦計画に参画した。こうしてハルツーム到着したころには、彼の体の隅々までアフリカの複雑さが浸みこんでいた。(1)

これに先立つ三年間、ハルツームは亡命したイスラム急進派やテロリストの天国と化していた。それは絶望的な街だった。白ナイルと青ナイルの合流する埃だらけの平原に乗っかったハルツームは、かつて英国の要塞町だった。大通りは英国旗ユニオン・ジャックのかたちに配置されていた。そのハルツームの都市計画は一九九〇年代初期までにガタガタになっていた。道路は穴だらけ、電線が垂れ下がり、砂嵐が視界を遮り、スラムが拡散していた。何十年も続く内戦、暴走するインフレ、相次ぐクーデターなどに住民は押し潰されていた。ソルボンヌで学んだハッサン・トゥラビという神学者が、民族イスラム戦線というムスリム同胞団系の政党を率い、この国の権力を握って間もなかった。トゥラビは世界中の抑圧されたイスラム教徒との連帯を宣言し、ハマスやヒズボラ、エジプトのイスラム団、アルジェリアのイスラム救国戦線のためにスーダンは安全な基地を提供すると断言した。スーダンはまた、カルロス・ザ・ジャッカル〔ベネズエラ生まれの国際テロリスト〕のような世俗派テロリストにも隠れ家を提供した。さらにトゥラビの政府は、一九九一年にサウジアラビアを追放されたウサマ・ビンラディンを迎え入れていた。

ブラックのＣＩＡ支局は、これらすべてを工作の対象とした。ビンラディンに関して本部から受けている作戦指令は情報収集に限定されており、ビンラディンの組織を攻撃し破壊する権限は与えられておらず、そのような計画は立案されなかった(2)。

世界貿易センター爆破事件や、エジプトとアルジェリアで進行中のイスラム主義組織による暴力事件があったため、ハルツーム支局の仕事は緊急性を帯び活気づいた。支局のメンバーはハルツーム市内で対象者の隠れ家やオフィスに張り込み、組織の指導者や構成員の習慣とか移動状況を調べ、会合に参加するのをこっそり尾行し、車のナンバープレートを記録するのだった。ビンラディンのものを含む国際的な資金移動の詳細や口座番号をつかむために、ＣＩＡハルツーム支局は地元の銀行に潜入した。支局員たちは盗聴器を仕掛け、会話を翻訳し、対象人物間の関係を確かめようとした。誰が誰と協力しているか？　スーダン政府内の誰が買収されているか（支局の結論では、権力を持っている者はほとんど誰もが買収されていた）？　イラン政府工作員の役割は何か？　この期間にときどきハルツームに表れるイラク工作員の役割は何か？　ブラックと同僚たちは氏名と手がかりを確認しようとしてカイロ、エルサレム、チュニス、アルジェ、リヤドの各支局に電報で問い合わせた(3)。

ビンラディンは重要な対象人物だったが、彼と同じくらい重要な対象人物は五、六人いた。彼の財力は、ハルツームの彼の屋敷に多種多様な人びとを引きつけた。パキスタンが一九九三年春、定期的なアラブ急進派の強制捜査を行うと発表すると、ビンラディンはアラブ急進派のうち四八〇人をハルツームに呼び寄せるための資金を送った。このアラブ人たちはビンラディンのハルツーム護衛団の一部になっ

めの現金を送り始めたとの情報を、エジプトとサウジアラビアから受け取った。(4)

ブラックと担当官たちはこの事実を受けて、ビンラディンを新しく登場した指導者と規定した。ビンラディンがイスラム主義運動の中で重要な存在になることは確定的だと判断したのである。しかし彼は資金担当であって、まだ作戦担当ではなかった。ビンラディンは、広く多種多様なイスラム主義者やテロ組織を支援し、資金を供給する用意はある。しかしハルツーム支局もCIA本部も、彼がテロ攻撃に直接加わったことを示す明確な証拠はつかんでいなかった。(5)

ビンラディンは物腰柔らかな学者風の男で、テロリズムの策士というより財界の大物、さもなければ説教師という風情だった。彼は地下活動中のテロ組織指導者に典型的な行動パターンはとらなかった。ハルツームにいた数年の間、ビンラディンは接触できる相手だったし動きも見えていた。身を隠そうとはしてなかった。彼は公然と多くの時間を自分のビジネスに費やしていた。彼はハルツームの北方にある農園を二五万ドルで購入し、ポート・スーダン近くの塩田も一八万ドルで買った。最初はエアコンの効いたマクニムル街にある自分の会社、アルヒジュラ建設・開発会社の本部で仕事をしていた。七つか八つの部屋がつながったオフィスには、秘書や受付が山のようにいた。その後ビンラディンは、さほど遠くないリヤド・シティーという高級街に建物を一つ買った。部下たちに払う月給はスーダン人の三〇〇ドルから、お気に入りのエジプト人やイラク人の一五〇〇ドルの間だった。彼はまた別会社を通じて輸出入取引も行い、たんまり賄賂を支払ってスーダンの将軍や政府の役人を抱き込んだ。ビンラディンはトウモロコシ、ヒマワリの種、ゴム、その他の農産物の輸出を実質的に独占した。農業関係の彼の子会社は、ハルツーム近郊とスーダン東部に何百エーカーもの土地を購入した。彼はトゥラビの息子と一緒によく馬に乗った。彼は馬で街道に出かけたり、スーダン政府の面々とパートナーになって広げた商業プロジェクトを視察したりした。ビンラディンはこれらのパートナーとともに、スーダンのある銀行に推定五〇〇〇万ドルの投資を行った。(6)

CIAハルツーム支局にとって、ビンラディンがこれらのビジネスを介しながら、北アフリカ中で暴力事件を起こすイスラム主義者の資金源になっていることは明白だった。しかしその細部を立証することが困難だった。あるときビンラディンは、テキサスの関係筋に二一万ドルを電報送金した。それはパキスタンとスーダンの間で、武器も含めた貨物を輸送する個人用ジェット機を購入するためだった。彼はまた砂漠を通って武器をエジプトに密輸するために、ラクダの一群を買ったこともあった。(7)

CIA支局は、ビンラディンが助手や銃を持ったボディーガードを従えて、ハルツーム市内を高名な長老のように動き回るのを監視していた。彼は地元のモスクで礼拝し、説教もした。塀で守られた三階建ての屋敷に住み、常時アラブ人のアフガン帰還兵に取り巻かれていた。元側近の一人がのちに語ったところでは、ビンラディンは前庭に座り「ジハード（聖戦）やイスラムやアルカイダ全般を語ることを好んだ。彼は毎週木曜日の日没時礼拝のあと、政治やジハードについて説教した。彼は新参者がインナーサークルに入ってくるのを警戒していた。そして側近たちに、ボランティアを装っている中東諸国の情報機関のスパイを監視せよと告げていた。(8)

ビンラディンには心配する理由があった。アフガン戦争から帰還した四人のアラブ兵が一九九四年にビンラディン殺害を試みたのである。四人は、ビンラディの説くイスラム解釈が十分に純粋でなく急進的でもないと信じたらしい。四人の暗殺者は、ビンラディンが説教するハルツームのあるモスクで発砲した。四人がビンラディンはそこにいないと気づいたときには、すでに数人の礼拝者を撃ち殺していた。四人は急いで車に飛び乗り、リヤド・シティーに急いだ。そこでビンラディンのボディーガードと撃ち合いになった。暗殺者のうちここで射殺されたのが三人、一人は捕えられて、処刑された。(9)

暗殺未遂事件は、ビンラディンが急速に大物になっていることを示していた。一九八〇年代のペシャワール時代、彼はアブドラ・アッザムの陰に隠れていた。サウジアラビアでは何百人といる若い金持ちの一人でしかなかった。しかしハルツームでは、富の力によって希有な決定権を握る人物となり、男たちに死を命ずることができるほどの権力を手にした。それでも彼は説教師・実業家風を好み、アブドラ・アッザムのイメージに添った活動家的神学者風をよしとした。ビンラディンは特別に無慈悲な男ではなかった。テロ組織の指導者はたいてい、ライバルや逸脱者を処刑することによって組織上の権力を確立するものだ。だがビンラディンは、信頼する側近たちが数万ドルの横領をしたことが発覚したとき、一人の側近に分割払いでカネを返すよう命じただけだった。彼はその男と聖戦に対する献身の気持ちを高めることについて長々と語り合った[10]。

今やビンラディンは亡命中のサウジ反体制派、地下活動で力をつけている政治家として名を挙げているところだった。湾岸戦争後に噴出したサウジ王室に対するイスラム主義者の反発は、一九九四年になっても勢いが続いていた。ビンラディンはこの年、サウジ王室の「飽くなき現世的欲望」をファクスとコンピューターを使って非難するロンドンのサウジ反体制組織と同盟関係を結んだ。ビンラディンも自派の運動「助言と改革の委員会」を立ち上げた。同委員会はビンラディンの写真を満載した何百もの反サウジ・パンフを印刷してばら撒いた。サウジ国家の分断を提唱する内容だった。ビンラディンは、サウジアラビアの国境線がサウド家という不法な一族による統治を画定しているとして、アラビア半島を二つに分けて大イエメンと大ヒジャズという二つの新国家をつくるべきだと提唱した[11]。

イギリスとアメリカの政府は、サウジ亡命反体制派の拠点を弾圧することをためらった。亡命反体制派の一部は民主主義という言葉を採用していた。一九九〇年代初期のロンドンとワシントンには一つの信条があった。それは仮にイスラム主義者からのものであっても、外部からの圧力がサウジ王国を新しい声に開かせ、長期的にはより健全で安定した政治を導くことになるというものだった。[12]
サウジ王室は反体制派を吸収しようと試みた。王室はビンラディンを追放したが、彼と完全に断絶することには躊躇した。トゥルキ王子はハルツームに次々と代理人を送り、ビンラディンに帰国して王室と和解し、ビンラディン家の財産の分け前をもらうようにしなさいと説得を試みた。アメリカの調査によると、ビンラディンは一九七〇年から一九九四年ころまで、実家から年額一〇〇万ドルの手当を受け取っていた。しかしこの時点では送金がストップしていた。トゥルキがハルツームに派遣した代理人のなかには、ビンラディンの母、八十歳の伯父、何人かの異母兄弟がいた。ビンラディンがのちに語ったところでは、この時期「ハルツームに九回ほどの訪問」があり、どの親族も「私に活動をやめてアラビアに帰り、ファハド国王に謝るよう頼んだ」という。[13]
サウジ王室はビンラディンに対する苦情に当惑し、彼の反王室宣伝に怒っていた。それでもトゥルキ王子や年長の王子たちは、ビンラディンがみんなの脅威になっているとは思いたくなかった。ビンラディンは道を誤った金持ちの息子、名家に生まれた「黒いヤギ」だと彼らは思っていた。自分を過大評価する未熟な男だが、年齢を重ねるといつの日か故国と穏やかに調和できる人物として認められるだろう。しかしビンラディンは頑固者で、一九九三〜九四年を通じて親族の説得を繰り返し拒絶。サウジ政府はついに彼の市民権を剝奪した。ビンラディンを孤立させる動きの一環として、一家のビジネス帝国を差配している異母兄のバクルは、ウサマの反王室政策に対する「遺憾と弾劾、非難」宣言を公開した。[14]
一九九四年の後半までに、ビンラディンに関するCIAの分析はこれまでとは別の方向に向かい始めた。ブラックと部下の担当官たちがビンラディン一派の内部をうかがうことには限界があったが、ビンラディンがスーダンの情報機関と密接に協力していることはわかった。またブラックたちは、スーダン情報機関がエジプトなどで準軍事活動やテロ活動をやっていることもつかんでいた。ビンラディンはスーダンの軍用無線通信と武器を利用することができた。彼はさらに二〇〇通ほどのスーダン旅券を入手し、部下たちに配った。これまで与えていたのは、アフガン聖戦で戦死したアラブ志願兵たちの旅券を利用した偽造旅券だった。ブラックとCIAハルツーム支局の担当官たちは、北アフリカ一帯の情報関係者との協力関係を通じて、ビンラディンがスーダン北部の三カ所の訓練基地と関係していることを突き止めた。ビンラディンが三基地に資金を提供し、エジプト、アルジェリア、チュニジア、パレスチナ出身の過激派を基地に住まわせていたことが判明した。ハルツーム支局はCIA本部に対して、ビンラディンが多国籍私兵団の萌芽を育てている証拠を続々と送信した。ビンラディンは脅威となった。

コファー・ブラックにとっては、個人的経験に裏打ちされた結論だった。ブラックのハルツーム勤務が終わりに近づいていたころ、ビンラディンの配下がブラックの暗殺を企てたのだ。ビンラディン側はCIAの監視に気づき、逆監視を続けてブラックまでたどり着いた。彼らはおそらくスーダン情報機関を通じて、ブラックがカルロス・ザ・ジャッカルの逮捕とフランスへの送還に一定の役割を果たしたことを知り、ブラックのことをCIAだと推定したのだろう。彼らは四六時中、米大使館への行き帰りのルートでブラックを追跡するようになった。ブラックと担当官たちは相手側の監視に気づき、誰が自分たちを見張っているかの逆探知を始めた。

CIA側は、ビンラディン一派が米大使館の近くに「殺人ゾーン」を設定したことに気づいた。敵側の手口が誘拐なのか、車爆弾なのか、それとも攻撃用ライフルによる待ち伏せ攻撃なのかははっきりしなかった。しかしビンラディン一派が、ハルツームの路上で作戦を実行するつもりであることは見てとれた。毎週毎週、監視と逆監視が強化された。あるときは高速のカーチェイスに巻き込まれたこともあった。また別の折にはCIA担当官が後ろから追ってくるアラブ人に銃を向けたこともあった。結局のところ、ブラックはアメリカ大使にスーダン政府への苦情を申し立ててもらった。事が表面化した結果、暗殺者は姿を消した[15]。

一九九五年の初期、CIAの分析班はホワイトハウスでの報告で、ビンラディンのハルツーム本部はスンニ派テロリズムにおけるフォード財団のような存在で、テロ作戦の豊富な資金源になっていると説明した。エジプト人、アルジェリア人、チュニジア人、その他のイスラム主義急進派がビンラディンにテロ計画を提案する。ビンラディンがそれを承認すれば資金が手渡されるという次第だ[16]。CIAハルツーム支局は一九九五年までに、ビンラディン直轄の部下に訓練が行き届いた筋金入りの殺人者がいることを確信するようになっていた。ブラックと担当官たちは、アメリカはいつどのようにビンラディンと直接対決するのだろうかと考えていた。

ブライアン・パーは、イスラマバードの軍民共用空港に駐機した米軍用輸送機の傍らで暗がりの中に立っていた。パーはシークレット・サービス（大統領警護室）勤務六年のベテランで、ニューヨークにあるFBIの合同テロ対策特別チームに配属されたばかりだった。彼は危険な囚人を護送する専門家だった。二四時間前にワシントンに呼び出され、パキスタン行きの飛行機に乗るよう言い渡された。彼の獲物はパキスタン軍とISI将校の運転する車で空港に近づきつつあった。それは一九九五年二月八日の日没直後だった。車の後部からラムジ・ユセフが降りてきた。彼はからし色をしたつなぎ服を着て、目隠しされていた。太い鎖が彼の手足を縛っていた[17]。

パーはFBI捜査員のブラドリー・ギャレットとチャールズ・スターンとともに、ユセフをアメリカの輸送機内に護送した。その前日、ISI（パキスタン三軍統合情報部）の士官と突撃部隊はイスラマバードのスーカ・ゲストハウス一六号室を襲い、イスラマバードを離れようとしていたユセフを逮捕した。パキスタン政府はすぐ、世界貿易センター爆破事件容疑者ユセフの身柄をアメリカに引き渡すことに同意した。パキスタン政府は正式な容疑者引き渡し手続きを回避した。この「引き渡し」方式、つまり拘束された容疑者を法廷に出廷させないまま、ある国から別の国に移送する手法は、その後CIAお気に入りのやり方となった。この方法はCIAの望むままに、容疑者を尋問のためアメリカの同盟国に移送することと、裁判のためアメリカに送還することを可能にした。米国内では違法だが海外では許容されたこの方式は、レーガン政権以来の国家安全保障政策に基づいており、クリントン大統領によって再確認され、強化された(18)。

機内ではFBIチームがユセフの衣類を脱がせて身体検査をし、写真を撮った。医師がユセフの健康診断をし、問題がないと告げた。捜査員たちはユセフに衣類を着けさせて手足を拘束し、飛行機の後部の区画に連れて行った。飛行機のシートを並べて毛布で囲った、仮の尋問室の用意ができていた。

ユセフはもうFBIの捜査員たちと会話を始めていた。彼はちゃんとした英語をしゃべり、リラックスしている風だった。彼はアメリカの司法プロセスに興味を示した。テロを革新した男として自分を認めてほしいようだった。ギャレットに世界貿易センターの爆破をやったかと問われたユセフは「自分が爆発の首謀者だ」と答えた(19)。

彼らは二四時間の飛行時間中、六時間も事件について語り合った。ギャレットとパーは、犯行の動機を徹底的に問いただした。この二年間、FBIとCIAは世界貿易センター事件におけるユセフの役割について推測と議論を繰り返してきた。彼は政府の工作員なのか？　イスラム急進派ネットワークに属しているのか？　一匹狼なのか？　それらの混合物なのか？　ようやくユセフ本人に直接聞くことができたのだった。

ユセフは、自分と同じような哲学を持っているイスラム指導者は何人かいるが、自分は独立した工作員だと考えていると説明した。イスラム指導者はインスピレーションを与えてくれるが、自分の仕事をコントロールできる者は一人もいないというのだ。ギャレットはイスラム指導者とは誰かと尋ねたが、ユセフは答えなかった。[20]

ユセフはアメリカの市民を殺すことに快感は感じなかったし、自分が引き起こした民間人の死に罪の意識を感じたと語った。しかし彼の良心は、イスラエル兵によるパレスチナ人の殺害を止めたいという願望の強さに押し切られた。「個人的な恨みではなく」アメリカの標的を爆破することが「変化をもたらす唯一つの方法」だったからだと、彼は説明した。彼は、極端な行動だけが人びとの心と国の政策を変えるのだという結論に達したのだった。その一例として、一九八四年レバノンの米海兵隊宿舎への自爆攻撃が結局米軍のレバノン撤退を導いたことを挙げた。もう一つの例として彼は、米軍による広島、長崎への原爆攻撃は日本を早急に降伏させるショック戦術だったとした。ユセフは「そうでないほうがいいとも思うが」、ひどい暴力だけがこういった急激な政策変更をもたらすのだと語った。自分の行動は、アメリカのイスラエル政策を変えるための合理的かつ論理的な行いであったと、本当に信じているというのだった。[21] ユセフは飛行中、それ以外の動機には触れなかったし、気になっているアメリカの外交政策としてイスラエル政策以外には何も語らなかった。

ユセフはギャレットたちに、世界貿易センターのツインタワーの一つをもう一つのほうに向けて倒したかったのだと語った。ざっと二五万人の生命を奪う芸当だった。しかし資金が不足していたし、タワーを倒すことができるほど強力な爆弾を作る装備もなかった。彼は共犯者の質が低いことで不満を口にした。共犯者の一人が犯行後預託金を取り戻すために、レンタカーを返しに行ったことが逮捕に結びついたのだが、ＦＢＩがなぜそうしたのかと尋ねると、ユセフはさげすんだ口ぶりで「まぬけめが」とつぶやいた。[22]

パキスタンに逃亡したとき彼がファーストクラスの航空切符を購入したのは、エコノミーの客より安全チェックが緩いことに気づいていたからだと告白した。

　彼は自分を助けてくれた仲間について話すときは慎重だった。捜査官たちは、ユセフが逃亡者として潜んでいたマニラのアパートで、婚姻関係によってウサマ・ビンラディンと親戚になったムハンマド・ハリファという男の名刺を発見した。名刺は援助を必要としたときの連絡先として、仲間の一人からもらったものだとユセフは主張した。

　捜査陣はウサマ・ビンラディンの名前をよく知っているかと尋ねた。ユセフは自分が知っているウサマ・ビンラディンはハリファの親戚だというだけだった。それ以上のことは何も言わなかった。(23)

　パキスタン捜査当局はその後、世界貿易センター爆破事件後の数カ月間ユセフが住んでいたゲストハウスは、ビンラディンが資金を出していた施設であることをつかんだ。この情報はパキスタン側からFBIとCIAに伝えられた。(24)

　その晩の飛行中、ユセフは自分がアメリカで死刑になるのかと数回も同じ質問を繰り返した。彼の唯一の心配は、自分の手柄話を本に書くのに十分な時間があるかどうかだった。(25)

　ユセフの裁判は当初から公開の法廷でやる計画だった。マンハッタンにおけるテロ事件の訴追を担当する検察官メアリー・ジョー・ホワイトは、連邦大陪審にユセフの罪状に関する証拠を提出した。関連の捜査が進むなかでFBIとCIAは、ユセフを支援した多国籍ネットワークに関する新事実を収集していた。世界貿易センター爆破事件からの二年間に捜査陣が発見したのは、ユセフとその共犯グループが飛行機と空港に強い焦点を合わせていることだった。

　空に関連する一連のテロ計画の証拠が最初に浮かんだのはフィリピンでだった。一九九五年一月七日、警察はマニラのティファニー・マンションの火事現場に駆けつけた。このマンションの所有者はユセフのおじのバルチ人、ハリド・シェイク・モハメドだった。[26] 警察はマンションの内部でユセフの仲間の一人アブドゥルハキム・ムラドを発見した。同時に発見されたのが、爆薬用の化学物資の残りと暗号化されたファイルを内蔵したコンピューターだった。ムラドはいくつものテロ計画について、ユセフと共謀していたことを自供した。太平洋上を飛ぶアメリカの民間機一二機に爆弾を仕掛ける、フィリピンを訪問するクリントン大統領を暗殺する、マニラを訪れるローマ法王を暗殺する、民間機をハイジャックしてCIA本部に衝突させる、などのテロ計画だった。

太平洋上でアメリカの旅客機を爆破する計画は、かなり準備が進んでいた。ユセフはカシオの時計を利用した時限装置と、空港の安全検査機にも発見されない合成爆発物を組み合わせた。彼は乗り換えの多い民間航空便を選んで搭乗する計画を立てた。搭乗したら機内に爆発物を置いてタイマーをセットし、爆発する前に次の空港で降りる手はずだった。ユセフはすでに、航空機の座席の下に小型爆弾を置いて、爆発前に次の空港で降りるという飛行機爆破の練習を行って、一人の日本人ビジネスマンを殺していた〔一九九四年十二月十一日、ユセフはマニラ発成田行フィリピン航空機に乗って座席下に爆弾を仕掛け、セブで降機。同機は日本時間正午前、南大東島付近上空を飛行中爆弾が爆発、その座席に座っていた農器具メーカー社員（男性・三十四歳）が即死した〕。もし彼が考えていた大規模テロ計画が中断していなかったなら、一九九五年の最初の数カ月のうちに何千人ものアメリカ人乗客が死んでいたかもしれない。

ＣＩＡ本部に航空機を衝突させるという計画は、マニラ警察が作ってアメリカの捜査陣に送ってきた報告文書に記述されていた。それによると、ムラドはユセフとの会話の中でこのアイディアが浮かんだと述べている。フィリピン警察は、ムラドの計画をこう描写した。「アメリカの民間航空などの会社の便でもいいから、普通の乗客のふりをして乗り込む。次にその航空機をハイジャックし、操縦席を制圧してＣＩＡ本部に墜落させる。この計画実行に当たって爆弾や爆発物の類は使わない。純粋に自殺任務であり、ムラドは是非実行したいと念願している」[27]

一九九五年の初期に、アメリカがスンニ派イスラム世界でテロの脅威に直面していることを示す兆候は、これだけではなかった。アフガン聖戦を戦ったアラブ人元戦士が関係するテロ事件は世界中に広がっていた。

テロ攻撃は多様で、実行犯は謎めいていた。自殺攻撃がより一般的になり、北アフリカ、エジプト、スーダン、パキスタンの反政府組織からの攻撃がますます増えていた。イスラム主義のテロリストが大量破壊兵器を実験した兆候が増え、事件の背後で着想の源となったり、資金を提供したりする存在として、ウサマ・ビンラディンの姿がどんどん拡大していた。

一九九四年八月、頭巾をかぶった三人の北アフリカ人がマラケシのホテルでスペイン人観光客二人を殺害した。犯人たちとその黒幕はアフガニスタンで訓練を受けていた。その年パリの地下鉄で爆破事件を起こしたのは、アフガン基地で訓練を受けたアルジェリア人であることが判明した。一九九四年十二月、武装イスラム集団に属するアルジェリア人テロリスト四人がエール・フランスのジェット機をハイジャックした。四人はパリまで飛んでジェット機をエッフェル塔に墜落させるカミカゼ攻撃を計画していた。フランス当局は、ジェット機にはパリまで飛ぶだけの燃料がないと騙して、同機をマルセイユに回航させた。ハイジャック犯四人はマルセイユでフランスのコマンド部隊に全員射殺された。

一九九五年三月ベルギーの捜査当局は、アルジェリアのテロリストからテロ訓練のマニュアルを押収した。マニュアルには腕時計を時限装置に利用した爆弾の製法が説明してあり、ビンラディンに捧げるとの前書きが書かれてあった。同年四月には、アフガン・イスラム戦士の指導者アブドラブ・ラスール・サヤフに忠誠を誓うフィリピンのゲリラがミンダナオ島の町イピルを襲撃した。ゲリラは六三人を殺し、四つの銀行で強盗を働き、五三人を人質に取り、うち一二人を殺害した。一九九五年六月二十六日、スーダンの旅券を持ったエジプトの「イスラム団」のゲリラがエチオピアでエジプト大統領ホスニ・ムバラクを暗殺しようとしたが、失敗した。一カ月後、「ジハード（聖戦）」を名乗るエジプト過激派の一員がインタビューで、ビンラディンはエジプト人を標的とする「ジハード」の攻撃計画をだいたい承知していると語った。一九九五年十一月十三日、リヤドにあるサウジアラビア国家警備隊計画管理局の三階建てビル付近で、一〇〇キロ超の爆薬を積んだ自動車が爆発した。アメリカ人五人が死亡し、三四人が負傷した。数カ月後、この爆発テロ犯の一人がサウジアラビアのテレビで、ビンラディンとエジプトのイスラム主義組織の影響を受けたこと、「アフガンでの聖戦に加わっていたころの爆発物経験」によって自動車爆弾の作り方を学んだと告白した。リヤド爆発事件の一週間後には、イスラム主義のテロリストがイスラマバードのエジプト大使館にトラック爆弾で自爆攻撃を仕掛け、一五人が死亡し八〇人が負傷した[28]。

これらの事件には、今後起きることの概要が刻み込まれていた。ＣＩＡのテロ対策センターとＦＢＩの分析部門は新パターンの枢要部分は把握していたが、全体像は見えていなかった。

民間航空機をハイジャックしてＣＩＡ本部に墜落させるという、ムラドが自白した計画にＦＢＩはほとんど注意を払わなかった。なぜならその計画は、ＦＢＩが裁判所での訴追に尽力していた事件と無関係だったからだ。ＦＢＩは注意をそらされていた。一九九五年を通じて、米国内でのテロによってイスラム主義者のテロはかすんでいたのである。この年四月、ティモシー・マクベイという男がオクラホマ・シティーの連邦ビルでトラック爆弾を爆発させ、一六八人を殺し、数百人を負傷させた。この事件はクリントン政権にテロリズムへの関心をかき立てさせた。しかし長期にわたる捜査はＦＢＩの資源を枯渇させた。ＦＢＩが航空機によるカミカゼ攻撃計画を細かく捜査する機会は訪れなかった[29]。

ＣＩＡは引き続き、イランとシーア派によるテロの脅威に焦点を絞っていた。一九九四年の後半にＣ

IAリヤド支局は、サウジアラビア国内の標的となり得るアメリカの施設をイランの工作員とイランに同調するシーア派サウジ人が見張っていると報告した。ウルジーはこの年十二月にサウジアラビアを訪問し、イランの脅威を監視し排除するための共同作戦計画をトゥルキ王子と討議した。サウジアラビア国内にイランが支援するテロリストの脅威があることを宣伝するCIAの情報作戦は、一九九五年を通じてハイテンポで続けられた。この年十月ホワイトハウスは、イランが支援するシーア派のテロ組織であるヒズボラが、国家安全保障担当の米大統領補佐官トニー・レークを暗殺するために狙撃手を派遣したとの機密情報を受け取った。レークは一時的に自宅を出て、ワシントンの隠れ家にこもった。トゥルキ王子がのちに語ったところによると、サウジ情報機関は当時シーア派の脅威にばかり焦点を絞っていたので、ビンラディンにそそのかされた元アフガン戦士による十一月のリヤド爆破事件は「まったく予測できなかった」。この爆破事件後もイランは主たる脅威であり続け、ビンラディンとその一派に振り向けるべき関心と資源を奪っていた[30]。

イスラム教スンニ派世界の大半を管轄するCIA作戦本部近東局は、イラクに気を取られていた。イラク北部の根拠地からサダム・フセイン政権を打倒しようとする秘密作戦は一九九五年の春、挫折しつつあった。

こうした一連の騒ぎは、ユセフの逮捕後数週間から数カ月にわたって渦巻き、捜査官に証拠の山をもたらした。だが根本的な問題は数年前と同じままだった。ラムジ・ユセフのようなテロリストは単独犯なのか、それとも大きな運動の一工作員なのか？　指導部と資源供給の結節点はどこにあるのか？　CIA分析官のポール・ピラーが言った「その場限りのテロリズム」の概念は今でも適切か？　それともアメリカは今や、派手な攻撃をやりたがる組織化されて強力なスンニ派聖戦主義者の集団に直面しているのか？

ビンラディンとアルカイダの重要性を全面的に見抜いた人は、ワシントンにもCIA本部のあるラングレーにもいなかった。一九九五年一月二十三日クリントン大統領が署名した大統領令一二九四七は、中東和平プロセスを妨げる一二のテロ組織に制裁を課していたが、そのリストにはアルカイダもビンラディンも入っていなかった[31]。

アメリカの情報機関が抱えていたこうした盲点は、断片的で矛盾した証拠がもたらしたものと言えるだろう。ハルツームからコファー・ブラックが送った一連の公電は、ビンラディンの多国籍にわたる同盟関係の幅広さを示していた。ビンラディンのネットワークが、通常の階層制組織のような動き方をしていないのは明らかだった。

アメリカの情報分析は、中東では誰が味方で誰が敵かという先入観に縛られていた。クリントンの国家安全保障会議で承認された一九九五年のアメリカの戦略は、イランとイラクを封じ込め、挫折させることであった。この方針のもとでサウジアラビアは、頼りない所はあるが不可欠な同盟国であった。アメリカの外交政策には、サウジアラビアの協力なしにイラクとイランをコントロールすることはできないという考え方が根づいていた。さらに世界の石油市場におけるサウジアラビアの決定的な重要性も存在した。サウジ王室がイスラム主義急進派を財政支援し、反米的な説教師に融和的態度を取り、世界中で熱心に布教活動をしていても、ワシントンにはリヤドに苦情を言うのをためらう空気が強かった。サウジ王室の慈善活動はアメリカの国家安全保障の根本的な脅威か否か、という大局的で不愉快な問いを発する気力はなかった。サウジ側は公式ルート以外にもCIAと多様な接点を保つべく熱心に働いた。一九九〇年代半ばには、元リヤド支局長や元近東局幹部ら引退したCIA幹部数人が、サウジ政府から給与を受け取り顧問を勤めていた[32]。

アメリカのアラブ専門家は冷戦時代を通じて何十年も中東を研究してきたが、世俗的エリートとの付き合いを積み重ねてきたため、物の見方が狭くなっていた。アメリカのスパイや戦略家たちは、アルジェ、チュニス、カイロ、カラチ、ジッダの中流よりやや下の階級が通うモスクに入ったことはまずなかった。こうしたモスクでは入り口脇の折りたたみ式テーブルの上で、反米の説教が吹き込まれたカセットテープが売られていた。

こうした制約はあったものの、一九九五年中頃までには、アメリカ情報機関の分析部門が描く新たな敵テロリストの姿は鮮明になってきた。世界的なネットワークの姿が初めて浮かび始めたのだ。FBIとCIAはこの年の後半、それぞれ野心的な機密諜報報告を作成した。ともにユセフ事件の証拠を厳密に調べ、新たな予測を強く押し出す内容だった。

FBIは、世界的なテロリズムを再検討する長大な機密文書中に、「ラムジ・アハメド・ユセフ——イスラム教スンニ派テロリストの新世代」という項目を設け、新たに登場しつつある脅威を分析した。[33] FBI分析班は、ユセフ事件を受けて「ここ数年の間にテロリストの新世代が世界の舞台に登場した」と結論づけた。ユセフと彼の仲間は「資金、訓練、安全な隠れ場所などを支援する世界的ネットワークを利用できる」のだった。「イスラム過激派は大義を果たすための相互協力を強めている」。反ソ連アフガン戦争が終わったときから彼らのテロが激しくなったのは「偶然の一致ではない」。アフガニスタンの訓練基地はユセフにとって不可欠だった。訓練基地は彼に技術的資源を与えてくれたし、自分と似たような過激派と出会い、仲間に引き込む機会を与えてくれた。パキスタンとボスニアはともに、聖戦志願者にとって重要な根拠地になっていた。

このFBI文書はテロ攻撃に対するアメリカ本土の脆弱性を指摘した。飛行機をハイジャックしてCIA本部にぶつけるという、ムラドが自供した計画が脆弱性を示す一例として特記されていた。

「国家の支援を受ける従来型のテロや、イランとヒズボラの関係とは異なり、スンニ派過激派は国家の代理人でもなければ、国家に影響を強く受けているということもない。彼らは独立した自生の組織だ」。こうして「ユセフらにはウサマ・ビンラディンの支援を受け、イスラム戦士支援ネットワークを利用することができた」と考える根拠が生まれた。さらに彼らはイスラム慈善団体の支援も頼れたかもしれない。FBI文書は、サウジアラビアの巨大な半官慈善団体「国際イスラム救援機構」と、政府がスポンサーである最大のイスラム布教組織「イスラム世界連盟」が新世代テロリストの重要な資金源だと指摘した。「ユセフ一派は、新世代のスンニ派イスラム・テロリストの原型にぴったり当てはまる……世界貿易センター爆破、マニラ陰謀計画、（イスラム団による）最近のムバラク暗殺計画などは、イスラム過激派が世界のどこでも作戦を実行できることを示している。脅威は去っていない」との結論を下した(34)。

ＣＩＡも、ユセフ一派は階層的な組織からは独立した存在だと見ていた。一九九五年のＣＩＡ機密公電は「われわれの知る限りでは、ユセフとその仲間はいかなるテロ組織とも同盟関係になかった。アメリカやユセフ引き渡しに協力した国への報復攻撃を頼める相手もなかった」と述べている。この一九九五年にＣＩＡは国家情報会議と協力して秘密年次報告「国家情報評価」を作成し、クリントン政権で内部回覧に付した。「アメリカにおける外国テロリストの脅威」と題するこの報告書は、アメリカの情報関係の全機関が作成した報告電報や分析を網羅したものだった。この報告書はＦＢＩが使った用語に呼応して、ユセフ一派を急進的スンニ派イスラム・テロリストの「新種」と呼んだ。報告書は、この「新しいテロリスト現象」にはアメリカを敵視するイスラム過激派による流動的かつ短期的な多国籍集団が含まれていると警告した。そして彼らが今後米国内にテロ攻撃を仕掛けるかもしれないと推測した。「いくつかのターゲットがとくに危ない。ホワイトハウスや連邦議事堂など国家のシンボルや米資本主義のシンボルであるウォール街などだ」とも予測した。「われわれの想定では、民間航空は米国内で想定されるテロリストのターゲットとして上位に来る。外国人テロリストによる国内的脅威が増していること、民間航空をターゲットにという訴えが続いていること、国内航空の安全システムの欠陥がメディアの注目を引いていることなどがその理由である[35]」

ユセフ一派がアメリカの航空会社の安全措置を研究することによって、彼らのテロ計画を作っていたことは明白になった。「もしわが国で活動中のテロリストが同様に綿密であれば、国内航空便の安全システムに深刻な欠陥があることを突き止めるだろう」と国家情報評価は書いていたが、ビンラディンには一言も触れていなかった[36]。

第16章 ゆっくりゆっくり呑み込まれた

アハメド・シャー・ドゥラニとして知られることになった男、つまり高名なアフガニスタン国王は出来の悪い護衛官として経歴をスタートした。彼の主君ペルシャ皇帝ナディル・シャーは、インドまでの土地と財宝を征服した男だが、専制時代の基準をもってしても残忍かつ専断の度が強すぎた。怒りに燃えた廷臣たちは一七四七年、砂漠の宮廷用テントで彼を襲撃した。ドゥラニは、血だまりの中に主君の首のない胴体を発見した。ドゥラニと仲間たちは、ペルシャ宮廷政治の中で自分たちの立場が悪化したことを悟って馬に乗り、自分たちの部族——英国人にパシュトゥンと呼ばれた——の故郷である東方のカンダハルに向けて走った(1)。

カンダハルは、当時の二大イスラム帝国に挟まれた半乾燥気候の平原に、居心地悪そうに身をさらしていた。二大帝国とは、西方のペルシャとカブールから北方を支配するムガール帝国であった。パシュトゥン人の故郷では甘美な果樹園と農地が、屈曲して流れるヘルマンド川の堆積層に点々と広がっていた。外部の権力に苦しめられていない泥壁に囲まれた村々が、肥沃な渓谷に横たわっていた。周辺の丘陵地帯を流れる雪解け水を集めた川の水は、その水を飲む、骨ばった意思の強そうな土地の人びとに生命力を与えているかのようだった。カンダハルを通り抜ける砂漠の街道は、インドとペルシャを往来する大規模なキャラバンの通うルートだった。キャラバンは土地の支配者が通行税を取り立てる収入源であり、部族の追いはぎにとっては略奪源でもあった。しかしカンダハルの気難しい部族は、ペルシャ皇帝の持つ行政・軍事力やカブールに備わる岩山の峡谷という自然の要害を持ち合わせていなかった。この地域の二大部族連合は、北方のジャララバードにまで広がるギルザイ系部族と、カンダハルを中心とするアブダリ系部族だった。彼らは周辺の民や通りかかる武装集団を略奪した。家系ごとの族長たちは円陣型で平等なジルガという協議方式のもとで話し合い、同盟を結んだり、モンスーンのように周期的で破壊的な反乱を起こすことを承認したりした。彼らにはまだ自分たちの帝国がなかった。

アハメド・シャー・ドゥラニは彼らの運命を変えた。彼の物語は、歴史的な事実を織り込んで錯綜した物語と神話から成っていた。標準的な説によると、ドゥラニはナディル・シャー殺害現場からカンダハルに到着後、新しい王を選ぶためにシェール・スルクの聖堂に招集されたアブダリ系の部族長たちの話し合いに参加した。第一段階では部族長たちの多くが自分にこそ王の資格があると自慢し合った。弱冠二十四歳で、どちらかといえば弱小なポパルザイ部族出身のアハメドは黙っていた。やがて行き詰まりを打開するために、一人の高徳の人物が頭に小麦の藁を乗せて宣言した。アハメドを王にすべきだ、なぜならアハメドはほかの人びとを怒らせなかったからだと。部族長たちはすぐに草の葉を口に含み、自分たちの首に布製のくびきを掛けた。それはアハメドの飼い牛になることに、皆が同意したことを示すしるしだった。霊的で象徴的な同意の背後には、実務的な判断があったようだ。つまりアブダリ系の中で最も力の強い部族の長たちは、最も力の弱い者を指導者に選んだのである。それは彼らが必要と判断したときには、いつでも反乱を起こしやすくなるからだ。これは国王や大統領に関する決定を行う場合のパシュトゥン方式であり、それは二十一世紀にも存続するだろう(2)。

ドゥラニは先見の明がある指導者であることを実証した。彼は褐色の泥れんがで建てられた埃っぽい街カンダハルの中心で、自ら王に就任した。カンダハルのモスクや聖堂は、ペルシャやインドから輸入されるタイルや宝石で飾られていた。ドゥラニはドゥル・イ・ドゥラニ、すなわち「真珠の中の真珠」と自称していた。彼が真珠のイヤリングを好んだからである。このことによってアブダリ系部族はドゥラニ系部族として知られるようになった。彼の帝国は、カンダハル付近での街道強盗で名を売った。インドからのキャラバンが財宝を積んでペルシャに向かって進んできた。アハメドは積み荷を押収し、即席の防衛予算に使った。彼はパシュトゥン人戦士から成る巨大な軍を雇った。そしてカンダハル周辺の平和を買った。彼はインドを攻撃してデリーを占領し、結局はチベットに至るまでの土地を支配した。パシュトゥン人のギルザイ系部族は彼の支配に服した。彼は二十世紀にアフガニスタンとして知られる領土を統一した。夏はカブールで過ごしたが、彼の都はカンダハルだった。二六年間王位を守ったドゥラニが一七七三年に死亡したとき、ドゥラニを誇りに思い、彼に感謝する地域の人びとはカンダハルの中心に、トルコ石の高いドームを建設した。人びとはドゥラニ王が実現したイスラムと王室の統合を顕彰するために、カンダハル最高の聖地であるモスク、モザイクをはめ込んだ三階建ての白のモスクの近くに、ドゥラニ王の記念碑を建立した。白のモスクは、預言者ムハンマドが着たと言われる聖なるマントを収蔵していた。

その後の二世紀間、アフガン政治をかたちづくったのはアハメド・シャーの遺産だった。彼の治世は、パシュトゥンの部族的、精神的パワーの中心をカンダハルに置いた。そのことが、カンダハルとカブールの間にぎごちないバランスをもたらした。彼の広大な帝国は急速に消滅したが、その伝説は、パシュトゥンの統治に膨張主義的なビジョンを吹き込んだ。彼が大きな王国の枠内にパシュトゥン人を統一したことは、アフガニスタンにおける王室の正当性を主張する根拠となった。彼のあとを継いだ多くの王はさまざまな系統のパシュトゥン部族出身者だったが、全員がアハメド・シャー・ドゥラニの政治的継承者を自任していた。ドゥラニの死からちょうど二〇〇年後の一九七三年に打倒されたザヒル・シャーは、シェール・スルクにおけるジルガの遺産の継承者として最後の国王だった[3]。

　それから一九九四年までの間、カンダハルのドゥラニ系部族は混乱を重ねた。多くの優れた指導者がパキスタン、ヨーロッパ、あるいはアメリカにと、ばらばらに亡命した。パキスタン軍と情報機関はパシュトゥン王室のパワーを恐れ、アフガン王国再生を主張するかもしれないドゥラニ系部族の指導者を弾圧した。パキスタン情報機関ＩＳＩが最も気に入っていたイスラム戦士のリーダーたち、ヘクマティアル、ラバニ、サヤフ、ハリスらのなかにドゥラニ系パシュトゥン人は一人もいなかった。また反ソ戦争の地理的特徴も、カンダハルとその一族を脇に追いやった。この戦争の主要補給路はカブールから北へ向かってソ連に至るルートか、東に向かってパキスタンに出るルートだった。このルートのどこにもドゥラニ系部族の領域はなかった。ソ連の占領中、カンダハルは激しい戦いを体験したが、この戦争では袋小路になることが多かった。

　ソ連軍撤退後、カンダハル地域は激しい混乱の地と化した。地獄のようなカブールのひどさよりましだったが、ひどいことに変わりはなかった。ＩＳＩの支援を受けた重武装・反王制のヘクマティアル軍が、カンダハル市の郊外に嵐の雲のように群がっていた。ヘロイン密輸で莫大な利益を挙げたトラック業者マフィアやその他の密輸業者が、土地の軍閥を支えていた。若干のカラシニコフ銃とロケット砲を持った若いパシュトゥン人戦闘員たちが道路に検問所を設け、通行税を取っていた。一九九四年までに、パキスタンのクエッタからカンダハルを通ってヘラート、イランへと通じる街道には何百という非合法検問所が設けられていた。カンダハルからカブールに向かう街道も同様だった。煙がくすぶるカンダハルには約七五万人が住み、その中心部にある壮麗なアハメド・シャー・ドゥラニ廟の周辺にはバラック建ての市場がひしめき、商人たちはゆすりや強盗と闘う日常を送っていた。子供のレイプを含む野放図なレイプや誘拐の横行が、恐怖と鬱屈した怒りの空気をたぎらせていた。カンダハル最強のドゥラニ軍閥の一人と言われたムラー(イスラム諸学を修めた人への尊称、師)・ナキブラも狂気に陥った。彼はのちに向精神薬が必要な精神状態にあると診断された。数年後ナキブラ自身が認めたように「私は狂っていた。医師が言うには、私の仕事が多すぎて私の脳細胞の一部を損傷したのだった」(4)

一九九四年におけるタリバンの誕生と興隆、それに最高指導者ムハンマド・オマル師の登場について、欧米ではしばしば、カンダハルの犯罪的軍閥どもに怒りを募らせた民衆パワーに乗って、素朴で信心深く、覚悟を決めた神学生の集団が権力の座に就いたと語られてきた。タリバン自身も権力掌握後にこうした物語を強調した。タリバンは彼らの誕生物語に、アフガニスタンに新しいイスラムの秩序を樹立するというオマル師の幻想的な夢を織り込んだ。タリバンは、レイプ目的で誘拐された少女を軍閥の手から救い出したというオマルの英雄譚を語った。タリバンは、民衆の正義を打ち立てようとするオマルの熱望について語り、堕落した誘拐犯の公開絞首刑の様子をイラストで示した。パシュトゥー語放送の司会者スポズマイ・マイワンディは「それはまるで神話のようだった」と、のちに語った。彼はタリバン指導者と頻繁に会話を交わしたことがある。「彼らはコーランと銃を持って村から村へと回り『コーランのために銃を捨てなさい』と呼びかけた」。軍閥が拒否するとタリバンは彼らを殺した。「それは私たちにとって奇妙なことではなかったのです」と、マイワンディは当時のことを語った。カンダハルの農村地帯では、長年にわたって神学生が正義を分け与えてきたのだった。「私たちはこういう人たちが今も存在していることを知ったのです」(5)

悪名高い強姦犯人を戦車の砲身に吊るしたケースなど、神話化された一九九四年のあれこれの出来事の確かな目撃者は今もって確認できないが、タリバン誕生の物語の大半は事実に基づいているようだ。タリバンはこうした物語を集め、パシュトゥン人が過去の栄光の再生を実感できるようにした。タリバンは地域の民衆に根差したイスラムの価値観を、ドゥラニ系部族パシュトゥン人の興隆に結びつけた。タリバンが登場したのは、ちょうどカンダハル周辺の裕福な大物パシュトゥン指導者たちが、部族を一つにまとめる大義を渇望しているときだった。タリバンは自分たちの武装民兵が、ローマに亡命中のザヒル・シャー国王のアフガニスタン帰還に役立つだろうと示唆した。彼らはイスラム信仰とパシュトゥンの力の再結合を説いたのである。

「イスラムの学生たち」とか「知識の追求者たち」と翻訳されるタリバンは、アハメド・シャー・ドゥラニ以前の時代から、カンダハルの保守的「コーラン・ベルト」で村落生活の一部を成していた。アフガニスタン南部のパシュトゥン村落にとってタリバンは、アイルランドの田舎にいる修道服のカトリック神父と同様にありふれた存在で、タリバンは神父と同じ役割を果たしていた。タリバンは学童を教え、礼拝を導き、死者を慰め、地元のもめごとを調停した。彼らは何百とある小さなマドラサで学ぶ。コーランを暗誦し、村人のお布施に頼ってつつましく生活する。若い神学生ターリブ（単数形）はコーランの勉強を完成させるため、アフガン都市部かあるいは国境を越えたパキスタンの大きなマドラサに進むこともある。勉強を終えた「タリバン」は村の学校やモスクに、一人前の「ムラー」つまり知識を追求するのでなく、知識を「授ける人」として帰ってくる。正式な政府になじみのない地域では、こうした宗教的旅行者が緩やかなイスラム式行政サービスを担うのである。タリバンは伝統的なアフガン民謡にも謡い込まれているが、なかにはタリバンの純潔性をからかったものもある。タリバンは伝統的にきわめて貞節を守る人と見なされているので、パシュトゥン女性はタリバンが食事に来ても、わざわざブルカで全身を覆い隠したりしないのだという。[6]

一九七八年にカブールで共産革命が起きると、パシュトゥン地域の農村地帯では、イスラム学生とムラーたちが武器を執って激しく反抗した。外国情報機関の工作が届かない村のレベルで、彼らは志願兵と宗教的認可による反ソ聖戦を築き上げた。パシュトゥン地帯におけるイスラム学の文脈や内容は戦争によって大きく変わった。変化は国境を越えたパキスタンでとりわけ著しかった。サウジアラビアのイスラム世界連盟、ジアウル・ハク将軍のパートナーだったジャマアテ・イスラミ（イスラム協会）とサウジ情報機関、パキスタンの情報機関が、ペシャワール、クエッタ、カラチやその周辺に何十という新しいマドラサを建設した。学者たちは厳格なサウジ神学とその信条に基づいた教科書を持ち込んだ。戦時中にできたこれらのマドラサのうちで最も影響力を持ち、多額の寄付金を集めたのがペシャワールのすぐ東、グランド・トランクロードに沿ったハッカニアというマドラサだった。ハッカニアはアフガンとパキスタンから何万ものターリブ（学生）を集めた。ターリブの授業料、寄宿寮費は無料だった。学生のなかにはカンダハルからのパシュトゥン人も多数含まれていた。(7)

ハッカニアの教育課程は多国籍のイスラム主義政治とデオバンド主義と呼ばれる神学をブレンドしたものだった。デオバンド主義とは、数世紀にわたって存続したマドラサのあるインドの町デオバンドの名前を取ったものだ。デオバンドに学ぶ人びとは十九世紀に、インド人イスラム教徒の間に保守的な改革運動を持ち込んだ。多くのイスラム学者は、変わりつつある近代社会に合わせようとイスラムの教義の更新を試みていた。デオバンド派はこのアプローチを拒否した。デオバンド派は、イスラム教徒は預言者ムハンマドに付き従った最初期の弟子たちとまったく同じ生き方をしなければならないと主張した。デオバンド派の学者たちは、敬虔なイスラム教徒の生活から近代の狭雑物すべてを排除するために、長々とした細かい規則を作った。彼らはこのやり方を、ワッハーブ流の装飾や音楽への侮蔑主義と結びつけた。(8)

タリバン草創期を支えたカンダハルのドゥラニ系部族指導者はほとんど全員、一九八〇年代から一九九〇年代の初期にハッカニアで学んだ。彼らはお互いに、神学のクラスメートないしは反ソ聖戦で戦った元戦士として知り合いだった[9]。

タリバンの指導者たちは、部族あるいは王室関係の特別の身分はもっていなかった。彼らは一九九四年の春から夏にかけて、カンダハル市周辺で活動する小規模な民兵部隊として登場した。彼らは地元の小企業主から集めた約二五万ドルの治安基金を支えにして、小軍閥を相手に用心深い攻撃を仕掛けたのである。しかし月日がたって彼らの伝説が膨れ上がる過程で、彼らはドゥラニ系部族パシュトゥン人の有力な商人や部族長と会い、支援を依頼するようになった。こうした同盟関係が発展するなかでタリバン運動は変容した。

ハシマト・ガニ・アハマドザイはパキスタンから中央アジアにかけて、運送業と製造業を展開し、巨万の富を築いていた。彼は巨大なアハマドザイ部族の指導者で、タリバン指導者の何人かを、反ソ聖戦当時カンダハル周辺で勇敢に戦ったころから知っていた。アハマドザイは一九九四年後半にタリバン指導者たちに会ったときの印象をこう語っている。「主張はとても実際的だったし。道理にかなっていた。彼らはこう言っていた。『見てみろ、この司令官連中は皆で国を略奪し、散り散りに切り売りしている。検問所を作り女性をレイプしている』。それに彼らは国王を連れ戻そうとしていた。国の統一を取り戻し、ロヤ・ジルガを開くことを望んでいた」。ロヤ・ジルガとはアフガン国家の指導者を決定する国民大会議のことである。アハマドザイは「とても拒絶できるような話ではなかった」と言い、タリバンに対する支援を決めた[10]。

カルザイ家もタリバン支援を決めた。カルザイ家とは、アハメド・シャー・ドゥラニ自身のポパルザイ部族に属するカンダハルの名家であり、影響力もあった。一九九四年のアハマドザイ、カルザイによるタリバン支援決定は、この神学生民兵団が非常に広範な運動の前線に立っていることを意味した。それはイスラムの敵、またパシュトゥンの敵に対する蜂起だった。

アブドゥルアハド・カルザイはカルザイ家の家長であった。彼と当時三十六歳だった息子のハミドは、反ソ抵抗戦争の中ではまずまずの重要人物と見られていた。ハミド・カルザイは戦前、カンダハル郊外の心地よい田園環境で少年時代を過ごした。彼は兄弟たちと、ニワトリやヤギがうろつく埃っぽい小道で遊んだ。カルザイ家は豊かな農地を所有し、地元の基準では裕福な家族であった。ソ連軍侵攻後、一家はクエッタに避難した。(11)

快活で痩身、禿げ上がっていたずらっぽく、明るい瞳と途方もない声の持ち主であるハミド・カルザイは一九八〇年代、報道・物資補給・人道支援コーディネイターとして、王党派イスラム戦士組織のシブガトラ・ムジャディディのために働いた。彼は流暢に英語を話し、エドモンド・マクウィリアムズやピーター・トムセンらアメリカ人との接触が多かった。この二人をはじめ国務省の外交官たちは、カルザイは魅力的で理性的な王党派で、話がうまく策略に富む政治家だと感じていた。彼の兄弟二人はアメリカでアフガン料理店を開いていた。パシュトゥン王家の血筋につながり、外国人と気安く付き合える資質を持っていたことから、彼はソ連撤退後にアフガニスタンのさまざまな政治的・民族的立場を調停する役割を果たすことになった。彼は生まれながらの外交官だった。めったに人と争わず、いつでも円を組んで話し合おうとした。マスードが支配的だが、内実はばらばらの連立内閣が一九九三年に組閣され、カルザイは外務副大臣に任命された。

カルザイは、仲間内で殺し合うこの内閣を何とか一つにまとめようと努力した。何カ月にもわたって彼はカブールと、グルブディン・ヘクマティアルが立てこもるチャラシアブの野営地を往復した。カルザイはカブールの内閣と、その首相の間を調停しようとしていたのだ。双方はロケット弾を撃ち合っていた。

一九九四年の早期、マスードの護衛責任者でしわだらけの顔をしたモハメド・ファヒムは、ハミド・カルザイがパキスタン情報機関に協力しているとの情報を受け取った。ファヒムがここで一連の奇妙な出来事を引き起こした結果、カルザイ家は声望を挙げてタリバン支援に回ることになった。

マスードの信頼する司令官は全員がそうだが、ファヒムも北部パンジシール渓谷出身のタジク人だった。カブールのパシュトゥン人の多くは一九九四年になると、パンジシールの者を戦闘狂いのマフィア集団と見なしていた。マスードのカリスマ的指導のもとで一〇年以上戦い続けて団結したパンジシールの人びとは、強固に結束した秘密主義の集団、つまり政府内の政府であった。カブール政府は書類上、多民族政府のままだったが、内戦が深まるにつれてマスードの握る国防省と情報省の権力が増大した。パシュトゥン人指導者たちとの関係は悪化した。

最大の理由はヘクマティアルとの果てしない戦争だった。マスードはヘクマティアルをパキスタン情報機関がつくった人物と見なしていた。マスードと側近たちは、ISIに支援されたパシュトゥン人が次はどこから陰謀を繰り出すか、いつも心配していた。マスードたちは戦時の噂を浴び続けていて、噂から真実を選り分ける確かな方法を知らなかった。彼らは、ろうそくを灯したカブールのオフィスで連続爆撃を浴びていた。戦争がもたらす長期の暴力と欺瞞が、敵か味方かの判断を狂わせた。

ファヒムは、ハミド・カルザイ外務副大臣が反政府陰謀をめぐらせているとするたれ込みに基づいて、カブールのカルザイ邸に情報担当官を派遣し、カルザイを逮捕して大統領宮殿から遠くないカブール中心部の尋問施設に連行した。ファヒムの部下たちは数時間にわたって、パキスタンとの共謀関係についてカルザイを責め立てた。カルザイはその後、尋問室で何があったか一度も明らかにしていない。後日彼の話を聞いた数人の証言によれば、彼は顔を殴られて血を流した。別の筋によると、ファヒム自身が尋問に立ち会ったという。マスードがこの尋問のことを知っていたか、また尋問を承認していたかは、マスードの副官は否定しているが、はっきりしない。

尋問は一発の爆発で立ち消えになった。ヘクマティアルが毎晩のようにカブールの中心部に向けて発射するロケットの一発が、カルザイを尋問中の情報部の建物に命中した。その後の混乱の中でカルザイは何とか建物を抜け出し、まごつきながらもカブールの街を歩き出した。彼はバス停留所にたどり着き、ジャララバード行きのバスにそっと乗り込んだ。ジャララバードの街を歩いていたカルザイを偶然発見したのは、国連で働く友人だった。殴られて傷ついた貴族的な顔立ちを見た友人はカルザイを助け、親戚の家に連れて行った。その翌日カルザイはカイバル峠を越え、パキスタンに亡命した。彼はその後七年以上カブールに戻らなかった(12)。

一九九四年の春、ハミド・カルザイはクエッタで父親と合流した。それから数カ月のうちに、彼はタリバンの蜂起を知った。反ソ聖戦のころから知っている顔ぶれがタリバン指導部にたくさんいた。彼はのちにはっきり説明した。「彼らはぼくの仲間だ。みんないい人たちだよ(13)」

自分を殴って亡命に追い込んだカブールの政府に挑戦するためにも、タリバンは有効だった。西側の基準からすればカルザイは特段金持ちというほどではない。彼の外貨預金はひどく低額になることが多かった。それでもカルザイは、タリバンがカンダハルで組織を起こすに当たって五万ドルを寄付した。また以前から隠していた大量の武器をタリバンに渡し、さらにパシュトゥン人の有力部族指導者にタリバンを紹介した。タリバンはまた情熱的なアブドゥルハクや、亡命中のザヒル・シャー国王と近い多くのドゥラニ系部族の面々と個別に会った。ドゥラニ系部族のパシュトゥン人は、かつて国連やピーター・トムセンら米外交官にも果たせなかったことを実現したいと望んだ。彼らは真新しい白い旗を掲げ、コーランを振りかざして前進する田舎の民兵集団を激励することで、アフガン国王を帰国させようと図ったのだった(14)。

ムハンマド・オマルは、パシュトゥン民族の栄光を受け継ぐ人物ではなかった。二〇年の戦争によって割れてゆがんだ鏡に、彼の過去が写っていた。世界の問題にこれほどの衝撃を与えることを運命づけられた人物にしては、その経歴は驚くほど知られていない。彼は一九五〇年ごろ、カンダハル州ノデ村で生まれた。一九九五年前半にタリバンが米外交官に伝えたところによると、格別目立つところもないオマル家は一軒の家に住んでいた。彼は薄暗い宗教学校でコーランを暗記して長時間を過ごし、貧しく孤立した少年時代を送った。イスラムの聖句を学ぶことで、彼は辛うじてアラビア語とパシュトゥー語の読み書きができるようになった。カンダハル州から遠くへ出たことは一度もなかった。飛行機に乗ったりホテルに泊まったり、衛星映画を見たことがあるかどうか、彼は一言も語らなかった。後年になって外国旅行をするチャンスは何度もあったが、サウジアラビアの聖なるイスラム神殿に巡礼に行く旅でさえ彼は断った。非常にまれな例外を除いて、カブールに行くことも拒否した。カンダハルが彼の世界だった[15]。

反ソ聖戦の時代、オマルはユニス・ハリス軍の地区副司令官を勤めた。彼は著名な商人のハジ・バシャールに追随した。バシャールは地元にマドラサを寄付した人物であった。オマルはロケット砲の操作に特殊能力を発揮し、多数のソ連戦車をやっつけたという。タリバンの同僚がのちに語ったところでは、オマルは「カリスマ的でもなければ話が明瞭でもない」のに、その後かなり高い地位であるハリス軍カンダハル州副司令官になった[16]。

オマルがカンダハル付近で攻撃作戦中、炸裂した砲弾の破片が彼の顔に当たった。破片の一つが右目をひどく損傷した。タリバン伝説では、オマルはナイフで眼窩から自分の眼球を切り取ったとされている。もっと散文的な説明によれば、彼はパキスタンの赤十字病院で治療を受け、手術で眼球を切除した。

いずれにせよ、彼のまぶたは永久に閉じられた[17]。

一九九〇年代の前半、オマルは宗教を研究する生活に戻った。カンダハルから三〇キロほど離れた郊外、小麦畑とブドウ畑の広がる広大で豊かな渓谷にある、シンゲサル村という小さな寒村で、彼は教師と礼拝の指導者を勤めた。村人たちはイスラムの教えを受ける代わりに食べ物を彼に提供した。彼は比較的裕福な商人バシャールとの絆は維持していたが、当てになる収入源はほかになかったようだ。彼は泥れんが造りの小さな村のマドラサと村のモスクの間を往復して暮らした。彼は、マドラサから二〇〇メートルほど離れた質素な家に住んでいた[18]。

オマルを写した唯一のものとして知られる写真を見ると、かなり背が高くがっちりした体つき、色つやのいい細面の顔にもじゃもじゃの黒い顎ひげが伸びている。彼は田舎訛りのパシュトゥー語を話した。会合に出ても彼は長い間黙って座っていることが多かった。彼がしゃべるときはたいてい、ささやきより大きくない声だった。彼はイスラム研究のすべてを終えていないからと言って、自分をムラーと呼ぶのを拒否した。彼はときとして自分のことを第三者のように、まるで他人の話に出てくる人物のように語るのだった。

彼は夢のお告げを信じ、そのことを政治集会でも軍事的会合でも語った。重要な決定を説明するために夢のお告げを援用した。タリバンがカンダハルで影響力を強めていた一九九四年、オマルは人のかたちをしたアラーが夢に現れ、信者たちを率いて立ち上がれと告げたという話を、何度も繰り返した。

カンダハル周辺でパシュトゥン人代表と接見するようになってからも、オマルは屋外で地べたに座って客人を迎えることが多かった。一説によると、タリバン草創期の組織会議でオマルは最高評議会の指導者に選ばれたが、その理由はほかの経験を積んだ候補者に比べて彼が個人的権力に無関心だったからだという[19]。この話はパシュトゥン復興というタリバン神話の根幹である。謙虚で物静かなオマル師の姿は、シェール・スルクでのジルガで沈黙を守った若きアハメド・シャー・ドゥラニの姿に重なったのだ。

オマルは彼の大望についてめったに語らなかった。しかし語るとその言葉は単刀直入だった。タリバンは「地上に神の法を確立するために献身する。目標のためにすべてを犠牲にする用意のある若者たちの素朴な集団である」と彼は語った。「アフガニスタンの地に流すべき一滴の血も残らない日まで、イスラムがわが民族の生き方になり切るまで、タリバンは戦い続けるだろう[20]」

一九九四年にカンダハルで決起したときから、タリバンは他者の野心を写す白紙だった。フランスの学者オリビエ・ロワが指摘したように、問題はタリバンがほかの日和見主義の派閥とは異なり、口にしたとおりのことを実現しようとしたことだった[21]。

ベナジル・ブットも、過去に学んで将来像を描いた。口角泡を飛ばすパキスタンの民主主義は多少は正当性のある総選挙という小さな奇跡をもう一度起こし、有権者はブットを首相執務室に戻した。就任式に先立って彼女はイスラマバードの公園を散歩しながら、政治上の盟友たちと話し合った。パキスタン情報機関ＩＳＩが盗聴できない場所で、これからの腹積もりについて率直な話をしたかったのである。彼女は、前回の首相在任時の失敗から学ぶつもりだと言った。まずアメリカと密着していく決意だった。そしてできる限りパキスタン国軍を満足させておきたかった。国軍と不必要な争いをするつもりはなかった。また彼女はＩＳＩの監視を続けなければならなかったが、ＩＳＩ側の要望に耳を傾け、調整もするつもりでもあった。そうすることで彼女はできるだけ長く首相の座にとどまり、パキスタン経済を回復させたいと願った。パキスタンの中産階級のために富をつくり出さなければ、彼女の人民党の長期的強化は望めない。彼女も顧問たちもそう信じていた[22]。

パキスタンは広範な貧困と低い識字率、天然資源の少なさに苦しんでいた。しかしビジネス階級は強力で、国際的な港湾があり、輸出産業は繁栄していた。一九八〇年代にほかのアジア諸国がやり遂げたように、パキスタンが対外貿易を通じて新しい富を急速に生み出すにはどうしたらいいか？　東にはインドが存在する。それがパキスタン国軍の存在理由であり、ブットが独力で解決できそうにない外交政策上の問題である。しかし西と北には貿易と影響力の新しい可能性が転がっている。のちにブット自身が語ったように、彼女は「パキスタンを……ヨーロッパとアジアの交易路だった昔のシルクロードのような十字路として国際的に売り込む」ことを考えた。インド亜大陸の若い学生の誰もが体験したように、ブットもカイバル峠越えの周期的な侵略を記述した歴史を読んで成長した。これら昔の侵略の数々は、中央アジアからデリーに通じる、儲けの大きい通商路に刺激されたからであった。「そこで私は考えた。『そうだ。通商路を押さえることはわが国が力と威信を獲得する道なんだ』」。彼女はパキスタンの輸出業者がテレビや洗濯機を、独立したての旧ソ連中央アジアのイスラム諸国に輸送する姿を想像した。綿花と石油が中央アジアとイランから流入する姿を想像した[23]。

しかしこの一九九四年、軍閥が鳴動するアフガニスタンはとても通行できる土地ではなかった。その内戦を煽ったのはパキスタンのＩＳＩだ。ブットがＩＳＩの将軍たちを呼び出すと、彼らはマスードの牛耳る内閣が「あまりにも親インド的」なので、マスードに圧力をかけ続けるべきだと要求した。ブットには先行きの見えない政策だと思えたが、今政権では時間をかけて軍と協調し、譲れるところは譲ると決めていた。彼女は軍と情報機関の意見も容れたアフガン新政策議論を求めた[24]。

ブットはアフガニスタンに関する省庁間会議をつくった。会議では、七十歳代の退役将軍で内相就任に同意していたナセルラ・ババルがブットの隣に座った。ババルは著名なパシュトゥン人で、一九七〇年代にヘクマティアルとマスードがパキスタンに逃れてきたとき、彼らのために秘密ゲリラ訓練を用意してやった人物である。ブットは、自分の父親に忠実だった彼を信用していた。ババルは、悪名高いほど独立的なＩＳＩアフガン局内部に友人がおり、アフガン政策会議に知り合いのＩＳＩ准将を呼んだ。彼らはＩＳＩがヘクマティアルに与えてきた支援を撤回した場合のリスクについて論議した。ＩＳＩ側は、マスードに対するヘクマティアルの圧力がなくなれば、タジク人とウズベク人が長年にわたってカブールを支配する構造が出来上がると考えていた。タジク・ウズベク連合はインドとの絆を深め、パキスタンに敵対し、多数派民族パシュトゥン人との間でトラブルを引き起こすのではないだろうか。そうなった場合、ブットの中央アジア貿易にかける夢はどうなるのか？

ブットの回想によると、ババルは「そもそも、なぜカブールが必要なのか」と質問した。パキスタンは、カンダハルからヘラートを通る南ルートで中央アジアに到達することが可能だ。ブットはこのアイディアには将来性があると考えた。ブット政権はアフガニスタンのパシュトゥン領域を通って中央アジアまで、道路や電話線その他のインフラを建設できる。そうすればカブールや北部の民族的な軋轢を回避できることになる。ブットは、アフガン南部経由の自由な通商路が「地域の軍閥に金を払うことで可能になるなら」と、この新方針を認可した。ＩＳＩ側に異論はなかった[25]。

ババルがこの計画を先導した。一九九四年十月、彼はパキスタンの新しい野望を誇示しようと、クエッタからトルクメニスタンへパキスタンの織物を輸送するトラックと護送隊を準備し、この計画を派手に宣伝した。オマル師とタリバンのシューラ（評議会）がカンダハル周辺で宗教的宣伝活動を開始したのと同じころ、ババルのトラックと護送隊がカンダハル南方のアフガン国境に到着した。

パキスタンのトラック運送業界は、タリバンがカンダハル街道の障害を取り除いてくれることを期待して、以前からタリバンに金と武器を渡していた。タリバンが最初の軍事的突破口を開くのを援助したのは、パキスタン政府というよりトラック運送業者だったのかもしれない。アフガン国境の町スピンブルダクの司令官は名目上マスードの部下だったが、町から遠くない場所にある武器庫の鍵を、おそらくは多額の金と引き換えにタリバンに渡した。ここは一九九一年、パキスタンとサウジアラビアの情報機関から受け取った武器と弾薬を入れるために建てられた施設で、アフガン戦争に対する武器補給の最終期限を守るべく、両情報機関が大急ぎで送った大量の武器が置かれていた。一七の地下壕には兵士数万人を武装するに十分な武器があった[26]。

タリバンは一九九四年十月半ばスピンブルダクの武器庫を開けて、まだビニールで包装されたままの突撃銃を地元のマドラサで募った志願兵に手渡した。ババルか現場のＩＳＩ士官がこのとき、武器の引き渡しを承認し支援したかどうかは明らかでないが、ババルがタリバンの新戦力を活用したのは間違いない。ババルのトラック輸送隊が十一月初旬、カンダハルから三〇キロほどの地点に設けられたいんちき検問所で止められたとき、彼はトラックを解放させるためにタリバンに連絡して現場に向かわせた[27]。

タリバンは簡単にやってのけた。ナキブラ師はじめ、長らく恐れられていたカンダハルの軍閥たち——彼らはマスードと結託していた——は、何年もの間誰にも邪魔されずこの地域を恐怖に陥れていた。突然、ほんの二四時間のうちにタリバンがカンダハルの中心に進軍し、全市を占領してしまった。オマル師は、アハメド・シャー・ドゥラニの墓の正面にあるカンダハル州知事本部を占拠した。本部は砂岩造りでアーチが架けられていた。ナキブラとその仲間は、若々しく意欲の高い攻撃部隊に抵抗する勇気もなく抵抗もできず、ただ消えてしまった[28]。

十一月半ばまでにタリバンの六人のメンバーから成るシューラ（評議会）は、カンダハル市内だけでなく空港も押さえた。そこでミグ21ジェット戦闘機六機とＭｉ17輸送用ヘリコプター四機を押収し、戦車と装甲兵員輸送車も手に入れた[29]。彼らは道路上の全検問所の解体とタリバン以外の全武装勢力の武装解除を命じ、すべての犯罪者は早急にイスラム法の罰を受けると発表した。彼らの意図を鮮明に示すため、抵抗した何人かをリンチした。

ベナジル・ブットは突然、アフガン新派閥の女性監督者になった。タリバンは、彼女が望んだ中央アジアへの通商路を開くための強力なハンマーを提供するかもしれない。しかしタリバンは面倒も引き起こした。

ＩＳＩはすでにパシュトゥン人の取引先としてヘクマティアルを抱えていた。ＩＳＩアフガン局は混乱の最中にあった。ラワルピンディの軍司令部は、英国の影響を受けた世俗的なタイプの将軍ジャベド・アシュラフ・カジを、ＩＳＩ長官に任命したばかりだった。カジの前任者は、顎ひげを生やしたイスラム主義的使命感の強いジャベド・ナシルだった。ナシルは在任中、ＩＳＩに公然と宗教色を付加しようとした。カジによると軍上層部は、イスラム主義者であることを隠さない連中を追放し「ＩＳＩの正常化」を実現するようカジに命じた。カジはナシルが昇進させた将校を計画的に外し、ＩＳＩアフガン局を激震させた。アフガン局とヘクマティアルの関係はその前から破局状態にあった。ナシル個人の熱烈な宗教的信条によって、ナシルはヘクマティアルとわけのわからぬ神学論争を引き起こしていた。ＩＳＩは「パンジシールのキツネ」（カジはマスードのことをこう呼んだ）に圧力をかけるヘクマティアルを支援するはずだったのに、ジャベド・ナシルは宗教上の闘いを選んだのだった。[30]

ＩＳＩにとっては、ヘクマティアルの運命よりはるかに大きい利害がかかっていた。インドが支配するカシミールでの秘密聖戦を支援するＩＳＩの作戦は一九九四年までに、ヘクマティアルが押さえているアフガン領イスラム主義者訓練基地に依存するようになっていた。ヘクマティアル周辺の政治・宗教ネットワークは、外国人志願者を訓練してカシミールに送り出していた。ブットの話によると、ＩＳＩの将校たちはカシミール人だけでは秘密のカシミール戦争を戦えない、インド兵を殺すのに十分な地元ゲリラがいないと繰り返していた。ＩＳＩはアフガン人やアラブ人の志願兵を必要とし、アフガン領内にゲリラの訓練基地用の聖域を必要としていたのだった。[31]

このためＩＳＩとタリバンの新しい関係は複雑になった。オマル師は、パシュトゥン内での優越性を獲得するためにヘクマティアルに挑戦する覚悟を固めていた。もしＩＳＩが突然オマル支持に切り替えれば、カシミール秘密戦争にリスクが及ぶことになりかねない。ペシャワールから何年もの間ヘクマティアルを支えてきたＩＳＩの准将たちは、長年の顧客との関係を切らないことを望んだ。しかしのちにＣＩＡが集めた情報によると、アフガニスタン南部の秘密作戦に責任を持つクエッタとカンダハルのＩＳＩ当局は、タリバンに関心をそそられていた。

カジはタリバン側と会うよう「カンダハルの友」に促され、タリバン代表団をラワルピンディのＩＳＩ本部に招待した。オマル師はパキスタン行きを断ったが、タリバンの指導者グループが到着した。一行は汚れたサンダル履きの足を持ち上げて、まるで床に座るときのように脚を組んでソファーのクッションの上に座った。脚か腕のない代表がいた。義足や義手を付けている者もいた。パキスタンにおける英国流高級将校教育の申し子のようなカジは、のちに「文字どおり村からやってきた彼らを見て恐ろしかった」と述懐した。「彼らは国際的問題やその種の問題にはほとんど無関心で、奇妙な考え方をしていた。私にわかったのは、彼らの意思は定まっているということだけだった」

タリバン代表団はカジに、ヘクマティアルなどほかのアフガン指導者への支援を撤回するよう要求した。若いが顎ひげが濃く、年齢よりしなびた顔に傷跡を残した彼らは、タリバン以外のアフガン指導者は全員が国に破壊をもたらしただけだと宣言した。タリバン代表団は叫んだ。「やつらを吊るせ。やつら全員をだ」。彼らはＩＳＩに物資補給支援を要請した。タリバンはパキスタンからガソリンを輸入したいので、貿易上の規則を除外してほしいと要請した。カジの記憶では、彼はそれを受け入れた[32]。

ブットによれば、ＩＳＩとタリバンの最初の会合後の数カ月にわたって、タリバン秘密支援に対するＩＳＩの要求は少しずつ増え続けた。「私はゆっくりゆっくり呑み込まれてしまった」とブットは語った。

要求されたのは「最初は若干の燃料だった。次いで機械になった」。それからタリバンが捕獲した飛行機や戦車の部品になった。次にＩＳＩが要求したのは、タリバンと御用商人を儲けさせる貿易上の特権だった。ついにはパキスタン国庫へ直接の「金の無心となった」と、ブットが回顧している。

一九九五年を通じて秘密援助をもっと要求するたびにＩＳＩ将校は、タリバンに梃子を働かせるには金が必要だと主張した。ＩＳＩは、タリバンが頑固であること、パキスタンが提供する軍事的・政治的助言に従わないことなどをこぼした。ＩＳＩは現金や軍事用のスペア部品と軍事訓練を与えることでタリバンはパキスタンから離れられなくなること、タリバンはマスードへの挑戦を始めたことなどをブットに報告した。

ブットはこう振り返っている。「私は金を渡すことを認可しはじめた。一度青信号を出すと、あとは彼らが最終的にいくら受け取ったのかわからなかった……大変な額であることはわかっている。私はまるで白紙小切手みたいだった」[33]

一九九五年の春までには、アフガニスタン南部一帯でこうした秘密援助が眼に見えてきた。ＩＳＩは、パキスタンに亡命したパシュトゥン人将校やゲリラ指導者たちをタリバンの大義のために送り込んだ。シャハナワズ・タナイに従う元アフガン共産軍将校たちが、タリバンの戦車、飛行機、ヘリコプターを修理し、操縦しはじめた。アフガニスタン東部では、ジャラランディン・ハッカニら強力な地域司令官たちがタリバン支持を宣言した。政治的に転向すると、金や武器やピックアップ・トラック、それにパキスタン国境を越えて運ばれる補給物資が手に入ったのだ。国境付近のマドラサから志願兵がなだれ込んできた。九月にヘラートがタリバンの手中に落ちたとき、賽は投げられた。オマルとドゥラニ系部族民兵団はアフガニスタンの南部全域を支配するに至った。タリバンはここでカブールに進撃する方針を打ち出したのだ。[34]

ベナジル・ブットは、新アフガン政策の支配権を失いつつあると感じていた。彼女は、カブールに進撃するタリバンをISIが支援することを望まなかった。ブットは伸び盛りのタリバンの力を、アフガン連立政権をつくる新しい梃子として利用すべきだと訴えた。パキスタン国軍やISIの内部にブットに同調する者もいた。しかしタリバンは、パキスタンの外交的ニュアンスに関心を払わなかった。彼らは言ったとおりのことを求めていた。ほかのアフガン指導者たちとの交渉は望まず、彼らを吊るしたかったのだ。

ブットは、ISIがタリバンへの秘密援助のすべてを正直に自分に伝えているのか疑問に思い始めた。ブットがテヘランを訪問したとき、マスードを支援していたイラン大統領アリ・アクバル・ラフサンジャニは非公式の会合でブットを激しく非難し、パキスタンによるタリバン秘密援助に怒りを込めた苦情を述べたてた。ラフサンジャニは、パキスタン軍が変装した兵士をアフガニスタンに送り込み、タリバンと一緒に戦っていると主張した。驚いたブットはその話を否定したが、後日マスードがパキスタン将校を捕虜収容所に留置していることを聞いて、自分が聞かされていないことがあるのではと疑うようになった(35)。

ISIの大きな野心に比べると、彼らの財布は小さかった。一九九五年当時パキスタン軍は厳しい資金難に苦しんでいた。軍はパキスタン国家予算の大きい分け前を手にしてはいたが、核問題でアメリカの援助がカットされ、あまり余裕はなかった。パキスタンは借金漬けで、インドとの軍備競争が国力を枯渇させていた。そこでISIは一九八〇年代と同様、サウジ情報機関を必要とし、ペルシャ湾岸の豊かなイスラム主義者のパトロンを必要としたのである。

一九九五年前半のある日、サウジアラビア総合情報局長官トゥルキ・ファイサル王子の参謀長アハメド・バディーブは、民間機のジェット・ストリーム2でカンダハルに降下していた。飛行機が着陸しようとしたとき、バディーブは滑走路の真ん中に一頭の牛がいるのに気づいた。パイロットは急激に機首を上げて旋回し、再び着陸を試みた。タリバンの出迎えグループが牛を追い出し、滑走路に降り立ったバディーブのまわりに群がった。

「私を覚えていませんか?」顎ひげを伸ばした若いタリバンの一人が尋ねた。バディーブは彼の顔をじっと見つめたが、覚えていないと告白した。

「われわれはあなたの学校の生徒だったんですよ!」[36]

反ソ聖戦の時代、アハメド・バディーブはパキスタン国境沿いにあったアフガン人少年向けの職業学校に資金を提供していた。その学校は彼の個人的慈善活動、つまり彼のザカート(喜捨)で賄われていた。その後、バディーブの学校は全部カンダハルに移されたのだという。卒業生の一人ムハンマド・ラバニ師はタリバン創立時のシューラ(評議会)の有力者で、オマル師の親しい側近だった。ラバニ(マスードと組んだカブール政府のラバニ大統領とは無関係)は、バディーブに深い感謝の気持ちを伝えた。彼はバディーブを迎えの車に案内し、カンダハル中心部で行われるオマル師との会談に向かった。

アフガン人の同僚たちがタリバン最高指導者オマル師をバディーブとの会談に連れてきた。オマルは片方の脚を痛めていたが、それでもバディーブと長く熱い抱擁を交わす間、ずっと立っていた。お茶と料理の皿を前に、オマルはタリバンがカンダハルで蜂起した物語を語った。バディーブがのちに語ったところでは、オマルはタリバンが最初に手にした武器はパキスタン内務省から提供されたことを明らかにした。

タリバンの指導者たちはバディーブに指導と支援を頼んだ。タリバン指導部は、サウジアラビアから正しいイスラム政府を運営する方法を学ぶ必要があると訴え、オマルはサウジアラビアの学校で使った教科書なら何でも送ってくれるように頼んだ。タリバンの学校で配布したいということだった。オマルはまた、アフガン難民を帰国させるために食料と支援を送ってくれるよう依頼した。バディーブはオマルにコーランを一冊贈った。オマルはコーランの教えを常に守り続けると言った。

バディーブは、オマルが「サウジアラビアが私にやってほしいことは何でもやる」と述べたことを記憶している(37)。

この任務のためにバディーブをカンダハルに派遣したのはトゥルキ王子だった。パキスタン側はサウジアラビア側に、タリバンはアフガニスタンの新たな主要勢力だと売り込んでいた。ババルはタリバンのことを「私の息子たち」と呼び、タリバン誕生を助け、着実に成長させているのは彼だという印象をバディーブとトゥルキ王子に与えた(38)。

トゥルキ王子はイスラマバードに飛び、バディーブの生徒だったラバニ師に会った。トゥルキは、タリバンがアフガニスタンの全当事者による平和提案を支持することを望んだ。トゥルキはアフガンの政治交渉に個人的にからみ続けていた。サウジ当局者の多くはアフガンを観察しながら、もし石油という幸運に恵まれなければ、サウジアラビアもこうなっていたかもしれないという感覚を持っていた。アメリカ人がアフガニスタンから立ち去ってしまったことは、トゥルキを大いに困らせた。交渉による平和は、ライバルのイランやインドを抑えることになり、サウジ外交にとってまあまあの成功ではある。それに加え、トゥルキはアフガンに職務上の関心と同じくらい強い個人的な関心を抱いていたのだった。

タリバンのラバニはまだ二十代だったが、トゥルキ王子にはかなり洗練された人物に思えた。サウジアラビアや国際政治について熱心に学びたがっており、サウジ王国が支援するべき人物だとトゥルキは考えた。「ラバニは、タリバンとサウジアラビアとの友情を誇りに思うと言った。またタリバンはファハド国王を彼らのイマム（精神的指導者）と考えていた」とトゥルキは振り返っている(39)。

何カ月かが経過するうちに、トゥルキにもバディーブにもISIがヘクマティアルを切ってタリバンを支援すると決めたことがわかった。サウジ情報当局はこの裏切り行為に何の反対もしなかった。ヘクマティアルは一九九一年の湾岸戦争当時、サウジアラビアを非難してトゥルキを怒らせたことがあった。(40)

タリバンの軍事力が成長するにつれて、タリバン指導者とサウジアラビアとの接触の幅と深さも成長した。サウジ情報当局はISIと密接な直接の関係を保っており、ベナジル・ブットの文民内閣との接触を省略することができた。ハミド・グルやその他元ISIの将軍たちがトゥルキ王子と相談し、頻繁にサウジアラビアに飛んできてサウジ情報当局がタリバンを支援するのを激励して回った。一説によると、サウジ情報機関はISI長官が指名した高官に毎年のボーナスを現金で支払っていた。リヤドからの資金援助と割引料金での石油供給が、アメリカの経済制裁で苦しかった時代のパキスタン軍とISIの財政を救ったのである。サウジアラビアとのつながりが、パキスタン影の内閣としてISIの立場を強化し、文民からの監視に抵抗する助けとなった。(41)

タリバンが新しい領土を征服していくなかで、ISIはトゥルキ王子とその部下に定期的な「情勢報告」を送り続けた。この報告はタリバンの計画の大枠を説明し、彼らの問題点と失敗を列挙した。和平交渉への熱意は着実に薄れ、軍事的勝利を強調するトーンが高まって行った。(42)

サウジアラビアが一九九〇年代半ば、パキスタン軍とISIに支払った金額と補助の規模は、今も明らかにされていない。その一〇年前の慣行から判断すると、パキスタン軍部に対する直接の支払いと石油代金補助を合算すると、少なくとも七億ドルに達しよう。この財政支援こそが、カシミールとアフガニスタンの両面でパキスタンを代行して聖戦を戦う兵力をつくり上げる源泉となった。(43)

一九九五年から一九九六年にかけて、サウジアラビアの慈善団体や宗教関係の省庁がタリバンの興隆を援助した。トゥルキ王子は、「国際イスラム救援機構」のようなサウジ慈善団体がこの時期タリバンに「人道」援助を提供するのを了承していた。富裕なサウジ人は個人レベルでタリバンに寄付をした。トゥルキは「自分の金をタリバンに渡しに行くという個人の動きを統制できるとは思わなかった」と話している。(44) タリバンの指導者たちを教育し、今やタリバンに新兵を補給していたアフガン国境沿いのマドラサも、サウジアラビア基金を受け取った。これらのマドラサを運営しているパキスタンの宗教指導者の多くは、サウジアラビアで訓練を受けた人びとだった。サウジの勧善懲悪委員会はサウジアラビア王国における宗教警察であり、タリバンが新たに宗教警察を立ち上げるのを指導し支援してくれた。タリバンの勧善懲悪委員会はイスラム法に基づいて罰を下し、女性の慎みを守り、男たちを強制的に礼拝に駆り出す組織だったが、タリバン政府のほかの部門より急速に裕福になった。これはサウジアラビアのイスラム体制派から直接の補助金と指導を受けていた結果であることは間違いなかろう。(45)

サウジアラビアは、アフガニスタンや中央アジアに対するイランの影響力をなお恐れており、タリバンはサウジアラビアの国家目標に役立つ仲間であった。タリバンはサウジ神学に沿ってイスラム的価値を普及した。サウジアラビアの正統イスラム神学とタリバンの一風変わったデオバンド派神学の間にはかなりの相違点もあったが、相似点も多かった。サウジの伝道師たちを引きつけたのは、タリバンの素朴な純潔性であった。

トゥルキ王子はいずれタリバンも、もっと普通の世慣れたイスラム保守政治勢力に成長・進化して行くだろうと信じていた。すべての革命運動は急進的な気分のうちにスタートするが次第に穏健化するものだから、タリバンもそうなるだろうと考えたのだ。一方でタリバンは好ましい点を多く持っていた。腐敗していなかったし、アフガンの町に秩序をもたらしたし、サウジアラビアとパキスタンの後援を感謝して受け取った。

サウジアラビア自身も数十年前に、急進的イスラム武装勢力イフワンの剣のもとで誕生したのだった。サウジ王国は次第に成長、安定し、部分的に近代化も遂げた。タリバン以前のアフガン武装勢力や政治運動のどれよりも、タリバンはサウジアラビアのイメージにかなった存在であった。彼らもきっと成熟するだろうとトゥルキ王子は信じた。(46)

イスラマバードのアメリカ大使館では、タリバンの勃興は特異なアフガン・ミステリーの一つと解釈されていた。イスラマバードとペシャワールに勤務する米外交官たちは、タリバンに財政支援をしているのが誰なのかわからぬまま、矛盾する噂や報告を精査していた。オマル師が支配を固めていたころの一九九四年十一月三日、ペシャワールの米領事館はワシントンに「タリバンはパキスタンの道具であると同時に反パキスタンの特徴を持っている」との公電を送った。この公電は、タリバンが「パキスタンを含む多数のソース」から援助を受けている「可能性は高い」が、「支援者たちは、誰の道具にもならず独立した行動を取ろうとする虎を育てているのかもしれない」と指摘していた。さらに、ＩＳＩのタリバンとの接触に触れていたが、タリバンの「起源、目標、スポンサーなどは……まだ不明である」と述べていた。一九九四年十一月のペシャワールからワシントン宛て二番目の公電は、ロックバンド「ザ・フー」の歌詞を皮肉っぽくもじって、タリバンに対する疑念を示した。「新しいボスと会う……前のボスと同じか？」。この公電によると、タリバンの装備の一部は荷箱から取り出したばかりの新品だったが、それには「あまりにも偶然の一致が多い」ように見受けられた。かつてパキスタンがヘクマティアルを強化したのと同じような、パキスタンのタリバンへの秘密の関与を示唆していたわけだ。この十一月、アブドゥルハクはある米外交官に「アフガニスタンは最初に共産主義者に、次いで原理主義者に破壊されたようだが、今度はムラーに破壊されるかもしれないぞ」と警告していた。しかし国務省はこのとき、そういう結論に飛躍するところまでは行っていなかった。この年の秋と冬に国務省が発した公電では、タリバンは「謎の存在」であり、「特定の誰かだけのための活動はしていない」が、広範な民衆の支持を受けていると記述されていた。タリバンが洗練された軍事編成でカンダハルから西方へ進撃する過程で、米大使館はタリバンの「戦車やヘリコプターの利用ぶりは、パキスタンの後見か直接指揮を強く示唆している」と報告していた。それでもパキスタンの関与の度合いや性質は、依然「まったく不確かだ」とされていた。一九九五年二月十三日、二人の米外交官がタリバンの市長に会うためカンダハルにやってきた。会合はまず異教徒をイスラムに改宗させるための祈りでスタートした。タリバンの指導部や組織についてのアメリカ側の質問に、市長は回答を拒否した。外交官らはこのあとワシントンに送った公電に、タリバンの指導者たちは「指導を受けているらしい。全体の印象は隠しごととごまかし」と記した。それはタリバンに関する、嘘とごまかしの長いリストの始まりであった。しかしアメリカには、この地域で問題を深く掘り下げていくために必要な要員がほとんどいなかった。CIA支局長も国防総省派遣の国防アタシェもほかにやるべき仕事を抱えていた。アフガニスタンの内戦はもう情報収集の重要な主題ではなくなっていたのだ。(47)

ベナジル・ブットはタリバンに対する秘密の援助を内々で承認していたが、それをアメリカには知らせていなかった。彼女は一九九五年春ワシントンを訪問、クリントン大統領と会談した。彼女はタリバンをアフガニスタン安定に役立つ、親パキスタン勢力として売り込んだ。この会談に関するブットの回想では「アフガンはどちらにとっても、大した議題ではなかった」。アフガンは「消えつつあるテーマ」であった。しかしブットは、タリバンが平和をもたらす可能性があると述べたことに、中級レベルの米当局者が好意的な関心を示したことに気づいた。この訪米期間中とその後の何カ月もの間、ブットと補佐官たちはパキスタンのタリバン向け軍事・財政援助の規模について、アメリカの政府当局者と連邦議員たちに嘘をつき続けた。ブットの訪米に同行したパキスタン外相とＩＳＩ長官は、ストローブ・タルボット国務長官代行に向かって「パキスタンがタリバンに軍事援助を与えていることを全面的に否定した」と、当時の国務省の文書は記録していた。タルボットはこう警告した。アフガニスタンにおけるパキスタンの政策は「意図しない結果」を招くかもしれない。なぜならばタリバンのような勢力は最終的に「コントロール不能」になりかねないからだ。このあとブットはイスラマバードを訪れたハンク・ブラウン上院議員とチャーリー・ウィルソン下院議員との昼食会で図々しい嘘をついた。彼女はパキスタン政府が支援しているのは「タリバンではなく国連である」と述べたのだ。ブットはアメリカの友人に本当のことを言うことより、パキスタン軍や情報機関と宥和するほうが大切だと決断していたのだった。(48)

アフガニスタン情勢を追っていたホワイトハウスとＣＩＡ、国務省の数少ない当局者たちは、タリバン自作の物語を受け入れる傾向にあった。タリバンはパシュトゥン人をまとめて和平のための基盤をつくる、洗浄力のある過渡的な勢力であるという物語だ。ハミド・カルザイら西洋化したタリバン支持者の影響を受けた国務省の地域専門家たちは、タリバンが最終的には分裂したパシュトゥン人をまとめるだろうと、タリバンの勃興を歓迎した。ある高官の追憶によれば、国家安全保障会議では初期のタリバンは「混沌を正常化する勢力」と見なされていた。ＣＩＡの分析部門も、タリバンがアフガニスタンを安定化するだろうとの結論を下した。タリバンはアフガン内戦の流血を少なくし、ヘロイン密輸を縮小し、現実的和平交渉の条件を整えるだろう。ＣＩＡはそう信じた。タリバンが軍事的勝利を収める速さにＣＩＡの分析官たちは驚いた。しかし、アフガンの特異な一集団と見られていたタリバンは、アメリカにとって重大な意味を持つ存在ではなかった。タリバンに対する米政府の主要な反応は無関心だった。コロラド州選出の民主党ブラウン上院議員が新しいアフガン政策の発動を考えたとき、彼は国務省で「沈黙の壁」に遭遇した。それは「彼らがタリバンに好意を持っているからではなかった。ただ単に巻き込まれることが嫌だっただけなのだ」と同議員は述懐した[49]。

クリントン政権内で最も熱心なアフガン政策立案者だったロビン・ラフェル国務次官補は、アフガニスタンに関するブットの多くの苦情や注文を受け止め、パキスタンから中央アジアへの新しい通商路を開きたいとするブットの努力を支援した。彼女はタリバン勃興の裏にはパキスタンの秘密援助があると非難されるブットを、公の場で弁護した。彼女はさらに、パキスタンに対するアメリカの制裁を解除すべきだと考えた。制裁はパキスタンの核兵器がらみの野心に何の痛みを及ぼすことなく、アメリカとパキスタンの関係を悪くしているだけだと考えたのだ。ラフェルとクリントンは結局、ブット政権に新たなアメリカの援助を与えることに成功した。彼らは、新援助が国軍とＩＳＩを相手に闘うブットの力を強くすることを期待したのだった。クリントン政権はブットに深く取り込まれていたし、ブットはアメリカにタリバン支援を口説いていたこともあり、タリバンが北方に向かいカブール郊外に進撃した時点でも、ワシントンではタリバンに疑念を示す人はほとんどいなかった。

このころまでに、アメリカの中央アジア政策には新たな刺激が加えられていた。石油と天然ガスだ。一九九五年後半、米最大手エネルギー企業の経営者たちはベナジル・ブットと同じように、過去の地図を学んで未来を想像しはじめた。アフガニスタンを通りシルクロードを行き来した旅人たちは、香辛料や宝石や織物を新市場に運ぶことによって何世紀にもわたり富を築いた。ソ連の崩壊によって、新たに石油と天然ガスという獲物が生まれた。鍵になる通商路は何世紀も前と同じであった。その多くはアフガニスタンを通るのだった。

ロビン・ラフェルら国務省やホワイトハウスの関係当局者は、アフガンの現状を解決するためにはタリバンの役割が重要だと信じていた。アメリカの石油会社のためにも。

第17章 ニンジンをぶら下げる

マーティー・ミラーの、アフガニスタンへの長く奇妙な旅は一九九五年の夏に始まった。彼は職業生活の終わりに近づいていて、何か大きな仕事を達成したいとむずむずしていた時期だった。彼はダニエル・ヤーギンの「石油の世紀（ザ・プライズ）」を読んだばかりだった。それは世界的な石油の征服と政治の叙事詩的物語で、ミラーの想像力に火をつけた。ミラーは三〇年間を石油ビジネスに投じた男で、アメリカのエネルギー企業では一二番目に大きいユノカル社一筋に働いてきた。彼はテキサス州ヒューストンのゴルフコース近くに快適な住宅を所有していた。娘たちは成長して大学に行っていた。彼は長年遠隔地――インドネシア、北海、タイ――で働き、ユノカルの開発・生産部門の副社長に昇格していた。そして今、冒険を求めていた。一定のリスクを取る余裕があった。[1]

ユノカルは大油井を必要としていた。一世紀以上石油ビジネス界に存在した同社は、アイデンティティの危機に直面していた。通常は信頼できる精製とマーケティング部門で利益が落ち込んだ結果、一九九四年には一億五三〇〇万ドルの損失を出した。米大手の石油各社に後れをとる状態が続いていた。[2]

それまでアメリカの石油会社に閉ざされていた旧共産圏の広大な領域が、突如として公開され開発可能になった。ミラーの上司たちは躍進のチャンスが来たと思った。経営責任者のロジャー・C・ビーチは、ユノカルが「中規模の統合型石油会社」として納まるのではなく「世界最大のエネルギー資源会社」になるのだと宣言した。誰も行こうとしないような場所に行くことが鍵で、アフガンはそういう場所だった。(3)

ビーチは、副経営責任者で後継者に指名してあるカリスマ的なヨットマン、ジョン・F・イムレ・ジュニアにユノカル新事業の仕掛けを任せた。イムレには、新事業の当初リスクを分担してくれるプロジェクト・マネジャーが必要だった。そしてマーティー・ミラーなら――丸々とした体型で、オールバックにした白髪に血色のいい顔、優しいおじさんタイプのミラーなら――快くパートナーになってくれると思い当った。ミラーは少年時代、コロラドにある祖父の炭鉱で働いたが、大学卒業までの費用を稼ぎ出すのはかなり難しかった。ユノカルが夏休みに油井掘削装置で働くアルバイトを提供してくれたのを機に、彼は専攻を石油工学に変更した。石油・天然ガス関係の幹部として数十年も海外旅行を繰り返したミラーだったが、スラングをよく使い率直で、形式ばらず気取らないアメリカのビジネスマンらしさ――見たとおりに評価し、資本主義と慈善とゴルフを信じる――はそのままだった。彼は気さくなテキサス男だった。彼はどこへ行ってもその土地の人びとに共感したが、その国の文化について学者ぶることは嫌いだった。彼の理解ではアフガニスタンは「とんでもない大混乱」だった。タリバンなんてまったく聞いたこともなかった。彼はいくつもの質問をして、タリバンが写真を撮られるのを好まないこと、そして「女性に対して非常に抑圧的であること、子供たちも凧上げができなくなったことなど、雑多なあれこれ」を学んだ。

ユノカルのアフガン戦略はトルクメニスタンに始まった。それは、ソ連の屍体から切り取られた新しい独立共和国であった。この国の問題――それにチャンス――は、石油業界で言うところの「残置ガス」

にあった。トルクメニスタンの天然ガスの埋蔵量は世界の一〇位以内にランクされていたが、買い手はなかった。トルクメニスタンの独立から四年が経過しても、ロシアは依然この国のガス田から外部に向かうすべてのパイプラインを所有していた。ロシアとトルクメニスタンはパイプラインの使用法を巡って厳しく争い、結果としてガス田を全面閉鎖させてしまった。トルクメニスタンは、新しいパイプラインが建設されるかロシアとの紛争が解決されるまでは、一五九兆立方フィートの天然ガスと三二〇億バレルの石油を抱えたまま売り先がどこにもないという状況にあった。(4)

ベナジル・ブット率いるパキスタンはエネルギー危機に直面していた。この国は二〇一〇年までに、自国で生産できる量より一兆立方フィートほど多くの天然ガスを必要とする計算だった。(5)ユノカルは、ブットの想像力をとらえた中央アジアへの通商路に問題の解決策を見出した。ジョン・イムレは、ユノカルがトルクメニスタンからパキスタンまで、戦争で荒れたアフガニスタンを通過するパイプラインの建設をめざす開発計画を承認した。最も容易な道は、ブットのトラック輸送プロジェクトが想定したのと同じカンダハル経由アフガン南部ルートだった。ここは今やタリバンの国であった。

イムレはアフガン・パイプライン計画をマーティー・ミラーに委任した。「これは月ロケットの発射だぞ」とミラーは思った。この計画にはロマンチックで壮大なスケールがあった。ミラーのパイプラインは、アレクサンダー大王やマルコ・ポーロ、チンギス・ハンが通った古代以来の大草原を通るはずだった。ミラーはある晩ダニエル・ヤーギンと夕食をともにしながら、もしユノカル・プロジェクトがうまく行ったら「石油の世紀」の次の版で触れてもらえるかと尋ねた。「たぶん新しい一章を追加することになるだろう」とヤーギンは答えた。(6)

マーティー・ミラーは、冷房の利いたユノカル社の社有ジェット機ガルフストリームから足を踏み出し、火ぶくれのできそうなトルクメニスタンの夏に降り立った。それは一九九五年八月、この国の首都アシガバードでは八九〇〇万ドルの新空港を建設中だった。新空港は間もなく毎年四五〇万人までを受け入れ可能になるはずだった。まだわびしい首都にはその一〇分の一の訪問者もなかった。しかしトルクメニスタンの独裁指導者サパルムラド・ニヤゾフは、ミラーのような客人によってこの国の運命が変わろうとしていると思っていた。トルクメニスタンには間もなく、ヨーロッパのベンチャー資本家やアラブの長老、アメリカの石油企業の経営者などが群がってくるはずだった。彼らはニヤゾフの石油とガスで儲けるために来るか、あるいはニヤゾフが計画しているディズニーランド型のリゾートに遊びに来るはずだった。トルクメニスタンは「新しいクウェート」になるとニヤゾフは豪語していた。しかしいくつかの行き違いもあった。真に別格の空港を建設するというニヤゾフの熱情からスタートした空港計画だったが、彼は管制塔をまずい位置に建ててしまった。パイロットをアシガバードに誘導する管制官たちの視界は、派手なターミナルビルに遮られてしまったのだ。(7)

ミラーの任務は、トルクメニスタンの天然ガスを隣国のアフガニスタンにパイプ輸送するのに、ユノカルが適切な会社だとニヤゾフに納得させることだった。ニヤゾフのような大統領にどのような商談をするかは難しかった。ニヤゾフはソ連のシステムが創造した共産党のアパラートチク（幹部）であり、民族主義の指導者に成り変わろうと努力中の人物であった。アシガバードではいたるところで、たとえば広告板やパレード用の山車やウォッカ瓶のラベルから、丸々とした銀髪のニヤゾフが微笑みかけていた。ニヤゾフは「全トルクメン人の父親」を意味するトルクメンバシと呼ばれたがっており、スターリンをモデルにした個人崇拝を確立していた。人口四五〇万人のこの国で反政府派の存在は許されなかった。古ぼけた旧ソ連式の装飾品が大量に残っていた。国営の報道機関が偉大な指導者に対するおべっかを振り撒き、何でも認可する議会が定期的に大統領の任期を延長し、ニヤゾフの聞きたがっていることなら何でも盗聴する情報機関があった。ニヤゾフは自由市場改革の導入については緩慢だった。西側の企業と何十億ドルもの国際的石油・ガス取引の商談をするというアイディアは、彼にとってまったく新しいことだった。

ニヤゾフはアシガバードの南側に、ウェディングケーキのようなかたちをした真新しい白大理石のホテルを二四軒建て、それぞれのホテルは政府の各省に割り当てられた。ミラーは石油・天然ガス省のホテルにチェックインした。部屋からはイランの山々のパノラマ風景が見渡せた。この夏、ミラーは窓に取り付けた小型冷房機の送風スイッチを毎日最強にセットしたが無益だった。彼は焙られた。トルクメン側との連日の商談はミラーを冷やしてくれなかった。テーブルを挟んで「たくさんの怒鳴り声、脅しやら威嚇やら、われわれが慣れている商談とはまるきり違ったやり方だった」とミラーがのちに語った。「しかし一日が終わると一緒に出かけ、ウォッカを少し飲み、ちょっと乾杯する。こんなバカを繰り返しているうちにね、すべては許されるんです。そして翌日は少しばかり調整するが、また同じことを繰り返すんです」

こうした状況を打破するためにミラーはジョン・イムレを呼んだ。ニヤゾフはユノカルの上級幹部たちを、アシガバード郊外にある夏の別邸に招いた。イタリア人が建てたピンク色の建物だ。一同はウォッカで乾杯を繰り返した。イムレと「全トルクメン人の父親」は意気投合し、ミラーの言葉を借りれば「実に実に和気あいあい」の関係になった。

ミラーはアシガバードの米大使館に行って支援を求めた。パイプラインの事業にもっと広範な米外交政策の目標を結びつければ、ユノカルは競争上有利になるはずだった。中央アジアの石油・ガス事業をもくろむヨーロッパや中東の一部企業は、地元当局者に賄賂を用意していた。ニヤゾフはユノカル以外にアメリカの多くのコンサルタントや仲介業者とも取引していたが、その一部はトルコや中東に曰くありげな強いコネを持っていた。ユノカル自身は、石油・ガスに経験のないサウジ企業のデルタ社と謎めいた提携関係にあった。仲介業者に手数料を渡すためでないとすれば、デルタ社に何の役割があるのかは疑わしかった。しかしアメリカの対外汚職防止法のおかげで、ユノカルのような大企業が贈賄工作に直接かかわることは非常に高くつき危険だった。ユノカルの経営陣がその代わりに提供できるのは、大型エネルギー商談がまとまればアメリカとの安全保障同盟が保証されるという約束だった。ニヤゾフはロシアからの圧力を緩和するために、以前から米政府の関心を引きつけようとしていた。ユノカルとの大型商談をまとめれば、ニヤゾフはロシアの威嚇に対しても安心できるだろう。クリントン政権にとっても、新しく独立した中央アジア諸国と米石油企業の関係が発展することは、健全な外交・経済政策の展開であった。アメリカと中央アジア新独立諸国との貿易は、一九九五年前半に前年比三五パーセント増の四六億ドルを記録していた。石油と天然ガスが道を開いた。トルクメニスタン、カザフスタン、アゼルバイジャン、ウズベキスタンには総計五〇〇億バレルから一〇〇〇億バレルの石油と約二五〇兆立方フィートの天然ガスが眠っているのだ。旧ソ連諸国の政府は、これだけのエネルギーを掘り出して輸出するための外国企業を必要としていた(8)。

クリントン政権の政策は、国家安全保障会議の一流専門家が述べたように「これら石油に富んだ諸国の独立を促進し、当該地域の石油輸送におけるロシアの独占的支配を破り、率直に言って、供給の多様化を通じて西側のエネルギー安全保障を高める」ことであった。クリントン政権は、ロシアとイランに便宜を与えないようなルートで中央アジアから外に出る「複数のパイプライン」を支援した。クリントンは、これらのパイプラインは中東の石油への依存度を減らそうとするアメリカのエネルギー政策にとって死活的だと考えた。中央アジアの新しい石油富裕国からイランを締め出すこともアメリカの重要な外交政策であった。しかしイランを迂回できるパイプラインは数少なかった。ユノカルのアフガン計画は、まさにクリントン政策にぴったりの少数例の一つだった。ユノカルは二本のパイプラインを提案した。一本は石油用、もう一本は天然ガス用だった。二本のパイプラインはトルクメニスタン南部の油田区域から南下し、アフガニスタン西部と南部をヘビのようにうねってパキスタンに終着する計画だった。駐アシガバード米大使をはじめ米当局者は、ユノカルの計画をニヤゾフとともに積極的に後押しすることに同意した[9]。

マーティー・ミラーは「政治問題を抜きにすれば」アフガンのパイプライン計画は「バカでもできる」と信じた。ところが数週間が過ぎても、政治問題はややこしくなる一方だった。

トゥルキ・ファイサル王子はずっと以前から、アフガニスタンを中央アジアにおける梃子の支点、あるいは暫定的なハブと見なしていた。サウジ情報機関のボスであるトゥルキの見るところ、アフガニスタンはかつて中東の石油に接近しようとするソ連の操舵室であった。今やアフガニスタンは、ポスト・ソ連時代の貿易とエネルギー供給の中枢点として登場した。トゥルキは、アフガニスタンを通る古代シルクロードの通商路再生を通じてパキスタンを豊かにしようとするベナジル・ブットの政策を追認した。トゥルキ王子はアフガニスタンおよび中央アジアのイスラム諸国の発展のために、想像力を飛躍させる人物を待望していた。トゥルキは最近そういう人物に巡り合った。イタリアにルーツを持つアルゼンチンの優雅な石油ビジネスマン、カルロス・ブルゲローニである。

多国籍のアクセントで話すブルゲローニは、ブエノスアイレスを本拠地とする家族経営の石油会社ブリダスの経営者だった。ブリダスは新しい中央アジア諸国で運試しをしようと、ドン・キホーテ的な試みを始めたばかりだった。パートナーを探していたブルゲローニは、リヤドのサウジ情報機関本部のトゥルキ王子に接触した。ブルゲローニに会ったトゥルキは、困難な場所でビジネスを展開する彼の驚嘆すべきアイディアに打たれた。ブルゲローニはブリダスの独自計画、つまりトルクメニスタンの「残置ガス」を取り出し、パイプラインでアフガニスタンからパキスタンに運ぶ計画を考えた。何カ月か前ユノカルが出していたのと同じアイディアだった。ブルゲローニはトゥルキ王子をビジネスパートナーにしたいと思っていた。サウジアラビアの情報当局は、ブルゲローニがこのパイプライン事業を展開しようとする全関係国に対して強い影響力を持っていた。トゥルキは直接のパートナーになることは断ったが、知り合いのサウジ実業家たちをブルゲローニに紹介した。(10)

トゥルキはブルゲローニにパキスタンの知人、ISI長官のジャベド・カジ将軍を紹介した。カジはパイプライン計画をすごいアイディアだと思った。パキスタンの重要な後援者であるトゥルキ王子の推薦状に心を動かされたベナジル・ブットは、石油および経済問題の顧問たちにブルゲローニ計画の評価を命じた。顧問たちは計画の実現性を疑問視したがブットは、ブルゲローニとの合意覚書に調印しても損はないと主張した。アフガニスタンを経由しパイプラインでガスを運び込めたら、パキスタンがそれを購入すると約束する内容の文書だ。(11)

ミラーはこの夏、トルクメニスタンでブルゲローニに会った。二人はユノカルとブリダスが提携する余地はないかを話し合ったが、一致点は見つからなかった。ミラーはブルゲローニが「人をまごつかせるやつ」で「謎めいた」話をする男だと思った。ミラーの経験では、二つの多国籍石油企業が同じような計画で争うことはとくに異常ではなかった。ユノカルのパイプラインはブリダスとは別のガス田から出る予定だった。いずれにしても、ニヤゾフはユノカルと組むはずだとミラーは思っていた。ブルゲローニとトゥルキが切り捨てられても、それまでのこと。これが石油のゲームのやり方だった。

騒がしいゲームはさらに二、三カ月続いたが、一九九五年九月後半にミラーはアシガバードで大きな進展を果たした。ニヤゾフはブルゲローニを切り、ユノカルを選ぶと最終決断した――とミラー配下のトルクメン人交渉者から連絡があったのだ。ユノカルの結んだ契約は、アフガニスタン南部を通って、それぞれ約一三〇〇キロ以上のパイプラインを二本建設するという八〇億ドルのプロジェクトであった。

ニヤゾフは、このプロジェクトについて派手な宣伝をすべきだとユノカルをつついた。この秋「全トルクメン人の父」ことニヤゾフは、国連創設五〇周年記念行事のためニューヨークに向かう予定だった。彼はこの機会に、ロシアのくびきから永久に逃れることを可能にする、今回のパイプライン計画を発表するパーティーを開催したいと思っていた。ユノカルはパーティー業者を雇い、優雅なマンハッタンのビルを満艦飾で飾り立て、ゲストスピーカーにヘンリー・キッシンジャーを雇った。

このマンハッタンの催しにアフガン人は一人も招かれなかった。ジョン・イムレは、ユノカルが「適切な相手」と近く交渉に入ると約束した[12]。

キッシンジャーは、ユノカルのパイプラインがいつか通るはずの土地を争って、多くの武装勢力が戦い続けていることを指摘し、計画の前途に懐疑的にならざるを得ないと述べた。キッシンジャーはユノカルの計画について、サミュエル・ジョンソン博士の言葉を引用し「希望が経験に打ち勝った」例だとあてこすった[13]。

トルクメニスタンとの話がまとまったので、マーティー・ミラーは二つの首都、ワシントンとイスラマバードで、ユノカルのロビー活動を開始した。

米石油企業の経営者にとって、クリントンのホワイトハウスで話を聞いてくれる相手を見つけるのはとても容易な時期だった。クリントンは一九九四年の中間選挙で議会の支配権を共和党に奪われていた。そこで彼の政治チームは議会での挽回と一九九六年のクリントン再選をめざして、大規模な資金集めを展開していた。選挙資金集めの規則は大幅に規制緩和されていた。ホワイトハウスは拠金をしてくれる企業を確保するため、企業の心配事を聞く用意があった。クリントンの「アメリカ第一」政策は、海外における米企業の利益拡張を重視していた。アメリカの石油会社が中央アジアで事業をすることは、イランを封じ込めようとする米政府の努力を促進することになった。これらすべての理由もあって、ミラーがワシントンでノックすればたちどころにドアは開けられた。

ミラーはヒューストンから毎月あるいは隔月にワシントンに飛んだ。彼はホワイトハウスで国家安全保障会議のエネルギー担当部長シーラ・ヘスリンと定期的に会談した。ホワイトハウス西棟に隣接したヘスリンの執務室には、米石油企業からの訪問客がしょっちゅう行き交っていた。ミラーの見るところヘスリンは呑み込みが早く、情報とアイディアが詰まっていた。ヘスリンはユノカルのアフガン計画を積極的に支援していた。

ワシントンから川を渡ったところにあるラングレーのCIA本部は、ヘスリンが「自己陶酔の海」を漂っている(近東局のロバート・ベアの言葉)と見なしていた。ベアにとっては「ホワイトハウスと国家安全保障会議は商売の大聖堂と化し、国内外の米国民の利益保護よりも大企業の利益が優先されていた」。国家安全保障担当の大統領副補佐官サンディ・バーガーは、九万ドル相当のアモコの株式を所有していた。当時バーガーはヘスリンとともに、省庁間専門委員会でアメリカのカスピ海政策の立案を担当しており、そのカスピ海ではアモコが大きな契約に関与していた。バーガーの政敵でもこれが汚職だとは言わなかったが、膨大な金が舞い、一〇億ドル単位の契約話が飛び交い、政治的に機微に触れる中央アジアを巡る交渉があり、それが米外交の優先順位を決めているようだった[14]。クリントン政権の商務省は、海外で受注競争をしている米企業のためにロビー活動を行った。ユノカルの場合のように外国企業と争う米企業が一社だけのケースでもだ。

バーガー、ヘスリンとホワイトハウスの同僚たちは確信を持って、アメリカの商業的利益と国家安全保障の目的とをしっかりと統合しようとしていた。米石油企業の利潤追求姿勢を利用して、難敵イランを挫折に追い込み、ロシアの長期的野心を封じ込めようとしたのだ。彼らは、これこそアメリカ外交術の伝統的かつ創造的なかたちだと信じた。アメリカの前世代は、安全保障と石油に関する非常に重要な同盟関係をサウジアラビアなどペルシャ湾岸諸国との間でつくり上げた。今は石油とガスの大規模事業によって、トルコから中国に至る新たな同盟国ベルト地帯を確保することが可能なのだ。

マーティー・ミラーにとって、南アジア担当でアフガニスタン政策を差配している国務次官補ロビン・ラフェルは「非常に役立つ」人物だった。ミラーはラフェルがワシントンにいればいつも会談した。二人は現地を訪ねたときのメモや会話の内容、アフガンとパキスタンの政治状況に対する印象を比較し合った。

ラフェルは、ユノカルのパイプラインがアフガニスタンに平和と雇用を生み出す助けになると考えていた。パキスタンとインドはガスを必要としていた。アフガニスタンは収入を必要としているが、パイプラインが完成すればガス通過料を得ることができる。このビジネスは文字どおりアフガニスタンを一つに結びつけ、地域的協力を促す新しい刺激剤になると彼女は考えた。ラフェルはクリントン政権の中で、何とかアフガニスタンに関心と人員や予算を引き付けようと奮闘していたが、ユノカルのパイプラインはアメリカをアフガニスタンに関与させる新たな、売り込みやすい説得材料であった。ラフェルはパイプラインだけでなく多くの理由でアメリカのアフガニスタン関与が望ましいと考えていた。[15]

それればかりではなかった。パイプライン経済は、タリバンを含む全当事者参加の和平交渉を促進しそうだった。ラフェルや国務省の同僚たちは和平交渉への動きをもちろん歓迎した。銀行はこのケースのように危険視されている事業には金を貸さないだろう。仮に貸したとしても、高い金利で事業はおそらく破産するだろう。ミラーが言うには、ユノカルが必要な金を見つける最も現実的な方法は、世界銀行やアジア開発銀行などの多角的な貸し手から借りることだった。これらの開発銀行は、貧しい国の経済成長を支援するために先進国の出資金で運営する機関だ。こうした金融機関が融資を実行するのは、ユノカルのパイプラインが通る各国が国際的に認知され、安定している場合に限られた。武装勢力タリバンがカンダハルから進撃中で、カブール政府のヘクマティアル首相はラバニ大統領と交戦中というアフガニスタンは、明らかに融資条件から外れていた。ユノカルが目標を達成するには、パイプライン収入の魅力でアフガン各派を説得して、国連に祝福される統一政府づくりで合意させる以外になかった。これはアメリカのアフガン政策の目標でもあった。もっともこの政策は、十分な検証もなく、資金も少なく、宙に浮いている感じであった。ラフェルとクリントンのホワイトハウスは、パイプライン計画の仔細を検討した揚げ句、ユノカルにいいことはアフガニスタンにもいいことであろうと自らを納得させた。

マーティー・ミラーの次の任務はベナジル・ブットに、ユノカルにいいことはパキスタンにとってもいいことだと納得させることだった。これまでより難しい売り込みだった。トゥルキ王子の友人であるカルロス・ブルゲローニは、自分のパイプライン計画のために闘い続けていた。トゥルキ王子の紹介状のおかげで、ブルゲローニはブット政権の当局者たちと関係を築き上げていた。

アフガニスタン経由のパイプラインで輸送するガスをパキスタンが購入することに同意しない限り、ミラーは事業資金を維持できなかった。肝腎なことは、ブットにブルゲローニのパイプラインを捨ててユノカルを選ぶ決心をさせることだった。ミラーはロビン・ラフェルやシーラ・ヘスリンらクリントン政権の当局者に、イスラマバードでの支援を頼み、同意を得た。

一九九六年前半、駐パキスタン米大使はトム・サイモンズだった。キャリア外交官で東欧・ソ連問題の専門家。ミラーと同様、彼も長い職業生活の末期を迎えていた。青年外交官として一九四八年から一九四九年までカラチに駐在した。パキスタンは独立したばかりで足場を固めるのに苦闘していた。サイモンズは自分を名誉パキスタン人と思い、予断を持たずにイスラマバードの米大使館に到着した。彼は過去数十年間、南アジア事情をフォローしていなかった。直前のポストは駐ポーランド大使で、ポーランドが資本主義を採用してからの膨大な変化を目撃してきた。パキスタンにはすでに確立した商業階級が存在しており、旧来の思考から脱却してポスト・ソ連時代の世界でチャンスをつかめる国だとサイモンズは思った。[16]

隣のアフガニスタンについては「基本的には政策不在だった」とサイモンズはのちに語った。

サイモンズはイスラマバードに落ち着くとすぐに、マーティー・ミラーとジョン・イムレの話を聞いた。サイモンズはこの両人かその他のユノカルの当事者と、二週間から四週間に一回は大使館で会談した。ユノカル側はコンピューターで処理したスライドを見せた。「このようなすばらしいグラフィックを見ると、私のような年代の者はわくわくしてしまう」ほどだった。サイモンズがのちに語ったように、アルゼンチンのパイプラインを捨ててユノカルのパイプラインを採用するようにブット政権を説得することは、ワシントンで誰一人「反対することはあり得ない」政策だった。「できるだけ静かにやるんだ。大げさに太鼓をたたかないことだ。実際的なやり方を見つけるんだ」。サイモンズは自分に言い聞かせながら二、三週間に一度はパキスタン石油省の当局者と会い、ユノカルのプロジェクトを売り込んだ。サイモンズは、パイプラインの建設がアフガニスタンを安定化させる長い道のりにつながると信じるようになった。彼はパイプラインのルート沿いに小規模な発電所をいくつも造ることをユノカルに提案したほどだった。そうすればアフガンの該当地域はカブールからもっと自立できるという考えだった。

しかし、ユノカルがブットの気持ちを変えるために、どうやって説得するのかは明白でなかった。パイプライン建設はいいことという方針をブットは原則的に了承していた。問題はどちらの石油会社が恩恵を受けるかであった。ブット政権はすでにパートナーを決めていた。

　ブットは、西洋化した彼女の友人たちが言うところの不幸な結婚生活を送っていた。彼女の夫アシフ・ザルダリはカラチのビジネスマンで、ボリウッド映画〔インド映画〕のマフィア役を真似た野心を抱くような人物だった。彼のビジネスの腐敗ぶりは、一九九〇年にブットが最初に首相を辞めさせられた一因と言われていた。第二次ブット政権で、ロビン・ラフェルら米政府当局者たちはブットに「疑わしきは罰せず」の態度をとった。アメリカ側は、ザルダリが何らかの不正な取引にからんでいることを察知したが、ザルダリが大金を盗もうとしている証拠はつかめなかった。ブットは、夫に関する悪い噂は彼女に反対する女性差別主義者が彼女を貶めるためにでっちあげた政治的策略だと非難した。彼女は感情的になっていて、夫の弁護に関しては頑固だった。反対派は政治的な得点を上げようとして、型にはまらない自分たちの結婚をあげつらっているのだとブットは主張した。このあたりのことを、クリントン夫妻は理解できるのではなかろうか[17]。

　ユノカルの経営陣は、ブットがアルゼンチンのパイプライン計画にしがみついているのは夫に賄賂が支払われたからだという噂を聞きつけた。ユノカルのロビイストはワシントンのパキスタン大使館に、賄賂話のことは知っているぞと示唆しはじめた。これは、ブット側にとって明白なメッセージだった。汚職問題に巻き込まれたくなければ、ブットは本当のことを白状してユノカルとビジネスをすべきだ、ということだった[18]。

　イスラマバードでもトム・サイモンズが、ブット政権の誰かがアルゼンチンとのパイプライン契約で賄賂を受け取ったらしいとの示唆を受けていた。一九九六年のある春の日の夕暮れ、サイモンズはブット首相を執務室に訪ねた。サイモンズは三つの議題を抱えていた。いずれもアメリカ企業がパキスタンでビジネスをしたいというテーマであった。ブットは長時間の荒れた政治会議を終えたばかりだった。彼女の眼は赤くなっていて、ひどく疲れている様子だった。

サイモンズはずばり提案した。ブットはブリダスとの覚書を取り消してユノカルと契約すべきだと。ブットはこういう言い方を好まなかった。ブット政権のメンバーたちは数カ月このかた、ユノカルのパイプラインでアメリカの圧力を受けてきた。要請ではなくて要求を突きつけてきたサイモンズに対し、ブットは「私たちは契約に違反するようなことはできません」と言った。

「しかしそれは、ゆすりじゃないですか」とサイモンズは強く反撃した。彼はそれ以上説明しなかったが、夫のザルダリのことを言っているのは明白で、ザルダリに賄賂を払わなければユノカルとの契約を承認しないのか、という意味だった。

ゆすりの一語でブットは激高した。「そんなことを言ってはなりません」と彼女は叫んだ。「あなた方の大統領のためにもそんなことを言ってはいけません」

「適切な言葉ではなかったかもしれませんが……」

もう遅すぎた。ブットはサイモンズに出て行けと告げた。この晩ブットは、クリントン政権宛ての書簡を起草するよう補佐官に命じた。米大使には、パキスタン首相をこのように扱う権利はないとの苦情を伝える書簡だった。サイモンズが大使館に戻ると、ワシントンからの電話が鳴った。サイモンズは彼自身の謝罪の意思を表す書簡を起草した。[19]

サイモンズはユノカルの経営陣に、あまり役に立てなかったと告げた。パキスタンが近いうちにユノカルの事業を承認することはあり得なかった。マーティー・ミラーが政治的同意を取りつけるためには、別の場所、つまりアフガニスタンに友人を見つける必要があった。

一九九六年の晩春、ミラーはユノカルの社有ジェット機でクエッタに飛んだ。ミラーと同僚たちは快適なホテルにチェックインして、カンダハルへのコンボイ（護衛付き車列）を準備した。一行はトヨタのピックアップ・トラックを何台か借り上げた。トヨタのピックアップ・トラック、日本製の四輪駆動車は、反ソ聖戦時代にCIAやアフガン人らが好んだ車だった。ミラーは自分と数人のユノカル経営陣のために、四人の運転手と一二人ほどの通訳とガイドを雇った。彼らはタリバンに電話して会いに行くと知らせた[20]。

ミラーは自分が怖がっていることを隠すつもりはなかった。何が起こるか予期できなかった。タリバンは多くの奇妙な規則に従っているようだし、ミラーは一度もカンダハルのような所に行ったことはなかった。彼はユノカルのパイプライン計画がもたらす便益を説明するための地図や、営業数字を入れたカラー・スライドを準備していた。スライドをパシュトゥー語に翻訳する費用も、タリバンに配るパンフの印刷代も払った。彼はパンフといくらかの贈り物をピックアップ・トラックに積んでクエッタを出発し、丘陵地の砂漠を進んだ。

彼らは一八カ月ほど前にタリバンが蜂起したスピンブルダクを通過した。樹木のない泥と岩の丘陵地を進み、カンダハル東部のブドウ畑の広がる地帯に近づいた。ミラーは車窓から見える光景にショックを受けていた。反ソ戦争が終わってからの年月にもかかわらず、いたるところに瓦礫や戦争の遺物が残っていたのだ。電信柱には電線がなかった。カンダハルには水道がなかった。どこを見ても「地雷あり近寄るな」の看板があるようだった。

彼らはタリバンのゲストハウスに向かった。内部には家具がなく、床には絨毯が敷かれていた。それだけだった。そこにミラーたちは寝袋を広げた。

ミラーたちはイスラム教徒ではないので、オマル師とは会えないと言われたが、ほかのタリバン役人たちはスライドショーとパンフに心を奪われた。ミラーは何百万ドルもの金がアフガニスタンに流れ込むだろうと語った。彼は「これからいいことが起こるのだ」と、慎重にプラス面を数えながらタリバンに語った。彼は自分が、まるで「ロバの前にニンジンをぶら下げる」ように、タリバンに売り込んでいると感じていた。

ミラーはある日の午後カンダハルの公園に出かけ、少年たちが遊んでいるのを見た。彼はタリバンがボール遊びをすべて禁じたと思っていたが、ある種のゲームは許されているようだった。もしかしたらプレゼントになるかと思ってトラックの中に潜めてきた、派手なオレンジ色のサッカーボールとフリスビーが数十個あった。ユノカルが米国内で行ったセールス・キャンペーン時の残り物で、すべてのボールとフリスビーにはユノカルのロゴがけばけばしく描かれていた。ミラーはタリバンに、この贈り物を子供たちに渡してもいいかと尋ねた。タリバンが問題ないと答えたので、ミラーは公園に戻りボールを配ることにした。間もなく公園は、数十個のサッカーボールとフリスビーで遊ぶ子供たちで満たされ、派手なオレンジ色のピンボール台のようになった。

しばらくしてミラーはタリバンの外務次官との会談をセットしようとしていた。外務次官が午後の礼拝をいつごろやるかと言い出したので、ミラーは両肩をすくめた。そのとき部屋の奥から一人のタリバンがやってきた。顎ひげを長く伸ばしてターバンをつけた白人で、ピリッとしたニューヨーク・アクセントで「祈りの時間は五時ごろだと思います」と言った。仰天したミラーは彼を見上げて「君はアメリカ人か?」と尋ねた。

アメリカ人だった。ムスリム名はサルマン。母親と妹とニュージャージーで育った彼は十代で国を飛び出し、カシミール分離主義者とともに戦うためパキスタンに渡った。そしてＩＳＩの大佐が運営するアフガニスタンの訓練基地に流れ着いた。

「ぼくがアメリカ人であることがわかると、ＩＳＩの大佐はひどく興奮した」。サルマンはのちに、ミラーのパイプライン事業のビジネスパートナーだったチャーリー・サントスにこう語った。サルマンは訓練基地を出て行くように言われ、タリバンに加わった。タリバンは彼らの隊列の中にアメリカ人がいても気にしなかった。「彼らはとても純粋で、とてもいいやつばかりです」とサルマンは言った。サルマンはニューヨーク・ニックス〔アメリカのプロバスケットボールチーム〕の調子を尋ねた。サントスは、最近の順位がわからず申し訳なく思った。

ミラーは、タリバンに調印してもらいたい合意文書を持参してきていた。文書は三ページで、拘束力のある内容は含まれておらず、タリバンにはパイプライン計画でユノカルと協調する用意があると確認するだけの内容だった。文書は「今後の協議のための暫定的な基盤」を示しているだけで、パイプライン計画を前進させるには、アフガニスタンを運営する「国際的に承認された単一の存在の設立」、つまり「全アフガン当事者のために行動する権限を持つ」政府の設立が必要だと規定した[21]。

ミラーとサントスが、ユノカルはアフガンの全当事者を相手にしたいのだと説明すると、タリバン側交渉者の一人が「しかし、われわれは全部を支配したいのだ」と答えた。

ユノカル側はこのころから、タリバンは皆が言っているような村の愚か者の集まりではないと考え始めた。タリバンはパイプライン契約を望んでいた。しかしそれはあくまでタリバンの条件で、つまりカブールのアハメド・シャー・マスード一派やその他のライバル派閥がまったく関与しないという条件でのことだった。タリバン側交渉者たちは、時はタリバン側に有利だと考えているようだった。

マーティー・ミラーは交渉を断念し、ヘラートのタリバン指導部と会うため西方に向かった。カンダハルからヘラートへの長い道路は穴だらけだった。ヘラートに着くとタリバンの地元知事がミラーを出迎えた。彼はミラーの眼を真っすぐ見つめて、威圧的な口調で尋ねた。「なぜあんたはイスラムに改宗しないのかね?」

ヘラートからの帰りは長く骨の折れる道のりだった。街道に支障があり、夜道をそれ以上進むのは危険だったので、タリバンはミラー一行を街道沿いの小さな泥造りの小屋に泊まらせた。タリバン以外の村人が検問所に群がっていた。好奇心満々の村人たちがミラーのまわりに詰めかけた。ミラーは村人たちの関心を逃れようとピックアップ・トラックに乗り込み、シートに横たわって両耳にウォークマンのイヤホンを突っ込んだ。音楽に逃れようとしたのだ。数分後トラックの窓を見ると、数十個のアフガン人の眼が、ガラスに張りついてミラーを見つめていた。ミラーは一晩中トラックの座席で過ごした。

一行は再びカンダハルに短時間止まった。タリバン指導者たちは依然、ユノカルとの協力文書に調印しようとしなかった。ミラーたちはピックアップ・トラックに戻り、クエッタに向かった。(22) 一行がパキスタンに帰り着いたとき、ミラーはトラックを降りて、地面にキスした。そして祝福のダンスをちょっと踊った。テキサスの山師にさえ向かない場所があったのだった。

第18章

起訴できなかった

ＣＩＡの担当官は、マーティー・ミラーが長い海外旅行から戻ると、テキサス州のユノカル社シュガーランド事務所にミラーを訪ねるのを常としていた。ミラーはＣＩＡの職員でもなければ、ＣＩＡから任務や金や指示を与えられたこともなかった。しかしミラーは、中東や中央アジアにつながりを持つほかの米石油企業幹部と同様、ＣＩＡヒューストン支局に自主的に現地の事情を説明することにしていた。一九八〇年代にウィリアム・ケーシーは、ＣＩＡとアメリカ人ビジネスマンとの接触を再開させていた。ケーシーは、ＣＩＡが独自の情報源を過大評価し、国際的ビジネスマンが集めた内々の詳細なデータを見逃していると考えた。ミラーはＣＩＡヒューストン支局の担当官に、トルクメニスタンとパキスタンでの交渉、汚職に関して耳にした噂話、アフガニスタン内部旅行で見聞きしたことなどを話して聞かせた。会談はいつもミラーの報告が中心だったが、見返りとしてＣＩＡもときおり、有益な詳しい情報を提供した。ある時点でＣＩＡ側は、中央アジアでユノカル社の役員にイラン諜報部工作員の脅威が及ぶことを心配した。ＣＩＡはラングレーの本部にミラーを招き、リスクを少なくするためきにどう行動すべきかを説明した。ミラーが得た印象では、ＣＩＡはユノカルがアフガニスタンでパイプライン計画を進めることには好奇心を持っていたが、計画そのものやアフガン自体に特別の関心はないようだった。

ユノカルのパイプライン計画に米政府内の支持を集めるために、ミラーはCIAよりホワイトハウスと国務省でのロビー活動に力を注いだ[1]。

一九九六年初頭には、古くから続いたCIAとアフガン人、パキスタン人との接触は、一九七九年のソ連軍侵攻以後のどの時期より縁遠いものになっていた。駐イスラマバード米大使トム・サイモンズはCIAがアフガニスタンに「何も持っていないこと」に仰天した。「CIAは全資産を持ち出してしまった。もうここから立ち去ってしまったのだ[2]」。この地域で唯一の予算付き秘密作戦はスティンガー・ミサイルの回収だった。CIAイスラマバード支局は引き続き、地域のテロリスト情報を収集していた。支局の担当官たちは、カシミールにイスラム主義の戦闘員を送り込んでいるアフガン・ゲリラの訓練基地を追跡し、地図に書き込んでいた。彼らはアフガン国境沿いの部族地域でミール・アマル・カシを捜し続けていた。しかし、過去一五年間、アメリカの秘密作戦と地域の情報収集の背骨を成していたCIAイスラマバード支局とパキスタン情報機関ISIとの関係には亀裂が入っていた。ISI長官のジャベド・カジは異動し、別の主流派将軍ナシーム・ラナと交代していた。ラナはパンジャブ出身の士官で、通信部隊が彼の本拠だった。ラナと接触のあった一部アメリカ人によると、ラナは頭が鈍く、仕事もせずに定年を待っているタイプであり、アメリカのために一肌脱ぐような男ではなかった。ISIは一九九五年に二人のアメリカ人を殺したカラチのテロリストの捜査でも、ほとんどアメリカ側に協力してくれなかった。クエッタにあるカシの家族宅を急襲したものの、アメリカ側情報の誤りのために成果を挙げられなかった一件のあと、ISIは基本的にカシ関係の作戦から手を引いてしまった。CIAがカシの居場所についての確実で説得力のある証拠、パキスタン側で確認できる証拠をを提供するなら、ISIもカシの逮捕に協力しよう、というのがラナの言い分だった。だがそれだけのことだった。スティンガー・ミサイルを回収してくれれば、ISIに手数料を支払うという取り決めがCIAとISIの関

係を支えていたが、ラワルピンディで開かれるＣＩＡとＩＳＩの定期会合は過去に比べて間遠になり、散漫なものになった。(3)

ＣＩＡでアフガン問題に強く、イスラマバード支局に過去二回勤務した経験のあるゲーリー・シュローンが、一九九六年一月に支局長として着任した。彼は支局の同僚たちに、ユノカルのパイプライン計画は愚か者が考えたつまらぬ仕事だとけなし、自分は今後これに何の注意も払わないと告げた。パイプラインはけっして建設されないと彼は断言した。しかもイスラマバード支局に与えられた作戦指令には、アフガニスタンという項目がなくなっていた。この官僚的割りつけによれば、シュローンと部下の担当官たちにはタリバンの強さ、補給元、軍事的見通しなどについて情報を集める権限がないのだった。ヘクマティアルの民兵組織や、マスードが握るカブール政府についての情報を収集する権限もなかった。イスラマバード支局が雇えるアフガン人工作員は、テロと麻薬とスティンガー・ミサイルについて報告してくる者だけだった。アフガニスタンがイスラマバード支局の手を離れ、ラングレー本部の直轄任務になったことで、アフガン内戦の波及効果をどうやって追い続けるのか、ＣＩＡ本部内でもときおり混乱が生じた。(4)

ＣＩＡ本部は、スキャンダルや予算縮小や早期退職の波、議会での論争や指導部の混乱、長官室での騒動で混乱していた。一九七〇年代の後期以降、これほど多くのＣＩＡキャリア職員が、これほど惨めな思いをしたことはなかった。

クリントンはオルドリッチ・エームズのスパイ事件が発覚したあとの一九九五年前半に、ＣＩＡ長官ジェームズ・ウルジーを解任した。エームズはラングレーのＣＩＡ本部内でロシアのために長年スパイを働いていたが、その裏切り行為はずっと摘発されなかった。大統領は後任探しで苦労したが、最終的に当時国防副長官だったジョン・ドイッチに行き当たった。ドイッチは頑固にＣＩＡの仕事はしたくないと言い張ったが、大統領は諦めず、ほかに上院の承認を得られそうな人物がいないのだと口説いた。マサチューセッツ工科大学（ＭＩＴ）で化学を学んだドイッチが初めてワシントンに来たのは、一九六〇年代にロバート・マクナマラが率いた国防総省の、いわゆる「新進気鋭」の分析官としてだった。ドイッチは肩幅が広くて腹が突き出た、無作法な男だった。彼は熟練した科学者らしく、独立的で探求熱心で、自分に自信を抱いている男だった。彼は心温かくて涙もろく、専門家肌であると同時に、厳しく尊大で傲慢な男でもあった。彼は国防総省で、友人の数学者ウィリアム・ペリー〔一九九四―九七年の国防長官〕と一緒に働くことを幸せに感じていた。非常に有能な人物と思っていたジェームズ・ウルジーがラングレーで無様に失敗するのを見て、そのあとを継ぎたいとは思わなかった。しかしひとたび大統領に説得されると、ドイッチは自分の発揮できるすべての力をＣＩＡにぶつけてみる決心をした。議会とメディアはエームズ事件に怒り狂っていた。長らくＣＩＡに懐疑的だったダニエル・パトリック・モイニハン上院議員は、ＣＩＡを廃止してその役割をほかの役所に割り振るとの法案を提出した。ＣＩＡの支持者でさえ、エームズの裏切りを探知する手がかり――たとえばエームズの金使いの荒さ――がなぜ見過ごされたか理解に苦しんだ。ドイッチは改革派の声に同調した。彼は指名承認の議会公聴会でＣＩＡを「骨の一本一本まで」改革すると誓約した。(5)

ドイッチは自分のことを「技術の男」「衛星の男」さらには「信号情報」つまり通信傍受術を意味するＳＩＧＩＮＴという専門用語を使って「ＳＩＧＩＮＴの男」と公言した。彼はラングレーにおける当初予算請求の機会を使って、国防総省の国家偵察局とか国家安全保障局など情報分野の他部局にもっと予算を振り向けるよう促した。彼はまたＣＩＡの歴史的な強みは科学的・技術的な情報収集力であると考え、これに専念したいと思った。彼は人間によるスパイ活動には感心せず、作戦本部の指導体制を改革しなければならないと考えた。ＣＩＡのスパイたちはもはや、工作員のスカウトや情報収集といったスパイ業務の核心部分での優秀さを失ったと彼は感じていた。彼らはスパイ業務の基礎を忘れ、プロとしての基準に達していないのだ。ドイッチはこのことを彼らに告げるのを恐れていなかった。ドイッチは公式の場で「若い担当官たちは何か新しい方向性が示されるのを待っているようだ。私は嫌な驚きを味わうことになるかもしれない」と語った。(6)

そのとおりになった。多数のＣＩＡキャリア職員が、ドイッチの改革メッセージに反乱を起こした。職員たちはドイッチの管理職改革キャンペーンを、ＣＩＡの中核的な任務と気風に対する新たな攻撃だととらえた。彼らから見れば、クリントン大統領はＣＩＡの健全性に無関心だった。ＣＩＡ予算は減り続けていた。一九九五年の中頃には、職業的スパイとしてファームで訓練を受けている新人の担当官は一二人しかいなかった。作戦本部は全世界に八〇〇人以下の担当官しか抱えていなかった。冷戦中のピーク時に比べると二五パーセントの減員であった。アフガニスタンだけでなく第三世界全体で支局閉鎖が相次いだ。作戦本部は、予算折衝でＣＩＡが国防総省やＦＢＩにひねられているのではないかと感じていた。エームズ事件後ラングレーにまだスパイがいるかもしれないとして始められた調査の結果、数十人の担当官に容疑がかけられた。このことが不信と疑念の空気を強めた。ドイッチが任命した新しい管理職は、性別と人種の多様性を尊重した人事構成を優先すると強調した。これはＣＩＡのベテランに多い白人男性たちを怒らせ、当惑させた。新管理職が打ち出したのは、管理職に対する公開批判、ＣＩＡの目的や重視すべき点に関する討論、メディアとの交流強化などであった。不満を抱いたベテラン職員の一人はこれを「カリフォルニアの浴槽でのたわ言」と一言で評した。誰も解雇しないで人員削減を実行するためにＣＩＡの管理職たちは、年金にたっぷり投資をしてあって、早期退職しても生活に困らないベテラン職員を探さなければならなかった。彼らはこうしたベテランを探し出し、退職を促した。退職は辛く混乱を伴う手続きになってしまった。(7)

長い間ソ連の分析官だったフリッツ・エアマスが早期退職に応じた日、彼は退職カウンセラーと一緒に書類作りを仕上げた。カウンセラーはＣＩＡ長官がスタンスフィールド・ターナーやウィリアム・ケーシーだったころからの旧知の女性だった。エアマスは、かつて彼が分析したソビエト官僚主義に対して抱いたような質問をした。「ねえ、君たちはこの小さなブースで年に四～五〇〇人の手続きをするんだよね。君から見るとうちはどういう職場だい？」

カウンセラーは眼に涙を浮かべて言った。「今までこんなに悪かったことはないわ」。エアマスがどういう意味かと尋ねると、彼女は言った。

「何が悪いのか、はっきりと示すのは難しいの。だけど、本当に大切なことではなく、どうでもいいことばかりが重視されるようになってしまっているのよ(8)」

ＣＩＡのテロ対策センターは、右肩下がりのこの組織の中で、控えめながら例外的に上昇しはじめていた。クリントン政権の最初の二年間、政権のテロリズムに対処する予算配分と政策は分散し、混迷していた。だが一九九五年春のオクラホマシティー連邦政府ビル爆破事件のショックは、国家安全保障会議に新たな緊急事態意識を呼び覚ました。この爆破犯人は、国内の反政府民兵組織の一細胞に属していた。この大胆な攻撃は、日本のカルト集団による東京での化学兵器攻撃〔オウム真理教による地下鉄サリン事件〕と同時期に起きた。ホワイトハウスのテロ分析班は、アメリカも大量破壊兵器を使うテロリストに対して脆弱であることを、日本の事件が例証したと考えた。国家安全保障会議はクリントンにつつかれて、最初のテロ対策見直しを一九九五年の前半に始動させた。

クリントンは六月、「テロ対策に関する合衆国の方針」と題した機密文書「大統領決定指令39号」に署名した。この文書は一九八〇年代の中頃、反米テロの大波の最中にレーガン大統領が署名した大統領指令に匹敵するもので、米大統領が初めて公式に核兵器、化学兵器、生物兵器など大量破壊兵器を持ったテロリストがもたらす危険を認めたものであった(9)。

CIAはこの大統領指令で「外国情報の収集、分析、テロ対策、秘密作戦に関する積極的な計画」を実行せよとの指示を与えられた。CIAは必要とあれば、テロ容疑者をアメリカの法廷で裁くために「ホスト国政府の協力がない場合は実力を行使しても」容疑者の引き渡しを求めることが可能になった。

大統領指令は「テロ組織が、窃取するなり製造に成功するなりして大量破壊兵器を入手することは、容認できない」とし、「潜在的に合衆国に敵対するテロ組織がかかる能力を持つのを防止すること、およびかかる能力を彼らから排除することに勝る優先事項はあり得ない」と述べていた(10)。

少なくとも文書上では、アメリカの方針はそれまでの数年に比べてずっと強力になり明確に表現された。大統領指令はテロ対策政策の権限を、初めてホワイトハウスに集中させた。残る難題は、言葉をどう実現するかだった。

一九九六年一月CIAのテロ対策センターは、ウサマ・ビンラディンを追跡する新しい部門を開設した。CIAはこれまで、一人のテロリストのためにこういう編成をしたことはなかった。正式名称は「ビンラディン担当支局」暗号名は「アレック」で、CIA本部から数キロ離れたバージニア郊外のオフィス・パークに拠点を置いた。一二人ほどのメンバーが働き、「バーチャル(事実上の)支局」と呼ばれた。「支局」ということは、この部門がCIAの予算配分や公電配信システムに組み込まれ、伝統的な海外支局と同じ行政単位としての特権と自治権を認められたことを意味した。このアイディアはテロ対策センター上層部の議論から生まれた。

CIAの分析班はこの時点でも、ビンラディンは主に金を出す男と見ていたが、彼は国際テロリズムの新たな機動力の象徴として台頭していた。ＣＩＡのビンラディン部門開設を承認した国家安全保障担当の大統領補佐官トニー・レークは、ビンラディンに「ＵＢＬ」という略称〔Usama Bin Ladenの頭文字による略称〕を付した機密メモが増えたのを見て、彼が重要なテロリストになったのだと実感した。ワシントンでは略称が使われるようになれば、その問題が重要になったという意味なのだと、レークは冷笑交じりに語った。国境を越えて活動するビンラディンの存在は、旧来のＣＩＡの国別情報収集システムへの挑戦だった。ＣＩＡ幹部らは、新種の班を実験しようとしたのだ。国境を越えて活動するほかの標的にも適用できる原型ということであり、諜報活動の全分野——作戦、分析、信号傍受、上空からの写真等々——を一部門に融合させようという想定だった。国家安全保障局はビンラディンの衛星電話を傍受し、国際間の会話内容を追跡していた。この新たなビンラディン担当班は、ビンラディンの金の支払いや多国籍にわたる人脈を追及するのにこれらの傍受内容を利用できることになった。[11]

　ビンラディンが選ばれたのは、一九九六年の前半にはＣＩＡテロ対策センターでもホワイトハウスでも、ビンラディンの重要性についての認識がにわかに高まったからであった。この担当班の最初のプロジェクトは、ビンラディンの活動の戦略的図面を描くことだった。ビンラディンに焦点を当てるという発想をもたらした一人がリチャード・クラークだった。クラークは強力なキャリア官僚で、一九九五年夏に国家安全保障会議テロ対策部長に任じられ、大統領決定指令三九号の権限に基づく職務権限を握っていた。ビンラディンに関する証拠は積み上がっており、各情報機関の間を公電が飛び交っていた。ＣＩＡハルツーム支局からの報告は分厚く重なっていた。ビンラディンの名前は、エジプト、アルジェリア、チュニジア、イスラエルその他からの報告に連続的に登場していた。これらの公電を定期的に読んでいた人の記憶では、北アフリカからのテロ関連のすべての公電には「テロを財政支援するウサマ・ビンラディン」という決まり文句が入っているかのようだった。ＣＩＡは今やビンラディンを「イスラム過激派の活動にとって世界で最も有力な資金スポンサーの一人」と認識しており、珍しいことにそう公言された。一九九六会計年度、CIAのテロ対策予算に新しい資金がついた。トニー・レークがある省庁間会議の議長を務め、同会議がCIAのビンラディン担当班に資金を支出することを認可したのだった。リチャード・クラークによると、彼はCIAと国防総省に対し、単なる情報収集だけでなくスーダンにいるアルカイダと「対決する」計画を立てるよう進言したが、どちらも「計画を立案できなかった」という。ビンラディン担当班の作戦担当者は、早くもビンラディン拘束計画の原案作りを始めていた。しかし上官もホワイトハウスも、これを承認しなかったし、原案を発展させようとしなかった。CIAの計画は、新たな手法を提示していた。計画立案に加わった一人は「このビンラディンの線を引っ張ってみて、何が起こるのか見てみよう」と考えていたと証言している。[12]

しかしCIAが手を延ばす前にビンラディンは、彼らの手の届かないアフガニスタンへ滑り込んだ。

スーダンの首都ハルツームの米大使館内にあるCIA支局は、一九九三〜九五年のコファー・ブラック支局長時代、ビンラディンの部下たちによる脅迫に慣らされていた。ブラックを暗殺ないし誘拐する計画を回避したあと、一人の内通者が大使館にやってきて、ワシントンのトニー・レークを殺す計画について詳しく説明した。（国務省当局者はスーダン外相からの「彼はあなたを殺そうとはしていない、と言っています」とのメッセージをレークに伝えた。レークは「ふざけた話だが、こちらも彼を殺そうとはしていません」と応じた）。CIAのメンバーも大使館の外交官もハルツームの街頭で定期的に、スーダン人やアラブ人急進派の敵意ある監視に直面していた。CIAの契約職員二人がハルツームの街頭で脅威にさらされていると報告したが、このケースについてはCIA内部でも議論が分かれた。たれ込み情報源のうち一人が嘘つきと判明したあとでも、米大使館とその職員に対する脅迫を記録したファイルは分厚いままだった。米大使館の建物はハルツーム中心部の繁華街に面していて、自動車爆弾に弱かったが、スーダン政府は新たな安全対策の要求には応じなかった。一九九五年秋、ＣＩＡ支局長と国務省の安全担当官、大使館幹部らで構成する大使館の緊急行動委員会が、アメリカ人職員を保護するためにはハルツーム大使館を閉鎖すべきだと勧告するワシントン宛公電を起草した。この計画によると、大使館内に間借りしているＣＩＡも閉鎖し、ビンラディンの間近での情報収集も終えることになっていた[13]。

新しくスーダンに着任した米大使ティモシー・カーニーは意欲満々の外交官で、この閉鎖計画をとんでもないことだと考えた。彼は同僚たちが危険をオーバーに言い過ぎると思った。コファー・ブラックはカーニーに同意した。しかしブラックは一九九五年夏、別のポストへの異動が発令されていた。そしてブラックの後任の新支局長は、ハルツームの危険性をブラックよりも憂慮していた。カーニーは、緊急行動委員会の脅威分析の基になった情報源の確度を疑問視した。また彼の考えでは、大使館閉鎖はスーダン政府に誤ったシグナルを送ることになる。アメリカは多くの目標のなかでもとくに、スーダンにテロリスト支援をやめさせるという目標に向かって努力をしていた。カーニーの考えでは、この目標を達成するにはハルツームの政府と直接向き合うしかない。もしアメリカが大使館を閉鎖して撤退すれば、スーダンはいっそう孤立し絶望的な状態になるだろう。イスラム急進主義の脅威を低減するためには、米政府はイスラム主義者と交流する洗練された方法を身につける必要があった。宗教の復興を求める平和的団体と、暴力的な組織を見分ける力が必要だった。それなのにアメリカは中東で、エジプトなど腐敗し破綻しつつある世俗派政権との同盟にしがみついていた。これらの世俗派政権は、すべてのイスラム主義政治組織を「テロリスト」と見なすようアメリカ側に働きかけていた。こうした近視眼的解釈で、アメリカは不注意にもスーダンのような政権を急進主義に追い込んでいる。カーニーはそう考えていた[14]。

カーニーは十一月にハルツームで仕事を開始し、大使館の閉鎖を勧告する緊急行動委員会の公電草案を発見した。彼は公電のトーンと結論に驚いた。しかし彼はベトナム時代の外交官だったので、仮に自分が同意できないものであっても、自分の勤める大使館からの公電は削除しないと誓っていた。カーニーはベトナム戦争の教訓として、米政府が最もよく機能するのは、聞きたくない内容も含めてすべての議論が政策決定者の耳に届いた場合だと信じていた。彼は大使館閉鎖を勧告した公電をそのままワシントンに打電させた(15)。

CIA長官のドイッチは、その公電を根拠にしてハルツームの大使館は閉鎖すべきだと思うとホワイトハウスに告げた。クリントン政権の国家安全保障チームはこの問題について二、三回議論し、これまでのスーダンとの交渉は、スーダンがテロリストを甘やかし、南部キリスト教徒に野蛮な内戦を仕掛けているという事態に何の改善をもたらさなかったとの結論を下した。もし大使館閉鎖がハルツームの政府を孤立させるなら、それが結局のところ正しいシグナルだと言えるのではないかという意見もあった。ドイッチは安全の問題に焦点を絞った。ハルツームに留まるリスクは恩恵よりはるかに大きいと彼は言った(16)。

カーニーはワシントンに飛び帰り、ウォーレン・クリストファー国務長官に大使館閉鎖は破局的な誤りだと、熱情を込めて口説いた。「大使館は道具です。道具はその場所に置いておかなければなりません」。しかしドイッチは、ハルツーム支局は仕事をするには危険すぎるという判断に固執した。クリストファーは一九九六年一月後半、ドイッチの要請に応じた。カーニーはハルツームに戻って、アメリカ人職員に対するテロの脅威のために、アメリカはスーダンから撤退するとスーダン外相に告げた(17)。

スーダン側は憤慨した。米大使館閉鎖は世界に対して、スーダンは投資や旅行をするのに安全でなく、スーダン国内へのイスラム急進派のスーダンの影響を削ぐ方向に動いていた。ハルツームの政府は最近イスラム急進派のスーダン国内への影響を削ぐ方向政府は無法者だと宣言したように見えるだろう。

カーニーは、自分にはできることは何もない、決定はもう下されたとスーダン側に告げた。一九九六年二月六日、カーニーはハルツームで、スーダン副大統領アリ・オスマン・タハの自宅で開かれた送別夕食会に出席した。この晩カーニーとタハは、スーダンのテロリスト支援について初めて真剣な会話を交わした。もしスーダンがワシントンに大使館閉鎖決定の再検討を期待するなら、スーダン側が真剣であることを示さなければならない。カーニーはワシントンにとって、スーダンに関する最大の懸念材料はウサマ・ビンラディンだと伝えた。スーダンはビンラディンを追放し、彼の資金データや北アフリカのテロリスト支援に関する情報をアメリカに提供すべきであった(18)。

スーダンは一カ月後、カーニーの助けを借りて秘密特使エルファティ・エルワ将軍をワシントンに派遣した。米政府ともっと話し合うためだった。エルワはバージニア州ロスリンのハイアット・ホテルで、カーニーとCIAアフリカ局の二人の担当官と会談した。CIA担当者は九六年三月八日、エルワと単独で会い要求リストを手渡した。ホワイトハウスの作業グループが作成し承認したものだった。CIA、国家安全保障会議、国防総省、国務省がこのリスト作成を援助した。「スーダンがアメリカとの関係改善のために取り得る措置」と題する二ページの提案書だった。リストの第二項はハルツームにおけるビンラディン支持者の情報を求めるもので「ウサマ・ビンラディンがスーダンに連れてきたイスラム戦士の名前、到着日、出発日、目的地、パスポートのデータを提供されたい」だった。リストはまた、ハルツームでCIA職員を監視していた特定の車やトラックの所有者の詳細データを要求していた(19)。

この文書は、ビンラディンのスーダンからの追放そのものを要求してはいなかったが、その議題はエルワらとの協議中に浮上していた。ビンラディンはこの会談に気づいたようだった。彼はハルツームの屋敷で、初めて一人のアメリカ人ジャーナリストのインタビューに応じた。「人は有罪が証明されるまでは無罪と推定される」とビンラディンは主張した。「だがアフガン戦士には当てはまらないようだ。彼らは『世界のテロリスト』なのだな。だが彼らを追い詰めてもテロを増やすだけだぞ」[20]
後年、スーダンがビンラディンをアメリカに引き渡すことを正式に申し出ていたかどうかが、論争になった。スーダン政府はそういう申し出をしたと主張したが、アメリカ側は否定した。スーダン当局者によれば「われわれは法的根拠があるなら彼を引き渡すとアメリカ側に伝えた」という。「われわれは言ったんだ。『法的根拠があるなら、彼を連れて行っていい』とね」。しかしこの問題にかかわった米政府高官数人は、そんなメッセージは受け取らなかったと主張した。「同時多発テロに関する米独立調査委員会」はのちに、そのような申し出をしたというスーダンの主張には「信頼に足る証拠」はないと結論づけた。[21]
ホワイトハウスでは、アメリカにはビンラディンを拘束する法的根拠があるのかどうかについて、テロ対策担当者間での論議が続いていた。司法省は彼を起訴するだろうか？ 公判を維持できる証拠はあるのか？ 当時国家安全保障担当の大統領副補佐官だったサンディ・バーガーによると、司法省側は「ビンラディンを米国内で拘束する道はない、起訴できないのだから」と発言した。バーガー自身も、その当時ビンラディンがアメリカ人に対して罪を犯したという情報は何も知らなかった。[22]
ホワイトハウスとＣＩＡが知り得た司法省の見通しは、それがすべてだった。連邦検察官らは非公式には、ビンラディンのテロ支援に対する捜査を検討していた。起訴につながり得る捜査である。だがアメリカの法律は、司法省の検察官や一緒に働くＦＢＩの捜査官が、捜査の内容を政府側に漏らすことを禁じている。彼らは証拠を厳密に隠し通した。[23]
ビンラディンを拘束できるとすれば、サウジアラビアに彼を送還するのが最も論理的と思われた。彼は反政府扇動のかどでサウジアラビア王国を追放されていた。また暴力的なイスラム主義者の攻撃にさらされるアラブ諸国が、これらの組織を資金援助するビンラディンを引き取るという選択肢もあった。

アメリカはＣＩＡを通じてサウジアラビア、エジプト、ヨルダンに対し、ビンラディンを引き受けて拘束する用意があるかどうかを個別に打診した。どこからもいい返事は来なかった。結局のところ、このころのアメリカの戦略はビンラディンを「泳がせておく」ことだったと、レークは記憶している。米当局者は、サウジアラビアにはビンラディンを裁判にかけるために帰国させる意図はないとスーダン側に伝えた。サウジ側は理由を説明しなかったが、ビンラディンを処刑ないし投獄した場合の激しい反動を恐れていることが、クリントン政権にはわかっていた。クリントンによると、サウジ側は「あまりに厄介だと恐れており、私は彼らの立場を理解した。われわれはビンラディンを起訴できなかった。彼がアメリカで誰も殺していなかったからだ。アメリカには何もしていなかった」。エジプトやヨルダンにしてみれば、サウジ情報機関もサウジ王室もビンラディンを投獄するという政治的リスクを取ろうとしないのに、何でわれわれが……という姿勢だった[24]。

スーダン・サウジ両政府の高官によると、それでもスーダン政府は、ビンラディンを追放し帰国させる問題についてサウジ側との交渉を開始した。エルワ将軍が秘密のワシントン訪問をしたころ、スーダン大統領のオマル・バシルはメッカへの「ハッジ」（巡礼）のためサウジアラビアに向かい、事実上のサウジ統治者だったアブドラ皇太子と会談した。会談の内容については両国の説明が異なる。サウジ情報機関のボス、トゥルキ・ファイサル王子によると、アブドラはサウジアラビアが「喜んで」ビンラディンを引き取って拘束するとバシルに伝えた。だがバシルが、サウジアラビアはビンラディンを「訴追してはならない」と主張したという。アブドラは「わが国では何人も法を超越できない」と答えた。トゥルキの説明では、サウジアラビアがビンラディンの引き取りを拒否したのは、スーダンの提起したこの条件だけが理由だった[25]。

スーダン当局者の記憶は異なる。彼の説明によれば、アブドラもトゥルキもビンラディンを引き取って裁判にかけることに関心はないと表明した。バシルはメッカ会談の中でアブドラに、ビンラディンの挑発的な政治的著作について恩赦を与えるようには頼んだ。しかしスーダン側は、起訴を見送るよう主張したことはけっしてない。バシルの記憶では、ビンラディンについてサウジ側とは何度も話をしたが、サウジ側は「何らかの容疑でウサマ・ビンラディンを告発したとは一度も言わなかった。彼らがわれわれに求めたのは、ただ彼を追放しろということだけだった」。スーダン当局者によれば、メッカでのサウジ側の態度は「彼はもうサウジ市民ではない。彼がどこへ行こうと構わない。しかし彼がスーダンに残れば、両国関係にとって有害だ」というものだった。(26) サウジ側は「(ビンラディンの) スーダン滞在は両国関係発展の障害だ」と明確に打ち出したと、会談にかかわったスーダンの閣僚シャラフ・ディン・バナカが証言している。(27)

どちらの説明が信用できるか判別するのは難しい。いずれにせよ、ビンラディンとサウジ情報当局との長期にわたる個人的な絆が、サウジアラビアの決定に影響したのではあるまいか。トゥルキ王子の参謀長であるアハメド・バディーブは、ビンラディンのスーダン追放の可能性が最初に表面化したときは、その運命に張り裂ける思いだったと追想している。ビンラディンの兄弟の一人はバディーブに「ウサマはもうあなたが知っているウサマではないんですよ」と告げた。この言葉もバディーブを苦しめた。「私はウサマが大好きだった。彼はサウジアラビアの良き市民だと思っていたのに」(28)

ホワイトハウスのテロ対策担当者たちは、ビンラディンをサウジアラビアに引き渡すというスーダンの申し出は不誠実だと思った。サウジアラビアがビンラディンを引き取って裁判にかける可能性が低いことを、スーダンは知っていたというのだ。ホワイトハウスは、スーダンの申し出はワシントンの機嫌を取る安全策だと解釈した。スーダンは、実際に行動を求められることはないとわかっていたからだ。(29)

いずれにしてもサウジアラビアには一九九六年前半、ビンラディンを捕まえて拘置する大きなチャンスがあった。アブドラ皇太子はこの好機をつかもうとしなかった。サウジ王室はビンラディンを厄介者と見ていたが、彼と対決しようとはしなかったのだ。

スーダンは、三月にＣＩＡから渡された要求リストに急いで応えようとはしなかった。バシル大統領は、ビンラディンがハルツームに本拠を構えている間は、ワシントンの信用――アメリカのドル投資――を獲得することはできないと結論づけていた。バシルは仲介者を通じて、ビンラディンに出国するよう通告した。この話し合いに関与したスーダン当局者によると、ビンラディンはこう答えた。「あなた方がそのほうがいいと思うなら、私は出国しましょう。しかし一つだけ言わせて下さい。私が出国しようと残留しようと、アメリカ人はあなた方を放っておきませんよ」(30)。今やウサマ・ビンラディンは、彼にとって最大の迫害者はアメリカだと完全に理解した。彼の政治的神学は多くの敵を特定したが、彼を飛行機に押し込めようと強制したのはアメリカだった。

ビンラディンが、アフガニスタンへの亡命以外の道を検討したかどうかはわからない。高名なサウジ反体制派のムハンマド・マッサリの記憶によれば、彼はしばしばビンラディンに忠告していた。「スーダンは滞在に適した場所ではない。いつの日か彼らは君をサウジアラビアに売るよ」。マッサリはビンラディンに、もう一つの根拠地を見つけるよう促した。この年の春、ビンラディンは反ソ聖戦時代に知り合ったジャララバードのアフガン人たちに連絡をとった。スーダン当局者によると「『大歓迎です』と彼らは言った。ビンラディンは連中にとって聖人のようなものだ」。スーダン政府はアフガン・アリアナ航空のジェット機をチャーターして、ビンラディンの出発準備をした。スーダン当局者によると、ビンラディンと三人の妻と子供たち、家具、それに部下たちをジャララバードに送り届けるには、ジェット機が二回往復しなければならなかった(31)。

トゥルキ王子とその参謀長アハメド・バディーブによれば、ビンラディンは給油のためにペルシャ湾岸の小国カタールに着陸許可を求めた。サウジアラビアの脇にある小さなカタールは長年サウジアラビアとの折り合いが悪く、このときは自国の王位継承をめぐる危機の最中だった。急進派イスラム主義者が宗教省内部を確保していた。バディーブによれば、ビンラディンがカタールを選んだのはカタールが「スーダンともイエメンともいい関係を保っていたこと」と、スーダンとアフガニスタンの間にある国の中では「ほかの国より安全だった」からであった。アメリカの捜査陣がのちにハリド・シェイク・モハメドを引用して伝えたところによると、ビンラディンはカタールではなくて近くのアラブ首長国連邦で給油した。ともかく、燃料タンクに補充したジェット機で、ビンラディンはアフガニスタンまで数時間の飛行に飛び立った。[32]

スーダン政府は、ビンラディンが飛び立ってから初めてカーニーとホワイトハウスに、彼の出発を知らせた。アフガン東部に情報源がなくなっていたCIAイスラマバード支局は、ビンラディンのジャララバード到着を監視していなかった。[33]

一行のジャララバード到着数週間後、アフガン東部の山岳基地を訪ねたあるイギリスのジャーナリストに向かって、怒りに燃えたビンラディンはアメリカ人こそ世界中のイスラム教徒にとって「主要な敵」だと宣戦した。サウジアラビアの支配者たちは「第二の敵」でしかないと彼は断言した。ビンラディンの観点からすれば、世界は今や「イスラム教徒とアメリカの戦争開始のとき」に達したのだった。[34]

ビンラディンが何の問題もなくスーダンから逃亡したことは、CIAの実験的ビンラディン担当班と増強されたホワイトハウスのテロ対策班にとって、縁起の悪いスタートだった。一九九六年最初の数カ月はもっと悪くなった。

一九九五年二月のラムジ・ユセフ逮捕と、太平洋上で米民間機を爆破するというユセフのテロ計画の証拠発見以来、CIAとFBIはハリド・シェイク・モハメドの捜索に気を取られていた。ユセフの逮捕後、捜査陣はモハメドがカタールからニューヨークの世界貿易センター爆破犯へ六六〇ドルを電信送金したことをつかんだ。CIAが関連の電信記録を調べた結果、モハメドはユセフの叔父であり、ユセフの妻の姉と結婚していることを突き止めた。捜査陣はユセフの持ち物から見つかった手がかりを追いモハメドの足跡を調べ、CIAはモハメドがカタールに潜伏している証拠を入手し、モハメドがカタールの水道局に機械技師として雇われていることを突き止めた。ホワイトハウスはCIAに、モハメドを早急に捕まえてアメリカに飛行機で連行できないか問い合わせたが、CIAはそういう作戦を実行する担当官も工作員もカタールには置いていないと回答した。カタールの宗教基金担当相シャイフ・アブドラ・ビンハリド・タハニは、ビンラディンに忠実なイスラム主義者の保護者として知られていた。もしCIAがカタール政府にビンラディン拘束への協力を要請すれば、モハメドに警報を与えることになりかねない。ホワイトハウスはそこで国防総省に、モハメドの逮捕作戦に特殊部隊派遣を検討するよう指示した。国防総省は、飛行機をバーレーンに飛ばし、そこからヘリコプターで小人数の攻撃隊を発進させるという大規模な計画を提案した。国家安全保障担当の大統領副補佐官のサンディ・バーガーが、ホワイトハウスでこの案を検討する会議を仕切った。問題はバーレーンとカタールの間で最近、ペルシャ湾の島々の領有権を巡って紛争が起きていることだった。もしカタールがバーレーンから飛来するヘリコプターを敵攻撃機と解釈したら何が起こるか？　一人のテロリストをこっそり逮捕しようとして、アメリカが不注意に戦争を誘発することになりかねない。一方で司法省は、国防総省の案に法的問題があると指摘した。またホワイトハウスは、カタールと重要な空軍基地租借協定で交渉中であることを特記した。結局この案は廃棄され、捜査陣はモハメドに対する正式な起訴状を待つことにした。起訴状は一九九六年一月に発付された。FBIは正規の外交チャンネルを通じた逮捕手続きを取ったが、カタール政府は煮え切らない態度を取り、モハメドは逃亡した。怒り狂ったFBI長官ルイス・フリーはカタール外相宛てに以下のような書簡を送った。「私は穏やかならぬ情報を受け取った。それはモハメドが再び貴国治安機関の監視の目から逃れたこと、FBIの関心に彼が気づいたとみられることを示唆している」。CIAは、モハメドがビンラディンの世界戦争論に親近感を深めていることを明確に把握していなかった。CIAのテロ対策センターも新しいビンラディン担当班にモハメド関連の調査を命じておらず、モハメドをフリーランスの過激派として別個に追跡していた。[35]

それは、ビンラディンとイスラム主義ネットワークに対するクリントン政権の秘密戦争が深まるにつれ、数年間続いたパターンの始まりだった。アメリカには中東と中央アジアに信頼できる同盟国がなかった。CIAの準軍事部隊は規模が小さく機動性にも欠けていた。国防総省の作戦立案者は大規模攻撃の要領で作戦を計画した。敵に対する戦術的諜報活動は場当たり的、一時的だった。

この方式でビンラディンに対する作戦を進めるのは、きわめて難しかった。

ビンラディンが到着したころのジャララバードは、東部パシュトゥンの部族指導者たちと元反ソ連ゲリラ司令官たちの地域シューラ（評議会）によって、統治とは言わないまでも、管理されていた。彼らの多くは、パキスタン国境を越えての密輸、密売などの怪しげな儲け仕事に手を染めていた。彼らはタリバンに参加しないかとの呼びかけに抵抗しつつ、ヘクマティアルやマスードの双方と距離を置いていた。最も目立つ指導者はハッジ・カディルで、ジャララバード市長と呼ばれることもあった。反ソ連ゲリラ時代からの最高の親分はユニス・ハリスで、彼は八十代ながら十代の妻たちをめとっていた。ハリスとほかのシューラ指導者はISIとの接触を保っていた。[36]

ビンラディンは一九八〇年代から九〇年代前半を通じて、ジャララバード・グループの何人かをよく知っていたし、スーダンにいた時代も接触を保っていた。彼はＩＳＩとの接触も維持していたかもしれない。ビンラディンがタリバンの支配地区に乗り入れなかったことは注目に値する。アメリカの一部アナリストはのちに、ビンラディンはアフガニスタンに到着する以前からタリバンに送金していたと報告している。[37]だがビンラディンは、孤立し厳格で謎めいたタリバン指導部との間に、自身と家族を委ねるほどの信頼関係は築いていなかったようだ。

ちょうどビンラディンが到着したころ、タリバンは権力と野心追求の新段階に入りつつあった。タリバンはもう一九九四年の後半から九五年の前半にかけての、控えめで相談しやすいパシュトゥンの田舎者ではなかった。彼らは国家的目標を持つ政治・軍事運動に発展していた。トゥルキ王子のお気に入りのラバニ師のような指導者は、外国の訪問者や国連の外交官に対して、タリバンは単なる暫定勢力だと暗示し続けていた。タリバンは犯罪的な軍閥のはびこるアフガニスタンを浄化し、おそらく亡命中の国王の復帰を含めた新しい政治的スタートを準備するというのが、米外交官たちに「穏健派」と称されるようになったラバニらの主張だった。しかしこうした主張は次第に、タリバンの権力欲を示す恐ろしげな出来事と帳尻を合わせなければならなくなった。指導者たちはマスードに守られたカブール政府を「アフガニスタンにおける諸悪の根源」と非難するようになった。[38]

一九九六年の早春、オマルはパシュトゥン人の宗教学者と部族長ら一〇〇〇人以上を集めて二週間にわたる大会議を開いた。それはタリバンの誕生以来、タリバン支配下でパシュトゥン人によって開かれた最も公然とした大政治集会であった。オマルは彼の立ち位置とシンボルを注意深く選んでいた。集会のクライマックスが近づくと、オマルは参加者をカンダハル州知事官邸の前に広がる石とタイルの大広場に案内した。広場のゲート前には十八世紀のアハメド・シャー・ドゥラニ王の墓と、聖なる預言者のマントを納めた象眼タイル製のモスクが建っていた。

オマルはモスクの屋根に登り、聖なるマントを広げて見せた。会衆が彼を支持する大歓声を上げる中で、オマルは劇的なしぐさで歴史的な遺物を羽織った。集会に参加した代表たちはここで正式に、オマルをアミール・アル・ムウミニーン、つまり「信徒たちの長」として承認した。彼らはタリバン支配地域の国名を「アフガニスタン・イスラム首長国」と命名し、神聖化した。彼らはマスードに対する聖戦を呼びかけた。一部はザヒル・シャー国王を犯罪者と非難した。失われたドゥラニ帝国を象徴する遺物に囲まれて、彼らは自分たちの隻眼の王を公告したのだった。[39]

クリントン政権内でロビン・ラフェルはたった一人、国連が主催する全当事者参加のアフガン和平会議の緊急性を訴えるために奮闘していた。ラフェルは数人の議員から支持を得ていたが、ホワイトハウスからはほとんど支持されていなかった。ラフェルが率いる国務省南アジア局は、タリバンについて、嫌われ者だがすでに確立されたアフガンの一派だと見ていた。パキスタンは、和平会議には各集団の指導者が参加しなければならないとの見解を示しており、アメリカはこれを承認した。密かにタリバンを支援しながら表向きには嘘をつき続けたパキスタンは、タリバンの存在を国際外交上の既成事実とすることに成功した。アメリカもタリバンの正当性を容認したのだ。一方でラフェルは、米国務省がタリバンであれ、マスードであれ、アフガン戦争を軍事的に解決しようとする一切の試みには反対することを明確にしていた。

ラフェルは一九九六年四月十九日と二十日、カブール、カンダハル、イスラマバードを訪問した。タリバン指導者の一人がパシュトゥン人の首都カンダハルで「クリントン大統領と西洋にわれわれが悪い人間でないことを伝えてくれ」とラフェルに告げた。ラフェルと米大使トム・サイモンズは、タリバンの謙虚できわめて単純なメッセージは「これまでになく自分たちの限界に気づき始めたこと」を意味するのだろうと結論づけ、サイモンズはワシントン宛の公電にそう記した。ラフェルとサイモンズは、パキスタン政府の文民と軍指導部の間で、アフガニスタン政策の幅を広げる必要について「コンセンサスができてきた」と誤解した。ブットは以前と同じく、ラフェルに嘘をついた。ブットは「パキスタンはタリバンに軍事的支援を与えておらず、最低限の非軍事援助を渡しているだけだ」と強調した。ラフェルはマスードに対するパキスタンの敵意を感じ取り、カブールでマスードと会談したときにそれを伝えた。「マスードはアフガニスタンに下からの民主主義をもたらすというビジョンを語った」が、ラフェルとサイモンズはワシントンに送った機密公電で、この「バラ色のシナリオ」は信用できないとして、包囲下にあるマスード政府の「独り善がり」を批判した。マスードと側近たちのほうでは、ラフェルの説教にうんざりした。ラフェルはアフガニスタンを「パキスタンの安定を脅かす未開の荒野」のように扱ったのだという。マスードと情報将校たちは、ユノカルのパイプライン計画の条件整備のために、CIAが秘密裏にISIと組んでタリバンによるカブール征服を企んでいると信じていた。マスードの政府はユノカルのライバルであるアルゼンチン企業と協定を結び、同社からマスードの顧問が所有するニューヨークの銀行口座に一〇〇万ドルの支払いを受けていた。マスードたちは、自分たちがユノカルの敵、すなわちアメリカの敵というレッテルを貼られたのではないかと恐れていた(40)。

実際のところ、ワシントンにはアフガン政治について陰謀を企てるほど、この国のことを気にかけている人は一人もいなかった。それでもラフェルと国務省の同僚たちはこの春、アフガニスタンでCIAが主導しユノカルが進める陰謀に対する非難を何度も聞かされた。一九八〇年代の一〇年間に行われたCIAの秘密作戦によって、多くのアフガン人やパキスタン人はCIAが彼らの問題に関与する強力な存在だと思い込んでいた。ラフェルと彼女の同僚たちはCIA＝ユノカル＝タリバン共謀説とその詳細をあまりにも頻繁に聞かされるので、CIAに数回非公式に問い合わせをして、煙の下に火はないことを確認したほどだった。ＣＩＡは潔白だった。

当時の米当局者の中でラフェルほど、不安定なアフガニスタンが世界に突きつけている危険性に公然と警鐘を鳴らした人はいなかった。この国は「パキスタンや周辺の中央アジア諸国を徐々に衰えさせる麻薬、犯罪、テロリズムの導管になってしまった。その影響はヨーロッパやロシアを越えた範囲にまで及ぶのです」と彼女は予言した。彼女は中東のテロ事件がアフガンの訓練基地までトレースできるとも警告した。一方で彼女はタリバンによるイスラムの厳格な解釈はアフガンの伝統に反するものであり、最終的にはもっと穏健な神学に近づくのではないかと論じた。ただ彼女の政策的な処方箋は漠然としているか、商業的な利益に引っ張られていた。この春のカブール訪問中にラフェルは、アメリカが「当地における経済的利益が失われることを憂慮している」と公言した。彼女はロシア側との非公式な会談で「米政府はこの地域の平和によって、アメリカのビジネスが促進されることを期待している」と語った。イスラマバードで彼女は、ユノカルのパイプラインは「トルクメニスタン、パキスタン、アフガニスタンにとって大変好都合であり、それはアフガニスタンに雇用をもたらすだけでなくエネルギーをもたらす」と宣言した[41]。

それは米外交が、けばけばしい装いを見せた季節だった。何年も続いた撤退と関与停止の揚げ句に、アメリカの政策は企業取引用の言語に呑み込まれてしまった。政府にはほかの選択肢が見つけられず、ユノカルの政策目標が国務省の政策目標となった。どんな恩恵がもたらされるかは別として、プロジェクトに対する注目度があまりに高いことによって、アメリカの国力が放つメッセージと意味がゆがめられた。タリバンに対するアメリカの寛容度は、一石油企業の財務目標と公に不可分に結びついているのだった。アフガン戦争の死者は、ソ連の軍事侵攻時から数えると約一五〇万人に達していた。国土は荒廃し地雷だらけだった。アフガン人の平均余命は四十五歳。豊かさを示す国連の人間開発指数でアフガンは一七五カ国中一七三位だった。[42] こうした現実にもかかわらず、アフガニスタンに何らかの関心を寄せる数少ない米当局者は、この国が産業復興の条件が熟した無税国で、冶金関係の職業教育が政治的突破口を開くなどと話していた。

ビンラディンが帰還したこの春、アフガン人自身の中心的疑問はタリバンの軍事的潜在力だった。過去一〇年以上にわたって、アフガン国内で権力の鍵を握ってきたのは外部からの、とりわけパキスタンからの軍事物資と金の補給だった。ここでも地殻変動が起きていた。

イスラマバードでは国家安全保障に関する秘密閣議で、ベナジル・ブットとＩＳＩとのタリバンに関する議論が新局面を迎えていた。ブットは一九九六年春までに、タリバンに無制限の秘密援助をすべきだと迫るしつこいＩＳＩの主張に降伏した。しかしタリバンが力と領土を拡大するなかでブット文民政権は、国連が主催する全当事者間の交渉を経て政治合意を実現させるために、タリバンを利用できるという希望にすがった。ブットの記憶では、ＩＳＩ長官のナシーム・ラナと数人のＩＳＩ准将たちが、カブール最終攻撃のためにタリバンを武装し、装備を与え、訓練することを許可してほしいとブットに迫った。もしタリバンがカブールを制圧すれば、カブールにパキスタンに忠実なパシュトゥン人中心のイスラム主義政権を発足させるという、ジアウル・ハク将軍の夢が初めて実現するというわけだった。

ブットは抵抗した。彼女は、タリバン運動がその勇ましいイスラム主義を中央アジアに押しつければ、中央アジアとパキスタンをつなぐ彼女の通商プロジェクトにダメージを与えることになると考えた。タリバンの力も利用しつつ、中央アジアに強い絆を持つマスードやその他北部諸民族の武装勢力を含めたアフガニスタン和平を進めれば、さらに大きな利益が得られるだろう。

ブットは、世俗的な心情を持つジェハンギル・カラマット陸軍参謀長の支持を求めようとした。カラマットはパキスタン国軍の総司令官である。ブットはのちに、このときのことをこう語っている。「もし圧力がさらに強まったら、陸軍参謀長に加えて国防諮問委員会、空軍司令官と海軍司令官ら軍指導部を集めて会議を開くつもりだった。彼らは私の考えを支持する。つまり国連と協調しなければならない、ということだ」[43]。しかしISIはもっと執拗で、ブットには告げないままタリバンをカブール入りさせるつもりなのは明らかだった。ISIはカラマットの命令も無視したのか、あるいは非公式のゴーサインを受け取っていたのか、その間の事情はブットにはわからなかった。ブットと側近たちは米政府に、タリバンに対するパキスタンの秘密援助の内容や程度について嘘をつき通した。

アメリカの駐パキスタン大使トム・サイモンズは、タリバンがカブールの城門に近づいた一九九六年の晩春から初夏にかけて、カラマットら軍上層部の将軍たちと頻繁に話し合った。パキスタン国軍は、アフガン政策の流れに捕らわれたと感じている――サイモンズにはそう思えた。パンジャブ出身の世俗派将軍たちはタリバンを冷笑的に見ていたし、パキスタン国軍が「終わりのない戦争のレシピ」で料理を作ってしまったことを憂慮し、「パキスタンは枯渇しつつあり、戦争はパキスタンを弱体化している」と嘆いていた。一方で将軍たちは「国のために現実的な選択肢は、ほかにはない」とサイモンズに語っていた[44]。

カブール陥落は急速にやってきた。今やアフガニスタンで最も富裕な長老となったウサマ・ビンラディンも急いだ。

タリバン軍は八月にジャララバードの評議会（シューラ）を奇襲攻撃した。ハッジ・カディルや最初にビンラディンを歓迎した連中は国境を越えてパキスタンに逃れた。タリバンはこの地域を支配し、ビンラディンは彼らの真ん中にいた。当時ビンラディンは資金的に問題を抱えていたにもかかわらず、自分の金を三〇〇万ドル差し出して、タリバンとカブールの間で迷っている司令官たちを買収したらしい。

タリバンもサウジアラビアや湾岸のスポンサー、地域のトラック輸送マフィア、麻薬密輸業者、ISI、その他から資金を集めたようだ[45]。

ビンラディンはアフガニスタンに戻って初めての夏を、自分を国外追放に追い込んだ敵の同盟に関する長文の「ファトワ（イスラム法に基づく裁定）」を書くことで過ごした。「二つの聖地を占領しているアメリカに対するジハード宣言」というタイトルで、サウジ王室は帝国主義者のユダヤ教徒・キリスト教徒同盟の手先に成り下がったという彼の信条を展開したものだった。彼は自分が「パキスタン、スーダン、アフガニスタンで迫害されてきた」ことに抗議した。彼は自分の新しい天国をホラサンと呼んだ。ホラサンとは、その昔中央アジアを包含したイスラム帝国のことだ。タリバンがカブールに向かってピックアップ・トラックのスピードを上げていたころ、ビンラディンはこのジハード宣言をファクスでロンドンの複数の新聞社に送った[46]。

マスードは仇敵グルブディン・ヘクマティアルとの、最後の、そして浅はかな同盟を結んだのち、カブールを失った。ヘクマティアルは、（正しくも）ISIがタリバンのために自分を見捨てたのではないかと恐れ、マスードに救いを求めた。マスードには選択肢がほとんどなかった。信用できないとはいえ、ヘクマティアル軍はカブールの東と南を取り巻き、タリバンのカブール接近の防壁になっていた。ヘクマティアルは、マスード軍をカブールから出撃させてタリバンを攻撃してくれと頼み続けた。マスードはのちにこう語っている。「ヘクマティアルは毎日心配していた。『タリバンは計画に沿って進んでいる。もうパクティアを獲った……君は何もしていないし、協力してくれないし、戦っていないじゃないか』と言いながら」。ラバニ大統領はマスードに言った。「そうだな。ヘクマティアルの言うとおりかもしれん」。マスードは自軍をカブールの東と南に出した。そこは長い反ソ戦争中もマスードがまったく経験しなかった地域で、土地不案内だった。マスードと幕僚たちは地図を研究しながら、タリバンと対戦す

るために進んだ。「われわれは出撃したが、防衛ラインに注意を払わなかった」とマスードは語った。(47)

九月二十五日、カブールの東の城門サロビで罠が弾けた。タリバンに買収されたヘクマティアル配下の地元司令官は、城門の脇に突っ立ったままタリバンを通過させた。タリバンは強力な機関銃を荷台に付けた日本製のピックアップ・トラックを連ねて、見事な機動戦を展開した。彼らはサロビからカブール市内へ、また市南部の開けた平野部を突進し、急襲した。マスード側のヘリコプターと戦闘爆撃機による攻撃も、タリバンの群を防ぐことはできなかった。九月二十六日マスードは将軍評議会に撤退せざるを得ないことを告げた。彼らは集められる限りの戦車と装甲車を集めて夜通し首都から北へ、岩で守られたマスードの故郷パンジシール渓谷に向かった。(48)


その翌日タリバンの大集団がカブールになだれ込んだ。彼らは黒いターバンを着け、両目のまわりに白い粉末を塗りつけていた。彼らは誰にも邪魔されることなく、穴だらけの省庁の建物に入り、床に毛布を広げた。その日のうちに市内の大きな政府用ビル、宮殿、軍事基地などはすべてパシュトゥン人戦闘員の群に占拠された。

一九九二年四月にカブールがイスラム戦士の手に落ちて以来、ナジブラ前大統領は市内の国連施設内に軟禁状態で暮らしていた。ラバニもマスードも、この元共産党員および秘密警察のボスを裁判にかけなかったし、国外亡命のための釈放もしなかった。ナジブラは衛星テレビを見たり、ウェイトリフティングをしたり、英国時代のアフガニスタンの歴史を書いた「グレート・ゲーム」を英語からパシュトゥー語に翻訳したりしてこの年月を過ごした。彼はある訪問客に、この翻訳に触れて「アフガン国民は同じ過ちを繰り返している」と語った。(49)

タリバンは九月二十七日、ナジブラの住居に突入した。たまたま彼の弟が訪ねてきていた。数時間後、市内の交差点上に吊るされた二人の死体から判断して、兄弟は拳や石や棍棒で殴られ、緩慢で苦痛の多い死を遂げたようだった。秘密警察の拷問室からたたき上げ、外交官たちとの国際会議で経歴を終えたこのアフガニスタン前大統領は、タリバンがカブール中心部の人目に立つ場所を選んだ高さ三メートルほどの死刑台で、首に巻かれたワイヤーが引っ張り上げられる前に絶命していたようだった。(50)

タリバンの法律は、「シャリーア(イスラム法)の声」とすぐに改名されたカブール放送で、布告として発表された。ラジオのアナンサーは、練り歯磨きで歯を磨かないで予言者が好んだ木の根を使うようにと宣言した。生活上の禁止事項が読み上げられた。人生のちょっとした楽しみを一つ一つ点呼するのかのようだった。禁止されたのは、ビー玉、煙草、ダンス、音楽、歌、伝書鳩、凧揚げ、テレビを見ることなどであった。ビジネスマンや商人は商品を紙で包むことを禁じられた。聖なるコーランのページが、不注意で包装に使われることのないようにするためだった。サウジアラビア直伝の勧善懲悪委員会は魔術とアメリカ式へアカットも禁止した。

タリバン指導者は女性に姿を消すよう命じた。「政府の役所で働いているすべての姉妹たちよ。追って沙汰のあるまで自宅に留まっていなさい」と、初日からラジオが発表した。「サタル(イスラムの服装)はイスラムにあってはきわめて重要なもので、すべての姉妹たちは……外出時には顔と身体全体を覆うよう、真剣に要請する」。カブール大学では、学部に在籍する八〇〇〇人の女子学生が居場所を失い、ほぼ同数の教師が職を失った。膨張した政府の役所で公務員として働き、わずかな金額だが着実な給料を大家族にもたらしていた何千人もの女性が、役所で働くことを禁止された。(51)

六週間後、タリバンは番号を振った規則を発表し、宗教警察にその規則を守らせることにした。第一の規則は「扇動および覆われていない女性」の防止のため、タクシー運転手はブルカで全身を覆っていない女性のためには停車するな、であった。規則第一二は、川で洗濯をしているところを見つかった女性は、宗教警察に「丁寧なイスラム式のやり方」で自宅に連行され、その夫は厳しく罰せられるとしていた。規則第一五は、女性の寸法を測ったり、ファッション雑誌を見せたりした仕立屋の刑期を列挙していた。(52)

米国務省はこうした発表に、ほとんど抗議をしなかった。外交官たちはカブールの新しい統治者と宥和しようと考えていた。九月二十八日ワシントンから海外の大使館に送られた、国務省の指示を伝える機密公電は「われわれはタリバンの新しい『暫定政府』と早い段階で関係を築きたいと思っている」と述べていた。米外交官はタリバンとの第一回公式会談で「彼らをカブールの新しい支配者として交渉するつもりだという(アメリカの)意思を示すこと、彼らの予定や計画、政策についての情報を求めること、われわれの基本的関心事である安定度、人権、麻薬、テロリズムに関する(米政府の)見解を伝えること」に努力すべきだと、この公電は指示していた。ビンラディンはこの公電の最後のくだりの、より細かい検討事項の一覧に出てきた。ワシントンの機密討議項目には、タリバン指導者に対してきわめて優しい質問が二つあった。第一は「われわれは、以前へクマティアルやサヤフ、アラブ人グループが開いていた訓練基地が閉鎖されることを歓迎します。これらの訓練基地の現状を説明してくれますか?」というものだった。第二の質問は「元サウジアラビアの元財政支援家で急進的イスラム主義者のウサマ・ビンラディンの居場所を知っていますか? 彼は東部にいると聞いています。彼が引き続き滞在することはアフガニスタンの利益にならないとわれわれは信じます」であった。タリバン指導者はイスラマバードの米外交官に電話してきて、ビンラディンの居場所はわからないと告げた。(53)

トム・サイモンズ大使は十一月八日、日が陰ったイスラマバードの米大使館構内でタリバンの外相代行ガウス師と会談した。ガウスはオマル同様隻眼だった。会談に同席した米外交官のメモによると、サイモンズは「私はアメリカについて話したいことがあります」と言った。「アメリカ人は西洋で最も宗教的な国民でイスラムに大きな敬意を寄せています。イスラムはアメリカで最も急速に広がっています。実際、アメリカ人のイスラム教徒はアメリカ人のユダヤ教徒より多いのですよ」。サイモンズは、タリバンのアメリカに対する態度を和らげられると信じているかのように、口説いた。サイモンズは続けた。アメリカ人は「神の意志を見分けることは非常に難しいことを学びました。神の意志についての解釈を他者に押しつけることは危険だ。とりわけ力を用いて押しつけることはきわめて危険だ。アメリカ人は、経験からそう学びました」ガウスは礼儀正しく聞いていた。ガウスはタリバンが平和を望んでいると述べたが、タリバンは敵には譲歩しないし、とりわけマスードや北部同盟には絶対に譲歩しないと述べた。十二月六日、サイモンズの次席がウォーレン・クリストファー国務長官からの書簡をタリバンに手渡した。この書簡は、アメリカがタリバンとかかわり合うことを約束しながらも「われわれはすべてのテロリストとテロリスト支援者をアフガニスタンから追放するために、あなた方と協力したいと考える」と述べていた。ロビン・ラフェルはこの書簡の原文をハミド・カルザイに渡した。タリバンは彼に国連代表になってほしいと思っていた[54]。

ラフェルはニューヨークの国連安全保障理事会の非公開会議で、米政府のアフガン政策の概要を説明した。彼女はアフガン和平のために、すべての国はタリバンとかかわり合いを結ぶべきだと訴えた。「タリバンは国土の三分の二を支配しています。彼らは土地の人間であり、権力を維持できることを示しました」とラフェルは述べた。「タリバンが成功した原因は、多数のアフガン国民とりわけパシュトゥン人が、たとえ厳しい社会的制限を伴うことになっても、長く続いた戦闘と混乱の代わりに平和と安定を望んだことなのです。

タリバンは今や国際社会における現実となった。ラフェルは「タリバンを孤立させることはアフガニスタンの利益のためにも、国際社会の利益のためにもなりません」と宣言した[55]。

第19章　われわれはスティンガーを手放さない

ＣＩＡイスラマバード支局長ゲーリー・シュローンが一九九六年九月秘密裏にカブールへ飛び、スティンガー・ミサイルとビンラディンについてアハメド・シャー・マスードと深夜に会談したことで、ＣＩＡは四年間の中断を経てアフガニスタンへの関与を再開した(1)。

ＣＩＡはシュローンと部下たちの資金を賄うため、三つの秘密計画を用意した。まず、一九九六年前半に国家安全保障会議がＣＩＡテロ対策センターにウサマ・ビンラディンを追跡する「事実上の」支局新設を認めたことは、ビンラディンと彼の作戦に関する情報収集に専念する担当官や分析官の配置、資金の供給が認められたことを意味した。アルカイダを離脱して情報提供者となったジャマル・ファドルは一九九六年の後半、ＣＩＡのビンラディン担当班がビンラディンを過小評価していたことを思い知らせた。ビンラディンはいくつものテロを計画し、さらにその先のことも計画しようとしていたのだ。ビンラディン担当班はイスラマバード支局の援助を必要とした。シュローンのグループには、ビンラディンの世界と多数の接点を持つＩＳＩとのつながりがあった。シュローンはまた、マスードとの対話も始めていた。マスードがカブールを撤退したあとも、バージニアのビンラディン担当班とイスラマバード支局の間では公電が途切れることなく行き交っていた。ラングレーのＣＩＡ本部テロ対策センターはそのほかに、一九九三年にCIA本部を襲ったバルチ人逃亡者ミール・アマル・カシを追うフルメンバーの捜索班を抱えていた。カシ捜索班はCIAイスラマバード支局に、カシを探索するためのアフガン人を含む専任工作員を雇用する権限を与えていた。第三のプログラムは最も豊かな資金源となったCIA本部の直轄計画で、マスードと会うためにシュローンがカブールを秘密訪問したのもそのためだった。スティンガー・ミサイル回収計画だ。(2)

タリバンがカブールを占領したころ、反ソ戦争中にCIAが配布したスティンガー・ミサイル約二三〇〇発のうち約六〇〇発が行方不明のままだった。このころ中東と中央アジアでは、スティンガーが取引される活発なマーケットが成立していた。イランは買えるだけ買おうと動いていた。CIA担当者の大雑把な推定では、イランはおよそ一〇〇発のスティンガーを買い入れていた。残りの在庫品はアフガニスタン国内にあるとみられていた。一部のアフガン軍閥は、地域の紙幣を大量に抱えるよりスティンガーをいくつかを持つ方がまともな投資だと考えていた。CIAは仲介者を通じて、ミサイルの弾頭だけでなく発射装置もドルで買う用意があることを宣伝した。発射装置だけを売買する第二のマーケットがアフガニスタンに誕生し、成長した。詐欺師たちがマーケットの仲介業者を目当てにスティンガーに似せたミサイルもどきを造らせたという話もあった。売り手が売り惜しみをするので、スティンガー・ミサイル一式の価格は七万ドルから一五万ドルまで跳ね上がった。

CIAは中東一帯の同盟者に助けを求めた。トゥルキ王子の参謀長であるアハメド・バディーブは、アフリカに密輸されたスティンガーを買い取るためにソマリアまで飛んだ。しかしスティンガー回収計画は一義的には、かつてスティンガーを配ったCIAイスラマバード支局の仕事だった。CIAは一九九六年まで、スティンガー回収のためにB200型双発ターボプロップのセスナ機をイスラマバードに置いた。CIAのパイロットはスティンガーを引き取るために地域一帯を飛び廻った。集められたスティンガーはしばらくイスラマバードで備蓄し、やがて大型輸送機が米本土に運び、軍が破壊した。CIA担当官が輸送困難な場所でスティンガーを買い入れた場合には、その場で穴を掘ってプラスチック爆弾でスティンガーを爆発処理することもあった。その場合は廃棄記録のため、爆発シーンを写真に撮ることになっていた(3)。

タリバンのカブール占領後、CIAはタリバン指導部からスティンガーを直接買い戻す方針を決めた。CIAが把握していたところでは、オマル師はタリバンに忠実なパシュトゥン軍閥たちから集めたスティンガー・ミサイル五三発を所有していた。ゲーリー・シュローンは一九九七年の初頭、タリバン指導部から直接スティンガーを買い戻すためにカンダハルに飛ぶ許可をCIA本部に申請し了承された。シュローンはイスラマバードの米大使館の協力でカンダハルのタリバン・シューラ(評議会)と接触した。タリバン側から米代表団を歓迎するとの返事が届いた(4)。

当時の相場でCIAがタリバンの所有するスティンガー・ミサイル全部を買い取れば、タリバンは五〇〇万ドルから八〇〇万ドルの現金収入を得るはずだった。それはビンラディンがカブール奪取作戦のためにタリバンに用立てたと言われた金額のほぼ二倍に相当した(シュローンのカンダハル出張申請当時、ビンラディンがタリバンと通じていたことについてアメリカには確証がなかった)。米政府の対外援助計画の水準からすればそれほど多額とは言えなかったが、毎日のように中世的な新社会規範を押しつけている武装勢力に対して、条件なしでかなりの額の現金を渡すことになった。それでも当時のCIAは、大統領が認可した秘密作戦の一環として、スティンガー・ミサイルが見つかりさえすれば買い取る方針だった。

一九九六年秋に、アメリカがタリバンを味方と見ていたか敵と見ていたかは明確でない。カブール陥落後の数週間に米政府の中級当局者の発表した声明は不協和音の連続で、ある者はタリバンに懐疑的、またある者は明らかにタリバン支持を表明しており、そこからアメリカの明確な立場を引き出すことはできなかった。イスラマバードの米外交官たちは記者団に、アフガニスタンに強い中央政府を再建するために、タリバンは有益な役割を果たすことができると語っていた。タリバン自身は、ＣＩＡから援助を受けているとか親米勢力だとかの噂を嫌って、米国務省代表のカブール訪問を拒否した。拒否されたリー・コルドレンは「アメリカはタリバンを支援していない。過去も支援しなかったし、これからも支援することはない」と語った。それから数日後、米国連大使のマドレーン・オルブライトはカブールで発表されたタリバンの法令について「正当化も弁護もできない」と非難した。それから三週間後ロビン・ラフェルは国連安全保障理事会で、タリバンの正統性について説明し、タリバンを孤立させるべきでないと述べた。オルブライトとラフェル、二人の国務省当局者のどちらが個人的見解を述べたのか、どちらがアメリカの立場を述べたのかを判別するのは難しかった。[5]

タリバンとかかわり合うことを呼びかけたラフェル発言に対しては、クリントン政権外部から、とくにユノカルから支持が寄せられた。マーティー・ミラーと彼の同僚たちは、タリバンのカブール奪取でユノカルのパイプライン交渉に弾みがつくと期待した。カブール陥落から数週間のうちに、ユノカルはパイプライン建設費用のための新しい財政的パートナーを集めた。また南アジアと中央アジアに詳しい米著名人から成る諮問委員会の発足を発表し、さらにタリバンの故郷カンダハルに新事務所を開設した。マーティー・ミラーは、ユノカルがアフガン政治に関しては「熱狂的に中立」だと言い張っていたが、タリバンの軍事的勝利がユノカルの交渉相手の数を減らすのに役立ったことは明らかだった。[6]

共和党と議会の専門家たちも、タリバンにチャンスを与えるべきだとの声を挙げた。タリバンのカブール奪取の直後、米政府内の指導的アフガン専門家の一人ザルメイ・ハリルザドは「アメリカが（アフガニスタンに）もう一度関与すべきときだ」と次のように書いた。「タリバンはイランのような反米式の原理主義は実行していない。それはサウジ方式に近い」(7)。これはイスラム主義政治運動に対するアメリカ人の思考を司る共通のプリズムになった。つまり、サウジアラビアは保守的で信心深いが脅威ではなく、イランは積極的で暴力的で革命的だというものだ。教条的なスンニ派信徒であるタリバンは、イランとシーア派信仰に強烈に反対していた。その意味で、タリバンはアメリカと利害が一致していた。ハリルザドはすぐに、アメリカの前駐パキスタン大使ロバート・オークリーとともに、ユノカルの諮問委員会に参加するよう招待された。

タリバンが何を意味するかについて方向が定まらぬ散漫な議論が続くなかで、ゲーリー・シュローンと大使館の外交官が一九九七年二月、国連チャーター機でカンダハルに飛んだ。一行は、浸食された河床に縁取られた広大な泥の平原に向かって、旋回しながら降下した。彼らは空港から、ヤマヨモギが砂漠の風に煽られて跳んだり倒れたりしている、樹木のない乾いた平原をいくつものカーブを曲がりながら進んだ。西方には日陰になった岩山が屹立していた。カーブの多い自動車道路からは、国営の協同農場や緑の果樹園と土塀で守られた農村が見えた。彼らは埃の立つ雑踏の中を馬車やスクーターと一緒に、タリバンの武装門衛が守る「チキン・ポスト」と描かれた城門をくぐってカンダハル市に入った。歩行者が道路に群がっていた。ほとんどが顎ひげを生やした背の高いパシュトゥン人で、色とりどりのターバンを巻き、だぶだぶの涼しい木綿服をまとっていた。カンダハル市そのものは、商店の並ぶ市場と土塀に囲まれた家屋群から成る平坦な土地だった。オマル師の質素な住居は、市の中心部のカンダハル大学に近いヘラート・バザール・ロードの壁の内側にあった。そのカンダハル大学は、タリバンが宗教的なマドラサに改変していた。市の中央広場ではときおりタリバン兵がラジオとテレビの死刑ごっこを演じ、ラジオとテレビを粉々に壊したり、縄を架けて吊るしたりしていた。シュローン一行は蛍光灯と缶入りコカ・コーラがある希少な外国人居住区、国連のゲストハウスで一夜を過ごした。彼らはタリバン外務省に接触して会見の約束を取りつけた。オマルは彼らがイスラム教徒でないために会見を断った。しかし一行は、カンダハル州知事とオマルの首席補佐官ワキル・アハメド師との会見を認められた[8]。

翌日一行は州知事官邸に向かった。知事官邸は、トウヒの木とバラの茂みが生えた庭に砂岩造りの建物群が配置されていた。タリバンは天井の彫刻やペルシャ風のモザイクがあまり気に入っていないようだった。知事官邸内には地雷や爆弾を置いてあり、中庭の奥にある鍵のかかった倉庫にスティンガーがしまってあった。

シュローンは難民と援助に関する外交交渉の場に参加した。数人の地元指導者がタリバン側に座っていた。タリバン側の誰も靴やサンダルを履いていなかった。彼らはひっきりなしに足を掻いており、アメリカ側はどうしてもそれに気を取られてしまった。

タリバンのカンダハル州知事はムハンマド・ハッサンといい、クエッタのマドラサ出身で、反ソ戦争当時はウズルガン州で戦い指先と片脚を失った。彼がなじんだ義足にはスプリングとレリース機能が付いていた。彼は会談の最中ずっと足をいじくり回し、義足はときどきカタカタっと大きな音を立てて外れた。ハッサンはおもむろに義足をつかみ、定位置に戻すのだった。

その後、シュローンは非公式にハッサン知事、ワキル・アハメド師と会談した。彼は通訳を介して、CIAのスティンガー回収計画がどのように進んでいるかを説明した。タリバンが持っているスティンガーを売ってくれればアメリカは感謝するし、十分な金を払うと訴えた。シュローンはもう一つの目標として、イランにスティンガーを渡さないことが肝要だと指摘した。

ハッサンとワキルは、スティンガーを売る気はないと答えた。将来タリバンもスティンガーを必要とするだろう。「われわれはスティンガーを手放さない。イランに対して使うからだ」と説明した。彼らの第一の任務は、アハメド・シャー・マスードと彼のアフガン北部同盟を撃破することだった。その後は結局イランとの戦争になることを覚悟していると二人は語った。彼らはイラン空軍のヘリコプターやジェット機を撃ち落とすためのミサイルを必要としていた。アメリカ人はイランの脅威をきちんと評価できるはずだ、と彼らは言った[9]。

シュローンは手ぶらでイスラマバードに戻った。

ウサマ・ビンラディンは彼の活動を南方に、つまりタリバン権力の中心であるカンダハルに移動しはじめていた。一九九六年十一月、パレスチナの新聞編集長アブデルハリ・アトワンはカンダハル郊外の地下壕でビンラディンと会見した。ビンラディンは地下壕の中にパソコンと限られた数の書物を持ち込んでいた。彼はアトワンに「家に帰った気分だ。全イスラム世界はムスリムの故郷だからね」と語った。彼はアメリカを敵と見なしていると明確に述べた。サウジアラビアのリヤドやダーランで、アメリカの関連施設が攻撃された最近のテロ事件は「称賛すべき種類のテロリズムである。なぜなら盗賊に対する攻撃だから」と述べた。彼は自分の忍耐心を自慢した。「ソ連と戦うための武器を一〇年間担い続けたわれわれには、アメリカとの戦いは比較的たやすいと考えている。われわれは神の顔が見えるときまで、この戦いを戦い抜く決意だ」と語った[10]。

この冬ビンラディンは国際メディアを通じて自分の名を上げることに努力した。彼はアフガニスタンに亡命したからといって、自分が主流から外れたわけではないことを、アラブ世界の読者に納得させようと決意したようだった。パレスチナ人に向かっては、アメリカのイスラエル支援を断罪した。しかしほかのアラブ人に比べるとこの問題に関する彼の力点は弱かった。サウジ同胞に対しては王室が腐敗し、イスラム法の適用を甘くしているという従来からの王室非難を繰り返した。しかし何よりも非難されるべきはサウジアラビアの国土に米兵の駐留を許していることだと、彼は主張した。ビンラディンはこのころ初めて自分の警告や説教を伝えてもらおうと、積極的にアメリカのメディアと英語メディアに近づいた。彼はときどき聴衆を意識したメッセージを表明することもあったが、聴衆のことを忘れて長い神学的演説を思いのままに続けることもあった。彼はイスラムの怒りについて語り、イスラム教徒の土地から、とりわけサウジアラビアからキリスト教徒の「十字軍」の軍隊を追い出す決意について語った。彼はCNNのインタビュアーに答えて「現時点で聖戦が集中すべき相手は占領者アメリカである」と述べた(11)。

ビンラディンはメディアへの登場を増やす一方で、次第にオマルの王国へ入り込んで行った。彼はこの冬カンダハルの砂漠のぬくもりに到達した。そこで彼はオマルの知恵を称賛し、パシュトゥン人の心の首都をタリバンの信仰と力の象徴に変える建設計画に敬意を表した。

パキスタン情報機関ISIが、ビンラディンをタリバンに紹介する便宜を図った可能性はある。ISIはカシミールに向かう戦闘員を訓練するために、ビンラディンの影響下にあるゲリラ訓練基地を利用し、補助金を渡していた。元CIA担当官によると、ISIはカンダハルのビンラディンの新居に安全対策を促す電報を送ったことがあったという。ISIはビンラディンに招待されたジャーナリストの国境通過に便宜を図った。

タリバンとISIの双方にとってビンラディンは、一面厄介な新盟友であり、恩人でもあった。彼が繰り返しサウジ王室を糾弾したことは、ISIとタリバンの豊かで強力なパトロンであるサウジ政府を怒らせた。しかしサウジ情報機関長官のトゥルキ・ファイサル王子はタリバンのカブール制圧後、タリバンがビンラディンに便宜を与えていることをことさら問題にしないと約束した。

トゥルキ王子の記憶では、カブール陥落後タリバンはサウジアラビアに次のようなメッセージを寄せた。「われわれはこの男を押さえている。そちらに引き渡すことをお望みか、それともこちらに留めておくべきか？ われわれは彼に避難場所を与えている」。サウジ政府は前年の春、スーダンからビンラディンの身柄を渡されて拘束する機会があったのを見過ごした。サウジ王室は今もビンラディンをアフガニスタンで泳がせておくほうが、国内で拘束ないし投獄して反王制運動の磁石になられるよりはましだと考えたようだった。サウジ政府はビンラディンを重罪で起訴するに十分な証拠を持っていた。彼の支持者四人が、一九九五年十一月にリヤドにあるアメリカの施設を爆破した罪ですでに死刑になっていた。しかしサウジ政府はビンラディンの裁判なり殉教がもたらす政治的リスクを甘受する用意ができていなかったようだ。

トゥルキ王子の記憶だと、サウジ政府はタリバンに返事を送り「彼に避難場所を提供したなら、わが王国への反乱を仕掛けさせぬよう、また反王国言辞を吐かせぬよう」申し入れた。トゥルキは、タリバンが「彼の口を封じる」措置を取ることに同意したと考えた(12)。ビンラディンはこのときすでに独自の計画を持っていた。それはタリバンを自らの大義に合わせて改造することだった。

ユノカルはカンダハル中心部で、ビンラディンが新しく構えた屋敷の真向かいに家を借りた。この場所をわざわざ選んだわけではなく、この町でまともな家屋のほとんどは、ヘラート・バザール・ロード沿いにあったのだ。近くにはパキスタンの領事館があり、ＩＳＩの将校たちが住んでいた。元駐アフガニスタン国連外交官のチャーリー・サントスが、ユノカルのパートナーであるサウジアラビアの小さな会社デルタに雇われた。サントスは、ユノカルが新しい契約交渉を始めるに当たってアフガン情勢に関する分析や相談業務を提供することになっていた。

一九九七年初めの数カ月間、ユノカルの訪問客やコンサルタントたちは、カンダハルでビンラディンの存在感が高まるのを間近で見ていた。ビンラディンはよく、何台ものピックアップ・トラックと曇りガラスのウィンドーを付けたトヨタの四輪駆動車で車列をつくり、カンダハルの街を通り抜けた。アラブ人やアフガン人の強力な護衛団と一緒に、前触れなしに白いローブ姿のビンラディンが中心街を行き来する様子は、見る者を引きつけた。パシュトゥン人の男たちは、埃でかすんだバザールからビンラディンの車列が通り過ぎるのを見ながら、彼を指差したり「ウサマ、ウサマ」とささやいたりした。

ビンラディンは金曜日には、カンダハル最大のモスクで説教することもあった。アフガン人たちがサントスに報告したところでは、ある日の説教後、オマル師がビンラディンを聴衆の中から呼び出し、聴衆の前で彼をイスラムの最も重要な精神的指導者の一人だと褒めそやしたという。皆の前でお世辞を言い合う儀式のあと、カンダハルに新しい外観を与えるという高額の建築計画が出てきた。ビンラディンとその支持者が資金を出すという、新しい精巧なモスク建設の地鎮祭が州知事官邸の近くで行われた。さらにはラマダン〔イスラム教の断食月〕の終わりを祝うための大イード・モスクを、カンダハル南郊に建築する計画もあった。それはまさに本当の民衆のモスク、民衆が一年に一回だけ使うモスクだった。

サウジアラビアやその他ペルシャ湾岸の裕福なアラブ人の一団が、郊外の砂漠でノガン狩りをするためにカンダハルに飛んできた。彼らはチャーターのジェット機でやってきて、狩猟のための滞在に目をむくような贅沢品を持ち込んだ。ビンラディンはときに応じて狩りに加わった。相手は彼の作戦に金を出してくれる潜在的な寄贈者たちだった(13)。

ビンラディンはカンダハル市内の屋敷に加えて、カンダハル空港の近く、市内から数十キロ離れた郊外の平野部に家族と数十人の部下を住まわせた。アメリカの建設業者が冷戦時代の初期にカンダハル空港を建設したとき、業者は出稼ぎにきた労働者たちが住めるような、きちんとしたアパート群も建設した。アパートは築後四〇年ほどたっていたが、地元の家屋に比べればまずまずだった。タリバンは、ビンラディンの部下たちにこのアパートに住む許可を与えた。さらにタリバンはビンラディンにタルナック農場を自由に使わせた。タルナック農場とは土塀で囲まれた国営の協同農場で、空港の外れに広がっていた。農場には数十戸の建物があった。一九九七年の最初の数カ月、少なくともビンラディンの妻の一人とその子供たちが農場に引っ越してきた。[14] 現地のアフガン人がサントスと国連に報告した話では、ビンラディンはアラブ人イスラム戦士の訓練基地を、オマル師のルーツがあるウルズガン州に建設すると発表した。ビンラディンは外国人志願兵を訓練し、タリバンの対マスード軍事作戦に加わらせることも計画した。

アメリカにはこの時点でもなお、ビンラディンを対象とする起訴状も秘密作戦計画もなかった。バージニアのビンラディン担当班は彼の資金取引を追跡し、公の場での発言内容を分析していたが、彼の命にかかわるような作戦は指示していなかった。ＣＩＡはユノカルの経営陣から中央アジアのパイプライン関連の政治問題について報告を受けていたが、カンダハルにいるビンラディンの監視、逮捕、襲撃をユノカル側に依頼することはなかった。イスラマバードの米大使館は一九九六年末、ビンラディンがハンク・ブラウン米上院議員を暗殺すれば一〇〇万ドルの報奨金を出すと語ったことをブラウン議員本人に伝え、この地域をこれ以上訪問しないよう要請した。この一件でもビンラディンを攻撃する計画は動かなかった。ビンラディンの準軍事的野心とテロリズムの野心は、ＣＩＡにとってもホワイトハウスのテロ対策室にとっても謎のままだった。実際にはこの時点でビンラディンはすでに、アメリカの関連施設にテロ攻撃をかける準備のため、アフリカその他に工作員を派遣していたのだった。しかし米政府はこれらの計画に気づいていなかった。ホワイトハウスがビンラディンに関して情報収集以上の秘密作戦に踏み出したのは、一九九七年末。それはビンラディンがオマル師のカンダハルに公然と本拠を構えてから一年後のことであった。[15]

この間、アメリカとサウジアラビアの当局者は、タリバン代表と定期的に、そして心を開いて会談を続けていた。ユノカルはタリバン指導者一行をアメリカ旅行に招待した。タリバン一行にユノカルの石油事業を視察させるためだった。ユノカルのロビイストが一行と国務省との会見をアレンジした。

こうした接触を通じてワシントンでは、タリバン穏健派、つまり国際的対話に関心を持ち指導部シューラ（評議会）に属す真面目なパシュトゥン人青年たちが、タリバンに政治的責任をもたらすのではないかという期待が高まった。ガウス師やサウジアラビアの秘蔵っ子ラバニ師の名前が、こうした期待をになってしばしば引用された。ラバニはこの春リヤドを訪問、病んでいたファハド国王と会見したあと「サウジアラビアがイスラム世界の中心である以上、われわれはサウジアラビアの援助を受けたい。ファハド国王は、タリバンによる良き措置とわが国におけるシャリーア（イスラム法）適用を聞いて、幸福の意を表せられた」と宣言した[16]。この間、タリバン自体もカルザイ家などドゥラニ系パシュトゥン人の名門からの支持を確保していた。タリバンがカブールで権力を握ったことで、アフガン南部一帯でドゥラニ系パシュトゥン人には経済、交易上の好機が訪れた。つい最近までと比較すると、カンダハルはアラブ資金によるにわか景気が起きていた。

言ったとおりのことを実現させると実証してきたオマル師は、将来の計画について公然と語り出した。彼は一九九七年三月、パキスタンからの訪問客に語った。「戦争は油断のならないゲームだ。交渉による平和的解決を求めて無数の失敗を繰り返した結果、われわれは軍事的解決策のほうが有望だと考えている[17]」。

数週間後タリバンの報道官が、ウサマ・ビンラディンのカンダハルへの引っ越しを公式に認めた。報道官はさらに、今やビンラディンは「われらが指導者に直接会える」ようになったが、「われわれはアフガニスタンをテロ攻撃の基地として使わせない」から、世界が恐れることは何もないと述べた[18]。

アハメド・シャー・マスードと敗軍は、カブールから厳冬のパンジシールに退却した。彼らは一九八〇年代の反ソ戦争時代、これと同じかあるいはもっとひどい苦難を体験していた。しかし首都の支配権を失ったことは大きな打撃だった。マスードは、長い間政治の師匠だったブルハヌディン・ラバニ大統領を責めた。マスードが治安と戦争に専念している間に、ラバニはカブールでの連立工作に失敗してしまったのだ。マスードの側近ハルーン・アミンが述懐するに「マスードは政治に専念することができなかったので、騙されたと感じた」のだった。カブールを失ったのち、「彼はラバニら政治指導者は無能で信頼できないと考えた」[19]。マスードの部下たちは、着実に元気を回復した。過酷なパシュトゥン人民兵組織タリバンとの長い戦争を覚悟しており、タリバンに降伏すれば全滅だとわかっていたからだ。マスードは、タリバンとの交渉による妥協の可能性も考えていた。しかしこの冬の主な関心は、失った戦場を取り返すことだった。「彼は一瞬たりともアフガニスタンを失うことは考えなかった」と追想したのは、弟のアハメド・ワリ・マスードだ。数週間以内にマスードは敗れた北部の民族武装集団を集めて会合を開き、当初は「母国防衛最高評議会」を名乗り、のちに「統一戦線」と改称した新しい連合組織を発表した[20]。

マスードはカブール時代の後半、孤立を深めていた。マスードと側近たちは、以前にも増して自分たちが国際的支援を必要としていることがわかっていた。ロシア、タジキスタン、ウズベキスタンはいずれも、タリバンが発表した中央アジアのイスラム教徒解放計画に怯えていた。マスードは自分のために非常に長期間働いた諜報・外交部門の部下たちを、潜在的な味方と交渉するために外国に派遣した。マスードは自分をイスラム主義急進派防止の砦だと売り込んでいた。彼はロシアとの間で、武器供給と飛行場利用をめぐる交渉を始めた。ロシアは中央アジアに二万八〇〇〇人の部隊を派遣していたが、それはある程度までタリバンをスポンサーとするイスラム主義者の中央アジア侵攻を防ぐためであった。イランも資金と武器と人道援助を提供すると言って参画してきた。パキスタンの敵にいつでも味方するインドは、新たな資金源になる可能性があった。

マスードは金も武器もかき集めなければならなかった。彼のパンジシールの砦の中には、宝石採掘と麻薬密輸で稼いだ現金がうなっていた。マスードの兵たちは中央アジアからロシアにヘロインを密輸していた。彼らは、遠くはラスベガスの宝石ショーで瑠璃やエメラルドを販売した。パンジシール渓谷の西方にある荒れた町タロカンの基地から、マスードはアフガニスタン全土にまたがる軍事力と諜報ネットワークを再構築するために、新しい司令官たちと諜報主任たちを任命した。彼は、タリバンは時間とともに脆弱化すると予言した。マスードはさらに、タリバンがイスラム主義の全体主義国家をめざしていることをパシュトゥン人が知れば、彼らの間に反タリバン運動が起こるだろうと予言した。このころマスードの諜報主任だったムハンマド・ニームは記憶している。マスードに忠実な兵士たちは「われわれは毎日毎日、だんだんとタリバンと対抗できると思うようになった[21]」。

マスードと部下たちは、アメリカに対しては非常に懐疑的だった。彼らがカブール陥落の際目撃したパキスタンのタリバン支援は、アメリカの少なくとも暗黙の支持がなければあり得なかったはずだと、彼らは考えた。マスードがカブール付近の戦闘で拘束した捕虜のなかにはパキスタン人も何人かいた。また複雑で陰謀説がつきまとうユノカルのパイプライン計画の問題があった。アメリカはどういう立場なのか? マスードの側近たちは長時間この問題を論議したが、その結論には確たる証拠が欠けていた。

マスードたちが真実を知ったとしたら、彼らは信じられなかったろう。この時期になっても米政府と情報機関は、パキスタンによるタリバン秘密援助の全容をつかめていなかったのだ。関心と努力の欠如が原因だった。一九九六年十二月の公電は、ＩＳＩがタリバンに現金と装備、軍事顧問を秘密裏に提供していたこと、ＩＳＩ所属のパキスタン軍高級将校が、無学のパキスタン人と一緒にアフガニスタンで戦っていることを告げていた。イスラマバードの米大使館は「われわれは最近、パキスタンによるタリバン支援の規模と出所について、より信頼できる情報を入手した」と報告した。

しかし米政府の機密部門内部でも、この問題は明確になっておらず、トム・サイモンズ大使は二、三週間後、パキスタンのタリバン援助は「おそらく想像よりは無害なもの」で、その分量も言われているより少ないとワシントンに報告した。サイモンズは「軍事的な助言もあるだろうが、たぶんそれも大したものではなさそうだ」と結論を下した。アフガニスタンで長期にわたる秘密計画を実行してきたパキスタン人は、タリバンに関して丸二年間ワシントンを騙したのだった。

マスードはアメリカの注意を引こうとしていた。国務省を始めマスードとは全般的に疎遠になっているなかで、彼が試せる窓口が一つあった。ゲーリー・シュローンとＣＩＡが呼びかけてきた、直通の協力ルートを再開しようという話だった。ワシントンでマスードの代理人を務めたダウド・ミルの回想によると、スティンガー回収提案に対するマスードの最初の反応は「そんなものでは話にならない。私はワシントンとアフガニスタン政策について、アフガニスタンの将来について話し合いたいのだ」だった。しかしカブールを失ったことでマスードは気持ちを新たにした。もし彼がスティンガー売却で精力的な仲介をすれば「アメリカからの理解が得られ、アメリカと統一戦線の間に良好な関係を築くことができるだろう」と、マスードの側近だったモヒデン・メヘディは語っている。マスードは部下たちに、北部全域の司令官たちのスティンガー調査を始めるよう命令した。彼はアメリカに見せる現物が欲しかったのだ。[22]

マスード側が接触した軍閥の多くは、以前ヘクマティアルに忠誠を誓っていた連中だった。カブール陥落時タリバンはヘクマティアルをアフガニスタンから追放し、イランに亡命させた。ヘクマティアルにつながっていた司令官のほとんどはタリバン側に就いたが、北部の若干の司令官は切り捨てられ、金を必要としていた。またマスード側は、タリバン側に就いた司令官からも若干のスティンガーを何とか購入することができた。マスードの欲しい報酬は、情報関係の側近が指摘したようにCIAの「注意を引くこと」だった。「われわれはそれ（スティンガー）を、ワシントンにメッセージを伝える手段として利用した。つまりわれわれの戦いと大義のメッセージだ[23]」

ゲーリー・シュローンは一九九七年の春先、タロカンに飛んでマスードとの会談を再開した。イスラマバードの米大使館次席アラン・イーサムとともに、国連チャーター機の定期便を利用した。タリバンは北進していた。シュローンとイーサムがマスードと会う準備をしていると、タリバンの飛行機が飛んできて爆弾を一つ投下した。砲火の音がタロカン郊外にこだましていた[24]。

シュローンとCIA近東局の同僚たちは、マスードがビンラディン対策で値打ちのある味方になれるのかについて懐疑的だった。この点でマスードは率直だった。彼はタリバンには憂慮を抱いていた。CIAが心配しているアラブ人訓練基地は、彼にとってははるか遠い彼方の問題だった。できる限りCIAと協力する用意はあるが、CIAが期待をあまり膨らませないように望むと彼は述べた。シュローンの意見はこうだった。ビンラディンをアフガンの戦場から排除することは、アメリカだけでなくマスード自身の軍事的利益になるはずだ。CIAテロ対策センターは、マスード側への当初の補給物資として通信装置を渡すことを考えた。これを通じてマスードの情報担当者は、CIA本部にメッセージを送り、話をすることができるはずだ。CIAテロ対策センターのビンラディン担当班は一九九七年四月十日、議会の非公開委員会に以下の通報を行った。テロ対策センターは、将来アメリカがビンラディンを捕らえるか、彼の組織に攻撃を加えると決定する場合に備えて、アフガニスタンで標的の情報収集工作を開始する。マスード側に渡す通信装置は、マスードの工作員がタリバンの陣中からビンラディンの隠れ家や彼の動きを報告するのに使われることになるだろう。とはいえ通信装置供与を具体化する予算と計画はまだ確定していなかった。

シュローンは、今後の接触は中央アジア諸国のCIA支局を利用すべきだと提案した。マスードはかなり北方に進出しているのだから、イスラマバードからよりタシケントかドゥシャンベから出向くCIA担当官が会うほうがやりやすい。マスード側も中央アジアのCIAと接触するほうが望ましいと感じていた。彼らはずっと以前からイスラマバード支局を通じてCIAと接触することを負担に感じていた。イスラマバード支局はISI内部のマスードの敵と緊密な関係を保っていたからである。彼らはこの三月タロカンで、アフガン北部で回収したスティンガーを中央アジアのCIA貯蔵施設を利用して輸送することを話し合った。

マスードと側近たちは依然としてアメリカ側に不満を感じていた。彼らの受け止め方では、アメリカはタリバンやISIやアラブ志願兵などの、真の危険を見逃していた。マスードたちは、アメリカの優先テーマはスティンガー、一にも二にもスティンガーなのだと受け取っていた。彼らはシュローンを尊敬し、タフで献身的な仕事師と見ていた。しかしシュローンとの会話は断続的で散発的だった。ビンラディンやテロリズムなどをめぐる政治的あるいは軍事的な会話は、彼らが他国の大使館と定期的に交わす会話に比べて深みがなかった。マスードたちはもっと深い議論が必要だと感じていた。(25)

マスード自身は、独自の諜報と破壊活動のネットワークを再建した。タリバン陣中に、とりわけカブール周辺にはマスード陣営に共感するタジク人が多かった。商人たちは両ゾーンを自由に行き来していた。マスードの特殊部隊（一部はカブールに潜伏していた）は、カブール空港でタリバンの軍用装備を爆破した。マスードの諜報部門はこの年、タリバン側で戦うパキスタン人とアラブ人部隊に焦点を絞った特別班を編成した。

特別班は情報源から、マスード暗殺計画を示唆する言葉を拾い上げた。彼らは暗殺者が一人派遣されたという報告を受けた。報告によると、暗殺者は靴の中に謎の粉末――おそらく炭素菌――を隠していた。一九九七年にマスードの諜報主任だったニームは「われわれは一年間、アハメド・シャー・マスードの靴を見張るために一人の要員を張りつけた」と記憶している。[26]

この年の五月、タリバンはマザリシャリフに侵攻した。顎ひげとターバンのパシュトゥン人とパキスタンのマドラサ卒業生たちがピックアップ・トラックでマザリシャリフ市の中心部になだれ込んだ姿は、それより一八年前ソ連戦車の轟音をとどろかせてこの街に入城した碧い目のロシア兵たちと同じくらい、外国の侵略軍に見えた。北部アフガニスタンの最大かつ最重要都市であるマザール（マザリシャリフの略称）は世俗的で都会的で、比較的繁栄した都市だった。この街には衛星テレビのチャンネルが一六もあり、花飾りの付いた巨大な看板には長年の大ボスであるアブラシド・ドスタムの、顎ひげのない口ひげだけの肖像が懸かっていた。ドスタムは元共産党の将軍で宗教を軽く考えていた。マザールで眼を引く青緑色のドームを持つモスクには、預言者ムハンマドの義理の息子〔ムハンマドの娘ファティマの夫アリー。シーア派の始祖〕の墓があると伝えられていた。タリバンが憎悪するシーア派の中心人物である。タリバンの突撃部隊は、はるばるカンダハルから長距離を進んできた。彼らはマザールの言葉を話せなかった。しかしオマル師は相変わらず、タリバンはアフガニスタン全土を武力で征服する運命だと信じていた。彼の新しいコンサルタントとなったウサマ・ビンラディンはますます熱心に、古代中央アジアのイスラム帝国――それは現代のロシアにまで広がっていた――の復活を叫んでいた。またタリバンが国際的にアフガン政府として認められるべきだと主張するには、マザールを占領しなければならないというのが、ＩＳＩの下した結論だった。パキスタンの作家アハメド・ラシッドがのちに書いたように、ＩＳＩは一九九七年春「全国を支配するタリバン『政府』が承認されれば、タリバン『運動』を相手にするよりずっとやりやすくなる」と計算していた。近隣諸国はタリバンを現実として受け入れざるを得なくなり、パキスタンに支援を求めてくるだろう。それはパキスタンの影響力を高めることになるはずだ[27]。

タリバンがカブールを占領した直後、パキスタンの軍と大統領はベナジル・ブットを首相の座から追い出した。首相の座にあって軍の要求に従いながら、時間稼ぎをしようとしたブットの計画は失敗した。彼女はアフガニスタンやカシミール問題では軍、ISIとの危なっかしい平和を何とか維持したが、彼女の家族、内閣、与党内の汚職を制圧することはできなかった。大地主の生家から相続した彼女の貴族的な政治意識、自分は「人民」あるいは「大衆」を指導するという天命に従っており、人民に支えられて敵と戦うという錯覚のもとで、ブットは苦しみ続けた。彼女は天命に従う代わりに、もう一度ロンドン亡命の道を採り、強欲と家庭悲劇のギリシャ神話現代版のさまよえる娘を演じた。軍は新たな選挙を認め、ずっと以前から軍の子分だったパンジャブの実業家ナワズ・シャリフを、軍と友好的な連立政権の首相に任命すべく準備を整えた。シャリフはラホールの実業家の家庭に生まれ、愛想はいいが、退屈な生気のない男だった。彼はこれまでに、普通ではあり得ないような政治的経歴を積んできたが、それは名目上のトップとしてカメレオンのような芸をやり遂げたからであった。彼は一九九七年早々に首相を受諾したとき、ブットと同様に軍とISIには干渉しないことを補佐官たちに誓った。

タリバンがマザールに接近した時点で、ISIはシャリフに、マザールが陥落したらタリバンをアフガニスタンの正統な政府として正式に承認すべきときだとの合図を送った。正式承認の発表は五月二十六日、パキスタン外務省で行われた。シャリフはこのニュースをテレビの速報で初めて知った。側近のムシャヒド・フサインの記憶では、シャリフは「怒り狂って言った。『誰が決定したんだ?』」[28]。

サウジアラビア総合情報局長官のトゥルキ王子の参謀長、アハメド・バディーブはマザールが陥落したころ、ラワルピンディでISIと会っていた。「彼らはわれわれにタリバンを承認するよう頼んできた」。バディーブはタリバン指導者が「どうやって国政を運営するかまったくわかっていない」と感じていたが、ISIがタリバンに深く取り囲まれていることはよくわかった。バディーブはリヤドに戻ってサウジ王室に報告した。「彼らはとても信仰心の深い連中です……彼らにチャンスを与えるべきだと思います」。トゥルキ王子は、サウジアラビアがタリバン政府を承認すれば、タリバンとの関与を強めることができると主張した。バディーブの回想によると「パキスタンの要請とほかに選択肢がなかったことから」王国は、アフガニスタンにおける「明白な真空状態を埋めるために」タリバンを承認する決定を下した。アラブ首長国連邦（UAE）の高位の王子たちは贅沢な鷹狩りのために定期的にタリバンの国を訪れていたが、この国もサウジアラビアに追随してタリバン政権を承認した(29)。

しかし承認は早過ぎた。マザールはタリバンにとって死の罠になってしまったのだ。三カ国のタリバン承認が発表されて間もなく、マザールのシーア派ウズベク人がタリバン占領軍に反乱を起こした。反乱側はタリバン兵三〇〇人を殺した上に一〇〇〇人を捕虜にし、残りのタリバン兵は浮足立ってサラン街道をカブールに逃げ帰った。あっという間に、タリバンはアフガニスタン北部に意味のある土地をすべて失ってしまった。しかしパキスタンとサウジアラビア、UAE三カ国がなした行為は残った。三カ国はタリバンをアフガニスタンの正統政府として選定したのだ。

完全な承認を手にするには、タリバンにはアメリカが必要だった。マザールで火がくすぶり続けているとき、地球を半周したワシントンのアフガニスタン大使館で小さなクーデター騒ぎが起こった。舞台はワイオミング街にある、風格のあるれんが造りのお屋敷、元米最高裁判事の住宅だった。遠くのアフガニスタンの戦争と同様、大使館のクーデターは最初は不愉快な出来事程度のことだったが、やがては暴力の脅威を免れないような段階に達した。

クリントン政権はタリバン政権の承認を拒否した。ワシントンのアフガン大使館は、タリバンのカブール占領後もラバニ大統領とアハメド・シャー・マスードの政府を代表していた。一九九四年の後半から、アメリカでアフガニスタンを代表していたのはヤル・モハバットというラバニの友人で、長い間ドイツに住んでいたパシュトゥン人建築家だった。モハバットはタリバンがカンダハルで決起したころから、米議会、国務省、CIAに対するロビー活動を続けていたが、国務省では低位の役人にしか会ってもらえなかった。「彼らはいつもパキスタンの眼を通してアフガニスタンを見ていた」とモハバットは後年述懐した。CIAはもっと同情的だった。モハバットはマスードがスティンガーを買い戻しはじめたころ、CIA本部と対話するルートを得た。CIAはモハバットに、CIA担当官と話したいときはいつでも電話できるワシントン市内の電話番号を知らせた。CIAのモハバット担当はマスードの知己で、明らかにアフガニスタンで長い歳月を過ごした人物だった。モハバットが、アメリカはタリバンの危険性を過小評価し、同盟者としてのマスードの潜在力を見ていないと苦情を言うと、このCIAの男は「『私はあなたが言ったのと同じことを国務省に言っているが、彼らは聞こうとしない。彼らはみんな、マスードは問題だと考えているのだ』と言った」。あるFBIの女性がモハバットの所に立ち寄り、アフガニスタンのアラブ過激派用訓練基地について話を聞いたことがあった。これ以外に米政府の誰かがモハバットの大使館を訪れたことはなかった[30]。

タリバンがマザールを襲ったころ、モハバットはメモリアルデー（戦没将兵記念日）の休暇を過ごしていた。この間、モハバットの次席セラジ・ジャマルがボイス・オブ・アメリカのパシュトゥー語放送番組のインタビューに応じ、突如彼がタリバン側に寝返ったことを宣言した。セラジは、ワシントンのアフガニスタン大使館が彼の主導下でオマル師の命令に従うと宣言した。

モハバットは、大使館のクーデターが米政府のタリバン政権公式承認を促すことを恐れた。彼は大使館に急行し、タリバンの白い旗がポールに翻っているのを見た。一緒に働いた年月、寝返りのそぶりも見せなかったセラジに向かって、モハバットは宣言した。私は明日タリバンの旗を引きおろし、黒白緑のラバニ政権の旗をもう一度掲げるぞ。

その晩パシュトゥー語を話すアフガン人がモハバットの家に電話し、彼を殺すと脅した。モハバットは「死は神より与えられる」と答えた。「ここはアフガニスタンではない。パキスタンでもない。ここはアメリカだ。おまえはここでは、そんなことはできないよ」

「ここのほうがやりやすいんだ」と電話の男は言った。「誰かに金を渡すだけでいい。彼らがおれの代わりにおまえを殺してくれる」[31]

翌朝、ＦＢＩと国務省外交官安全室の職員らが、爆弾の匂いを嗅ぐ警察犬を連れてアフガン大使館に群がった。彼らはモハバットの家に警官を派遣し、夫人の保護に当たらせた。モハバットは大使館一階のオフィスに戻った。セラジは二階をタリバン政府のものだと主張し、彼の住居とした。セラジはその後数週間にわたって、モハバットを追い出そうと嫌がらせを続けた。毎日が闘いだった。セラジはあちこちの壁にオマル師の写真を貼り、モハバットはラバニとマスードを売り込んだ。モハバットはタリバンが占拠中の大使館二階フロアーを回ったとき、コンピューター、ファクス送受信機、プリンターのいずれにも、「ワシントンＤＣ、サウジアラビア大使館所有」のラベルが貼ってあるのに気づいた。[32]

国務省南アジア局はこの闘いについて何かしようとは思わなかった。どちらかを勝たせることを望まなかったのだ。仲裁のための会合を二、三回開いてみたが、何も進展はなかった。最終的にこの年の八月、国務省のアフガン担当官はモハバットとセラジを国務省に呼び集めた。担当官は二人に、米政府がアフガン大使館を全部閉鎖することを決めたと告げた。アメリカにとっては、国際社会でのアフガニスタン政府の存在が停止されたことになった。[33]

モハバットはタリバンの報復を避けるためセントルイスに向かった。セラジは国連における非公式なタリバン代表団の所へ合流した。

米外交のけばけばしい季節がまた巡ってきた。国連の推定ではタリバン支配のカブールには五万人の未亡人がいて、彼女たちは外で働くこともできず、宗教警察にたたかれることなしに街を歩くこともできなかった。これらの未亡人にはざっと四〇万人の子供がいた。国連は一九九七年にアフガニスタンへの人道援助として一億三三〇〇万ドルの拠金を呼びかけたが、集まったのは五六〇〇万ドルにとどまった[34]。アメリカは当時好景気の最中だったが、議会も国務省もホワイトハウスも、アフガニスタンへの援助を増やしても軍閥に浪費されるだけだとして、それ以上の援助はできないと思い込んでいた。アフガニスタンがテロの震源地になるという脅威も注意を引かなかった。国務省は新しい経済制裁制度に従って一九九七年に正式な外国テロ組織のリストを初めて発表した。ビンラディンとアルカイダはそのリストに載っていなかった。

クリントン政権が第二期に入ったころ、アメリカの政策に小さな変化が起きた。ヒラリー・クリントンは一九九五年にインドを訪問したが、以来この地域にアメリカがより強く関与するよう夫に迫る決意を固めていた。国務長官になったマドレーン・オルブライトは、タリバンのような人権侵害者に対して前任者ウォーレン・クリストファーより鋭く反応した。「フェミニスト・マジョリティー」〔女性解放団体〕と、深夜番組の人気コメディアン、ジェイ・レノの妻メービス・レノが起こした反タリバンの陳情運動が、オルブライトの関心をとらえた。国務副長官になった元駐インド大使のトーマス・ピカリングは、アメリカの南アジア政策を再検討すべきだと考えていた。駐アルメニア大使になった元アフガン特使ピーター・トムセンは国務省の主な指導者に、次のような機密公電を送った。「われわれは長い間、アフガニスタンの不安定さがアメリカの国益に及ぼす地政学的な脅威を過小評価してきた……われわれは大幅なアフガン政策の見直しを行い、もっと果敢なアフガン政策を実行すべきである。アメリカが消極的姿勢をとれば、イスラム過激派を支援するパキスタンやアラブの組織に道を譲ることになる[35]」

国家安全保障会議（ＮＳＣ）は一九九七年前半の数カ月、南アジア政策の見直しを行い、八月に大統領に覚書を提出した。それはホワイトハウスがワシントンのアフガン大使館の閉鎖を承認したのと同時期だった。覚書は主としてインドとパキスタンに集中し、アメリカはイスラマバードとニューデリーとの持続的な接触を増やすべきだと述べていた。

しかしアフガニスタンについてＮＳＣ覚書は、国連の和平プロセスを支持すると述べているだけだった。それはＣＩＡが一九九一年十二月三十一日、アフガニスタンに対する秘密のパイプを閉じて以来、アメリカがとってきた政策と同じものであった。

この夏、ポトマック川を渡ったところにあるＣＩＡ本部では、もっと重要な変化が始まっていた。ジョン・ドイッチが一九カ月勤めただけでＣＩＡ長官を辞めた。彼はこの一〇年間で五人目のＣＩＡ長官だった。長官交代でＣＩＡ指導部の不安定性は悪化しそうに思えた。ドイッチが離任したとき、大統領はトニー・レークをＣＩＡ長官に指名しようと考えたが、共和党が支配する上院はその人事承認プロセスは政治的「血の海」になると牽制した。

その結果、後任はドイッチのもとで副長官だったジョージ・テネットに絞られた。テネットは以前、上院議員の補佐官を務めた人物で、ＣＩＡでの経験は少なかった。テネットは過去のＣＩＡ長官たちのような輝かしい資格は持っていなかったが、ＣＩＡ本部に人脈のないクリントンのホワイトハウスに訴える二つの特質を持っていた。すなわち皆から好かれていたこと、そして議会の承認が容易に得られることであった。

一九九七年夏にＣＩＡ長官候補のテネットを支持した人の誰も、テネットがＣＩＡ史上最長の任期を務める長官の一人になり、しかもウィリアム・ケーシー以来ＣＩＡの最重要指導者と言われ、さらにＣＩＡのアフガン秘密作戦回帰を設計することになるとは予測しなかった。

第20章 アメリカにＣＩＡは必要か？

一九九七年七月三十一日にホワイトハウスで行われたジョージ・Ｊ・テネットのＣＩＡ長官就任式に、クリントン大統領は出席しなかった。彼はゴア副大統領を代わりに出席させた。ドイッチとテネット。クリントンにしてみれば、信用のおける好みのリーダーをラングレーに配置したのだった。それでも大統領はＣＩＡという機関を信用できなかった。きわめて聡明な友人ドイッチが、ＣＩＡ作戦本部は大したスパイ機関ではないと印象づけたからである。一九九六年夏のサダム・フセインを対象とした秘密作戦の失敗がホワイトハウスの体面を傷つけ、不満を募らせた。クリントンは外交の代行をする秘密作戦というものを本能的に疑っていた。イラクの一件は彼の本能をいっそう強めただけだった。そのころＣＩＡのベテランスパイたちが、トニー・レークをＣＩＡ長官に指名しようとするクリントンの人事に反発していた。テネットと新しく国家安全保障担当の大統領補佐官になったサンディ・バーガーの関係は最高で、テネットは必要とあればクリントンの個人的な関心を引きつけることができた。だがテネットがこの夏に長官となる役所は、最も重要な顧客である大統領の支持を失っていた。

テネットはまだ四十四歳、大統領とＣＩＡの溝を埋めるのに適した候補者とはとても言えなかった。彼は政治向きの仕事をしたことはなかったし、大組織の管理、軍人、諜報担当員、米外交政策の立案、本や重要な記事の執筆のいずれも経験したことがなかった。彼がアメリカの筆頭スパイというポストに昇進できたのは、政治的偶然もあるが彼がきわめて人に恵まれていたことと、とくに「手順」と称されるワシントンの官僚術に長けていたからだった。彼は社交的でざっくばらん、ひょうきんで、もったいぶらず、勤勉な働き者で、仲間づくりがうまく、同僚のニック・バーンズに言わせると「究極の参謀」だった。彼は二〇年ほど前、ジョージタウン大学で国際政治を学ぶためにワシントンにやってきた。彼の最初の仕事はロビイストで、ワシントンで典型的な、舌をかみそうな名前のポストだった。「太陽エネルギー産業協会の光電変換工学・国際プログラム部長」だ。その後連邦議会で一〇年間、共和党でも民主党でも専門補佐官として働いた。最も親しい友人でさえ彼がどの政党に属しているか知らなかった（実は民主党員）のは、彼が党派的な話題をほとんど語らなかったからだ(1)。

彼は一九九五年前半にドイッチによってCIA副長官に指名された。それはドイッチが一九九七年にクリントンにCIA長官に指名されたのと同じ理由からであった。上院の民主、共和両党双方とつながりがあったため、上院による承認はきわめて容易だった。テネットはドイッチに対して忠誠を尽くした。一九九七年夏に彼が長官になったとき、CIAがどん底に近いことを彼はわかっていた。長官の頻繁な交代はCIAを漂流状態に追い込んでいた。工作員獲得も行き詰まっていた。一九九五年には秘密要員になった新人が二五人しかいなかった。職員の減少と早期退職が能力とやる気を枯渇させ続けていた。それはどの部門にも見られたが、作戦本部がおそらく最悪だった。情報本部と科学技術本部も苦しかった。テロ対策費が新設されたにもかかわらず、CIA予算にはまったく余裕がなかった。オルドリッチ・エームズ事件による士気の低下に加え、中米での工作員獲得をめぐる議会とのいざこざで士気はいっそう低下していた。この中米の一件は、CIAが関与した出来事は何事でも、少なくとも議会とマスコミにはスキャンダルに見えるらしいという印象を強めた。

ドイッチの次席としてCIA作戦本部との連絡役を勤めた二年間、テネットはガイガー・カウンターが放射線を検知するように、CIAが抱える諸問題を全身に浴びた。彼は人と組織を学び続けた。人の気分や悲しみを見抜く超人的な直観力の持ち主だったし、適切な言葉だけを口にすることができた。彼はその能力をCIAの健全さを回復することに集中した。この夏CIA長官に就任するに当たり、彼には国際政治についての大局的で説得力ある見識などなかった。国家安全保障上の脅威と外交政策に関するテネットの見解はほとんどすべて、ワシントンの中道派の意見を反映していた。かつてウィリアム・ケーシーはソ連と戦うためにCIAに着任した。これに対しテネットは、CIAが組織として必要としていることを優先せざるを得なかった。つまり使命を明確に定義し、士気を高め、中核的任務であるスパイ活動と分析の質を高め、工作員を獲得し、訓練の質も改善し人員を増やす、ということだ。「基本に立ち返ろう」。テネットは、CIA職員との会議でこう言った。彼は過去一〇年間の悪い流れを破ろうとしたのだった。わずか五年間に三人も長官が代わるとは「実に不運なことでした。でも私は長く残ります」と彼は言った。そして、「常識的な目標に向けた、たゆまぬ努力を重視する」と宣言したのだった。(2)

テネットはそういう方針で育てられたのだ。彼の父ジョン・テネットはギリシャ系だが、生まれたのはアルバニアだった。ジョン・テネットは十三歳でアルバニアを離れ、その後七年間をフランスの炭鉱で働いて過ごした。彼はわずかな所持金と所持品を持って、大恐慌直前に（移住者用施設のあるニューヨークの）エリス島にたどり着いた。ジョージ・テネットの母親は、第二次世界大戦終了時に（ギリシャとアルバニアの国境地帯にある）生まれ故郷のエピルスの共産主義体制から逃れるために英国の潜水艦に乗った人だった。彼女は二度と両親に会うことはできなかった。彼女はニューヨークでジョン・テネットと会い、結婚した。そして一九五三年一月五日、息子のウィリアムを生み、その六分後に双子の弟ジョージを生んだ。[3]

ジョン・テネット一家は、ニューヨーク市クイーンズ、リトルネックのマラソン・パークウェイに並んだ二階建ての家に住んでいた。樹木の並んだ静かな住宅街の道路に面した家だ。道路では子供たちがゴムまり野球に興じていた。ジョージ・テネットは強打で知られ、ゴムまりを家から下水道管二本分飛ばすことができた。彼は聖ニコラス・ギリシャ正教会のバスケットボール・チームで選手（ガード）だった。彼の父親は自宅から一ブロック離れた場所に二十世紀食堂を開いた。ビルとジョージは十代を通じてウェイター助手として働いた。二人はあまり似ていなかった。ビルは控えめで几帳面、勉強好きで、のちに心臓医になった。ジョージは雑で、声が大きく騒々しかった。父の食堂でジョージは「マウスピース（代弁者）」と呼ばれていた。一家の友人だったソル・ウィンダーは「あの子は四六時中しゃべっていたね。とても秘密は守れないタイプの子だったよ」と記憶している。彼はまたニュース狂だった。彼は八歳のとき、地元の時事番組ホストに何通も手紙を送り、「未来のニューヨーク・タイムズ論説欄編集者殿へ」と書いたサインをもらった。テネット家の家訓は移民の信条である勤勉、教育、家庭、信仰、野心だった。父親は息子たちをアメリカで成功させるために一日一六時間働いた。息子たちも、絶対に成功する覚悟だった。[4]

一九八二年、二十九歳のジョージ・テネットは連邦議会での初めての仕事に就いた。ペンシルベニア州選出の共和党ジョン・ハインツ上院議員の立法補佐官だった。ある同僚の追想によると、テネットは「男の中の男。スポーツ気違いだった」。彼はジョージタウン大学バスケットボール・チームのシーズン・チケットを持っていた。彼はこのチームに入れあげていたので、『スポーツ・イラストレーテッド』誌が同チームの選手補強策について批判的な記事を書いたのを見て、同誌に怒りと嘲りの手紙を書いたほどだった。しかし同僚たちの記憶によると、テネットは特定の政治的イデオロギーを持っておらず、世界中でアメリカの優位性を確かなものにしたいという願望以上のものはなかった。彼は個人レベルで上院議員やスタッフたちと親しくなることができたので注目された。ハインツは要求の多い、細かいことにうるさいボスで、データをたくさん欲しがり、スタッフに対して厳しかった。彼は新人が来るとすぐに自分の基準に合うかどうかをテストした。不合格だと、本人が辞めるまで冷たく扱った。テネットは最初のテストに失敗した。議会は初めてだったし、議員補佐官の役割も知らなかった。それに特別に優れた文章家でもなかった。しかし彼は闘って、ハインツの好意を勝ち取った。同僚のビル・ラインシュの記憶では「滑り台から落ちて、もう一度登ってきたたった一人の人物だった」。テネットは「人間力と勤勉さ」でそれをやってのけたのだった。[5]

議員のスタッフたちは夜になると、よく連れ立って出かけた。しかしテネットはビール一杯も飲み干すことはなく、二杯目を注文することなどなかった。彼はステファニー・グラカスという女性と結婚していた。キャリア外交官の娘として生まれ、社交的で、ジョージタウン近くのフォックスホール・ロードにあるメアリー・マウント女子大学の寮母として働いていた。テネット夫妻はワシントンに引っ越してくると、女子大の寮に入った。安かったからだ。その後彼らは、グラカスが育ったメリーランド州に家を買った。テネットは連邦議会の周辺で生活を営んだ。郊外の家、生まれたばかりの息子、ジョージタウン大学のバスケットボール、安いパブリック・コースでのたまのゴルフ。彼は世俗的で滑稽な男であり、信心家ぶらず、素朴で、真っすぐな矢のような人物だと同僚たちは感じていた。オフィスでも街角を歩くときでも「典型的なニューヨークの図々しいやつ」だが、動作は素早かった。ある同僚の記憶では、「友好的で敵対的ではなかった」し、人を傷つけることはなかった。彼は議会公聴会室で、クイーンズの食堂カウンターで働いたのと同じように、注目を集めようとしながら働いた。彼は大柄で太り過ぎ、オフィスのジャンクフードの常習的密猟者だった。友人たちは彼の健康を心配したが、彼は自分の健康に完全に満足しているようだった。彼の上院補佐官時代の同僚ゲーリー・ソジカの追想はこうだ。「ジョージは個性が強かった。元港湾労働者だと聞いても驚かないよ」[6]

彼は上院議員に敬意を払っていた。上院議員の権力や権限を私的に流用するようなことはなかった。ウォーレン・ラドマン上院議員によると「彼は党派に関係なく、みんなに非常に注意深く接した」。彼は率直だった。相手を怒らせずに悪いニュースを伝えることで上司の信頼を勝ち得た。同僚だったエリック・ニューサムは「ジョージは、人とうまく付き合う能力は経験とは関係ないという実例だった」と振り返る。彼は簡潔で生き生きした「まったく官僚的でない話し方」をした。一部ベテランの同僚たちに言わせると、テネットの話し方は複雑な問題を単純化し過ぎていた。しかし彼の話し方は効果的で、彼を際立った存在にした[7]。

一九八五年夏、テネットはハインツのもとを離れ、民主党リベラル派のパトリック・リーヒー上院議員の補佐官として情報特別委員会に移った。彼は冷戦時代の軍備管理交渉を監視する新人補佐官となった。リーヒーが定期的な異動で同委員会を去ることになったとき、テネットは危うく職を失うところだった。しかしこのとき着任した同委員会委員長、オクラホマ州選出の民主党保守派デービッド・ボーレン上院議員が、彼を数カ月間給与支払い名簿に残すことに同意してくれた。テネットはボーレンに気に入られるように努め、一年もたたないうちに、ＣＩＡの予算と規則、秘密作戦計画を監視する同委員会の主任補佐官に任命された。

ボーレンはのちにテネットについてこう語った。「私が最も彼を評価したのは、彼が真っすぐな男でこんなふうに言うからだ。『あなたはこんなこと聞きたくないでしょう。でも知っておかなければならないんです』とか『あなたは今危ない立場にいるのですよ』などとね。彼はすごくぶっきらぼうで率直だ。それに完璧に忠実だ[8]」。テネットはスパイ活動をしたことはないし、旅行もあまりしたことはなかった。彼がCIAについて知っていることは、公聴会や会話や証言などから学んだことだけだった。しかし上院議員たちを別にすれば、今や彼は合衆国上院の中でCIAの最も重要な監督者だった。

彼はCIAに対して厳しくなれた。テネットは、CIA活動に関する議会の監視を厳しくする法律の立案と通過を手伝った。彼は予算削減屋であり、ときには納税者が払った税金を情報屋が無駄遣いしていると感じた。ボーレンがのちに語ったところでは「彼はいつもCIAに厳しく当たっていた」。あるときは内部監査で口論となり「CIA側がテネットを魔女狩りとののしるほど興奮したこともあったね」。当時のCIA長官ウィリアム・ウェブスターがユーモア混じりでテネットを軟化させようと、防弾チョッキを着て上院の非公開監査会議に姿を現したこともあった。しかしテネットもキャリアを積んだスパイたちと知り合いになってからは、彼がかつて上院議員たちにそうだったように、スパイたちにも次第に誠実で有用な男になっていった。トーマス・トウェッテンのようなベテランスパイたちがテネットを啓発し、長い時間をかけてスパイ活動に必要な知識を教え込んだ。長年CIAの分析官と管理職を勤めたロバート・ゲーツがCIA長官に指名されたとき、テネットは人事承認の公聴会でゲーツに注意深く付き添い、上院議員たちの党派的な攻撃を防いだ。彼はCIA本部に人脈を築き始めた(9)。

テネットが政策や外交についての考えを明かすことはほとんどなかった。一九八八年の大統領選挙の際、副大統領候補の討論を聞いてダン・クウェールに反発し、テキサス出身の民主党ロイド・ベンツェンを擁護したのを当時の同僚が覚えている。しかし同じギリシャ系なのに、民主党リベラル派のマイケル・デュカキスには懐疑的だったという。テネットは軍備管理の検証には保守的、女性の権利については進歩的、その他あれこれの問題については中立的ないしは中道的な傾向だった。情報特別委員会の同僚だったジョン・デスプレスの記憶では「ボーレンがとくに評価していたのは、非常に器用な彼の特質だった」という。テネットは「けっして傑出した頭脳の持ち主ではなかったが、彼は熟練した仕事師だった」。彼の役割は自分以外の人びとの意見を整理してまとめ、それを基に上院議員たちが決定を下せるようにすることだった。ワシントンには何百人もの有力な意見の持ち主や理論家が存在し、何千人もの外交政策専門家や技術的な専門家が存在した。ずっと少ないのは、すべての専門家の間を回って意見をこっそり盗み取り、物事を片づけるスタッフ要員であった。[10]

テネットが強く進言したことがうまくいかなかったことがあった。サダム・フセインの軍隊をクウェートから追い出すための対イラク戦争の承認をブッシュ大統領が求めたとき、真っ二つに割れた議会は感情的な投票を行った。テネットはボーレンに戦争反対の投票をするよう進言した。「ボーレン議員はテネットにとても依存していたと思う」と、当時の同僚が証言した。国防情報局の秘密説明会は潜在的な流血の惨事を強調していた。「大変な死傷者が出るのではないかという心配があった。だから慎重な投票だった」とボーレンは語った。大統領派の器と見られていたボーレンはこの投票で、政治的に傷ついた。結果として何千人ものイラク人が死亡したもののアメリカ人の死傷者は少なく、短時間で勝負のついたこの戦争に反対票を投じた議会民主党も傷ついた。[11]

これは二〇〇一年まで続くテネットのパターンとなる。彼はほかの人びとの参考になるような分析や選択肢を集めるが、政策に関する直接的かつ強力な進言をすることはなかった。しかし政策的進言をするときはしばしば慎重になった。まして死傷率が高いとか、予測できない結果が出そうだというリスクのあるときは慎重だった。

クリントンが一九九二年に大統領に当選したあと、陣営には頼りになりそうな諜報専門家はほとんどいなかった。民主党はそれまで一二年間も、行政を執行する立場から外れていた。民主党が外交問題に経験が深く誠実な人材を探せる主な場所は議会だった。テネットは比較的経験が浅かったが、クリントン当選後の移行期間、テネットが諜報部門の責任者を務めるのは自然な成り行きだった。移行期の職務とは「行政府の一員として仕事ができるかどうかを示す場所だった」と、テネットの情報特別委員会時代の同僚だったニューサムが語った。「それは君が合格点を取れるかどうかを見る家畜品評会のようなものさ[12]」。テネットは合格点を取った。彼は諜報担当の上級部長として、レークとバーガーに従って国家安全保障会議に加わった。それはホワイトハウス西棟の近くにあるオールド・エグゼクティブ・ビルディングを拠点とする、鋭敏な補佐官集団だった。テネットのオフィスは諜報活動とその政策に関して、CIAとホワイトハウスと議会をつなぐ接点だった。彼の日常の仕事には諜報活動関連の予算と監視に関する継続交渉だけでなく、提起された秘密作戦に関する法的点検も加わった。彼は一九九三年から一九九四年にかけて、この過酷な仕事に懸命に取り組んだため心臓発作を起こした。これは彼が葉巻をやめるきっかけになったが、それでも彼の仕事のスケジュールは外見上ほとんど変わらなかった。

秘密作戦計画、国際的犯罪事件、諜報政策などに関する書類が、テネットのオフィスとCIA法律顧問部、国家安全保障会議、司法省、国防総省の間をひっきりなしに行き来していた。大統領決定に至るプロセス円滑化の一助として、この書類の流れの管理責任者を務めるテネットは、政治とスパイ規制の問題などにどっぷり浸かることになった。すなわちホワイトハウスにおける情報分析の活用度と影響力や、アメリカのスパイ諸機関の法的、予算的構造などの問題である。彼はこうした環境と自らの参画を通じて、大きな外交政策問題を詳細に学び始めた。彼はスパイ活動や秘密作戦に関する大統領の決定を間近に観察した。

こうしたインサイダーとしての経験が、CIA長官としてのテネットの目標設定に影響した。一九九七年夏CIA長官に昇進したテネットは、CIA独自の青写真を見ながら自分のCIA改革計画を構想した。テネットはCIA内部の「風変わりな天才の鉱脈」に引きつけられた。彼自身にも大きな感情的鉱脈があった。彼は自分の出世はアメリカ的神話があってこそのことだと思っていた。彼は就任宣誓式でこう述べた。「この世界のどこにも、移民の息子が中央情報局長官になれる国などありはしない。これだけを見てもアメリカは地上で最も偉大な国である」[13]

長官になってまだ何週間もたたないうちに、彼は元大統領ジェラルド・フォードから「アメリカにCIAは必要か?」と題する討論会に出席してほしいと頼まれた。このようなイベントが開かれること自体、CIAの価値がいかに落ちたかを物語っていた。討論会での講演を準備するため、彼はハリー・トルーマンによるCIA創設の経緯を調べた。CIAの目的は第二の真珠湾攻撃を防ぐことにあった。CIAはある種の戦略的奇襲攻撃に対する「保険証券」である。彼はフォードの討論会でこう語った。「奇襲攻撃の潜在的危険性がかつてなく大きいことは明らかです。アメリカの国益に害を与えることだけをねらうテロ組織や、サダム・フセインが今も造ってイラク国内に隠匿しようとしている生物兵器、中距離ミサイルと核兵器を造ろうとしているイランの計画などを見ると、私の言うことは間違いないのです」[14]

テネットは予測のつかない危険を大統領に警告するために、CIAの中核的能力を改善しなければならないと誓った。このことは、卑劣な奇襲攻撃を仕掛けてきそうな「ハードな対象」すなわち国家やテロ組織の、とくに人的資源を通じた情報収集に、あらためて焦点を合わせることを意味した。CIAを批判する勢力には、政策立案者が世界中のニュースや情報に即時にアクセスできるグローバルなデジタル・メディアの時代に、CIAはもう一つのニュース機関になるつもりかとの声もあった。テネットはこれを愚かな、むしろ不条理な主張だとしながらも、こうした批判に反論するためにCIAは、ワシントンのほかの情報源にはけっして得られない情報を提供しなければならないと思った。そのためには秘密を盗み、ハードな対象に独占的に食い込める秘密工作員を獲得しなければならなかった。テネットはまた、CIAは分析作業を改善しなければならないと論じた。初期段階での兆候をつかみ損ねて、将来的脅威を見過ごさないように。こうした全情報源分析こそ、CIAの「中核機能」だとテネットは主張した。CIAの第一の仕事は「アメリカ人の生命を守ること」であった。こうした基本に集中するために、CIAは経済問題とか移民問題とかの「ソフトな対象」からは、もっと距離を置く必要があった。これらの問題がどれほど重要であれ、第二の真珠湾攻撃を起こす危険性はなかった。CIAは、生命にかかわる最もむき出しの脅威に焦点を絞らなければならなかったのだ。(15)

前二代のラングレー体制の教訓、およびスタンスフィールド・ターナーまでさかのぼる歴代のCIA長官の失敗の教訓は明白だと思えた。家の中をきれいにするため、外部の人間を連れてきて変革を強制するな。内から変えよ。尊敬されているキャリア職員を見つけ出して信頼を獲得し、彼らに責任を与えて働かせる。テネットは最初の夏、リチャード・ヘルムズのような元長官たちに援助を求めて接触した。彼はベテランスパイのジャック・ダウニングを作戦本部長に任命した。テネットはCIAやCIA職員を公の場で批判しない方針を貫いた。彼はCIA本部の周辺を威張った格好で散歩し、冗談を言い、実感を大切にし、人に腕を差し伸べ、カフェテリアのテーブルにどすんと座り、CIA内部に共通な素朴なマッチョ・スタイルを通した。

同時にテネットはホワイトハウスと議会の橋渡しをしようと努めた。テネットのキャリアは監査活動で形成された。テネットのCIAは、仮に作戦が窮屈になろうと、規制や法を免れようとはしなかった。「われわれは行政府の政策立案者たちに対して以前より透明性を上げ、彼らの政策決定と一体化している」と、テネットは初期のスピーチで肯定的に語った。「私は敢えて言う。CIAは連邦政府のどの省庁より議会の監査を多く受けていると。これは苦情ではない。実際議会の監査は、米国民とわれわれを直接つなぐ最も重要な絆なのだ。これがアメリカのユニークさであり、アメリカの力の源泉だ(16)」

テネットの改革計画には、すべての人を満遍なく満足させるという側面があった。議会の対CIA最強硬派は、局内の最も無能な人びとをも許そうとする計画ではないかと心配した。中級官僚の元同僚たちの一部は、彼のCIA長官職へのロケットのような急上昇ぶりに驚きながら、テネットは真のリーダーというより（自分を売り込む）セールスマンではないか、などと陰口をたたいていた。テネットは、重要な支持者に不満を持たせることなく明白な優先順位のリストを作るという、ワシントン行政職としての完璧な能力を持っていた。彼は以前こう語っていた。「われわれがすでに始めた全情報源分析と秘密の情報収集を促進、深化できる、常識に基づいた計画」を作らなければならないのだ。CIAは壊れなかった。換言すれば彼が締め直そうとしているのだった。[17]

テネットは、CIAを最大の政治的リスクに導き、死者を出す可能性がある秘密作戦と準軍事的プログラムは重視しなかった。CIAの主な機能の中で「秘密作戦は断然最小のもの」だが、「最も異論の多いもの」だと指摘した。一方でテネットは、CIAの準軍事作戦を「大統領が作戦を命じてきたときに必要な基盤的構造として維持する」決意であった。彼は、国防総省の特殊部隊をモデルにしたCIAの小規模な準軍事部隊を擁護した。トルーマン以来の歴代大統領が、ときどきこういう能力の必要性を感じていたからであった。テネットにとって、秘密活動は「米外交に不可欠な手段」だが、「失敗した外交が最後に頼る手段になってはならない」もので、彼は秘密作戦の擁護派と批判派の双方の顔を立てた。[18]テネットには人間的な力と説得力があったから、こうしたやり方は必要なかったかもしれない。すべてを呑み込むような太っ腹の彼の態度は、ごまかしとは思えず、彼の人物を正直に反映しているように見えた。[19]

一九九七年夏にアメリカが直面していた地球規模の脅威に対するテネットの見解は、CIAとクリントン政権中心部の分析とぴったり一致していた。彼はアメリカに対して五つの「重大な難題」があると見ていた。まず「ロシアと中国の大変動」があった。次に北朝鮮、イラン、イラクなど「ならず者国家」の脅威。第三にテロリズム、核拡散、麻薬、組織犯罪など「国境を越えた問題」。第四に地域的危機。第五にアフリカや旧ユーゴスラビアに見られるような破綻国家群。テネットのリストアップに異論はまったく出なかった。それは広範な潜在的外交問題を網羅していて、批判の余地はなかった。それはハードな対象をリストアップし、戦略的奇襲攻撃の潜在力に焦点を当てていた。それはまた合成的なリストで、最も大切な顧客である大統領本人を含む、多くの人による分析を統合したリストだった。クリントンは一九九五年、機密扱いの大統領決定指令で米情報機関に優先項目を示していた。第一は、軍事作戦を行う国防総省を情報面で支援すること。第二は「アメリカに敵対的な国々に対する政治的、経済的、軍事的諜報」。第三は「武器の拡散、テロリズム、麻薬密輸、組織犯罪、不法な貿易慣行、きわめて深刻な環境問題など、わが国の安全に対する国境を越えた脅威」。それは長い、幅の広い指令だった。[20]

奇襲攻撃に対する戦略的警告を発するというCIAの中核任務を考えるとき、テネットはきわめて鋭敏になった。「現状に満足するのは簡単だ」と彼は言った。ソ連はなくなり、アメリカの経済力や軍事力に挑戦する者はいなくなって「世界は前と変わったが、安全というわけではない[21]」。CIAの仕事は大統領に危険な奇襲を知らせることであった。単純なことだ。だからこそテネットは、テロとミサイル、大量破壊兵器の脅威を重視した。ホワイトハウスでの協議を通じてテネットは、クリントンが抱き始めたテロ、とくに生物兵器への強迫観念を吸収し、反復し再生産した。

テネットの指名承認公聴会で、ボブ・ケリー上院議員はテロリズムの脅威は「誇張されている」と思うかと尋ねた。この質問はこの夏の連邦議会やマスコミの気分を反映していた。当時繰り返された主張によると、CIAとFBIは予算増額のためにテロリズムの話を誇張していたという。しかしテネットはケリーに、テロの脅威は現実のもので、しかも増大していると答えた。「わが国の国益に対しテロ攻撃を起こす能力のある組織は世界中で洗練されています。彼らには金と人と爆発物を動かす力があり、彼らの活動はアメリカの諜報部門にとって甚大な懸念であり続けます。彼らは狂信的で、彼らが活動を続けることはあらゆる理由からも明白です……今現在の彼らの活動は前例を見ないものであり、わが国の国益に対する脅威は恐ろしく高いのです[22]」

ロシアや中国、あるいはイラクやイランの政府をはるかに超えて、アメリカに強烈なショックを与える可能性を持っているのはテロリストであった。テネットは在任初期、「われわれが戦わなければならない相手とは何か?」と部下に質問し、自分で答えた。「第一に脅威の姿が多様化し、複雑化し、危険になっていることだ――生物兵器、テロリズム、情報戦争などだ。小さな組織が自分たちの姿を見せず、警戒されることなく深刻な損害を与えることが、ますます容易になっている。奇襲の潜在力は恐ろしく高まっている[23]」

タリバンに反対するロビー活動を辛抱強く続けてきた女性解放団体『フェミニスト・マジョリティー』は一九九七年秋までに、クリントン政権内で最有力の女性二人、マドレーン・オルブライトとヒラリー・クリントンに影響を及ぼした。その年十一月にオルブライトがペシャワールの難民キャンプを訪れたとき、彼女は用意した演説草稿を外れてタリバンの女性に対する方針を「卑しむべきものだ」と非難した。クリントン政権の閣僚がタリバンの人権侵害に対して、これほどの強い非難を浴びせたのは初めてだった。それから数週間後ヒラリー・クリントンは国連で人権問題に関する大演説を行い、タリバンを名指し攻撃した。「今この瞬間にもアフガニスタンではタリバンが少女たちの通学を禁じているのです」と、ヒラリー・クリントンは訴えた。「こうした不正義を告発する人びとに」タリバンが嫌がらせをしていることも付け加えた。クリントン夫妻のどちらかが公の場でタリバンを厳しく批判したのは初めてのことだった[24]。

この起動力となったのは、民主党のフェミニスト運動ネットワークにいる、オルブライトやヒラリー・

クリントンの旧友たちだった。それはベビーブーマー世代の、専門性の高い職業で成功し、権力ある地位をつかみつつある女性たちだった。ワシントンではそうした地位を女性が占めることはなかったし、あったとしてもこれほどの人数ではなかった。彼女たちは常時連絡し合い、お互いの問題に協力し合った。タリバンは彼女たちのファクス連絡網の議題に上った。何千マイルも彼方のカンダハルの、粗末な役所に脚を組んで座っているタリバン指導者たちには、アメリカで風向きの変化がどうして起きたかを知る由もなかった。彼らはそれを知ろうともしなかった。たまに訪れるアメリカ代表団に少女たちの通学禁止について質問されると、彼らは「これが神の法だ」と答えた、と国務省のレオナード・センスニーは記憶している。「これがあるべきやり方なのだ。ほっといてくれ」[25]

マスードの側近たちは、ワシントンの大使館を失ったにもかかわらず、タリバンとの戦いへの支援を求めて世界中でロビー活動を展開した。権威を失った政府で外務副大臣になったアブドラは、この秋ワシントンで国務省当局者に、ビンラディンがタリバンに資金援助をしていると告げた。彼はタリバンがビンラディンやペルシャ湾岸の裕福な有力者から金を受け取り、地域のイスラム主義の過激派ネットワークの一部になっていることを国務省で会った一握りのアフガン専門家たちに納得させようと努力した。

アブドラは、オルブライト発言の例に見られるようにアメリカの態度に「若干の変化の兆し」を感ずることはあったが、国務省の実務レベルから聞こえる声は、マスードはタリバンと話し合う必要があるというものばかりだった。タリバンは深刻な脅威だという声はまずないようだった。何よりもまず「ここ（国務省）には政策がなかった」とアブドラは指摘する。国務省で最も抵抗が少ない道は、アフガニスタンにおける「タリバンの存在を現実として認め」「パキスタンを通じて」交渉解決を探るというものだったと、アブドラは記憶している。アメリカ側では、当時南アジア担当国務次官補だったカール・F・〝リック〟・インダーファースが「われわれは内戦の平和的解決の道を見出したいと思っていた」と語っている。国務省のアナリストは一九九七年の後半「タリバンと何とか取引をしなければ。彼らを消すわけにはいかないのだから」と考えていた(26)。

ユノカルは国務省と国家安全保障会議に、同じ助言を洪水のように流し続けていた。タリバンは現実であり、新しいアフガン解決策の一部を担うという助言だった。マーティー・ミラーは一九九七年を通じて、タリバンのカブール制圧をパイプライン事業の締結につなげようと精力的に動いていた。彼はホワイトハウスで定期的にシーラ・ヘスリンと会っていた。タリバンはパイプラインの建設を許可するだけで年額一億ドルの通過料を受け取ることになるだろうと、ミラーは予告した。

ミラーは一九九七年初めに、ユノカルはアフガニスタンとパキスタンとの接触をもっと改善しなければならないと決意した。彼はアメリカの元駐パキスタン大使で現ユノカル諮問委員会のメンバーであるロバート・オークリーにこれまで以上に頼ることにした。オークリーの妻フィリスは当時、国務省の情報部門の責任者つまり情報調査局長だった。彼女は米政府の最も機微に触れる情報通信のほぼ全量に触れられる立場にあった(27)。

ロバート・オークリーはミラーに、パキスタン政府の協力を得てタリバンに接触するようアドバイスした。彼はまた、オマハのネブラスカ大学の専門家トーマス・グティエールを雇うよう助言した。それは、パイプラインを建設するための技能をパシュトゥン人に教える訓練プログラムをカンダハルに開設するためだった。グティエールはオークリーが駐イスラマバード大使だった反ソ戦争末年のころ、アメリカがスポンサーになった人道援助計画のためにアフガニスタンで働いた経験の持ち主だった。ユノカルは、カンダハルのビンラディンの屋敷からさほど遠くない場所に、五六エーカー〔約二二・六ヘクタール〕の職業訓練所を設けるために、ネブラスカ大学を通じて九〇万ドルを支払うことに同意した。グティエールは、アフガニスタンを出入りする旅をしながら、タリバン指導者と会談を重ねた。オークリーはユノカルのために、イスラマバードのナワズ・シャリフに働きかけた。一九九七年十二月、グティエールはミラーとともに新たなタリバン代表団をアメリカに送る話をまとめた。今回はオマルの首席補佐官ともいうべきワキル・アハメド師が代表団長になった。(28)

タリバンがユノカルは米政府の一部分だと見なしても、おかしくない状況だった。タリバンはユノカルの幹部やコンサルタントと、米当局者の誰とよりも親密に、注意深く、関心を集中させて付き合った。ユノカル幹部はパイプラインの話だけでなく、交渉によるアフガン和平の道についても話し合った。

ミラーたちはタリバン代表団のための案内係や交通手段を提供し、三人のタリバン閣僚のために国務省側との会見の段取りもつけた。国務次官補のインダーファースは訪問客に対し、アフガン女性が置かれた条件について最も厳しい憂慮を表明した。彼はタリバンが麻薬密輸に手ぬるいのではないかと警告した。また地雷撤去、和平プロセス、その他の問題についても論議したが、テロリズムやビンラディンの話題は一度も取り上げなかった。インダーファースが別の会合のために退席したあと、ようやくこれが話題に上った。タリバン閣僚の一人が、ビンラディンはすでに「前政権の客人」としてアフガニスタンに滞在していたのであり、これは前政権から引き継がれた問題だと説明した。この会合のために作られた国務省会見秘密要録によると、この閣僚はタリバンがビンラディンに「公開のインタビューに応じること」を停止させ、「ビンラディンと接触しようとしたイランとイラクの動きを封じた」ことを明らかにした。ユノカルのパイプライン計画については、インダーファースの部下が代表団に「アフガニスタン和平が実現するまでは資金がつくとは思えない」と告げた。(29)

ミラーは代表団のためにウォーターゲート・ホテルの会議室を借りていた。一行の旅程にはNASA(米航空宇宙局)とラシュモア山〔リンカーンら四人の米大統領の顔が山肌に彫られているサウスダコタ州の観光名所〕の訪問が入っていた。その意図はタリバンにアメリカの野心と伝統を印象づけ、オマル師の最も親密な側近との間に、金とビジネスだけでないコネを結ぶことにあった。マーティー・ミラーはタリバンの人権侵害に関するオルブライトの公然とした非難にいら立っていた。ミラーは、アメリカとビジネスをするのは可能だということを、タリバン側に確信させる必要があった。

パキスタン政府はタリバンとアメリカの間の接触がどこへ行き着くのかを心配して、タリバン代表団を見張るため一人のISI士官を送り込んでいた。[30]

マーティー・ミラーは、共和党のアフガン問題の権威であるザルメイ・ハリルザドと代表団との会談を、ヒューストンの豪華なフォーシーズン・ホテルで開くよう手配した。ハリルザドはディナーの席で、タリバン情報相のアミール・カーン・ムッタキとタリバンの女性の扱いについて議論を始めた。彼らはコーランがこの問題について正確には何と言っているかを議論していた。

マーティー・ミラーは、ゴルフコースを見下ろす彼の自宅での夕食に代表団を招待した。彼は自宅内の飾りか何かが、タリバンに不快感を与えはしないかと神経質になった。彼は一行が到着する前に、ユノカルのコンサルタントの一人でアフガン人のイジミ博士を自宅に呼び、一緒に邸内を一巡して、何かタリバンの気に障る物はないか点検した。壁には何枚かの絵があった。また、あらゆる種類の置物があった。ミラーは「われわれにとっては何でもない物が、彼らには気になるのではないか」と心配した。イジミはプールのそばにあったいくつかの彫像に気づいた。インドネシアで購入した物だった。彫像は部族の墓地の場所を示す標識で、裸像だった。ミラーの言葉でいえば「どれが男でどれが女か」一目瞭然だった。

イジミはしばらく眺めていたが「うーん、これが役立つとは思えませんな」と言った。

「取り外したほうがいいと思うかね?」とミラー。

イジミは「ブルカを着せてやってはどうです」と言った。

二人はキッチンで見つけたごみ袋を彫像にかぶせて結わえつけた。

ミラーの妻は児童保護活動のための募金運動に参加していた。この年ミラー家は、クリスマスの飾りつけをして客を招き、募金を集める家に指定されていた。このためミラー家には七本のクリスマスツリーがあり、どのツリーもピカピカ光る薄片やきらめくボール、点滅するライトで飾られていた。さらに各部屋にはクリスマスの飾りがいっぱい置いてあった。

タリバンは「これだけたくさんのクリスマスツリーを見て、まさにびっくりしていた」と、ミラーがのちに語った。彼らはミラーを質問攻めにした。クリスマスツリーの意味からイエス・キリストの物語、クリスマス休暇に至るまで。どうしてクリスマスツリーがイエスの誕生日を祝うシンボルになったのか、ミラーにもわからなかった。しかしできる限りの説明を尽くした。[31]

タリバンの指導者たちはミラーに、クリスマスツリーの前で自分たちの写真を撮ってもいいかと尋ねた。代表団のうち一人か二人が、人のかたちをした偶像を禁止するタリバンの命令にヒューストンでも従って、写真に入らなかった。しかしワキル・アハメド師と長い顎ひげのタリバン指導者たちは、クリスマスツリーの前に立って肩と肩を寄せ合い、歯を見せて笑った。


ジョージ・テネットはウサマ・ビンラディンのことを十分認識していた。彼はテロ対策センターに小規模なビンラディン追跡班をつくることも支援した。しかし一九九七年末の時点で、CIA長官にとってもCIAという組織にとっても、ビンラディンの優先順位は高くなかった。CIAのビンラディン観は依然としてトゥルキ王子の見方と変わらなかった。すなわち、彼はほら吹きで、危険で、病的に自尊心が強い金持ちで、ほかの急進派に金を出しているが、彼自身はアフガニスタンで孤立している、というものだった。
テネットは上院の公聴会で、核兵器や化学兵器や生物兵器の世界的拡散を「最も心配している」と証言した。「アメリカ人の生命に対する直接の脅威だからだ」。統計的にテロの脅威に変動はなかったが、アメリカ関連施設に対する攻撃件数は少し増えていた。それでも核ミサイルが米国内の都市に発射される潜在的破壊度に比べると、ビンラディンら孤立したテロリストの脅威はさほどでもないように見えた。テネットが潜在的な真珠湾を探して地球上を見渡すと、ロシアと中国はそうした奇襲攻撃の能力をすでに持っていた。イラン、北朝鮮、イラクなどの政府は、そうした手段を入手できれば奇襲攻撃をする動機はありそうだった。これらの難題と比べると、ビンラディンはCIAの多くの担当官や分析官たちにとって、危険な犯罪者ではあるが国家存亡の危機をもたらす存在とは思えなかった。[32]
CIAは定期的に、テロリストたちが大量破壊兵器に関心を持っているとの証拠を入手していた。テネットは公開の場では言わなかったが、大量破壊兵器に関するCIA報告にビンラディンは断片的ながら登場していた。一九九六年後半、ビンラディンの特使を務めた元側近のジャマル・ファドルという男が、アメリカの「証人保護プログラム」の対象となった。彼はビンラディンがスーダンで行った作戦の詳細を説明した。ファドルの秘密事情聴取にはCIAも同席した。ファドルは、ビンラディンが核兵器製造に使うウラニウム購入計画を認可したと話した。ファドルの知る限りでは、この企ては失敗した。彼が真実を告げたとすれば（ファドルは嘘発見器をつけて証言した）、それはビンラディンの野望の大きさを示唆するものだった。
CIAは、ビンラディンがスーダン時代からイラクの諜報工作員と接触していたとの報告を持っていた。[33]そしてこの接触は、化学兵器の開発や使用の訓練に関するものだったことを示す断片的な情報があった。それでもホワイトハウスとCIAには、ビンラディンに関する情報収集と分析以上のこと、つまりビンラディンを標的とする秘密作戦計画はまったくなかった。ＣＩＡのテロ対策センターはビンラディンを見張ろうとはしていた。だが真剣に彼の拘束や殺害を試みたことはなかった。
その計画が始まろうとしていた。

（下巻に続く）

訳者略歴

木村一浩（きむら・かずひろ）
共同通信記者。一九六九年生まれ。上智大学文学部社会学科卒業。九三年、共同通信社に入社。山口支局、大阪社会部、外信部などを経て二〇〇三年からカブール支局長、イスラマバード支局長、バグダッド支局長、カイロ特派員を歴任。〇九年からワシントン特派員。

伊藤力司（いとう・りきじ）
ジャーナリスト。一九三四年生まれ。東京外国語大学フランス語科卒業。五八年、共同通信社に入社、外信部、サイゴン、パリ、ハノイ支局長、編集委員、論説委員などを務めた。共訳書に、ジェイソン・バーク『アルカイダ』、アハメド・ラシッド『タリバン』（以上、講談社）、マイケル・グリフィン『誰がタリバンを育てたか』（大月書店）などがある。

坂井定雄（さかい・さだお）
龍谷大学名誉教授。専門は中東・中央アジア現代政治・地域紛争。一九三六年生まれ。東京都立大学理学部卒業。六〇年、共同通信社に入社。ベイルート、ジュネーブ支局長などを務めた。九三～二〇〇五年、龍谷大学法学部教授。〇五～〇八年、日本学術振興会カイロ・センター長。著書に『テロの時代』（教育社）、共訳書にアハメド・ラシッド『タリバン』（講談社）などがある。

アフガン諜報戦争
CIAの見えざる闘い ソ連侵攻から9・11前夜まで 上

二〇一一年 八 月二五日 印刷
二〇一一年 九 月一〇日 発行

著者 スティーブ・コール
訳者 © 木村一浩
伊藤力司
坂井定雄
装丁者 日下充典
発行者 及川直志
印刷所 株式会社 理想社
発行所 株式会社 白水社

東京都千代田区神田小川町三の二四
電話 営業部〇三（三二九一）七八一一
編集部〇三（三二九一）七八二一
振替 〇〇一九〇-五-三三二二八
郵便番号 一〇一-〇〇五二
http://www.hakusuisha.co.jp
乱丁・落丁本は、送料小社負担にてお取り替えいたします。

松岳社 株式会社 青木製本所

ISBN978-4-560-08159-4

Printed in Japan